本书得到国家自然科学基金重点项目(41530751)
"改革开放以来我国经济空间演化机制研究" 支持

中国的特殊经济空间

刘卫东 宋周莺 刘志高 等 著
杨振山 陈明星 康 蕾

科学出版社
北 京

内 容 简 介

本书根据现有资料系统分析了 20 世纪 80 年代以来中国特殊经济空间发展的基本特征，并通过汇总整理，重点梳理了经济技术开发区、海关特殊监管区、国家级高新技术产业开发区、国家级新区、边境经济合作区、国家综合配套改革试验区、海洋经济发展示范区、重点开发开放试验区、国家级承接产业转移示范区、国家自主创新示范区、自由贸易试验区、临空经济示范区、国家级产城融合示范区 13 类特殊经济空间的发展态势、相关政策措施、空间格局演化及其对区域发展的影响，并分析了当前特殊经济空间发展与建设存在的问题。在此基础上，结合党的十九大报告分析重要功能平台进一步发展的时代背景，探讨特殊经济空间的发展方向，并提出相关政策建议。

本书可供经济地理学、人文地理学等相关领域的科研人员和高校师生参考。

审图号：GS(2021)3284 号

图书在版编目(CIP)数据

中国的特殊经济空间／刘卫东等著．—北京：科学出版社，2022.6
ISBN 978-7-03-069197-2

Ⅰ.①中… Ⅱ.①刘… Ⅲ.①经济区–研究–中国 Ⅳ.①F127.9

中国版本图书馆 CIP 数据核字(2021) 第 111415 号

责任编辑：杨逢渤 李嘉佳／责任校对：樊雅琼
责任印制：吴兆东／封面设计：无极书装

科学出版社出版
北京东黄城根北街 16 号
邮政编码：100717
http://www.sciencep.com

北京捷迅佳彩印刷有限公司 印刷
科学出版社发行 各地新华书店经销
*
2022 年 6 月第 一 版 开本：787×1092 1/16
2022 年 6 月第一次印刷 印张：16 1/2
字数：400 000
定价：198.00 元
(如有印装质量问题，我社负责调换)

序

2020 年和 2021 年是中国经济发展史上具有标志性的年份。2020 年，中国彻底消除了绝对贫困，全面建成了小康社会；2021 年，中国人均国内生产总值（GDP）超过世界平均水平，接近世界银行定义的高收入国家下限标准。改革开放四十多年来，中国由世界上最穷的国家之一，一跃成为世界第二大经济体和接近富裕的国家，GDP 总量由仅为美国的 10% 左右上升到 77%（根据中国统计年鉴 GDP 数据和当年汇率换算）。货物进出口总额 2013 年以来一直居世界第一位（2016 年除外）；对外直接投资额 2011 年以来保持在 1000 亿美元以上，居世界前三位；外汇储备额 2011 年以来一直在 3 万亿美元以上，稳居世界第一位；国内消费品零售总额在 2021 年已经非常接近美国。这种发展速度是人类历史上前所未有的，尤其是考虑到中国是一个人口超过 14 亿的大国。在这样一个历史阶段，中国需要深入总结自己的发展经验，向世界提供发展知识，为发展中国家提供新的知识选择。

与此同时，中国的崛起改变了世界格局，引起了全球学术界、政界和新闻媒体的强烈关注。大家不禁要问，中国为什么发展这么快、又是怎么做到的？在这个大背景下，最近十多年来，西方学术界关于"中国模式"的研究不断升温，产生了大量争论。争论的焦点之一是中国到底是不是"资本主义"（Capitalism），或者是哪种"资本主义"，而其中的"尺子"是中国的市场化程度或政府干预程度。于是，各种试图概括中国发展特点的"资本主义+"（+ Capitalism）概念被创造出来，这里就不一一列举了（见第一章）。可见，西方学术界对中国的研究有其根深蒂固的意识形态立场，即认为中国发展模式是"多元化资本主义"的一种。而中国政府则坚持中国特色社会主义道路，认为市场不是资本主义特有的积累方式。

因而，中外之间在中国发展经验和特点的认识上是有鸿沟的，弥补这个鸿沟需要超越"资本主义"这个西方学者固有的认识视角。实际上，在现实世界里，并不存在非此即彼、水火不相容的治理模式，即市场机制和政府干预只能二选一。如果抛弃这样的二分法，那么一个国家的治理模式实际上是有关财富如何积累和分配与再分配的不断演化的实践过程。对此，我们在 2022 年出版的 Exploring the Chinese Social Model 中做了详细的阐述。分配与再分配不仅仅包括劳动者报酬，更涉及政府在基础设施、公共服务和社会保障上的支出。

在新自由主义到来之前的凯恩斯国家福利主义时期，很多西方资本主义国家也拥有国有企业，劳动者报酬在公司增加值中的比重比现在高很多，政府在基础设施和公共服务的投入比重也很高。过去四十多年，这些国家出现了相反的趋势，如国有企业私有化、工薪阶层收入下降、基础设施老化。中国则从一个传统的计划经济体制演化为有中国特色的社会主义市场经济体制，但没有像西方社会期待的那样全面转向所谓的"资本主义"价值观，或者说加入西方阵营。令人感到讽刺的是，在美国和其他一些发达国家不断批评中国不是市场经济国家的同时，他们自己却在大张旗鼓地进行政府干预。例如，美国拜登政府出台的《基础设施投资和就业法案》，以及自奥巴马政府开始的把制造业带回美国的努力。

因此，总结中国的发展经验可能需要全新的视角，创造新的发展知识，而不是完全从西方的知识体系中去寻找根源和依据。当然，这不是拒绝与西方学术界的交流，而是要提出新鲜的知识进行对话。我在 2009 年应邀为 *Progress in Human Geography* 写的短文 Where is the bridge 中，提出要建立中西之间的"对话区"（trading zone）。在这个"对话区"，必须进行平等的、真正的对话，而不是中国学者为西方知识体系打小工式的对话。目前来看，尽管仍有很多西方学者不愿意正视中国的发展经验，或者说难以转变，但越来越多的学者试图更加深入地理解中国。这似乎显示出，建立平等"对话区"的时机正在到来。当然，这也取决于是不是有越来越多的中国学者潜心研究，生产出越来越多的基于中国经验的发展知识，包括经济地理学知识。需要指出的是，聚焦发展中国家的发展研究（development studies）是西方经济地理学的重要研究领域。

在上述各种大背景下，我们有幸在 2016 年得到了国家自然科学基金委员会的支持，开始了"改革开放以来我国经济空间变化机制研究"（重点项目，41530751）。其目的是从长周期视角，把"中国模式"与中国的经济空间变化联系起来，深化对两者的认识，既为"中国模式"增添空间色彩，也为经济空间变化深化体制机制的解释。项目包括四大部分研究内容：①梳理国家治理结构的演化过程，特别是资源配置手段和方式的渐进式变化，分析其空间效应，重新解析"中国模式"；②分析制造业和城市经济空间变化（包括城乡界面演化和城市空间扩张），研究国家治理结构这些变化的作用程度；③探究从"特区"到"新区"这些特殊经济空间在国家治理结构变化和经济空间变化中的作用，重点关注新的治理手段和空间"基因"的培育；④刻画我国的中长尺度经济空间变化，并通过尺度关联透视国家治理结构在其中所起的作用。

基于这个重点基金项目，我们团队已经出版了 *Exploring the Chinese Social Model* 和《我国制造业空间变化研究—制度变迁的视角》，以及一大批学术论文。《中国的特殊经济空间》是基于该项目出版的最后一本著作（关于特殊经济空间的定义请见第一章）。本书除了是完成基金项目的必要成果之外，也缘起于我们在项目执行期承担的国家发展和改革委员会委托课题"打造重要功能平台、培育发展新增长点增长极增长带"。在此，我们对国家发展和改革委员会地区经济司有关领导的大力支持表示衷心的感谢。

改革开放以来我国设立的各种特殊经济空间多达数十种，其中一些存在时间很短，同时也由于资料可获得性所限，本书仅研究了 13 种特殊经济空间。为了更好地完成研究任务，除了项目组成员宋周莺、刘志高和杨振山外，我们还邀请了陈明星、叶尔肯·吾扎提和康蕾等同事，以及郑智、张若琰等学生参加写作（具体见章节分工）。特别是张若琰的博士论文《特殊经济空间的时空演化、驱动机制及其扩散模式》（重点基金支持），为本书的写作提供了重要支持。在此，我对全体作者的辛勤付出表示衷心的感谢！也特别感谢宋周莺、康蕾、王燕在出版过程中的付出！

2022 年 4 月 17 日

章 节 分 工

第一章　　刘卫东　高菠阳　杨振山　刘志高

第二章　　宋周莺　张若琰　郑　智　刘卫东

第三章　　杨振山

第四章　　宋周莺　祝巧玲　虞　洋

第五章　　刘志高　张　薇　王　涛

第六章　　陈明星

第七章　　宋周莺　徐婧雅

第八章　　杨振山

第九章　　陈明星

第十章　　宋周莺　李京栋

第十一章　刘志高　贾　莉

第十二章　叶尔肯·吾扎提　郑　智

第十三章　刘志高　张佳怡　薛嘉顺

第十四章　康　蕾

第十五章　康　蕾

目　　录

第一章　中国模式与中国经济空间演化 ··· 1
　　第一节　关于中国模式 ·· 2
　　第二节　区域尺度经济空间变化 ·· 4
　　第三节　制造业空间变化 ·· 5
　　第四节　城市经济空间变化 ·· 7
　　第五节　特殊经济空间 ··· 9
　　第六节　小结 ··· 10
　　参考文献 ·· 11

第二章　特殊经济空间发展历程及其区域影响 ·· 18
　　第一节　特殊经济空间发展历程与格局 ·· 18
　　第二节　特殊经济空间演化的驱动因素 ·· 23
　　第三节　特殊经济空间对区域发展的影响 ······································· 27
　　第四节　特殊经济空间的主要问题及相关建议 ································ 38
　　参考文献 ·· 43

第三章　经济技术开发区建设研究 ·· 44
　　第一节　基本情况 ·· 44
　　第二节　主要政策分析 ··· 49
　　第三节　贡献与作用 ·· 51
　　第四节　存在问题与建议 ·· 55
　　参考文献 ·· 74

第四章　海关特殊监管区建设研究 ·· 75
　　第一节　基本情况 ·· 75
　　第二节　贡献与作用 ·· 83
　　第三节　存在问题与建议 ·· 85
　　参考文献 ·· 86

第五章　国家级高新技术产业开发区建设研究 ·· 88
　　第一节　基本情况 ·· 89
　　第二节　主要政策分析 ··· 92
　　第三节　贡献与作用 ·· 95
　　第四节　存在的问题 ·· 99

第六章　国家级新区建设研究 ·· 102
第一节　基本情况 ·· 102
第二节　主要政策分析 ·· 109
第三节　贡献与作用 ··· 111
第四节　存在问题与政策建议 ·· 115
参考文献 ·· 117

第七章　边境经济合作区建设 ·· 118
第一节　基本情况 ·· 118
第二节　主要政策分析 ·· 121
第三节　贡献与作用 ··· 122
第四节　存在的问题 ··· 124
第五节　发展建议 ·· 126
参考文献 ·· 127

第八章　国家综合配套改革试验区建设研究 ································ 128
第一节　基本情况 ·· 128
第二节　主要政策分析 ·· 134
第三节　贡献与作用 ··· 137
第四节　存在问题与建议 ··· 151

第九章　海洋经济发展示范区建设研究 ······································· 156
第一节　基本情况 ·· 156
第二节　主要政策 ·· 162
第三节　贡献与作用 ··· 164
第四节　存在问题与建议 ··· 166

第十章　重点开发开放试验区建设研究 ······································· 170
第一节　基本情况 ·· 170
第二节　核心政策 ·· 173
第三节　贡献与作用 ··· 174
第四节　存在问题与建议 ··· 177
参考文献 ·· 179

第十一章　国家级承接产业转移示范区建设研究 ························· 180
第一节　基本情况 ·· 180
第二节　发展现状与经验 ··· 181
第三节　存在问题与政策建议 ·· 184

第十二章　国家自主创新示范区建设研究 ···································· 186
第一节　基本情况 ·· 186
第二节　主要政策 ·· 190
第三节　贡献与作用 ··· 194
第四节　存在问题与建议 ··· 199

参考文献 ··· 200
第十三章　自由贸易试验区建设研究 ··· 201
　　第一节　基本情况 ··· 201
　　第二节　自贸区建设经验及问题 ··· 209
　　第三节　上海自贸区与福建自贸区 ··· 214
　　参考文献 ··· 215
第十四章　临空经济示范区建设研究 ··· 216
　　第一节　临空经济示范区总体发展概况 ······································· 216
　　第二节　国家级临空经济示范区建设情况 ····································· 220
　　第三节　贡献与作用 ··· 228
　　第四节　存在的问题 ··· 231
　　第五节　发展建议 ··· 233
第十五章　国家级产城融合示范区建设研究 ······································· 234
　　第一节　建设背景 ··· 234
　　第二节　主要政策 ··· 235
　　第三节　开展情况 ··· 240
　　第四节　贡献与作用 ··· 244
　　第五节　存在的问题 ··· 246
　　第六节　发展建议 ··· 248

第一章 中国模式与中国经济空间演化

改革开放以来，中国经济实现了世界历史上罕见的高速增长。1978~2019年，中国国内生产总值增长近39倍，从一个经济弱国成长为世界第二大经济体、第一大商品出口国和第三大对外投资国。这种变化不但大幅度地提高了中国的国家实力和国民生活水平，也极大地改变了中国的地表空间（包括土地利用、河流与湖泊、生态系统、城市、农村等），深刻地影响着未来的发展。变化之剧烈，无论对于身处变化之中的国内学者，还是对于作为"局外人"的国外学者，常常令他们感到应接不暇。很多社会经济现象转瞬即逝，甚至来不及让人们仔细观察。当学者们还在探究外资对中国经济发展和空间变化的影响时，中国很多地区已经出现了产业向海外转移之潮。从改革开放之初的引进外资，到当前企业"走出去"的大幕拉开，中国刚好经历了一个经济全球化周期，即以三四十年为周期的全球产业转移。总的来看，中国经济增长早已进入"新常态"，预计各种变化逐步趋缓，现在是可以全面梳理过去40年中国经济空间变化过程及其机制的时刻了。

尽管过去四十多年国内外学者持续关注我国经济空间的变化，包括区域差异、产业空间变化、城市空间扩张、产业集聚和产业转移等，但是由于变化的速度非常快，当回顾这些变化时会发现一些经济地理现象只是中长周期变化中的"浪花"。只有剥离这些"浪花"，才有可能认识中国经济空间变化的长期趋势。同时，这种中长期空间变化与国家改革开放特别是国家治理结构的不断变化密切相关，而且两者相互作用。而透视国家治理结构视角下的经济地理现象，既要探索市场机制下影响经济地理现象的因素和机制，也要分析政府的空间治理手段和措施，还要研究社会参与在空间治理中的作用。其中的实质问题是资源要素如何在不同地点或不同区域间进行配置。从众多传统的细分影响因素中抽象出较为综合的因素，获得较为宏观的驱动机制，可以更好地认识我国经济空间变化的长期趋势。

过去四十多年我国经济地理学的发展，一方面受到国家需求的驱动，开展了大量面向实践的研究工作，对国家和地方层面都产生了重要影响，为国家有关战略决策提供了重要的科技支撑；另一方面受到国外研究潮流的影响，如"制度和文化转向""关系转向""演化转向"等，在产业集群、跨国公司、创新、研发等方向上产生了大量研究成果。尽管这些受"转向"影响的研究很重视制度和文化因素对发展产生的作用，但是研究因素往往是地方尺度的。其原因是多方面的，而其中主要是经济全球化和新自由主义这两个相互关联的要素。经济全球化使"全球-地方"关系变得异常紧密起来，让国家似乎变得无足轻重了；新自由主义则推崇自由市场机制，轻视政府干预的作用。直到2008年全球金融危机之后，随着新自由主义思潮的冷却，国家尺度的因素和变化才又回到主流研究者的视野中。特别是在"多元化资本主义"（Variegated Capitalism）学派中，国家治理被置于重要位置。这种变化的内在含义是，经济空间变化一定发生在国家治理结构之中。从国家治理结构视角探究中国中长尺度经济空间变化规律，也是对中国经济地理学理论研究的重要补充。

第一节　关于中国模式

伴随中国成长为全球经济大国和塑造国际政治经济秩序的重要力量，西方越来越多的学者开始转换视角来观察和研究中国，关注中国经济发展道路和动力机制的独特性，即所谓的"中国模式"。此前，西方主流学者一直认为中国成功的发展是新自由主义的果实。例如，大卫·哈维就在其《新自由主义简史》一书中将中国的改革开放列为新自由主义到来的标志性事件（Harvey，2005）。国内学者也大多关注市场化改革及经济全球化的影响。当前"中国模式"的争论在很大程度上说明，此前基于新自由主义视角对中国经济发展及其空间变化的研究实际上是狭隘的。当然，这个争论也与西方学术界对新自由主义的反思有关。例如，福山（2007）对于国家治理与世界秩序的讨论，让西方很多学者重新认识到政府的作用。刘卫东将"中国模式"归结为中国特殊的治理结构，提出只有从市场、政府、社会、法制四个维度去理解"中国模式"，才能得到更加贴近真实的研究结论（Liu，2015）。

20世纪90年代以来，随着新自由主义的流行，市场机制成为世界范围内资源配置的主要方式。如何认识第二次世界大战以来主要发达资本主义国家发展呈现出来的日益明显的多样化趋势，成为理论界关注的焦点（Soskice，1997；Hall and Soskice，2001；Peck and Theodore，2007）。尽管在资本主义多样性的问题上，尚未达成统一的意见，但多数学者认为以美英为代表的"盎格鲁-萨克森模式"（自由式市场经济）和以欧洲大陆为代表的"莱茵模式"（调节式市场经济）最有代表性（Hall and Soskice，2001）。后来有学者将"莱茵模式"进一步划分为以日本为代表的"企业主导型"、以德国为代表的"国家主导型"和以瑞典为代表的"社会民主主义型"等（Boyer，2005）。

2008年以来，由于中国在应对全球金融危机上取得了较好的效果，学者们越来越多地关注中国发展机制、路径和道路的独特性，引发了对"中国模式"的热烈讨论（Breslin，2011；Fligstein and Zhang，2011；Peck and Zhang，2013；Zhang and Peck，2015；Naughton，2017）。但截至目前，国外的很多讨论都把"中国模式"归结为"多元化资本主义"的一种，出现了国家资本主义（Statist Capitalism）、威权资本主义（Authoritarian Capitalism）等代名词，而实际上中国政府认为其是中国特色社会主义（Liu，2015）。国外对"中国模式"的讨论涉及对所有制和市场经济的讨论和认识，以及对中国市场经济地位的认可。2020年初新冠肺炎疫情暴发以来，在全国人民共同努力下，中国疫情防控形势持续向好、生产生活秩序加快恢复的态势不断巩固和发展。这引发了国际上新一轮对"中国模式"的关注。例如，2020年4月，美国国会中国经济与安全审查委员会专门举办了"中国模式"听证会。尽管学术界对于什么是"中国模式"仍缺少共识，但是正如布莱斯林（Breslin，2011）所指出的，这场大讨论已经成为一种"言语行为"（speech act），即不管这个模式存在与否，大家正在赋予它特征、让它变得真实起来并产生力量。

事实上早在2004年，美国学者拉莫（Ramo，2004）就提出了"北京共识"，试图总结中国发展模式与拉丁美洲国家和东欧转型国家的不同。他认为，中国发展道路的特征是艰苦努力、主动创新和大胆试验；坚决捍卫国家主权和利益；循序渐进和积聚能量。尽管国际学术界对"中国模式"这一命题的争论从未停止（Huang，2008；郑永年，2011），但中国高速经济增长的动因、中国经济增长背后的发展逻辑、中国独特的文化传统和政治制度与其经济高速增长和社会相对稳定的联系，是国内外学者关注的共同话题。

国内外学者从不同理论角度研究了中国经济发展模式和经验，并形成了多样化的解释框架，大致可以把这些研究归纳为"传统文化基因""威权主义下的地方激励机制""渐进式制度改革"三个角度。随着日本的发展和"亚洲四小龙"经济腾飞，传统儒家文化价值在亚洲经济发展中的作用被重新认可（Chung et al.，1989），并被用于分析中国经济发展（Yeung，2004）。正如新教伦理是资本主义起源和发展的文化基因一样，独具特色的"中国模式"背后也离不开文化和精神的支撑。"儒教伦理"（Confucian Ethics）或"儒教资本主义"（Confucian Capitalism）成为欧美学者解释中国和亚洲经济奇迹的文化动因的重要理论工具（Yang and Tamney，2011）。

此外，学者们还从中央与地方、国家与社会两个维度剖析了中国特色的政治体制，市场经济转型中国家角色和地方政府治理转变对中国经济发展的影响（Shirk，1993；Xu，2011）。尽管市场经济机制已经取代计划经济体制，但基本政治制度（中国共产党的领导、人民代表大会制度、多党合作和政治协商制度、民族区域自治制度）、基本经济制度和分配制度得以坚持（Liu，2015），而这决定了市场机制创造的财富可以更加公平地分配与再分配，有利于创造稳定的市场运行环境（Liu et al.，2022）。在市场经济改革中，一方面，中央严格控制政治、人事任免、土地和项目审批；另一方面，通过财政分权和事权下放，赋予地方在经济社会发展上更多自主权，形成了"向地方分权的威权主义体制"（Regionally Decentralized Authoritarianism）和"市场维护型财政联邦主义"（Market-preserving Federalism）。

特别是20世纪90年代以来，市场改革步伐的加快、事权下放和财权上收、以GDP为核心的政府官员政绩考评制度（Li and Zhou，2005）及经济全球化，共同加剧了地方政府间竞争（Chien and Gordon，2008），强化了地方政府追求经济增长的动机（Lin，2009a；Ma and Wu，2013），加快了中国地方政府趋向企业化的步伐（Qi，1992；Lin，1995）。而中国特有的户籍制度、城乡二元土地制度的存在和城市土地市场的建立，为近年来地方政府走向依靠土地开发和城市空间开发的发展道路提供了制度性"便利条件"（Lin，2009b；Li et al.，2015）。

国内外学者普遍认为，正是中国选择了与苏联和东欧国家的"休克疗法"完全不同的渐进式改革道路才成就了中国的发展（Walder，1996；Zhang and Gang，1997；Haggard et al.，2008），因此需要深刻理解渐进式制度改革对中国经济社会发展的影响。中国渐进式改革道路以发展为目的，以循序渐进为策略。无论是经济体制改革、人事制度，还是对外开放，都采取了由试验到推广、从下到上、先易后难、由点到面、由表及里不断推进的策略（Naughton，1994，1995）。有关渐进式改革讨论的核心问题是改革开放以来如何建设"中国特色的市场经济"，主要涉及市场主体和市场体制建设。而这些渐进式改革的最初载体就是各种类型的特殊经济空间（各类功能平台）。

近二十年来，国内外学者针对中国区域发展格局、产业空间集聚（集群）、产业空间变化、城市经济空间演化、特殊经济空间（如特区、开发区）等方面开展了大量研究，积累了大量理论和实践成果。在"中国模式"（治理结构）研究方面，国内地理学者参与不多。国外地理学者在参与"多元化资本主义"的讨论中，对国家治理模式有所涉及，少数人讨论了中国的治理模式。但是，在国家治理结构与中国经济空间变化之间的相互作用关系上，还未出现比较系统的研究。

第二节　区域尺度经济空间变化

区域尺度的经济空间变化是国内外地理学者研究最多的议题，包括区域差异、区域发展格局、区域发展模式等。主流学者一般认为，中国区域尺度的经济空间不均衡发展是多样化因素共同作用塑造的，既不能低估经济全球化与沿海开发战略相结合所产生的作用，也不能忽视我国独特的发展道路所起的作用，如具有自身特色的转型经济、快速城市化以及巨大的国内需求市场（Wei et al., 2011）。Yuan 等（2014）提出分权化（decentralization）、全球化（globalization）和市场化（marketization）三元过程的分析框架，强调制度变化在区域发展中的重要角色。第一，中国的改革开放一开始就强调分权化过程，即中央政府分权给地方，赋予地方政府更多的发展经济的权力和责任。第二，全球化促进了中国的开放和融入全球经济，使我国在制造业全球布局调整的大背景下很快成为发展中国家中最大的外资接受国，但外资高度集中在沿海地区（Huang and Wei, 2011；贺灿飞，2005）。第三，市场化引入了区位的力量，特别是从 20 世纪 90 年代中国深化改革以来，社会主义市场经济改革导向越来越显著（Naughton, 2011），企业在区位选择时充分考虑成本和利润因素，可达性、土地价格、基础设施及劳动力和交通成本成为重要区位因素。

学者们也关注了城镇化在中国经济空间变化中的作用，尤其是土地城市化。陈明星等基于国际比较方法定量分析了 1960~2010 年的中国城市化演化过程，发现城市主导发展、市场化驱动的乡村工业化道路以及国家对地方城市发展放权三个因素促使城市化快速发展、城镇人口增长和城镇建成区扩展（Chen et al., 2013）。有学者指出，独特的土地商品化，以及地方政府积极追求的土地城市化融资战略，而非人力资本和高级技术，在中国大都市区发展中扮演了重要角色（Lin, 2014；Lin et al., 2014），而且中国城市扩张的驱动力有明显的政府和行政等级色彩（Li et al., 2015）。

学者们还对近二十年来外资对中国经济空间格局变化进行了实证分析（贺灿飞和梁进社，1999；贺灿飞和魏后凯，2004）。劳动力、国内资本和外资三种要素对中国内陆和沿海的影响不同，外资对内陆的边际生产率提高效果更为明显，内陆和沿海呈现出一个国家内两种不同经济体的趋势（Su and Jefferson, 2012）。也有学者认为沿海地区的外资集聚并不会造成空间非均衡的增长，强调沿海地区投资对其他地区的经济发展具有显著的溢出效应影响（Ouyang and Fu, 2012）。

中国沿海地区是国际学术研究关注的焦点区域。受益于不断深化的经济全球化进程，沿海地区获得了巨大发展优势。外资从早期主要集中在珠江三角洲逐步扩展到长江三角洲以及环渤海经济区，形成了独特的动态的演进路线。但广东和江苏两省始终是最大的外资接受区域（Zhao et al.，2012）。改革开放前期，减少政府管制、增加农村经济的多元化和市场化、放宽农村人口向城市迁移限制，极大地刺激了中国沿海地区城镇的发展（Ma and Lin，1993；Mody and Wang，1997）。改革开放中后期，沿海地区产业发展持续升级和优化调整，将城市发展置于更加重要的位置。2009 年，*Regional Studies* 刊出了关注亚洲区域发展模式专刊，其中有 4 篇论文直接关注中国沿海地区的发展模式。研究表明，2000 年以来中国台湾地区个人电脑领域投资从珠三角地区向长三角地区转移的再分配模式，阐明了全球经济发展背景下区域发展转向了跨越地方的动力机制（Yang，2009）。Kim（2012）分析了中国珠三角、长三角和京津冀三个核心经济区发展态势，认为这三大区域产业景观从单一结构向多样化结构转变，成功地实现了制造业升级，显著地改变了东亚地区产业经济地理空间网络，并且正在成长为东亚地区产业和贸易网络的中心。

此外，国内外学者还深入研究了一些具有特点的区域发展模式，如温州模式、苏州模式、深圳模式等。例如，魏也华等分析了苏州从传统乡镇企业模式发展到全球化的外资及高技术中心的过程，认为苏州工业园发挥了重要作用，其不仅仅是工业园区，更像是卫星城区，甚至可能会演变成马歇尔型产业区，从而避免全球化与地方化的二元分化（Wei et al.，2009）。跨国公司在苏南地区起着重要作用，跨国公司的地方化和提升内生增长能力是未来苏南模式的重要内容，新区域主义和全球生产网络都不能很好解释苏南发展模式，苏南模式在重构中不断发展（Wei，2010）。Cartier（2009）则分析了深圳从制造业中心向世界城市的经济转型和城市发展转型的过程，指出政府在转型过程和城市新中心建设中起着重要作用。

第三节 制造业空间变化

近年来学术界对中国制造业空间变化特征的研究成果主要涵盖三个方面：一是在全国尺度讨论制造业空间分布的地理集中以及由此产生的区域差异化；二是区域层面的制造业集群化和园区化；三是在城市层面关注由企业空间扩散与转移而带来的郊区化。

在制造业地理集中的研究方面，一是对我国地理集中现象的验证。相关研究表明，中国制造业的产业地理集中状况明显（张同升等，2005；贺灿飞和谢秀珍，2006；王业强和魏后凯，2006）。二是对中国地理集中空间分布差异的论证，贺灿飞和刘洋（2006）、赵洪蕾（2007）的研究结果表明，我国大部分内陆省区市的产业专业化程度逐渐增强，产业地理集中主要发生在东南沿海地区，专业化程度不断提高。三是对不同行业地理集中程度差异的探讨。研究结果显示各类产业呈现两种主要的变化格局：一类产业自 20 世纪 80 年代以来总体趋于集中，这类产业向沿海地区集聚；另一类产业在 80 年代分散但 90 年代以来逐渐集中，这些产品属于资源密集型或资本密集型产业，多数向沿海省区集中（贺灿飞和谢秀珍，2006）。

对产业分布区域差异的研究集中于两个方面：一是对全国大区域层面的区域差异探讨。陆大道（1990）研究发现，我国制造业东高、中次、西低的"三级阶梯"结构及工业分布的"东西问题"和"南北问题"较为明显，东部的工业产值远高于西部，南北方虽然在工业产值上基本相当，但工业结构上却相差很大。二是对制造业省际（区际）分布差异研究。江激宇和张士云（2007）研究表明，改革开放以来，中国制造业各行业发生了显著的空间聚集过程，中西部地区制造业空间集聚呈现总体下降的趋势，而东部地区的制造业集聚呈现总体上升的趋势，越来越显现出中国制造业中心的趋势。

在区域尺度，产业园区化的趋势显著。园区化是指打破行政区划和管理体制的限制，在一定的地域空间内某个或者几个特定产业规模集聚和迅速发展的区域化整合发展趋势，这已经成为中国制造业发展到一定阶段出现的集约型发展模式。国内学者对开发区、高新技术产业区的区位与空间模式进行了研究（崔功豪，1999；顾朝林等，2003），并对国内经济技术开发区（简称经开区）的类型、结构、产业发展、文化、投资环境、发展方向和中关村现象进行研究（周文，1999；杨开忠和邓静，2001；张晓平和刘卫东，2003；王缉慈，2005b）。

关于制造业在城市层面分布格局的研究主要集中于制造业企业外迁，即工业郊区化的问题。1980年以后东部沿海的许多大城市出现的工业企业外迁减轻了城区的污染、腾出了中心区高租金土地，既支持了第三产业的发展也为工业自身的发展获得了空间，加快了企业的技术改造、产品结构调整和生产要素的优化组合，有力地促进了郊区化的发展（顾朝林，1995；阎小培，1999）。随着经济全球化和城市时代的到来，城市功能进入重构时期，城市涌现了众多新的产业，提出了城市空间重组的要求。在城市新的产业空间扩张的过程中，近郊型的新产业空间是我国城市开发区的主要类型。我国城市在功能升级与空间扩展上拥有同西方国家不同的特点，即工业先行、中心繁荣与郊区化并存、郊区距中心城区距离不远和社会阶层地域分异不明显。伴随着城市空间扩展，城市将按经济效率原则进行空间重新组合与功能配置，具体表现为城市中心区的地租上升，工业向城市外围迁移。

研究发现，改革开放以来我国制造业空间变化呈现了"大分散、小集中"的基本特征（高波阳，2019）。宏观尺度上，沿海地区成为国家制造业增长的主要推动力，跨区域要素流动与重组不断加快，地区间差异不断扩大。在各地区工业增速普遍提升、市场竞争秩序逐步规范的背景下，我国制造业空间分布呈现了向东部沿海集中，向长三角、珠三角、京津冀等大都市圈集中和向少数省区市集中的特点。改革开放后，尤其是1992年邓小平南方谈话后，沿海地区利用两种资源、两个市场，凭借资源禀赋和区位优势，在对外开放和鼓励非国有经济发展的制度环境下，率先吸引了大量外资与国内丰富的劳动力和资本，成为国家经济增长的主要推动力。而东北地区在全国工业所占的比例明显下降。地区间发展差异不断扩大，农村改革、金融改革等制度环境也在变化，劳动力和资本跨地区流动与重组加速。一方面，部分优势制造业企业为获取即时充分的信息、高端的技术与资源，将总部和研发部门向直辖市、沿海发达地区的省会城市和特大城市迁移；另一方面，随着中部崛起、西部大开发、东北老工业基地振兴等区域战略的实施，部分企业面临生产成本上涨压力，也有意识地选择将生产部门向中西部内陆地区转移。

中观尺度上，地区分工与专业化开始形成，部分区域形成了具有地方特色的区域工业发展集群。随着各地区工业化进程加快和对外开放程度的不断提高，我国已经融入国际产业分工体系，并成为国际产业转移最重要的国家之一。伴随着国内市场竞争的不断深入，生产要素呈现了向具有比较优势地区集中的特点，推动了地区工业分工与专业化的形成。

各地区根据本地资源禀赋和产业基础制定了产业发展方向和政策,并积极进行制度改革摸索和创新。不同地区资源禀赋、区位、市场、工业基础等经济发展条件具有差异性,各地方政府创新能力、行政能力不均衡,致使各地区制度创新程度、改革实施力度和工业发展能力存在差异,导致在区域尺度不同城市制造业空间分布的不均衡性,部分区域产业集中度不断提高。同时,我国沿海地区出现了特色产业集群的发展模式,如以私营企业为代表的"温州模式",以乡镇企业为代表的"苏南模式"和以外资企业为代表的"广东模式"。这些产业集群和特色镇、专业镇的不断涌现也增强了地区县域、市域的经济能力和产业竞争力,成为地区专业化进程的显著特点之一。

微观尺度上,城市内部工业分布"郊区化"和"园区化"进程不断加快,开发区等特殊经济空间成为我国工业经济发展的龙头力量和重要的空间载体。从1984年国务院开始设立开发区起,经过30多年的发展,我国各类开发区在资金、土地、人才和经验相对匮乏的初始条件下,凭借优越的区位、优惠的政策和实干的精神,已经成为全国产出最高、拉动力最强、示范效应最明显的区域之一,对区域发展和工业崛起发挥了重要积极的作用(见本书第二章)。伴随着部分大中型城市纷纷出台相关政策,实现城市中心城区"退二进三",鼓励工业企业退城进郊、进区入园,对规模较小、布局散乱的工业点和工业园区进行合并、调整,使得大中型城市内的工业发展"园区化"比例不断提高。开发区逐渐发展成为城市产业集聚的载体、对外开放的窗口、体制创新的试验田和经济发展的增长极。多数国家级园区、示范基地都分布于城市的远近郊区,致使我国绝大多数城市制造业郊区化进程较为明显。

第四节　城市经济空间变化

城市的快速扩张及其内部空间重构是最近二十年中国经济空间变化最突出的表现之一。其中,三个变化或发展构成了我国城市经济空间变化的核心。一是建设不同尺度、不同主体和不同主题的各类开发区,成为各类"新""老"经济空间要素的汇聚地,成为我国城市的增长极和神经元(杨振山和蔡建明,2012)。二是房地产大规模建设,一方面大幅度提高了人居住房水平,另一方面也造成了地方土地财政、社会收入极化等政府管理和社会发展窘境。三是从重工业到电子信息制造业,再到商业服务业的产业重点和热点的更迭,客观上帮助了中国城市在市场经济下在产业链条上的攀升,以及在全球化背景下逐渐和国外发达城市进入同一发展阶段和轨道。

在这三个重要发展或变化的前提下,我国城市建设在过去几十年中不断学习、赶超欧美先进国家。与此同时,西方人文-经济地理学知识在中国城市发展中不断得到应用和检验(贺灿飞等,2014)。特别是2000年以后,我国学者在国际人文经济地理理论的交流和对话不断加强。受20世纪80年代以来西方人文地理学"文化转向"和"制度转向"等的影响,我国经济地理学者研究视角不断多元化,开始注意制度、文化、网络、学习和创新等对城市发展的影响(刘卫东和陆大道,2004;吕拉昌和魏也华,2005;曾刚和林兰,2008)。随后的"关系转向"和"演化转向"引导我国经济地理学者关注城市空间经济要素之间的相互关系和发展路径,深入理解城市的发展过程(李小建和苗长虹,2004;苗长虹和魏也华，2007；贺灿飞等，2014）。关于新经济地理学思维与研究范式的争论则大大激发了经济地理学者用严格的经济学范式来解决地理问题（或将二者有机地结合），对城市发展问题进行模拟和分析（刘安国和杨开忠，2001；谢燮和杨开忠，2004；何雄浪和李国平，2006a；苗长虹和魏也华，2007；李玉成和杨开忠，2008；段学军等，2010；潘峰华和贺灿飞，2010）。

我国人文地理学者在城市方面开展了大量卓有成效的工作。在城市发展战略方面，以竞争力为框架分析城市的功能定位，将城市发展置于更加广阔的外部环境和竞争情景中加以确定，从而使得城市发展符合市场化和全球化的一般要求（宁越敏和唐礼智，2001；张京祥等，2004；王发曾和吕金嵘，2011；杨振山和蔡建明，2012）。在生产布局方面，逐渐从单纯的区位论转向产业或企业空间集聚的过程与原因，深层次揭示空间经济发展的一般规律（Wei and Wang，1993；Wang J C and Wang J X，1998；王缉慈，2001；安虎森和朱妍，2003；Yu and Tong，2003；何雄浪和李国平，2006b；苗长虹和魏也华，2009；Li et al.，2012；杨振山和蔡建明，2012）。在城市微观经济体方面，重视现代企业发展的地理影响因素，从地理学视角揭示企业空间活动规律。在城市空间结构方面，以新经济地理学为基础，以空间统计、GIS 空间分析和计算机模拟等技术手段揭示城市空间单元的相互影响关系并进行优化分析（陈良文和杨开忠，2008；Yang et al.，2012）。在城市社会方面，关注市场经济时期城市社会空间结构的层级问题与空间分异（李志刚等，2004；Gu et al.，2006），以及城市居民的行为过程（甄峰等，2009；张艳等，2014；柴彦威和张雪，2014）。

2000 年，中国人口城镇化率超过 50%，这是中国社会发展中一个里程碑，不仅表明我们已经进入以城市为主体的社会时代，同时表明城市发展从量的扩张步入质的提升。在量的扩张阶段，城市经济空间变化最快、动力最足的就是开发区建设与发展（丁悦等，2015，2016）。在改革开放初期，作为特殊经济优惠政策和管理体制的载体，开发区为城市建设快速搭建起产业平台，起到了在要素短缺的情况下刺激经济增长的作用。在城市发展初具规模时期，在市场推动和政府"企业入园"的引导下，开发区为实现规模经济和范围经济、推动经济创新和提高城市经济竞争力提供了抓手。因此，在量的扩张型城市经济发展过程中，开发区一直都是我国城市经济空间的动力源，带动了城市产业规模的扩张与产业结构的升级，促成了城市产业空间的重构与演变（Yang et al.，2014，2016；Yang and Dunford，2017）。其结果是，形成了开发区建设水平与城市发展水平大体上相互呼应、相互依托、相互推动的格局（丁悦等，2016）。

城镇化率到 50% 以后，城市问题逐渐显露。解决城市问题，提升城市发展质量成为城市建设的主要任务，城市经济空间的演变和动能再造从原来单纯依靠产业驱动过渡到产业和人的合力。一方面，人才是产业实现创新驱动的重要来源（Yang and Pan，2020a）；另一方面，城市需要提供一个更加开放、包容、和谐的环境以满足产业工人的需要（Yang et al.，2019b），从而推动城市的可持续发展。在这两个过程当中，城市经济空间内部要素间越来越复杂（Yang and Pan，2020b）；城市经济空间与城市社会空间甚至是城市绿色空间的相互关系日益紧密，教育、绿色环境成为人居的重要因素，进而影响到人口流动（Yang et al.，2017）、城市内部迁居和城市的发展活力（杨振山等，2015；温婷等，2016；刘义等，2018）。例如，近年来广受关注的学区问题本质上是教育空间资本化的呈现（杨振山等，2018），当这一问题与产业空间耦合时，表明城市居民在居住选择时不仅会考虑到就业邻近性，还会考虑到所在学区的质量（Yang et al.，2019）。因此，在高质量建设阶段，城市经济空间将是一个立体的、多维的发展场景，深刻理解社会、环境与经济的相互关系为建立内涵式发展关系提供了途径。

第五节　特殊经济空间

从建立特殊经济空间进行治理模式的探索到将成熟的治理手段推广到全国，是中国过去三十年经济发展及经济空间演化的主要路径。广义而言，特殊经济空间通常指一个国家或地区为吸引外部生产要素、促进自身经济发展，而划出一定范围并在其中实施特殊体制、政策和管理手段的特定区域（Litwack and Qian，1998）。20 世纪 50 年代中期，许多发达国家的城市中心面临巨大压力和环境污染等问题，伴随着交通快速发展和信息技术传播，以工业园区为代表的特殊经济区快速兴起（UNIDO，1978；Conway et al.，1979）。而发展中国家特殊经济区的建立却基于完全不同的原因和背景（王缉慈，2011）。60 年代，为推动国家发展战略从"进口替代型"向"出口导向型"的转变，在许多发展中国家，尤其是亚洲地区，经济特区、出口加工区等特殊经济空间迅速成长（Ma，1993；Ge，1999）。

我国一直推行"渐进式"改革，其典型做法就是在部分地区先行先试，然后总结试点地区的先进经验和教训进行适度或全面推广，而其先行先试的载体就是不同空间尺度的特殊经济空间。例如，以市级尺度为基本单元的经济特区（深圳等）、全国城乡统筹综合配套改革试验区（重庆、成都）、自由贸易试验区（上海）等，以城市内有发展潜力的区域为基本单元的新区（上海浦东新区、天津滨海新区等），以城市内特殊功能单元为载体的开发区（经开区、高新技术产业开发区等）、保税区（综合保税港区等）等。与此同时，也存在具有特殊功能的经济区包含多种空间尺度，如为发展我国与周边国家的经济贸易和睦邻友好关系、繁荣少数民族地区经济，经国务院批准开放的边境口岸城市，以及在城市内部设立的边境经济合作区（简称边合区），在边境开设的边民互市贸易区等。

关于特殊经济空间，尤其是开发区（新产业空间）的研究，可以分为社会学、经济学和地理学三个视角，现有研究成果多基于对社会学理论的延伸。社会学视角从微观层面寻求特殊经济空间发展机制的解释，利用社会资本和社会网络的概念揭示开发区的发展机理（Bagnasco，1977），提出空间集聚可以使企业相互靠近，便于在长期交往中建立和形成人与人、企业与企业之间的信任关系，从而降低交易费用。

在经济学领域，制度经济学、新竞争经济学和新经济地理学都对新产业空间的集聚和发展进行了深入分析。其中，制度经济学关注制度成本的作用，认为规范的制度体系可以降低协调成本与交易成本，增加信任和协作（柯武刚和史漫飞，2000）。新竞争经济学指出产业园区的发展不仅能够降低交易成本、提高效率，而且能够改进区域的激励方式，创造出信息、专业化制度、名声等集体财富。同时园区的发展也能够改善创新条件，加速生产率成长，有利于新企业形成（樊纲，2009）。新经济地理学借鉴地理学的观点并与经济学结合，强调空间成本的作用，且试图通过定量的模型来表达对空间集聚原理的分析（Krugman，1997）。

城市地理学、经济地理学等对于特殊经济空间发展的研究关注点不同。城市地理学对新产业空间的关注从产业郊区化的视角切入，着重分析产城互动的关系。企业地理学研究着重从企业空间行为及跨国公司空间扩散入手。而经济地理学者们一方面基于区位论，侧重对开发区、高新技术产业区的区位与空间模式研究（崔功豪，1999；朱晓明，2000；杨开忠和邓静，2001；顾朝林等，2003）；另一方面，引入社会学等经典理论，从网络、嵌入、创新、劳动力等视角，提出产业园区形成和发展的动因及机理（Malmberg，1994；Saxenian，1994；Yeung，1994；Mullings，1999；刘卫东，2003）。

与西方自由市场经济环境下产业空间演变主要依赖技术和市场驱动不同，中国特殊经济空间的形成与发展是本地要素与全球力量、历史条件与现实努力、技术创新与制度变革共同作用的结果（Liu，2015；Yin et al.，2015）。政府空间治理（如土地制度）工具的变化、企业所有制的变迁和在全球经济中的嵌入程度都深刻影响中国特殊经济空间的形成与演变（Gao et al.，2017；Wang et al.，2020）。以武汉光谷为例，"二元"土地制度的确立为生物产业的发展提供了土地空间，而分权化改革激励了地方政府不断优化武汉市和光谷的产业发展和营商环境，从而吸引大量的跨国企业以壮大本地的生物产业规模（刘志高和张薇，2018）。

特殊经济空间的形成与发展不仅影响我国经济的总体格局变化（Chen et al.，2020），还深刻影响每座城市的空间变化（Yang et al.，2019）。从表面上看，中国的城市空间演变与成熟市场经济体制下的欧美国家，乃至后社会主义国家都具有很强的相似性。但深入挖掘后发现，中国大城市空间扩展规模之大、速度之快是其他国家难以比拟的，而且中国空间扩展表现出不同于欧美国家和后社会主义国家的空间形态，如政府规划设立的园区成为主要的载体等。这与中国所特有的城市空间治理体系息息相关，即财权和事权的下放、官员GDP考核和深圳等经济特区的示范效应，导致各地政府热衷新建各类开发区和基础设施大项目，而政府对土地和规划的垄断权为农业用地转为建设用地创造了制度性便利（Liu et al.，2019）。

第六节　小　　结

总体上看，国内外学者对于中国区域尺度的经济空间变化研究已经比较深入，影响变化的因素不断多样化，涉及体制改革、经济全球化、市场机制等方面。但是，对这些因素的分析往往是相互独立的，国家治理结构与区域尺度空间变化之间的关系尚有待进一步揭示。对特殊经济空间的形成和发展的探究多数限于对开发区本身，或开发区及其内部企业，或开发区与其所在城市关系的研究，并未探讨特殊经济空间对国家治理模式演化的作用。如果将特殊经济空间看作国家经济空间演化的"基因"孵化器，那么探讨空间"基因"如何被成功培育和推广，从而推动治理模式变化的研究还很匮乏。城市经济空间研究比较重视经济发展规律在空间上应用和表达，但缺乏对经济空间变化的机制以及所产生的社会和环境影响的研究。特别是，对于城市经济空间快速扩张带来的外部负效应预期不足，亟须从综合角度加以分析。

有关"中国模式"的研究存在三点不足。一是现有研究多是对改革开放以来发展经验的总结，而对中国发展道路的时代渊源和历史继承性缺乏深入考察。中国特色的发展道路是近现代中国人民在追求独立解放和繁荣富强过程中不断探索出来的。忽略中国历史悠久的传统大国治理经验以及改革开放前三十年的"创造性破坏"和"试错式"发展，就难以理解改革开放发展道路选择的历史必然性。二是中国发展道路由经济、政治、社会三大子系统构成，当前研究并没有形成一个有机的框架。三是相对较少地关注中国发展道路的空间选择维度和空间扩散过程。改革开放后中国选择了一条先开放东部沿海部分城市，建立经济特区，再开放沿海区域，形成沿海开放带，再向中西部地区开放，逐步构建全方位开放格局的道路。每项重大改革都是在特殊经济空间内先行试点，再总结经验向全国推广。这种先点后面、不断推进的改革方式不仅避免了大的社会震荡，降低了试错成本，同时也为中国探索适应国情的发展模式提供了足够时间和空间，以适应新的变化环境。这是从空间层面探索"中国模式"的关键着眼点。

本书在国家自然科学基金重点项目"改革开放以来我国经济空间演化机制研究"的支持下，重点探讨改革开放以来我国主要特殊经济空间的发展过程和改革重点及其空间扩散和对地区经济发展的贡献，旨在揭示这些空间治理载体和治理工具的历史意义。需要指出的是，改革开放以来我国设立的各种功能平台（特殊经济空间）多达数十个，有的存在时间很短，有的没有全面推广。受数据资料可获得性所限，本书仅仅选取了其中的13种平台进行研究，包括经济技术开发区、海关特殊监管区、国家级高新技术产业开发区（简称国家高新区）、国家级新区、边境经济合作区、国家综合配套改革试验区（简称国家综改区）、海洋经济发展示范区、重点开发开放试验区、国家级承接产业转移示范区、国家自主创新示范区（简称国家自创区）、自由贸易试验区、临空经济示范区和国家级产城融合示范区。我们期望对这13种特殊经济空间的剖析及其空间扩散的研究，能够帮助读者理解改革开放以来我国经济空间演化背后的空间治理机制变化。

参 考 文 献

安虎森，朱妍. 2003. 产业集群理论及其进展. 南开经济研究，(3)：31-36.
柴彦威，张雪. 2014. 北京郊区女性居民一周时空间行为的日间差异研究. 地理科学，(6)：725-732.
陈良文，杨开忠. 2008. 集聚与分散：新经济地理学模型与城市内部空间结构、外部规模经济效应的整合研究. 经济学，(1)：53-70.
崔功豪. 1999. 区域分析与规划. 北京：高等教育出版社.
丁悦，蔡建明，杨振山. 2015. 中国城市开发区研究综述及展望. 工业经济论坛，(1)：148-160.
丁悦，杨振山，蔡建明，等. 2016. 国家级经济技术开发区经济规模时空演化及机制. 地域研究与开发，35(1)：51-56，107.
段学军，虞孝感，陆大道，等. 2010. 克鲁格曼的新经济地理研究及其意义. 地理学报，(2)：131-138.
樊纲. 2009. 中国经济特区研究——昨天和明天的理论与实践. 北京：中国经济出版社.
福山. 2007. 国家构建：21世纪的国家治理与世界秩序. 黄胜强，许铭原，译. 北京：中国社会科学出版社.
高菠阳. 2019. 我国制造业空间变化研究——制度变迁的视角. 北京：经济科学出版社.
顾朝林. 1995. 中国大城市边缘区研究. 北京：科学出版社.

顾朝林，赵令勋，等．2003．中国高技术产业与园区．北京：中信出版社．
何雄浪，李国平．2006a．关系经济地理学产业集群理论研究进展及其评析．经济地理，（5）：731-736.
何雄浪，李国平．2006b．新经济地理学产业集群理论述评．贵州社会科学，（2）：24-27.
贺灿飞．2005．外商直接投资区位：理论分析与实证研究．北京：中国经济出版社．
贺灿飞，郭琪，马妍，等．2014．西方经济地理学研究进展．地理学报，（8）：1207-1223.
贺灿飞，梁进社．1999．中国外商直接投资的区域分异及其变化．地理学报，（2）：3-11.
贺灿飞，刘洋．2006．产业地理集聚与外商直接投资产业分布——以北京市制造业为例．地理学报，61（12）：1259-1270.
贺灿飞，魏后凯．2004．新贸易理论与外商在华制造企业的出口决定．管理世界，1：27-38.
贺灿飞，谢秀珍．2006．中国制造业地理集中与省区专业化．地理学报，61（2）：212-222.
胡序威，周一星，顾朝林，等．2000．中国沿海城镇密集地区空间集聚与扩散研究．北京：科学出版社．
江激宇，张士云．2007．中国制造业空间集聚的实证分析．工业经济，（4）：40-45.
柯武钢，史漫飞．2000．制度经济学．北京：商务印书馆．
李小建．2016．中国特色经济地理学探索．北京：科学出版社．
李小建，苗长虹．2004．西方经济地理学新进展及其启示．地理学报，（S1）：153-161.
李玉成，杨开忠．2008．新经济地理学预期问题的回顾与展望．广西社会科学，（6）：86-91.
李志刚，吴缚龙，卢汉龙．2004．当代我国大都市的社会空间分异——对上海三个社区的实证研究．城市规划，28（6）：60-67.
刘安国，杨开忠．2001．新经济地理学理论与模型评介．经济学动态，（12）：67-72.
刘卫东，陆大道．2004．经济地理学研究进展．中国科学院院刊，（1）：35-39.
刘卫东．2003．论全球化与地区发展之间的辩证关系——被动嵌入．世界地理研究，12（1）：1-9.
刘义，刘于琪，刘晔，等．2018．邻里环境对流动人口主观幸福感的影响——基于广州的实证．地理科学进展，37：986-998.
刘志高，张薇．2018．中国大都市区高新技术产业分叉过程及动力机制——以武汉生物产业为例．地理研究，（7）：1349-1363.
陆大道．1990．中国工业布局的理论与实践．北京：科学出版社．
吕拉昌，魏也华．2005．新经济地理学中的制度转向与区域发展．经济地理，（4）：437-441.
苗长虹，魏也华．2007．西方经济地理学理论建构的发展与论争．地理研究，（6）：1233-1246.
苗长虹，魏也华．2009．分工深化、知识创造与产业集群成长——河南鄢陵县花木产业的案例研究．地理研究，（4）：853-864.
宁越敏．2012．中国城市化特点、问题及治理．南京社会科学，（10）：19-27.
宁越敏．2014．中国推进新型城镇化战略的思考．上海城市规划，（1）：43-47.
宁越敏，唐礼智．2001．城市竞争力的概念和指标体系．现代城市研究，（3）：19-22.
潘峰华，贺灿飞．2010．新经济地理学和经济地理学的对话——回顾和展望．地理科学进展，（12）：1518-1524.
王发曾，吕金嵘．2011．中原城市群城市竞争力的评价与时空演变．地理研究，（1）：49-60.
王缉慈．2001．创新的空间——企业集群与区域发展．北京：北京大学出版社．
王缉慈．2005a．产业集群和工业园区发展中的企业邻近与集聚辨析．中国软科学，（12）：91-98.
王缉慈．2005b．怎么找中关村的产业集群．中关村，（6）：69-70.
王缉慈．2011．中国产业园区现象的观察与思考．规划师，（9）：5-8.
王业强，魏后凯．2006．产业地理集中的时空特征分析——以中国28个两位数制造业为例．统计研究，（6）：28-33.

温婷, 林静, 蔡建明, 等. 2016. 城市舒适性: 中国城市竞争力评估的新视角及实证研判. 地理研究, 35 (2): 214-226.

谢燮, 杨开忠. 2004. 新经济地理学诞生的理论基石. 当代经济科学, (4): 53-57.

阎小培. 1999. 信息产业与城市发展. 北京: 科学出版社.

杨开忠, 邓静. 2001. 中关村科技园区空间布局研究. 城市规划汇刊, (1): 26-30.

杨振山, 蔡建明. 2012. 产业集群理论内涵的演变及对我国城市规划与发展的启示. 城市规划, 36 (12): 60-68.

杨振山, 粟子林, 丁悦, 等. 2018. 学区化外部性对城市空间的影响. 人文地理, 33: 60-67.

杨振山, 张慧, 丁悦, 等. 2015. 城市绿色空间研究内容与展望. 地理科学进展, 34: 18-29.

曾刚, 林兰. 2008. 技术扩散与高技术企业区位研究. 北京: 科学出版社.

张京祥, 吴缚龙, 崔功豪. 2004. 城市发展战略规划: 透视激烈竞争环境中的地方政府管治. 人文地理, 19 (3): 1-5.

张同升, 梁进社, 宋金平. 2005. 中国制造业省区间分布的集中与分散研究. 经济地理, 25 (3): 315-319.

张晓平, 刘卫东. 2003. 开发区与我国城市空间结构演进及其动力机制. 地理科学, (2): 142-149.

张艳, 柴彦威, 郭文伯. 2014. 北京城市居民日常活动空间的社区分异. 地域研究与开发, (5): 65-71.

赵洪蕾. 2007. 中国制造业集聚水平及影响因素分析. 长春: 吉林大学.

甄峰, 魏宗财, 杨山, 等. 2009. 信息技术对城市居民出行特征的影响——以南京为例. 地理研究, (5): 1307-1317.

郑永年. 2011. 中国模式: 经验与困局. 杭州: 浙江人民出版社.

中国产业集群报告课题组. 2009. 中国产业集群发展报告. 北京: 机械工业出版社.

周文. 1999. 产业空间集聚机制理论的发展. 经济科学, (6): 96-101.

朱晓明. 2000. 开发区规划研究. 北京: 海洋国际出版社.

Bagnasco A. 1977. Tre Italie: La Problematica Territoriale Dello Sviluppo Italiano. Bologna: il Mulino.

Boyer R. 2005. Coherence, diversity, and the evolution of capitalisms–the institutional complementarity hypothesis. Evolutionary and Institutional Economics Review, (2): 43-80.

Breslin S G. 1996. China: Developmental state or dysfunctional development. Third World Quarterly, 17 (8): 689-706.

Breslin S G. 2011. The 'China model' and the global crisis: From Friedrich List to a Chinese mode of governance? International Affairs, 87 (6): 1323-1343.

Cartier C. 2009. Transnational urbanism in the reform-era Chinese city: Landscapes from Shenzhen. Urban Studies, 39: 1513-1532.

Chen M, Liu W, Tao X. 2013. Evolution and assessment on China's urbanization 1960-2010: Under-urbanization or over-urbanization? Habitat International, (38): 25-33.

Chen W, Liu W, Liu Z. 2020. Integrating land surface conditions and transport networks to quantify the spatial accessibility of cities in China. Journal of Maps, 16 (1): 6-12.

Chien S S, Gordon I. 2008. Territorial competition in China and the west. Regional Studies, 42 (1): 31-49.

Chung C H, Shepard J M, Dollinger M J. 1989. Max weber revisited: Some lessons from East Asian capitalistic development. Asia Pacific Journal of Management, 6 (2): 307-321.

Conway M, Liston L, Saul R J. 1979. Industrial Park Growth: An Environmental Success Story. Georgia: Conway Publications.

Fligstein N, Zhang J. 2011. A new agenda for research on the trajectory of Chinese capitalism. Management and Organization Review, (7): 39-62.

Gao B, Dunford M, Norcliffe G, et al. 2017. Capturing gains by relocating global production networks: The rise of Chongqing's notebook computer industry, 2008- 2014. Eurasian Geography and Economics, 58 (2): 231-257.

Ge W. 1999. Special economic zones and the opening of the Chinese economy: Some lessons for economic liberalization. World Development, 27 (7): 1267-1285.

Gu C, Chan R C K, Liu J, et al. 2006. Beijing's social-spatial restructuring: Immigration and social transformation in the epoch of national economic reformation. Progress in Planning, 66 (4): 249-310.

Haggard S, Huang Y, Brandt L, et al. 2008. The Political Economy of Private-sector Development in China//Brandt L, Rawski G T. China's Great Transformation. Cambridge: Cambridge University Press.

Hall P A, Soskice D. 2001. An Introduction to Varieties of Capitalism//Hall P A, Soskice D. Varieties of Capitalism. The Institutional Foundations of Comparative Advantage. Oxford: Oxford University Press.

Harvey D. 2005. A Brief History of Neoliberalism. Oxford: Oxford University Press.

Huang Y S. 2008. Capitalism with Chinese Characteristics: Entrepreneurship and the State. Cambridge: Cambridge University Press.

Huang H, Wei Y H D. 2011. Location and determinants of foreign investment in China. Erdkunde, 65 (1): 7-23.

Kim W B. 2012. The rise of coastal China and inter-regional relations among core economic regions of East Asia. The Annals of Regional Science, 48 (1): 283-299.

Krugman P R. 1997. Development, Geography and Economic Theory. Cambridge: The MIT Press.

Li H, Wei Y H D, Liao H F, et al. 2015. Administrative hierarchy and urban land expansion in transitional China. Applied Geography, 56: 177-186.

Li H B, Zhou L A. 2005. Political turnover and economic performance: The incentive role of personal control in China. Journal of Public Economics, 89 (9-10): 1743-1762.

Li P F, Bathelt H, Wang J. 2012. Network dynamics and cluster evolution: Changing trajectories of the aluminium extrusion industry in Dali, China. Journal of Economic Geography, 12 (1): 127-155.

Lin G C S. 2014. China's landed urbanization: Neoliberalizing politics, land commodification, and municipal finance in the growth of metropolises. Environment and Planning A, 46 (8): 1814-1835.

Lin G C S. 2009a. Developing China: Land, Politics and Social Conditions. London: Routledge.

Lin G C S. 2009b. Scaling up regional development in globalizing China: Local capital accumulation, land-centered politics, and reproduction of space. Regional Studies, 43 (3): 429-447.

Lin G C S, Li X, Yang F F, et al. 2014. Strategizing urbanism in the era of neoliberalization: State power reshuffling, land development, and municipal finance in urbanizing China. Urban Studies, 52 (11): 1962-1982.

Lin N. 1995. Local market socialism: Local corporation in action in rural China. Theory and Society, (24): 301-354.

Litwack J, Qian Y. 1998. Balanced or unbalanced development: Special economic zones as catalysts for transition. Journal of Comparative Economics, 26: 117-141.

Liu W D. 2015. Governance, Politics and Culture//Dunford M, Liu W D. The Geographical Transformation of China. London: Routledge, 22-59.

Liu W D, et al. 2022. Exploring the Chinese social model. UK: Agenda.

Liu Z, Zhang J, Golubchikov O. 2019. Edge-Urbanization: Land policy, development zones, and urban expansion in Tianjin. Sustainability, 11 (9): 2538.

Ma H. 1993. Guide to Investment in China's Economic Development Zones. Beijing: China Statistical Publisher.

Ma L J C, Lin G C S. 1993. Development of towns in china: A case study of guangdong province. Population and Development Review, 19 (3): 583-606.

Ma L J C, Wu F L. 2013. Restructuring the Chinese City: Changing Society, Economy and Space. London: Routledge.

Malmberg A. 1994. Industrial geography. Progress in Human Geography, (18): 532-540.

Mody A, Wang F Y. 1997. Explaining industrial growth in coastal China: Economic reforms…and what else? The World Bank Economic Review, 11 (2): 293-325.

Mullings B. 1999. Sides of the same coin? Coping and resistance among Jamaican data-entry operators. Annals of the Association of American Geographers, (89): 290-311.

Naughton B. 1994. Chinese institutional innovation and privatization from below. American Economic Review, 84: 266-270.

Naughton B. 1995. Growing Out of the Plan: Chinese Economic Reform 1978-1993. Cambridge: Cambridge University Press.

Naughton B. 2011. China's economic policy today: The new state activism. Eurasian Geography and Economics, 52 (3): 313-329.

Naughton B. 2017. Is China socialist? Journal of Economic Perspectives, 31 (1): 3-24.

Ouyang P, Fu S. 2012. Economic growth, local industrial development and inter-regional spillovers from foreign direct investment: Evidence from China. China Economic Review, 23 (2): 445-460.

Peck J, Theodore N. 2007. Variegated capitalism. Progress in Human Geography, 31 (6): 731-772.

Peck J, Zhang J. 2013. A variety of capitalism with Chinese characteristics? Journal of Economic Geography, 13 (3): 357-396.

Qi J C. 1992. Fiscal reform and the economic foundations of local state corporatism in China. World Politics, 45 (1): 99-126.

Ramo J C. 2004. The Beijing Consensus. London: The Foreign Policy Centre.

Saxenian A. 1994. Regional Advantage: Culture and Competition in Silicon Valley and Route 128. Cambridge: Harvard University Press.

Shirk S S. 1993. The Political Logic of Economic Reform in China. Berkeley: University of California Press.

Soskice D. 1997. German technology policy, innovation, and national institutional frameworks. Industry and Innovation, 4: 75-96.

Su J, Jefferson G H. 2012. Differences in returns to FDI between China's coast and interior: One country, two economies. Journal of Asian Economics, 23 (3): 259-269.

UNIDO. 1978. The Effectiveness of Industrial Estates in Developing Countries. New York: United Nations.

Walder A G. 1996. China's Transitional Economy. Oxford: Oxford University Press.

Wang J C, Wang J X. 1998. An analysis of new-tech agglomeration in Beijing: A new industrial district in the making? Environment and Planning A, 30 (4): 681-701.

Wang N, Golubchikov O, Chen W, et al. 2020. The hybrid spatialities of post-industrial Beijing: communism, neoliberalism, and brownfield redevelopment. Sustainability, 12 (12): 5029.

Wei X, Wang J. 1993. New Industrial Space: Development and Location of High Tech Development Park in China. Beijing: Beijing University Press.

Wei Y H D. 2010. Beyond new regionalism, beyond global production networks: Remaking the Sunan model,

China. Environment and Planning C: Government and Policy, 28 (1): 72-96.

Wei Y H D, Liefner I, Miao C H. 2011. Network configurations and R&D activities of the ICT industry in Suzhou Municipality, China. Geoforum, 42 (4): 484-495.

Wei Y H D, Lu Y Q, Chen W. 2009. Globalizing regional development in Sunan, China: Does Suzhou industrial park fit a neo-marshallian district model? Regional Studies, 43 (3): 409-427.

Xu C G. 2011. The Fundamental institutions of China's reforms and development. Journal of Economic Literature, 49 (4): 1076-1151.

Yang C. 2009. Strategic coupling of regional development in global production networks: Redistribution of Taiwanese personal computer investment from the Pearl River delta to the Yangtze River delta, China. Regional Studies, 43: 385-407.

Yang F G, Tamney J. 2011. Confucianism and Spiritual Traditions in Modern China and Beyond. Boston: Brill Academic Publishers.

Yang Z, Cai J, Qi W, et al. 2017. The Influence of income, lifestyle, and green spaces on interregional migration: Policy implications for China. Population, Space and Place, 23: 1-14.

Yang Z, Dunford M. 2017. Cluster evolution and urban industrial dynamics in the transition from a planned to a socialist market economy: The case of Beijing. Spatial Economic Analysis, 12: 50-71.

Yang Z, Hao P, Wu D. 2019. Children's education or parents' employment: How do people choose their place of residence in Beijing. Cities, 93: 197-205.

Yang Z, Liang J, Cai J. 2014. Urban economic cluster template and its dynamics of Beijing, China. Chinese Geographical Science, 24: 740-750.

Yang Z, Pan Y. 2020a. Are cities losing their vitality? Exploring human capital in Chinese cities. Habitat International, 96: 102104.

Yang Z, Pan Y. 2020b. Human capital, housing prices, and regional economic development: Will "vying for talent" through policy succeed? Cities, 98: 102577.

Yang Z, Sliuzas R, Cai J, et al. 2012. Exploring spatial evolution of economic clusters: A case study of Beijing. International Journal of Applied Earth Observations and Geoinformation, 19: 252-265.

Yang Z, Song T, Chahine T. 2016. Spatial representations and policy implications of industrial co-agglomerations, a case study of Beijing. Habitat International, 55: 32-45.

Yang Z, Wang Y, Liu Z. 2019. Improving socially inclusive development in fast urbanized area: Investigate livelihoods of immigrants and non-immigrants in Nansha special economic zone in China. Habitat International, 86: 10-18.

Yeung H W. 2004. Chinese Capitalism in a Global Era: Towards Hybrid Capitalism. London: Routledge.

Yeung H. 1994. Critical reviews of geographical perspectives on business organizations and the organization of production: Towards a network approach. Progress in Human Geography, (18): 460-490.

Yin Y, Liu Z, Dunford M, et al. 2015. The 798 art district: Multi-scalar drivers of land use succession and industrial restructuring in Beijing. Habitat International, 46 (4): 147-155.

Yu Z, Tong X. 2003. An innovative region in China: Interaction between multinational corporations and local firms in a high-tech cluster in Beijing. Economic Geography, 79 (2): 129-152.

Yuan F, Wei Y D, Chen W. 2014. Economic transition, industrial location and corporate networks: Remaking the Sunan model in Wuxi city, China. Habitat International, 42: 58-68.

Zhang J, Peck J. 2015. Variegated capitalism, Chinese-style: Regional models, multi-scalar constructions. Regional Studies, (50): 52-78.

Zhang W Y, Gang Y. 1997. China's Gradual Reform: A Historical Perspective//Tisdell C, Chai J C. China's Economic Growth and Transition. Commack: Nova Science Publishers.

Zhao S X, Chan R C K, Chan N Y M. 2012. Spatial polarization and dynamic pathways of foreign direct investment in China 1990-2009. Geoforum, 43 (4): 836-850.

第二章 特殊经济空间发展历程及其区域影响

摘 要

特殊经济空间是我国改革开放的"试验田"和区域经济发展的重要引擎。20世纪80年代以来，我国相继设立的多种类型、不同层次的特殊经济空间在我国治理结构改革、对外开放发展和经济实力提升过程中起到重要的驱动作用，并不断地影响着我国经济空间演化进程。本章梳理了我国特殊经济空间的建设过程，分析了特殊经济空间的时空演化格局及其驱动机制，并以国家级经开区为例，探讨特殊经济空间对我国区域发展格局的影响。主要观点如下：

- 特殊经济空间的时空演化从沿海到沿江沿边、从东部到中西部逐渐推进，从省会城市向低等级城市逐渐扩散，并且遵循本地化经济总量与经济密度的规律。
- 国家级开发区的时空演化是距离、等级、经济、开放程度等因素交互作用的结果。现阶段，沿海已经不是开发区设立的决定性因素，而城市等级和开放程度在各类开发区时空演变中均是主要影响因素。
- 国家级经开区对区域发展的带动作用经历了由高值到低值、逐渐恢复后再次下降的波动过程。从增速效应看，经开区高增速效应城市由西北转向东部沿海，最后转向长江经济带；从溢出效应看，经开区高溢出效应区域由西部到东南再到西南，最后集中于中部地区。
- 特殊经济空间的建设应注重增速效应和溢出效应的均衡发展，提升自身增速的同时，积极融入区域经济以及社会网络中，更好地服务当地经济发展。

第一节 特殊经济空间发展历程与格局

特殊经济空间是我国改革开放的"试验田"和经济发展的重要空间载体，是我国实施区域发展战略的重要平台，在我国经济空间演化中发挥着重要的作用。自20世纪80年代设立经济特区之后，我国相继设立了经开区、高新区、海关特殊监管区、自贸区等多种类型、不同层次的特殊经济空间。尽管其定位、功能和区域特色有所不同，但从作为"试验田"和发展载体的角度来看，它们具有共性，即在对治理模式的探索和试验、引领和推动我国区域发展格局方面是相同的。

一、特殊经济空间的发展进程

20世纪80年代以来，为了推进改革开放进程，我国以设立经济特区为开始，陆续设立了经开区、边合区、国家级新区等多种类型和层次的特殊经济空间（特殊经济区、功能平台）。改革开放四十多年来，这些特殊经济空间在吸引外资、引进技术、发展经济、体制改革等方面起到了重要的引领和带动作用。

纵观中国特殊经济空间的设立，可以发现特殊经济空间的时空格局演化基本与我国宏观区域政策相一致（图2-1）。特殊经济空间遵循渐进式改革模式，以"摸着石头过河"的方式在各种特定区域内进行政策和制度试验，取得成效后再向我国其他地区全面推广。这种渐进式改革既分散了试错成本、减少了政治风险，又为市场的建设和发育创造了一个良好环境。因此，特殊经济空间的发展阶段与我国对外开放战略的不断深化密切相关。

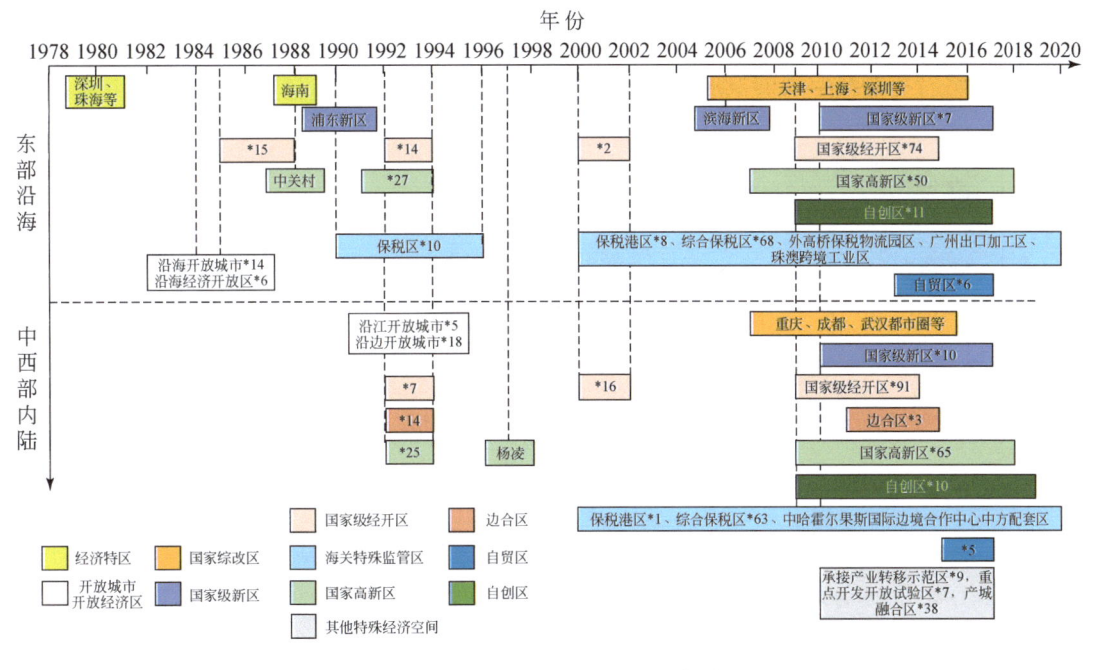

图 2-1 特殊经济空间的时空分布特征

1993年经国务院批准设立的汕头保税区在2020年3月整合升级为汕头综合保税区。截至2020年，国家级保税区有9家

20世纪80年代初，为了学习以出口导向型为主的亚洲"四小龙"的发展经验，我国在广东和福建两省设立了深圳、珠海、汕头、厦门四个经济特区，实行有限度的开放，进行市场改革和开放试验。其中，深圳特区以财政和税收优惠政策吸引了大量外资进入，有效地放宽了市场准入。在此基础上，80年代中后期，为了进一步进行市场改革和开放试验，中央政府又相继设立了14个沿海开放城市和6个沿海经济开放区。

20世纪90年代初，以浦东新区为龙头，国家进一步促进长江沿岸城市的对外开放。其中，浦东新区在吸引外资、促进服务贸易、开发开放等"先行先试"方面取得了较好的试验示范。同时，经开区、高新区、边合区等类型的特殊经济空间逐渐在全国铺开，对外开放格局逐渐从沿海到沿江沿边，再扩大到全国。

进入 21 世纪，海关特殊监管区、国家级新区等各种类型的特殊经济空间开始逐渐增加，更多城市和地区被批复设立国家级特殊经济空间，部分地区设立多类特殊经济空间。特别是 2005 年国家级综改区的设立，表明特殊经济空间陆续从简单依靠优惠政策和体制机制创新阶段进入系统性和配套性改革阶段，需要用更综合的措施来解决我国区域发展中的深层次问题。特别是面对国内外形势深刻而复杂的变化，全面深化改革和扩大开放，依托特殊经济空间探索新途径、积累新经验，成为我国转型发展取得成功的关键。

二、特殊经济空间的发展阶段

为了进一步分析我国特殊经济空间的发展历程，选取国家级经开区、国家高新区和海关特殊监管区这三类设立时间最早、数量最多、影响最广，且直到现在仍有数量增加的特殊经济空间进行深入分析。根据这三类特殊经济空间的发展过程、设立数量和时空演变格局，可以将特殊经济空间的发展历程划分成以下三个阶段（图 2-2）。

图 2-2 特殊经济空间的阶段划分

第一阶段是起步试点阶段（1984~1999 年）。继经济特区、沿海开放城市等相继设立后，我国尝试在城市边缘划出一定面积进行推广前期改革的试点。从功能看，经开区侧重通过吸引外资发展外向型产业；高新区旨在吸收和借鉴国外先进科技资源、资金和管理手段；海关特殊监管区以扩大出口、促进转口贸易为目的。从数量看，1992 年初邓小平南方谈话之后特殊经济空间的数量出现显著增长，经开区、高新区和海关特殊监管区三类特殊经济空间的数量分别从 1991 年的 15 家、27 家和 3 家增长到 1993 年的 33 家、52 家和 10 家。不过，1993 年出台的《国务院关于严格审批和认真清理各类开发区的通知》在很大程度上叫停了"开发区热",开发区增长趋势在 1993 年后渐趋稳定。

第二阶段是稳步推进阶段（2000~2009 年）。特殊经济空间数量稳步增长,不断加速我国的经济全球化进程,但也逐渐面临经济转型、结构优化等挑战。从数量看,该阶段特殊经济空间共新增 74 家；其中,经开区和高新区数量增长较缓慢,而海关特殊监管区增长相对较快。2009 年底,经开区、高新区和海关特殊监管区的数量分别达 56 家、56 家和 62 家。但伴随着我国经济高速增长,特殊经济空间的发展模式也从以土地、劳动力价格和优惠政策为基础的"逐本竞争"逐渐向注重科技研发、服务贸易和国际竞争的"逐优竞争"转变。

第三阶段是快速推广阶段（2010 年至今）。特殊经济空间数量增长较快,并且向更多地区和城市覆盖,园区集群效应逐渐凸显。从数量看,该阶段新增的特殊经济空间有 336 家,全国有 131 个地级市首次获批国家级特殊经济空间。截至 2018 年,经开区、高新区、海关特殊监管区的数量分别为 219 家、169 家和 135 家,覆盖全国 210 个城市；这些特殊经济空间仅占国土面积的 0.52%,但创造了 25.46% 的国内生产总值。

三、特殊经济空间的时空格局演变

改革开放以来,我国对外开放格局从沿海到沿江沿边,逐渐形成了全方位对外开放格局。特殊经济空间的分布格局始终适应我国宏观区域政策,在带动部分地区优先发展及促进区域协调发展等方面发挥重要作用。本章采用核密度分析方法（专栏 2-1）进一步分析特殊经济空间的时空格局,可以发现不同阶段的特殊经济空间分布特征如图 2-3 所示。考虑到选择的特殊经济空间要满足时间尺度足够长、分布范围足够广的要求,仍选取经开区、高新区、海关特殊监管区三大类共 523 个特殊经济空间进行深入分析。

专栏 2-1　核密度分析法

核密度分析法（kernel density）根据已知样本点形成连续的密度表面,从而研究样本在区域内的集聚状况（Berke, 2004）。本节将开发区的样本点精确到开发区管委会所在的经纬点,较为精确地反映开发区密度表面的空间集聚特征。核密度估计法的表达式为

$$f(x) = \frac{1}{nh^d}\sum_{i=1}^{n} K\left(\frac{x-x_i}{h}\right) \tag{2-1}$$

式中,$K\left(\dfrac{x-x_i}{h}\right)$ 为核密度函数；h 为搜索带宽；n 为搜索带宽内已知开发区 i 的点数；d 为数据的维度。本研究以开发区的核定面积作为核密度估计法的规模变量,对各类开发区的集聚中心进行分析。

起步试点阶段（1984~1999 年）,特殊经济空间主要集中在东部沿海地区,尤其是珠三角地区和长三角地区的核密度值最大,在一定程度上反映该时期我国以沿海开放为重点的区域发展政策。分类型来看,经开区的空间分布相对集中,主要集中在东部沿海省份。高新区的空间分布相对分散,主要分布在科教资源相对集中的省会城市和计划单列市,除

广东、江苏两省比较集中外，中、东部地区均有分布。海关特殊监管区数量相对较少，主要集中在长三角和珠三角地区。

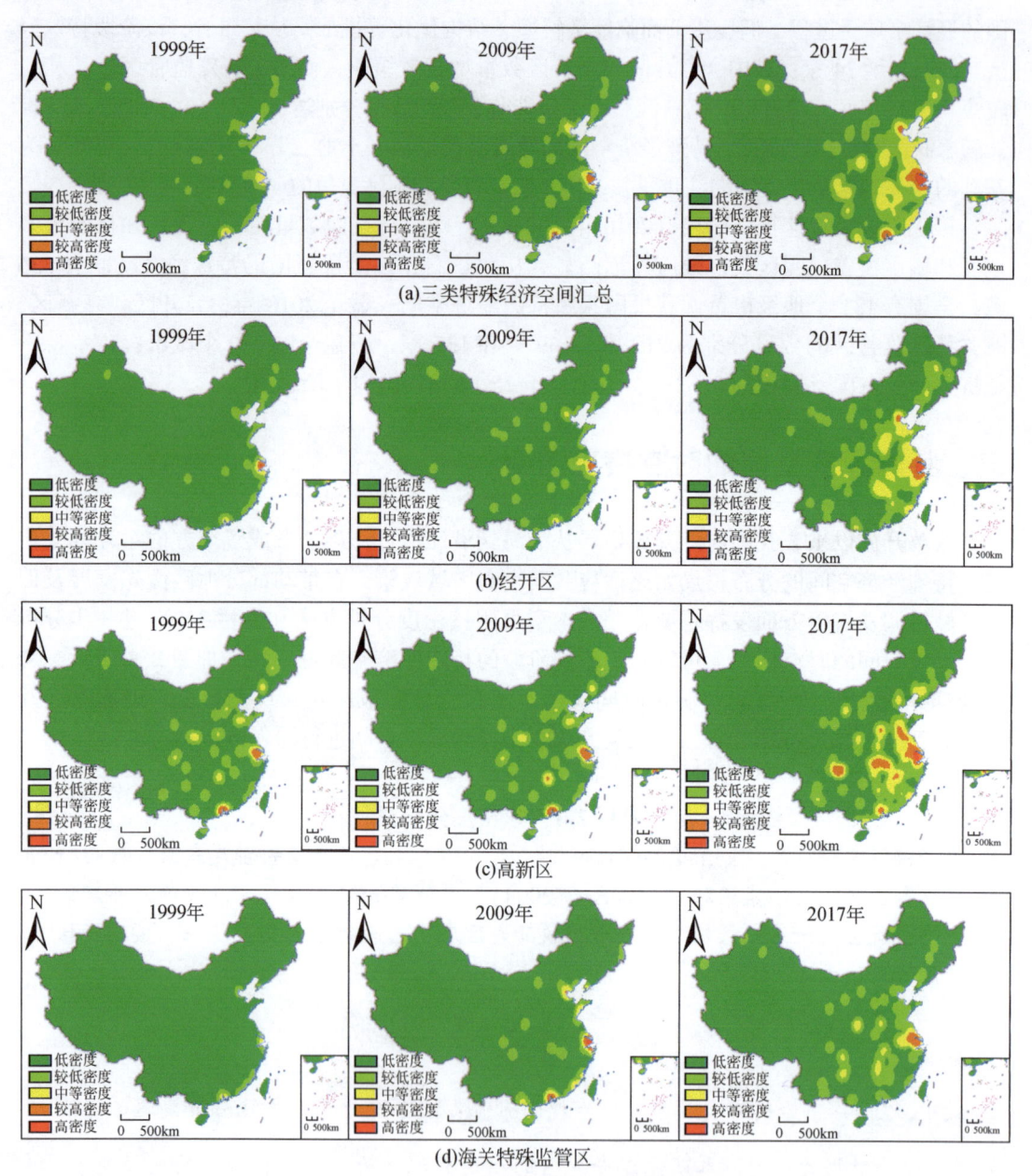

(a) 三类特殊经济空间汇总

(b) 经开区

(c) 高新区

(d) 海关特殊监管区

图 2-3　三类特殊经济空间的核密度变化

稳步推进阶段（2000～2009 年），特殊经济空间由东部沿海地区向内陆不断推进，长三角、珠三角、环渤海地区相对集中。分类型来看，经开区从东部沿海地区向内陆省会城市的推进比较明显，空间集聚程度不断降低，但仍呈沿海地区集中连片分布、中西部省区市分散分布的格局。该阶段高新区仅新设立 3 家，整体空间格局变化较小。海关特殊监管区从东南沿海向东部沿海（环渤海）、南部沿海（广西北部湾）以及沿江地区不断推进。

快速推广阶段（2010~2018年），特殊经济空间从东部沿海向沿江沿边及内陆不断推进，从省会城市向地级市不断推进。从区域看，特殊经济空间主要集中在沿海发达省份，包括江苏（65家）、浙江（37家）、山东（37家）和广东（30家）；中部省份的空间分布也逐渐增加，如安徽（21家）、江西（21家）、湖南（20家）、湖北（19家）和河南（19家）。分类型看，经开区和高新区的空间格局比较一致，主要集中在长三角、珠三角、京津冀等城市群，在武汉、重庆等核心城市周边不断积聚。海关特殊监管区的空间分布继续向沿边沿江地区扩散，形成了以点带面的集聚态势。

特殊经济空间从试点到全面推广，在数量上经历了稳步增长到加速增长的过程，空间分布从沿海到沿江沿边、从东部到中西部逐渐推进，从省会城市向地级市逐渐扩散，目前初步形成了全方位、宽领域、多层次的对外开放格局。

第二节 特殊经济空间演化的驱动因素

一、驱动因素选取及分析方法

特殊经济空间的时空演化是国家和地方共同驱动的结果。一方面，特殊经济空间演化受到我国治理结构（如中央-地方关系）、发展模式（渐进式制度改革）、区域发展政策、对外开放战略的影响；另一方面，也受到地方区位条件、地方经济发展水平、地方产业基础、地方开放程度和创新能力等因素的影响。

为了探索特殊经济空间演化过程的驱动因素，以城市作为特殊经济空间的基本载体，从距离、等级、经济和开放程度四个维度出发，研究特殊经济空间的演化驱动力。基于已有研究基础和文献回顾，共选取11个影响因素（表2-1）。其中，因变量为各地级市不同年份的特殊经济空间数量。根据《中国开发区审核公告目录（2018年版）》，我国经审核通过的国家级开发区共计561家，包括经开区、高新区、海关特殊监管区、边合区以及其他类型开发区。考虑到选择的开发区要满足时间尺度足够长、分布范围足够广的要求，最终选取523家国家级开发区，包括经开区219家、高新区169家、海关特殊监管区135家。

表2-1 特殊经济空间的空间演化的影响指标体系

指标类别	影响因素	代码	分级
距离	距沿海城市的距离（km）	X_1	5
	距核心城市的距离（km）	X_2	5
等级	城市规模：城市常住人口总数（人）	X_3	5
	城市行政级别：直辖市、副省级城市、地级市	X_4	3
经济	GDP总量（亿元）	X_5	5
	人均GDP（元）	X_6	5
	地均GDP（万元）	X_7	5

续表

指标类别	影响因素	代码	分级
开放程度	进出口总额（万美元）	X_8	5
	实际利用外资（万美元）	X_9	5
	外贸依赖度：进出口总额/GDP（%）	X_{10}	5
	实际利用外资占比：实际利用外资/GDP（%）	X_{11}	5

11个影响因素主要是采用自然断点法等分级方法将各个因素进行分级赋值，不同阶段的分级标准保持一致。具体指标如下：

距离。我国改革开放是从沿海到内地逐渐推进的过程，特殊经济空间作为政府渐进式改革的政策载体，其空间布局受我国开放战略及地方区位的影响。东部沿海城市和核心城市在对外开放、引进外资中更具优势。因此，距离指标是特殊经济空间所在城市与相应沿海城市及核心城市的最短距离。其中，沿海城市选取大连、天津、烟台等14个沿海开放城市；核心城市是在沿海开放城市的基础上，加入直辖市、区域中心城市及东部沿海省份的省会城市等30个城市，如北京、杭州、广州等。

等级。基于我国治理结构，不同层级的城市在获得各种资源、优惠政策及开发区设立等方面存在较大差异。一般来说，行政级别越高的城市在改革权限、资源配置能力和政治经济资本等方面更具优势，当地的特殊经济空间更容易设立和发展。其中，城市规模指标按照2014年国务院印发的《国务院关于调整城市规模划分标准的通知》进行划分；城市行政级别指标按照省级城市（直辖市）、副省级城市（10个省会城市和5个计划单列市）及地级市三个层级进行划分。

经济发展水平。在城市尺度上，特殊经济空间是城市最活跃的增长点之一，能引领和带动城市经济快速发展；同时，特殊经济空间的发展也依赖城市的产业、人口、资本等生产要素基础及其在特殊经济空间内的集聚效应。因此，综合考虑城市的经济实力和经济密度，经济发展水平采用城市GDP总量、人均GDP、地均GDP三个指标表示。

开放程度。特殊经济空间作为我国对外开放的窗口和制度改革的先行区，在推动形成我国对外开放格局演变的过程中发挥了重要作用，也促进我国从计划经济体制向市场经济体制转变。吸引外资、扩大贸易、促进对外开放是特殊经济空间发展的重点之一；同时，地方的对外开放程度也深刻影响特殊经济空间的发展。因此，选取进出口总额、实际利用外资、外贸依赖度、实际利用外资占比四个指标，分析地方对外开放程度对特殊经济空间的影响。

二、特殊经济空间演化的驱动因素

采用地理探测器（专栏2-2）分析特殊经济空间演化的驱动因素，结果如表2-2所示，11个因子均对特殊经济空间的空间分布格局产生影响，说明特殊经济空间分布受空间距离、城市规模等级、城市经济实力、城市开放程度等因素的综合影响（表2-2）。根据各影响因子的解释力，可以将影响因子分为核心影响因素（解释力大于50%）和次级影响因素。其中，核心影响因素包括城市规模（X_3）、城市行政级别（X_4）、GDP总量（X_5）、进出口总额（X_8）及实际利用外资（X_9）；次级影响因素包括距沿海城市的距离（X_1）、距核心城市的距离（X_2）、人均GDP（X_6）、地均GDP（X_7）、外贸依赖度（X_{10}）及实际利用外资占比（X_{11}）。

> **专栏2-2 地理探测器分析法**
>
> 地理探测器是用于探测某种地理属性与其解释因子之间关系的空间分析模型，被广泛运用于自然和经济社会现象的影响因素研究（王劲峰和徐成东，2017）。地理探测器方法受到的制约较少，在处理混合类型数据时具有明显优势（Liang and Yang，2016）。本节利用地理探测器中的因子探测模块研究国家级开发区演化过程中各影响因子的解释程度的大小以及变化。因子探测模块的表达式如下：
>
> $$P_{D,H} = 1 - \frac{1}{n\sigma_H^2}\sum_{i=1}^{m} n_{D,i}\sigma_{H_{D,i}}^2 \quad (2\text{-}2)$$
>
> 式中，$P_{D,H}$ 为探测因子 D 在 H 个开发区数量的解释力值；n 和 σ^2 分别表示此区域内开发区的总数和方差。$P_{D,H}$ 的取值范围为 [0, 1]，即 $P_{D,H}$ 值越大，该探测因子对开发区布局的影响越大。

表2-2 特殊经济空间的演化影响因子探测结果

探测因子	X_1	X_2	X_3	X_4	X_5	X_6	X_7	X_8	X_9	X_{10}	X_{11}
q 统计量	0.34	0.43	0.51	0.56	0.53	0.41	0.49	0.55	0.57	0.40	0.41
p 值	0.00	0.00	0.00	0.00	0.00	0.00	0.00	0.00	0.00	0.00	0.00

1. 核心影响因素

实际利用外资（X_9）和进出口总额（X_8）的解释力分别达0.57和0.55，说明城市开放程度对特殊经济空间的设立和发展有明显影响。特殊经济空间作为我国渐进式改革的重要空间载体，其特殊性主要是吸引外资和对外开放的优惠政策。在经济全球化背景下，国际资本具有"流动性"，即在全球流动寻找利润最高的生产地点；同时也要考虑"固定性"，即在某一个特定地点持续积累财富。特殊经济空间及相应优惠政策就为流动资本提供了"黏滞"平台。因此，开放型城市更容易获得国际资本的青睐，更能基于特殊经济空间进行招商引资，并通过加工贸易、产品出口等方式加大与全球生产网络的联系。

城市行政级别（X_4）、城市规模（X_3）的解释力分别达0.56、0.51，说明城市等级能很好地解释特殊经济空间的设立原因。我国大部分特殊经济空间是"自上而下"由中央政府主导设立的，其设立严格实行国务院（国家级）或省区市（省级）审批制度。从管理体制看，特殊经济空间大部分设有相应的管理机构（如管理委员会等），而其管理机构一般与所在行政区平级或分属行政区管辖。因此，行政级别越高的城市越容易获批特殊经济空间。同时，特殊经济空间的建设往往需要吸纳各层次的就业人员，因此城市人口规模和劳动力资源储备对特殊经济空间设立具有较大影响。

GDP总量（X_5）的解释力达0.53，说明城市经济实力是支撑特殊经济空间持续发展的重要因素之一。从建设资金看，特殊经济空间的建设主要依靠国家或地方政府的财政资金，同时也依赖地方大量的前期投入，包括完善通信、交通、仓储等基础设施和服务设施等。同时，地方便利、服务环境高效、融资环境好和经济水平高，才能更好地支撑特殊经济空间的建设和发展。

2. 次级影响因素

地均GDP（X_7）和人均GDP（X_6）的解释力分别为0.49和0.41，实际利用外资占比（X_{11}）和外贸依赖度（X_{10}）的解释力分别为0.41和0.40，说明地方经济密度及经济外向程度对特殊经济空间的设立和发展具有一定影响，但影响程度不如城市等级及对外开放程度等因素。在我国现阶段转型升级的态势下，特殊经济空间的发展更注重其土地资源、人力资本和环境资本的效率，但其对外资外贸的依赖程度相对下降。

距沿海城市的距离（X_1）、距核心城市的距离（X_2）的解释力分别为0.34和0.43，说明现阶段沿海距离已不是决定特殊经济空间发展的关键因素，而距核心城市的距离相对更重要。在改革开放早期，距沿海城市的距离是比较重要的影响因素；但随着我国对外开放格局逐渐从沿海向沿江沿边扩散，我国开始在中西部地区设立越来越多的特殊经济空间，以形成全方位对外开放新格局、促进区域协调发展。尽管我国特殊经济空间还是主要集中在沿海地区，但随着"渐进式改革"不断推进，各省区市已围绕省会城市或中心城市陆续开展新的改革试验示范。

三、不同类型特殊经济空间的驱动因素

不同类型的特殊经济空间由于其发展定位、改革内容、建设任务的不同，其空间格局的影响因素也存在一定的差异。进一步分析经开区、高新区、海关特殊监管区三类特殊经济空间的空间驱动因素，其结果如表2-3所示。

表2-3　不同类型特殊经济空间的演化核心因子探测结果

经开区			高新区			海关特殊监管区		
核心因子	q统计量	p值	核心因子	q统计量	p值	核心因子	q统计量	p值
X_2	0.33	0.00	X_2	0.43	0.00	X_1	0.39	0.00
X_4	0.39	0.00	X_4	0.40	0.00	X_4	0.33	0.00
X_8	0.37	0.00	X_5	0.32	0.00	X_5	0.30	0.00
X_9	0.35	0.00	X_8	0.28	0.00	X_8	0.29	0.00
X_{10}	0.35	0.00	X_9	0.23	0.00	X_{10}	0.36	0.00

对经开区来说，城市行政级别（X_4）是首要驱动力，解释力为0.39；其次是进出口总额（X_8）、实际利用外资额（X_9）、外贸依赖度（X_{10}）等城市对外开放程度指标。如前

所述，行政级别高的城市往往享有更大的政策便利、财政自主权，以及更好的基础设施、公共服务和人才优势，进而保障经开区的良好发展。因此，行政级别高的城市设立经开区的时间早、数量多。例如，上海市共有 6 家国家级经开区，其中 3 家建立于开发区起步阶段，分别是 1986 年设立的虹桥经济技术开发区和闵行经济技术开发区、1988 年设立的漕河泾新兴技术开发区。

对高新区来说，距核心城市的距离（X_2）和城市行政级别（X_4）是最核心的影响因素，其影响力分别为 0.43 和 0.40。高新区的定位主要是最大限度地把科技成果转化为现实生产力，而核心城市及其周边地区往往拥有丰富的科教资源，能更好地促进高新区吸引创新要素、积累创新成果、孵化科技企业、壮大产业规模、实现科技成果转化。结合我国城市行政级别及省会城市、计划单列市的空间分布，可以发现，高新区主要倾向围绕核心城市产生空间集聚。高新技术产业以创新为主要内生动力，而集群式创新是区域创新的主要形式之一。创新集群不仅依赖专业化产业集群、可获得的外部技术和资金支持，还包括集群内各主体之间的联系网络、创新文化及创新氛围等。一般来说，多个高新区与高新技术企业的空间集聚有利于形成上、中、下游机构完整，产业体系健全，充满创新活力的有机体系，从而带动区域经济发展。例如，截至 2018 年，广东省共有 14 家国家高新区，其中，中山、深圳、广州、珠海、佛山、惠州 6 家国家高新区集中在珠三角区域，构成了珠三角高新技术产业带。

对海关特殊监管区来说，距沿海城市的距离（X_1）是首要驱动因素，其解释力为 0.39；其次是外贸依赖度（X_{10}），其解释力为 0.36。海关特殊监管区是沟通国内市场与国外市场之间的重大桥梁，其设立就是为了吸引外资、促进对外贸易、承接国际产业转移。因此，在区位选择上，大部分海关特殊监管区选择沿海沿江的对外开放口岸的附近，方便开展国际中转、配送、采购、转口贸易和出口加工等业务。同时，基于海关特殊监管区的定位，地方对外贸易发展越迅速、规模越大，特别是经济的外贸依赖度越高，越有利于设立海关特殊监管区。

第三节　特殊经济空间对区域发展的影响

20 世纪 80 年代以来，我国相继设立的不同类型、不同层次的特殊经济空间，在我国改革开放以来的区域发展和国民经济增长中承担了重大责任和使命。一方面，作为中国经济最为活跃的增长点和经济发展的热点，这些特殊经济空间的主要贡献是通过发挥产业、人口、资本等生产要素的集聚效应，引领和带动区域经济快速发展，推动区域的工业化、城镇化进程；与此同时，各类特殊经济空间在发展过程中都会不断谋求管理体制的改革创新，往往会成为区域创新驱动示范区和改革先行区。另一方面，在 40 多年的改革开放进程中，这些特殊经济空间利用有限的面积创造了全国相当比例的生产总值，在促进区域协调发展、推动新型工业化和城镇化融合发展、创新体制机制、提升对外开放水平、推动外资外贸等方面发挥了重要作用，已经成为我国稳增长、调结构的重要引擎。

一、拉动国民经济快速发展的主要增长极

各类特殊经济空间凭借各有侧重的分工，不断拓展国民经济发展新空间，从而有力促进国民经济的快速发展。我国现有各类特殊经济空间中，大多数是先进制造业或现代服务业的集聚区，产业基础较好，整体实力和综合竞争力较强，对辐射带动相关区域经济发展具有重要作用。例如，经开区通过产业集聚效应逐渐引导地方经济形成以电子信息、汽车、装备制造、化工、食品等为主导的产业体系，同时探索新能源、新材料、生物医药、节能环保等新兴产业的发展，有力促进了我国工业化发展进程。正是基于较好的产业支撑，2011年以来国家级经开区主要经济指标普遍高于全国平均增幅；特别是2006~2012年，其人均劳动生产率是全国平均水平的2~3倍。

在推动经济发展方面，国家级新区也是其中的典型代表。从2018年新区GDP在区域中的占比情况来看，三分之二的新区GDP占所在城市的10%以上。其中，滨海新区对区域GDP的带动作用最强，GDP占天津GDP总量的38.2%，成为支撑天津乃至华北地区经济发展的一个重要增长极和动力源；其次是浦东新区，其GDP占区域总GDP的30%以上。而且，大部分新区的GDP增速高于所在省（市）平均水平，是当地重要的经济增长极。例如，兰州新区的GDP增速比甘肃省平均水平高出将近10%，极大地带动了当地的经济发展。

此外，高新区在我国经济高速增长中也扮演了相当重要的角色。作为培育和发展高新技术产业的主要空间载体，高新区已成为我国发展方式转变、经济结构调整、产业转型升级的引领。2018年，全国169家高新区共实现营业总收入346 213.9亿元、工业总产值222 525.5亿元、净利润23 918.1亿元、出口总额37 263.8亿元。其中，武汉东湖、湖南长株潭以及四川成都等高新区的主要经济指标年均增速达到30%左右，推动了地方经济的中高速增长。

依托我国丰富海洋资源建设的海洋经济发展示范区，在不断优化海洋产业结构的过程中，拓展了国民经济发展空间，不断创造社会与财富价值。2016年，山东、浙江、广东、福建、天津5个省市海洋生产总值合计占全国海洋生产总值的比例高达68.72%，对全国海洋经济发展的引领示范作用逐步显现。

二、推动区域开放型经济发展的重要引擎

以开放促改革、促发展，是我国改革开放以来经济发展的主要经验。除增加经济产出、为经济快速发展创造条件之外，我国不少特殊经济空间的设立还承担着全方位扩大对外开放、引领开放型经济发展的重要使命。在各类特殊经济空间中，自贸区是我国当前对外开放程度最高的区域，承担着提升对外开放水平、探索对外开放路径的重要职责。自2013年自贸区建设启动以来，其用两万分之一的全国陆地面积吸引了全国十分之一的外资，并且以制度创新为核心，形成了非常多的可复制、可推广的制度成果，在投资、贸易、金融、事中事后监管方面都形成了比较值得推广的经验，取得了较好的效果。其中，

中国（上海）自由贸易试验区成立仅一年时，国务院就印发《关于推广中国（上海）自由贸易试验区可复制改革试点经验的通知》，在全国范围内推广其可复制改革试点的经验，重点是投资管理领域、贸易便利化领域、金融领域、服务业开放领域及事中事后监管措施五大改革事项。

海关特殊监管区作为国家实现吸引外资、扩大出口、促进转口贸易等特定目的的特定区域，由于"境内关外"特殊功能及政策，在我国扩大对外开放、推动外资外贸发展中起到重要作用。2019年，全国海关特殊监管区域进出口累计8088.3亿美元，占全国贸易总额的17.68%，且在国际贸易形势不断恶化的情况下仍保持了快速增长的态势，实现同比增长6.9%。

而重点开发开放试验区、边合区的建设，则是国家为提高沿边地区开放开发水平而设立的特殊经济空间。目前，这两类特殊经济空间在自身综合经济实力不断提升的同时，在提高沿边开放水平、完善中国全方位对外开放格局、探索沿边开放新模式、促进形成与周边国家互利共赢共同发展新局面等方面取得了重要进展和明显成效，正在成为沿边地区经济社会发展的重要支撑和开发开放的排头兵。

除此之外，随着临空经济成为中西部内陆城市跨越式发展的一种全新动力模式，临空经济示范区依托机场打造的产业集群，不断拉近当地与世界的距离，促进信息、技术、资本、项目等要素加快流动，带动相关产业链条快速发展，推动地方积极参与到全球产业分工体系中，成为内陆城市向对外开放高地转变的重要平台。

三、区域创新发展的关键载体

客观来讲，多数特殊经济空间的设立都在不同程度上承担着深化改革、探索创新发展路径的重要职责；但从设立初衷来看，高新区、自创区是其中最为典型的代表。其中，高新区作为我国高新技术产业化的重要载体和实施科技创新的重要基地，其开发建设具有创新、改革的示范作用。一是高新区不断深化政策创新和体制机制改革，形成技术创新与产业发展相互融合、相互促进的局面，有力地支撑国家经济持续健康发展；二是高新区坚持高技术产业为发展重点，推动产业结构升级，孕育新兴产业发展，培养具有园区特色且有竞争力的产业集群；三是高新区充分发挥科技集聚地和创新孵化器的功能，持续完善创新创业生态，通过搭建创新平台和投入科技要素引导企业参与到创新活动中，稳步提升企业国际竞争力。

而作为高新区的"升级版"——自创区的设立，则是国家大力推进创新驱动发展战略的重要举措。在中国经济发展新常态下，自创区依然保持着两位数的增长，成为积极培育中国经济发展的新动能。2017年，17家自创区共包含46家高新区，数量上占全国高新区的29%；其工业总产值占所有高新区工业总产值的62%，净利润占比达到73%。其中，排在前三位的是珠三角、苏南、中关村三家自创区，其工业总产值占比分别达14.9%、14.1%和8.9%。自创区依靠高新技术产业密集、人才培养效率高等优势，以及在积极探索产业协作、品牌共享、园区共建、技术输出、管理模式输出等新机制方面取得的较好成效，在关键前沿技术开发、重大产品与装备制造、国际技术标准创制等方面涌现出一大批高端技术和产品，并对区外经济产生源源不断的正向溢出效应，已经成为我国培育和发展新兴产业的重要策源地。

四、经开区解析

经开区是以经济发展为首要目标，以加工、出口为主要经济活动，在政府主导下实行特殊的管理体制和优惠政策的特殊经济空间。自 1984 年设立第一批经开区开始，经开区的建设规模总体保持上升态势。其中，2009~2013 年经开区进入一轮建设高潮，经开区数量从 56 家激增到 210 家，增加值年均增速达到 34.73%；2013 年之后，经开区建设热潮退去，进入相对稳定期，截至 2018 年数量为 219 家。经开区一直在我国制造业发展、带动区域经济增长中发挥了重要作用。

为深入度量经开区对区域经济发展的影响，将经开区对经济的作用分为增速效应和溢出效应两种形式。其中，增速效应以经开区经济增长速度与母城经济增长速度差值来衡量。经开区作为制造业集聚区域，其经济增长速度高于本地经济增速的部分是增速效应的展现形式，发挥着直接提升当地经济总量的作用。增速差距的大小则代表不同区域经开区增速效应的强弱。溢出效应衡量的是经开区作为区域经济增长极，其基于本地网络属性以及根植性，提高母城经济发展效率的能力强弱（王少剑等，2015）。具体测算方法详见专栏 2-3 和专栏 2-4。

专栏 2-3 增速效应测算方法

增速效应计算方法如式（2-3），其中 Y_E 为开发区增加值，S_E 为开发区产业增加值增速，S_T 为开发区所在省份 GDP 增速。此公式为当年经济贡献，由于经济贡献的影响存在时间延续性，当年的影响会延续到后期，因而建立累积增速效应公式，测算累积贡献，如公式（2-3）。

$$Y_S = Y_E \cdot (S_E - S_T)$$
$$C_{t_b}^{t_a} = (Y_{t_a}^S / Y_{t_a}) / (Y_{t_a}/Y_{t_b}) \cdot Y_{t_b} \tag{2-3}$$
$$C_{t_b}^s = \sum_{i=a}^{b} C_{t_b}^{t_a}$$

式中，$C_{t_b}^{t_a}$ 表示 t_a 期经开区增速效应对 t_b 期经济的影响；$C_{t_b}^s$ 表示 t_b 期累积增速效应值；$Y_{t_a}^S/Y_{t_a}$ 表示 t_a 期经开区增速效应占当期经济的比例；Y_{t_a}/Y_{t_b} 表示 t_a 期经济占 t_b 期比例；Y_{t_b} 表示 t_b 期经济总量。

专栏 2-4 溢出效应测算方法

在探究经开区对于当地经济影响的同时，从投入因素、劳动力因素、结构因素、外资因素四个方面选取影响城市经济水平的因素作为控制变量，包括固定资产投资、城镇从业人员数、非农产业比重、实际利用外资总额等测度指标，同时将经开区增加值规模作为集聚因素，共同纳入计量模型中，以测度经开区对当地经济的溢出效应。控制变量的计算方法与预期系数如表2-4所示。

表2-4 控制变量计算方法及预期系数

影响因素	计算方法	预期系数
资本投入因素	固定资产投资总额	+
劳动力因素	城镇单位就业人口+城镇私营和个体从业人口	+
结构因素	（第二产业增加值+第三产业增加值）/国内增加值总额	+
外资因素	实际利用外资总额	+
集聚因素	经开区增加值总额	+

设各市域增加值为 y_i，该地坐标为 (u_i, v_i)；固定资产投资总额为 X_1，城镇就业人口为 X_2，非农产业比重为 X_3，实际利用外资总额为 X_4，经开区增加值总额为 X_5，则构建地理加权回归模型为

$$y_i = \beta_0(u_i, v_i) + \beta_1(u_i, v_i)X_{i1} + \beta_2(u_i, v_i)X_{i2} + \beta_3(u_i, v_i)X_{i3} + \beta_4(u_i, v_i)X_{i4} + \beta_5(u_i, v_i)X_{i5} + \varepsilon_i \tag{2-4}$$

式中，$\beta_1(u_i, v_i)$ 为固定资产投资总额回归参数；$\beta_2(u_i, v_i)$ 为城镇就业人口回归参数；$\beta_3(u_i, v_i)$ 为非农产业比重回归参数；$\beta_4(u_i, v_i)$ 为实际利用外资总额回归参数；$\beta_5(u_i, v_i)$ 为经开区增加值总额回归参数。当经开区增加值总额回归参数 $\beta_5(u_i, v_i)$ 大于1时，说明经开区对母城经济贡献高于其自身增加值，有正向溢出效应；而小于1时，则有负向溢出效应。

1. 经开区的增速效应

经开区在我国区域发展中的增速作用呈逐渐弱化的态势。如图2-4所示，2005年，经开区的增速效应比较明显，与当地增速差值最高达200%。其中，中西部欠发达地区的经开区增速效应相对较高，如新疆乌鲁木齐、青海海东地区、甘肃兰州及山西太原等。这些地区经济本底相对较差，经开区作为新设的特殊经济空间，能突破当地产业结构桎梏、发挥制造业集聚优势，因而与当地经济相比表现出较高的增长速度。而大连、沈阳、厦门、呼和浩特等经济较发达地区的经开区增速效应则表现为负值，其带动作用并不明显。

2009年，以制造业为核心的经开区受全球金融危机影响较大，其整体增速效应有所下降；除乌鲁木齐外，各经开区与当地经济相比的增速优势均不超过30%。其中，北京、广西、西藏、山东、福建等省区市以及长江沿线的大部分经开区增速效应更是一度降为负值，没有带动当地经济增长。

中国的特殊经济空间

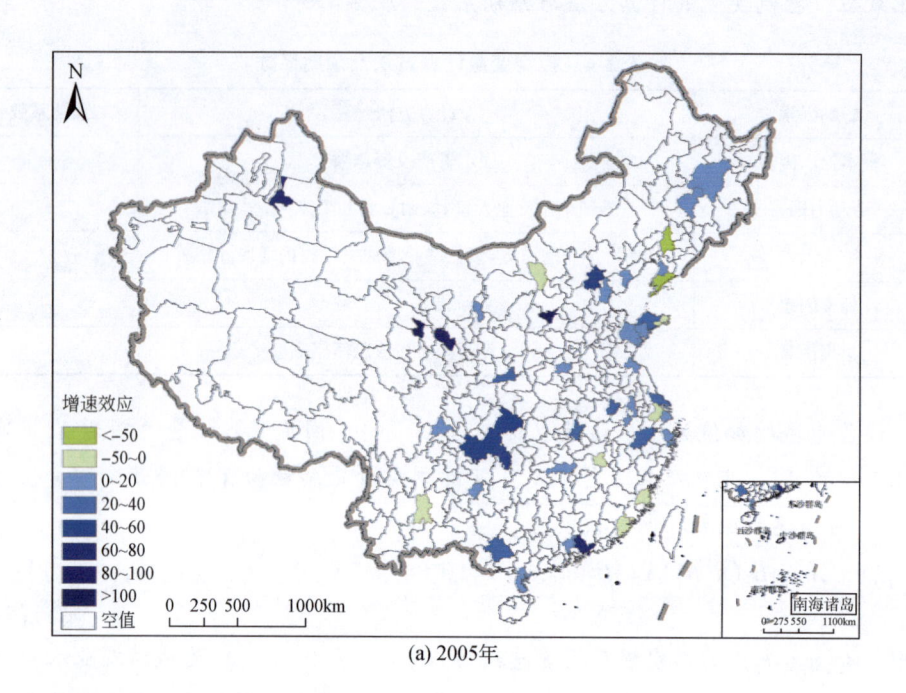

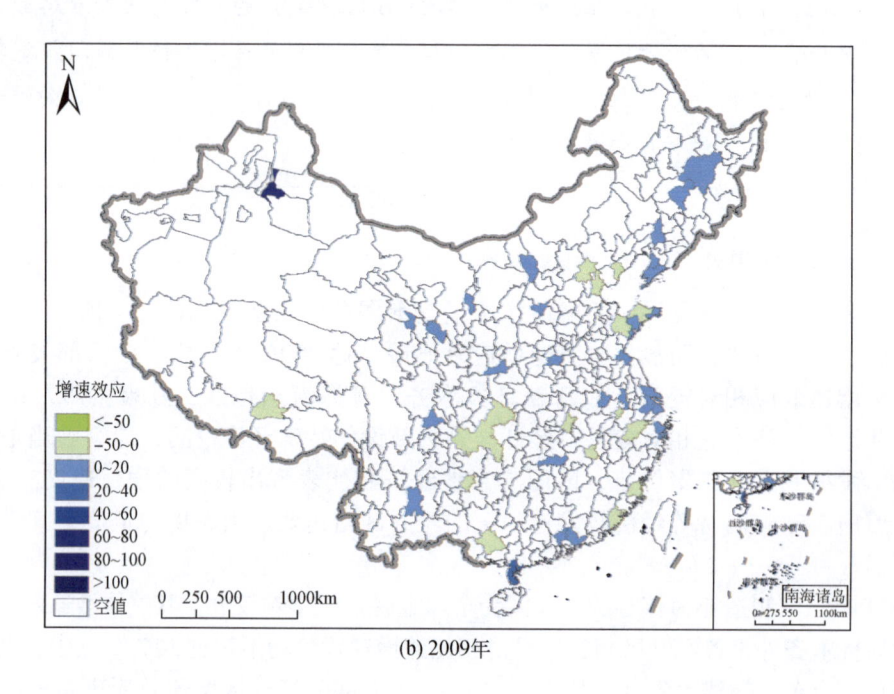

(a) 2005年

(b) 2009年

(c) 2013年

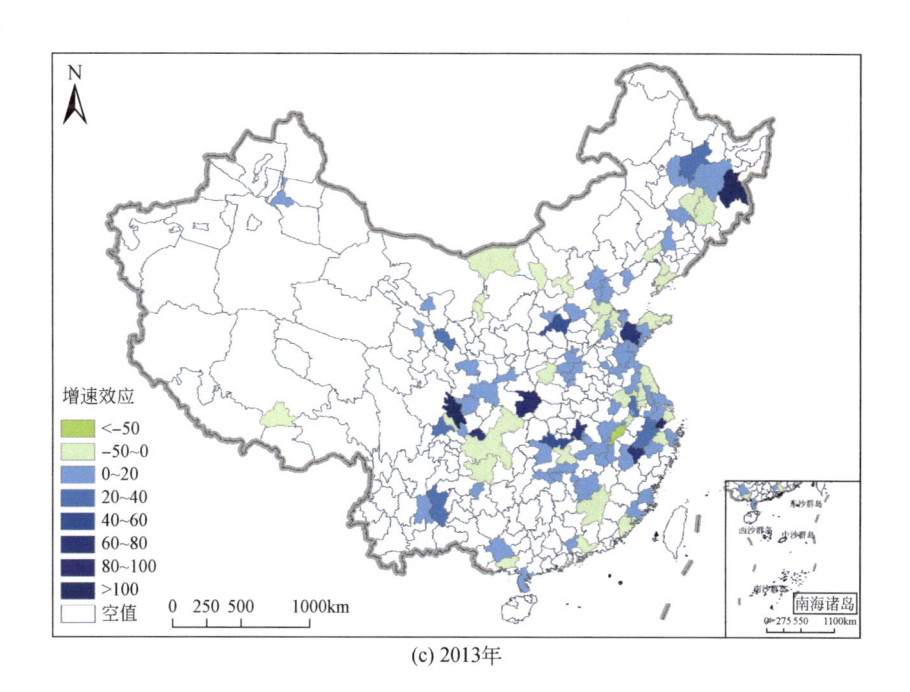

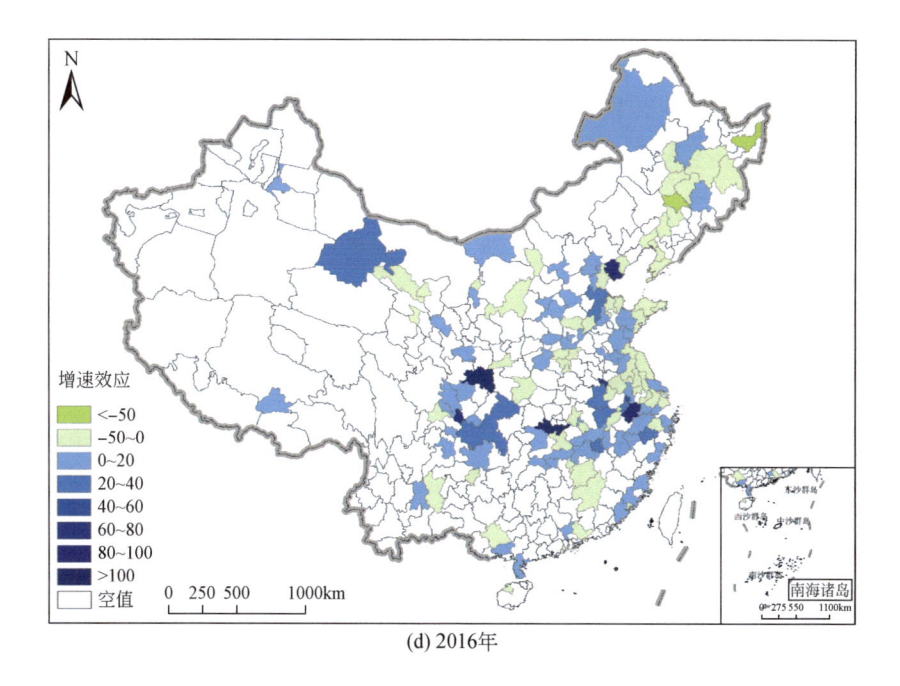

(d) 2016年

图 2-4 增速效应分布

2013年，经开区的整体增速效应有所回升，东北、长江中下游沿线、山东、四川等地区的经开区增速效应相对较高。具体来看，绵阳、嘉兴两市的经开区增速比全市增速高150%以上；然后为牡丹江市，达到120%；十堰、衢州、武汉、广安、潍坊、荆州等市超过50%。但重庆、巴彦淖尔、呼和浩特、长春、吉林、沧州、衡水等市的经开区增速效应为负值，对地方经济带动作用很弱。

2016年，全国经开区经济增速已经低于全国经济增速，多数经开区增速效应表现为负值。随着中国经济进入新常态，东北地区的经开区首先进入转型困境，除绥化和吉林市外，其他城市的经开区经济增速均低于本市经济增速。山东、江苏及江西南部的经开区也同样表现出负增速效应。而长江沿线的重庆、荆州、九江、安庆、宣城和杭州等，以及福建、河北和山西的大部分经开区都表现出正向增速效应，仍驱动地方经济发展。值得注意的是，新疆、西藏、甘肃的经开区数量及规模都很小，但其在全国经开区增速下滑的情况下，仍呈现较明显的增速效应，表明西部地区经开区建设对当地经济仍发挥着示范引领作用。

2. 经开区的溢出效应

近年来，经开区在我国区域发展中的溢出效应也开始下降。如图2-5所示，2005年，大部分经开区的溢出效应还较高，全国整体呈现由西到东递减的格局。其中，溢出效应最高的是西南、西北地区，包括重庆、南宁、贵阳、昆明、成都、兰州、乌鲁木齐、西宁等；其次是东北、环渤海地区及南部沿海一些城市，如长春、大连、北京、天津、烟台、潍坊、厦门等；而长三角地区的经开区溢出效应相对较低。这主要因为东部地区的经开区开始进入产业转型升级阶段，其产业升级与本地经济的匹配性逐渐拉开；而西部地区的经开区建设更多的是承接产业转移和依赖当地经济本底，与本地经济融合相对较好。

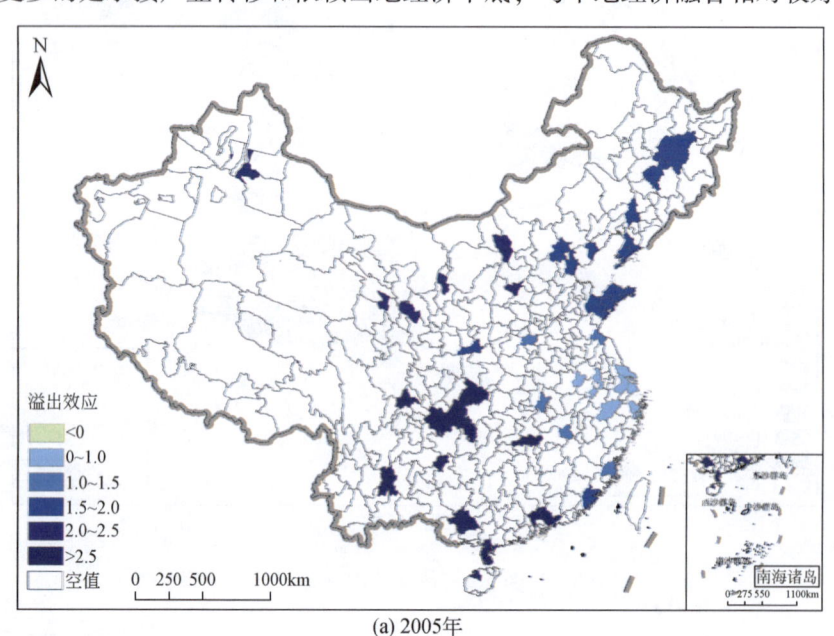

(a) 2005年

(b) 2009年

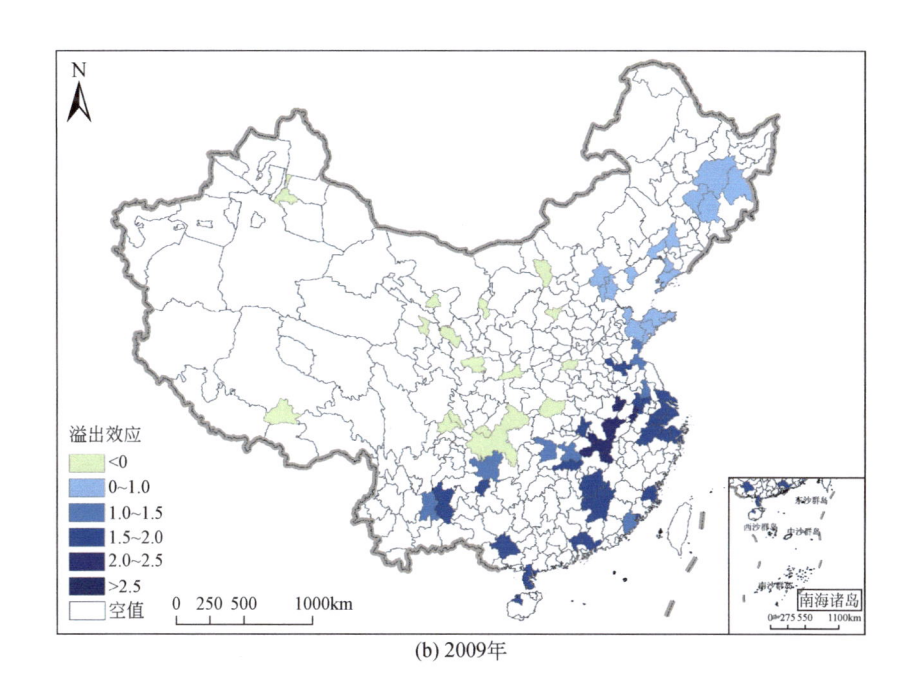

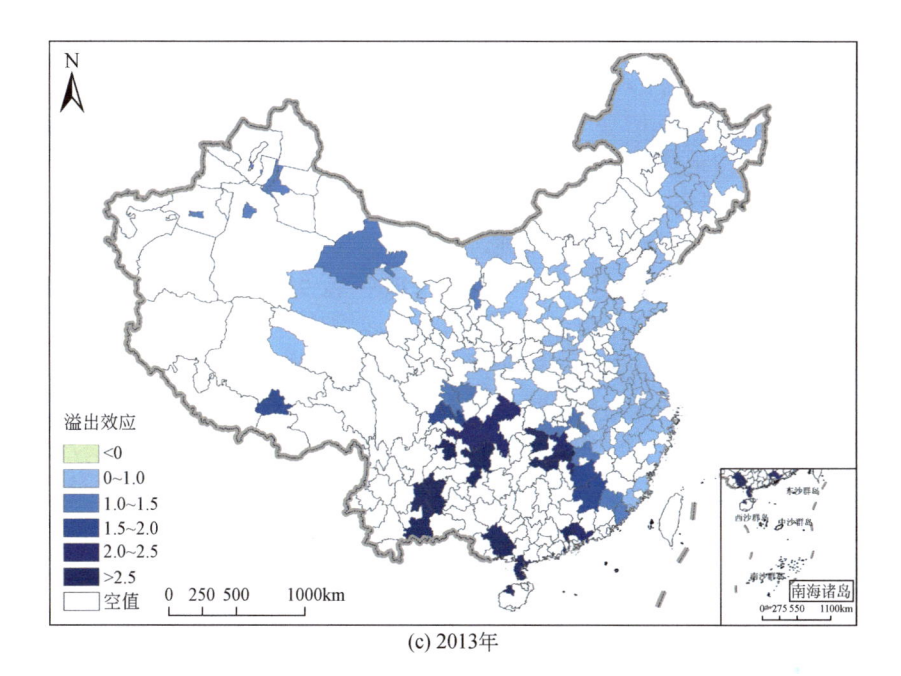

(c) 2013年

(d) 2016年

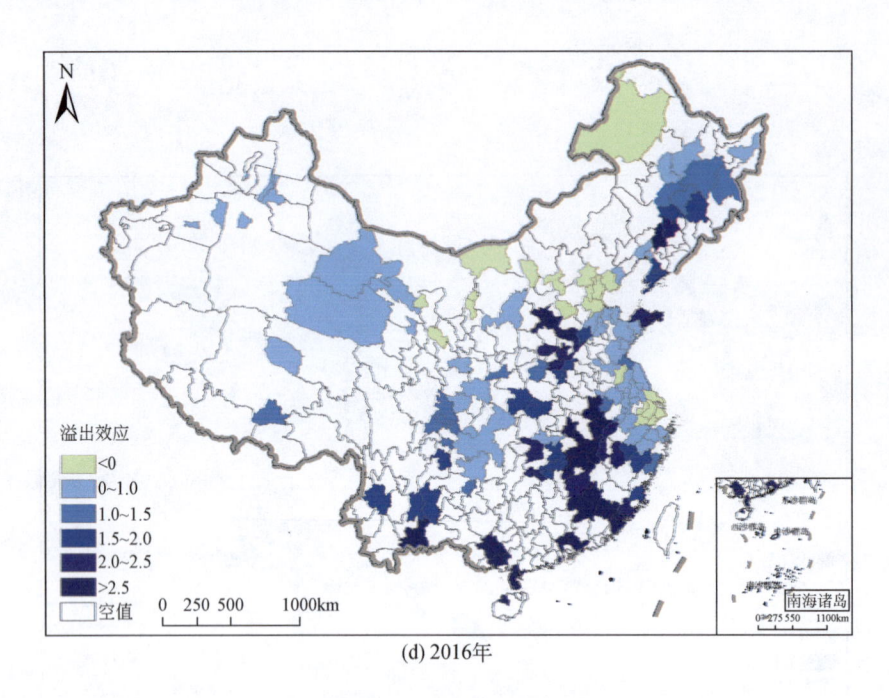

图 2-5 溢出效应分布

2009 年，受金融危机影响，长江以北的中、西部地区的经开区溢出效应逐渐呈现负值，而东南地区、环渤海及东北地区的经开区依然表现出正向溢出效应。可见，经开区与城市的关系并非仅为经开区带动地方经济发展，地方经济基础对经开区建设也起到了保驾护航的作用。

2013 年，全国各经开区的溢出效应逐渐恢复正向带动作用，溢出效应较高的主要是长江上游地区及西南沿海地区，如南宁、钦州、儋州、重庆、昆明等城市。2016 年，随着经开区建设不断面临转型压力，部分经开区开始呈现出负面溢出效应，如长三角、京津冀及内蒙古的一些经开区。相对而言，中部地区及南部沿海地区的经开区呈现较明显的正向溢出效应，特别是从太原、荆州到漳州再到红河形成一条"L"形的经开区高溢出效应城市带。主要原因是中部地区相比于西部地区有更强的经济实力，相比于东部地区其对制造业的依赖仍较高，因此，其经开区与当地经济联系仍较紧密、发挥显著的溢出作用。除这条城市带之外，溢出效应较高的地区还包括威海、烟台、铁岭、沈阳等城市。

从中国总体经济格局看，经开区建设对于东、西部的区域差异格局并未产生扭转性影响。其建设在西部地区发挥了良好的增速效应，对加强西部地区经济实力做出了一定贡献；但东部地区的经开区数量及经济总量都远高于西部地区，也进一步加强了东部地区的经济优势。近年来，随着中国经济进入发展新常态，经济发展由第二产业带动向第三产业带动转移，作为制造业集聚的经开区对国民经济的贡献逐渐下降，其未来的发展亟须关注。

3. 经开区对区域经济作用的主要类型

根据增速效应和溢出效应的测度结果，可将经开区与城市关系分为四种类型，即高增速-高溢出类型（高-高型）、低增速-高溢出类型（低-高型）、高增速-低溢出类型（高-低型）、低增速-低溢出类型（低-低型）。

图 2-6 显示 2016 年的经开区类型分布。可以发现，高-高型经开区主要集中在长江经济带中游、山西、河南等地区，部分零散分布于浙江、福建、广东、云南、四川、西藏、吉林等省份。此类型是最优型经开区，主要是基于大量高端制造业集聚，其高速经济增长能直接提高区域经济总量；同时，其有效地嵌入更大范围内的经济发展网络中，能够通过溢出效应很好地带动地方经济发展。其中，长江经济带是我国经济发展的重要轴带，沿线的经开区依托地区发展优势，其经济发展速度较高；且反过来对于当地经济发展起到了良好的带动作用。

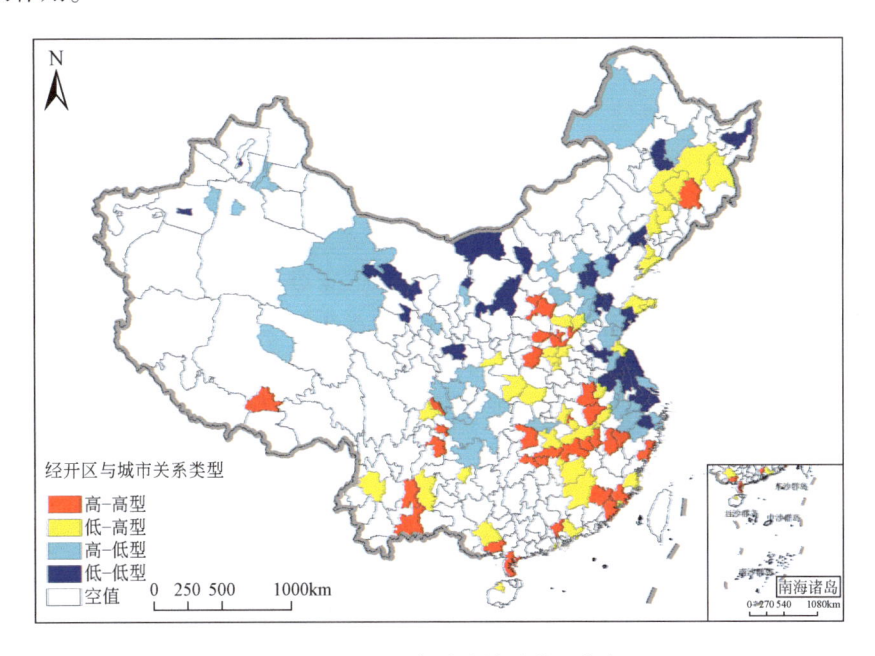

图 2-6　经开区与城市关系类型分布

高-低型经开区分布最广，其空间分布主要集中在倒"八"字的两条城市带，一条从新疆到甘肃、青海，最后延伸到四川和重庆；另一条从东北部呼伦贝尔和绥化向南到京津冀和山东，最后延伸到江苏和浙江。这些经开区大部分是政策推动，基于人力、财力和物力的集聚获得了较高速的经济增长；但其与本地经济联系不够紧密，在区域经济格局中是一个高速发展的"孤岛"，对区域经济发展的带动效应有限，甚至可能会因为挤出效应不利于园区外部的经济发展。

低-高型经开区主要分布在中部和东北地区。这些经开区受到本地经济影响，其增长速度相对缓慢；但这些经开区与本地经济具有较紧密的联系，对园区外部经济有显著的促进作用，进而带动区域经济增长。但经开区本身增长速度有限，影响其更大规模地带动当地经济发展。

低-低型经开区主要分布在内蒙古、陕西、宁夏和甘肃一带，部分分布在环渤海和山东一带。这些经开区的发展状况不容乐观，其自身经济增长较慢，在区域经济中又不能发挥支撑作用，亟待转型以找到新的定位，激发园区自身的经济活力，进而发挥区域经济增长极的作用（郑智等，2019）。

第四节　特殊经济空间的主要问题及相关建议

一、存在的主要问题

各类特殊经济空间在我国过去 40 多年的社会经济发展中做出巨大贡献的同时，也逐渐暴露出一些问题。

一是当前我国各种类型的特殊经济空间名目繁多、数量庞大。20 世纪 80 年代以来，我国已经相继设立了三十多种不同类型、不同层次的特殊经济空间。截至 2020 年，我国已相继批复设立 219 家国家级经开区、153 家海关特殊监管区、169 家国家高新区、19 家国家级新区、17 家边合区、12 家国家综改区、14 家海洋经济发展示范区、9 家重点开发开放试验区、9 家承接产业转移示范区、21 家自创区、21 家自贸区，以及依托于已有经济开发区设立的 58 家国家级产城融合示范区和 14 家国家级临空经济示范区等（表 2-5）。

二是各类特殊经济空间的设置缺乏整体统筹，尚无统一的设立依据和标准，类型较多导致各自为政的现象较严重。同时，各类特殊经济空间在发展建设过程中出现国土空间利用粗放，不同类型功能区空间重叠导致区域空间开发秩序混乱、功能特色不够鲜明、管理体制机制创新不够等问题。

三是随着我国发展阶段的转变，特别是进入建设社会主义现代化国家新征程，某些类型的特殊经济空间已经逐渐丧失应有的区域发展带动作用。其中，如经开区等特殊经济空间已经基本完成历史使命，目前在我国区域发展中的作用已逐渐弱化。而一些刚兴建的特殊经济空间，如国家级产城融合示范区等，现阶段只有鼓励性的政策"帽子"，缺乏具体、实质、可落地的配套支持政策措施，也不具备成熟的建设条件，未来发展前景及其对区域发展的带动作用尚不明晰。

在此态势下，摸清各类型特殊经济空间的发展现状，梳理相关政策措施，明确其对区域发展的贡献与作用，认清当前建设存在的问题，有助于进一步推动特殊经济空间的发展，更好地培育一批区域经济增长点、增长极和增长带，构建我国区域经济发展良好格局。

二、未来发展建议

以实现"第二个百年目标"为奋斗目标，围绕"以推动高质量发展为主题，加强创新能力的开放合作"，坚持创新发展与开放发展相结合，坚持引进来和走出去并重，在已有各类特殊经济空间的基础上进行整合、升级，重点打造自主创新型特殊经济空间、开放型特殊经济空间、开放创新型特殊经济空间。

表 2-5 截至 2019 年我国主要特殊经济空间的基本情况概要

类型	数量/家	面积	主管部门	功能定位	主要效果	主要问题
国家级经开区	219		国务院审批，商务部主管	为实行改革开放政策而设立，是中国对外开放的重要组成部分	经济发展的重要引擎，"引进来，走出去"的主要平台；产业集聚的重要载体；体制改革的试验区域。2018 年经开区生产总值 10.2 万亿元，占全国 GDP 的 11.1%	（1）国际方面，外资政策调整、国际资本转移、全球经济持续低迷、需求疲软、国际贸易环境不佳；（2）国内方面，政策优势有所弱化，传统产业产能过剩，管理体制机制改革与创新暴露能力不足，服务业和基础设施建设较缓慢，劳动力成本提高，土地资源紧张，部分产业结构同质化现象严重，产业转型升级的路径模糊，主导产业的带动作用不突出
海关特殊监管区	153	约 650km²	国务院审批，海关总署主管	为实现某些特定目的，如吸引外资、扩大出口、促进转口贸易等，而实行特殊海关监管制度和政策的特定区域	由于"境内关外"特殊功能及政策，海关特殊监管区域在我国扩大对外开放，推动外贸发展中起到重要作用。2019 年进出口总额达 8088.3 亿美元	主要集中在以广东、江苏等为主的东部沿海各省；但东部地区原有的廉价劳动力、优惠土地等传统优势逐渐丧失，生态环境、用工荒等问题逐渐凸显
国家高新区	169		科技部	依靠国内科技和经济实力，借鉴国外先进科技资源、资金和管理手段，通过实施高新技术产业的优惠政策和各项改革措施，最大限度把科技成果转化为现实生产力	经济发展的主力军、高技术产业创新创业的主阵地；创新活力持续增强；双创热潮不断提升。2018 年生产总值占全国 GDP 的 12.3%	创新示范和战略引领作用有待加强，创新创业整体水平还不高，具有先发优势的原始创新成果不多，真正拥有全球主导权的高端产业偏少等问题；创新驱动发展方式尚未完全形成，跨地区、跨部门资源整合能力和辐射联动发展共享机制尚未完全形成，以点带面的发展格局有待强化
国家级新区	19	陆域 2.05 万 km²；海域 2.58 万 km²	国务院审批，国家发展改革委主管	承担国家重大发展和改革开放战略任务的国家级综合功能区	促进区域经济增长；促进人口集聚；改善基础设施。新区地区生产总值占其所在城市地区生产总值的 10% 以上	（1）土地使用粗放，缺少科学合理规划；（2）新区与原有城市发展脱节，没有融合发展；（3）新区带来的管理体制机制问题，体制机制矛盾，缺乏一个明确的顶层设计

— 39 —

续表

类型	数量/家	面积	主管部门	功能定位	主要效果	主要问题
边境经济合作区	17	414.77km²	国务院审批，商务部主管	沿边城市发展边境贸易和出口加工的重要区域	促进边境地区经济发展；为边境地区带来发展动力；促进边境地区开发开放	一是边境经济合作区的管理体系仍有待进一步完善；二是边境经济合作区后续发展乏力
国家综改区	12	70.99万 km²	国务院审批	以制度综合创新为主要目标，以全方位改革试点为主要特点，对全国范围内各管理领域的政策创新带来深远影响的试验区	激发了试点地区的经济活力，加快了经济转型，健全了公共服务体系，创新了社会管理，推进了经济和社会的协调发展	旧体制阻碍综改区功能的释放；各大中央部委对综改区的行政授权不到位；行政执法缺乏规范性；综改区制度创新、地方动力不足；集聚辐射力度不强，试验区内部区域发展程度的不平衡影响综改区效能的发挥
海洋经济发展示范区	14	约1517km²	国务院审批，国家发展改革委、国家海洋局主管	我国实施海洋强国战略、促进海洋经济发展的重要支撑	海洋经济布局进一步优化；经济发展的贡献持续增强	（1）海洋经济组织管理分散，抓手推动能力有限；（2）海洋经济收益仍存在较强的不确定性；（3）近岸海域生态环境承载压力不断加大，海洋灾害和安全生产风险日益突出
重点开发开放试验区	9	约6.64万 km²	国务院审批，国家发展改革委主管	提高沿边开放水平，完善全方位对外开放格局；探索沿边开放发展及与周边国家互利共赢贸易与国际合作创新模式，促进形成共同发展新局面	试验区综合经济实力不断提升；促进地方对外开放；带动体制机制创新；完善地方对外贸易与国际合作	（1）地方财政薄弱；（2）土地资源配额不足；（3）基础设施相对滞后；（4）人才支撑不足；（5）中央、自治区层面的支持政策不够具体、细化，试验区政策比较优势不明显
承接产业转移示范区	9	31.31万 km²	国家发展改革委	依托产业园区，承接东部地区产业转移，探索中西部地区产业转移模式改革，带动当地经济发展及对外开放，进一步融入全球化进程	在现代制造业、基础设施及配套服务，尤其是沿江城市带承接产业转移等方面取得一定成效，示范区示范区建设示范区	没有明显去政策优势，部分示范区成效甚微，发展陷入僵局

续表

类型	数量/家	面积	主管部门	功能定位	主要效果	主要问题
自创区	21		国务院审批，科技部主管	依托实力较强的国家高新区，在推进自主创新和高新技术产业发展方面先行先试，探索出可示范的先行先试的区域	国家高新区的升级版，推动经济快速增长的主推力；区域创新发展的关键载体，创新要素汇聚、创新活力旺盛；创新体制机制可示范的先行先试区	创新环境培育难度大，体制机制改革与政策创新的力度仍然不够，现有政策执行落地效果差。政策试点呈现"碎片化"，缺少系统性和统筹安排。在财税、金融、人事等重大改革领域，部委间的统筹协调难度大
自贸区	21	3.78 万 km²	商务部	先行先试接轨国际的制度规则，法律规范、政府服务和运作模式，为我国推动更高层次的改革开放创造经验，积累经验，引领全国开放升级	以制度创新为核心，在投资、贸易、金融、事中事后监管方面可干分得推广的经验；用于分之一的国土面积吸引了全国十分之一的外资	大多建立在原有海关特殊监管区基础上，存在一定的路径依赖及带来的土地破碎化，管理分散化问题
国家级产城融合示范区	58		国家发展改革委审批并非主管	依托现有产业园区，在促进产业集聚，加快产业发展的同时，加快推动产业园区从单一的生产型园区经济向综合型城市经济转型，为新型城镇化探索路径	有利于产业和城市功能的良性互动，探索新型城镇化建设样本；打造区域发展核心动力，创造国际化竞争新优势	（1）发展路径仍需探索，国家层面的系列配套政策缺失；（2）城分离等老问题依旧存在，产城融合水平仍有提升空间；（3）示范区建设仍存在体制机制方面的障碍
国家级临空经济示范区	14	2357.27km²	1个由国务院批复，其余由国家发展改革委和民航局联合批复	依托航空枢纽和现代综合交通运输体系，集聚发展航空运输业、高端制造业和现代服务业而形成的特殊经济空间，是民航业与区域经济相互融合，促进、提升的重要载体	正在成为我国区域经济发展的新引擎；对构建高水平对外开放格局具有重大意义；以航空为依托，为国家发展高端产业提供了新的突破口；成为城市发展的重要集团；跨行政区域共同建设形成区域竞争合作发展格局	（1）缺乏统一发展政策与规划；（2）临空结构性矛盾凸显，临空优势未充分发挥；（3）区内各部门间沟通协调管理机制尚未健全

逐渐弱化没有区域带动能力的特殊经济空间。逐步弱化、虚化国家综改区、承接产业转移示范区、重点开发开放试验区、国家级产城融合示范区、临空经济示范区等没有实质性政策支持且没有发挥区域带动作用的特殊经济空间，停止审批这些类型的特殊经济空间。

进一步整合已经完成历史使命的特殊经济空间。未来，加强创新驱动、产业结构升级已成为必然选择。经开区、高新区等特殊经济空间已经陆续完成各自的历史使命，其产业亟须升级，在未来发展中亟须依托国家级新区、自创区进行整合。

不断升级未来发展所需的特殊经济空间。以自创区、自贸区为引领，统筹协调高新区、海关特殊监管区、边合区、重点开发开放试验区等特殊经济空间，不断进行升级、改造，加强政策支持，分层次、分步骤地推进未来我国以"创新能力的开放合作"为导向的特殊经济空间建设。

谨慎批准新的特殊经济空间。除非有具体支持与优惠政策，不再设立新的特殊经济空间类型。

1. 进一步提升自主创新型平台建设

在我国改革开放过程中，经开区和高新区依据现代科技发展和现代企业运营的客观规律，积极吸引外资、引进人才技术、发展出口工业和高新技术产业，促进经济快速增长，已成为各地企业最集中、产业代表性最强、发展最具重要意义的空间经济单元。虽然产值和就业在全国经济体系中仍占很大比例，但是在全球经济动荡、产能过剩的大环境下，经开区和高新区发展已经出现颓势，如2015年以来经开区经济增长速度已经明显减缓。向创新要活力，既符合产业发展规律，也符合经开区和高新区升级的客观要求。为此，国务院已批准建立自创区，在推进自主创新和高新技术产业发展方面先行先试、探索经验、做出示范。因此，经开区、高新区、自创区有望顺势而为，以自创区为引领，分层次、分步骤进一步提升我国自主创新平台，孕育新兴产业，加快我国自主核心技术研发，持续完善创新创业生态，凝练和发挥科技集聚地和创新孵化器的功能，稳步提升企业国际竞争力，优化我国科技和产业创新战略布局。

2. 努力构建和完善开放型平台建设

利用全球资源促进开放创新是我国改革开放重要的成功经验之一。在经济全球化深入发展的大背景下，创新资源在世界范围内加快流动，各国经济科技联系更加紧密，任何一个国家都不可能孤立依靠自己力量解决所有创新难题。要深化国际交流合作，充分利用全球创新资源，在更高起点上推进自主创新，并同国际科技界携手努力。特别是在"一带一路"倡议下，努力构建和完善开放型平台建设，协调和统筹临空经济示范区、海洋经济发展示范区、海关特殊监管区、边合区、重点开发开放试验区、自贸区，形成目标明确、空间有序、层次有序的开放型平台建设，推动我国参与共商、共建、共享的新型全球化建设模式，助推"一带一路"互联互通建设。

3. 以包容的姿态创建开放创新平台

科学处理好自主创新与开放创新的关系，以包容的姿态让中国的开放和创新走向世界。沟通国内、国际两种创新活力，沟通国内、国际两种开放需求，在较大的空间尺度上，以综合涵盖生产、生活、生态等多要素的开发建设模式，探索和引导包括自由贸易港、粤港澳大湾区、国家科学中心在内的开放创新平台的发展，推动全球创新元素流动和创新成果转化，努力打造未来世界级开放创新平台。

参 考 文 献

王劲峰，徐成东. 2017. 地理探测器：原理与展望. 地理学报，72（1）：116-134.

王少剑，王洋，赵亚博. 2015. 1990 年来广东区域发展的空间溢出效应及驱动因素. 地理学报，70（6）：965-979.

郑智，刘卫东，宋周莺，等. 2020. "一带一路"生产网络演化及中国经济贡献分析. 地理研究，39（12）：2653-2668.

Berke O. 2004. Exploratory disease mapping：Kriging the spatial risk function from regional count data. International Journal of Health Geography，3（10）：18-20.

Liang P，Yang X. 2016. Landscape spatial patterns in the Maowusu（Mu Us）Sandy Land，northern China and their impact factors. Catena，145：321-333.

第三章 经济技术开发区建设研究

摘 要

经开区是以经济发展为首要目标，以加工、出口为主要经济活动，具有良好的基础设施和投资环境，在政府主导下实行特殊的管理体制和优惠政策的特殊经济空间。本章介绍了经开区的基本特征、发展历程及空间格局演变，梳理了我国经开区的相关政策，分析了经开区对经济增长、产业集聚、体制改革等领域的贡献，并归纳了在经开区建设过程中存在的问题及相应的解决措施。主要观点如下：

我国经开区发展经历了三个阶段：经济改革的前哨阶段（1978~1992年）、经济增长极阶段（1993~2003年）、产城互动发展阶段（2004年至今）。截至2018年，我国共设立219个国家级经开区。

空间分布格局演变具有三个特点：宏观格局上，国家级经开区空间分布东多西少、东密西疏、沿长江和沿海地区密集排列；全国范围看，国家级经开区的经济规模在城市间和三大区域间的差异持续减小，但区域内部差异增减变化的情况不一；未来中西部地区的国家级经开区将迅速发展，进而引起经济规模空间分异格局的相应变化。

我国对经开区的主要政策有管理体制创新、投资环境建设、提供激励措施经开区是经济发展的重要引擎，"引进来，走出去"的主要载体，产业集聚的重要平台，体制改革的试验区域，供给侧结构性改革的示范基地。

经开区建设过程中目前仍存在经济环境、土地资源、产业结构等方面的问题，对此本章提出了明确经开区法律地位与权限、做好园区顶层设计、培育市场化机制、创新驱动发展等建议。

第一节 基本情况

一、经开区基本特征

国家级经开区由商务部审批，旨在设立一个技术和经济相互关联、相互促进的特定区域，依据现代科技发展和现代企业运营的客观规律，积极吸引外资、引进人才技术、发展本国出口工业，促进经济快速增长。国家级经开区是各地开发区中等级最高、代表性最强、发展最具重要意义的经开区；是我国经济体制改革的实验区、新产业的集中区，也是各地经济发展最具活力的地区。国家级经开区是中国城市开发区的典型代表之一，30多年来伴随中国改革开放的步伐取得了重大成就，对我国社会经济和城市建设产生了重要影响。

国外经开区的概念较为宽泛，通常称为经济自由区，它主要包括经济特区、自由港、自由贸易区、出口加工区、科学园区等，其设置的主要目的是在交通发达地区和港口，划出特定的区域，经过政府规划论证和严格审批，实施特殊体制或特殊政策，以达到发展贸易、增加财政收入、创造就业机会、引进技术管理经验的目的，从而实现经济发展和繁荣。

世界银行[1]认为，建立出口加工区是发展中国家加速发展的有效制度。在中国，经济的迅速发展有赖于各类型经济特区的建立。中国不断通过开放吸引外资，借助新的管理制度，促进经济的发展。

国际上，经开区主要具有以下三个基本特征：①具有良好的基础设施和投资环境，交通便利；②以经济发展为首要目标，发展劳动密集型、资本密集型或资源密集型的制造业；③以加工、出口为主要经济活动，外向度高。除此之外，我国经开区还具有以下两个基本特征：一是由政府主导，受政府政策的支持和影响，行政地位较高；二是区域内高度自治，实行特殊的管理体制和优惠政策。

二、经开区发展历程

伴随着我国经济改革开放和城市建设步伐，我国经开区发展大致经历了三个阶段。

1. 阶段一：经济改革的前哨（1978～1992年）

国家级经开区是国家对外开放政策的产物，具有浓重的国家计划性特征。在这一阶段，我国积极探索经济发展方向、进行改革开放，第一批经济特区作为新的体制平台在东南沿海地区建立起来。

1978年党的十一届三中全会确立建立社会主义市场经济体制、实施改革开放的经济发展政策，1980年在深圳、珠海、汕头、厦门设立了第一批经济特区。1984年，邓小平在视察经济特区时肯定了建立经济特区的政策和成就，国务院批准首先在沿海地区设立了14个国家级经开区，它们以吸收利用外资、拓展外贸出口及发展现代工业为发展目标。自此，中国的经开区进入了一个崭新的发展阶段。

作为一个新的体制平台，地方在经济特区建设的方法与策略上有极大的发挥空间，如何在建设和管理中实现最优建设策略是经开区建设初级阶段人们最为关注的问题。20世纪90年代，经济特区"园区化"的建设模型逐渐形成。1985年，在部分经济条件较为发达的东部城市，地方级别的开发区也在探索与尝试中建立起来。长三角地区、闽南三角地区、辽东半岛和胶东半岛分别设立沿海经济开放区，扩大了开放领域，促进了港口城市及其腹地之间的合作。

---

[1] Madani D. 1999. A Review of the Role and Impact of EPZs. World Bank.

经济特区的建立为我国在社会主义体制内逐步建立市场经济搭建了平台，是践行改革开放的重要舞台，在有限的资源中积极创造、开拓了投资环境，对于吸引国外资本、促进我国经济发展起到了重要作用。但此阶段综合来看，由于经济体制改革尚处于初级阶段，国外资本对国内市场持观望态度，投资较为谨慎。同时，国内对于开发区建设经验不足，尽管全国经开区的数量与面积增长较快，但尚处于建设起步时期，GDP 增长较为缓慢。

此阶段的经开区建设借鉴大量国外发展经验，以区位选择、管理方式、优惠政策等为研究重点，在不断的实践中逐步探索如何建立、发展经开区。

2. 阶段二：经济增长极（1993~2003 年）

在此阶段，经开区的建设取得了初步的成效。作为新的经济增长极，各个园区的建设为政府提供有效可行的制度与发展策略参考，经开区内的投资企业也有效地刺激了当地经济发展。全国范围内，国家级经开区的建设进入了高速增长阶段，区位选择开始由东南沿海向内陆地区转移。

1984~1991 年第一批经开区创造了 1890 亿元人民币的工业产值，利用外资 38 亿美元，出口货物 6 亿美元，三项分别增长 12 倍、4 倍、6 倍。作为新的经济增长点，第一批园区的成功使得政府更有信心通过建设经开区发展地方经济。在 1993~2003 年这一阶段，国务院共批准建立了 35 家国家级经开区，加上国家级自由贸易区、国家级出口加工区共 75 家。这些经开区的建立，使其所在区域成为吸引外资、获取劳动力的重要城市。政府通过政策支持，给予各项优惠制度，鼓励创新和出口，极大地促进了经开区的建设。除了国家级经开区，省、市、县、乡也纷纷建立各级别的经开区。

经开区在较低的经济水平的基础上、在不改变政治格局的前提下推动了中国各区域的发展，成为经济增长点，进入高速发展阶段，得到国家的高度重视和认可。

3. 阶段三：产城互动发展（2004 年至今）

国家级经开区的建设经历了高速发展时期，开始转向深度建设、稳步发展阶段。经过多年建设，国家级经开区的空间分布形成了东多西少、东密西疏、沿长江和沿海呈密集分布的格局。

在此阶段，国家实施了东部沿海改革开放、西部大开发、振兴东北老工业基地和中部崛起等宏观经济发展战略，经开区建设的重心也与这些战略部署相吻合，设立新经开区的区位选择由东部沿海向内地转移直至西部。2000 年前后国家加大对中部地区经开区的建设力度，批准合肥等十几家省级经开区升级为国家级经开区，2010 年再次扩批，国家级经开区高达 90 家。在 20 世纪 90 年代末提出西部大开发战略后，西部地区建设开发区的热情高涨，东部地区经开区建设已有初步成效，为西部经开区的建设发展提供经验，虽然内地经开区建设起步较晚，但数量多、规模大，并充分参考借鉴了东部建设成果，发展较为平稳。

经开区吸引了大量的资本、人口、商业以及交通等，成为城市空间中重要的功能区，此时如何协调经开区与母城在经济、社会、文化、物质上的关系成为城市建设和可持续发展的重要问题。具体表现为土地扩张和土地资源的滥用,园区内企业孤立发展,缺乏与当地企业的联系和互动;园区建设和发展资源能耗过大,带来巨大的环境压力;部分园区周边交通拥堵情况严重,给城市交通带来压力;园区建设重工业、轻生活等。这些问题构成了经开区建设,甚至是城市可持续发展的重要问题,引起了社会和政府的广泛关注。

2018年,经开区的数量已增至219家。产业活动"园区化"发展已成为各地组织经济活动的常态,随着建设经开区而引起的资本、人才的集中,以及交通和土地利用的变化,产城互动发展成为地方建设的重要内容和新挑战。

三、经开区空间分布格局演变

国家级经开区的设立具有批次性(表3-1,图3-1),基于国家政策导向,其宏观分布状况也和区域政策具有密切联系。从区域布局来看,1999年前国家级经开区建设的重点地区为东部,数量、面积增长快,但由于尚处于起步阶段,GDP总体水平不高。2000~2009年,国家级经开区的建设中心转向中部、西部地区,取得初步成效,扩大了建设范围,国家级经开区在数量上有大幅上升,GDP增长速度加快,经开区进入了高速发展阶段。中西部经开区数量占总体比重上升,但重心仍在东部地区。2012年后,开发与建设逐渐趋于理性。截至2018年,中国已经建成219家国家级经开区,东部共有107家,占48.86%,中部63家,占28.77%,西部49家,占22.37%,区域分布渐趋平衡,总体上呈现东多西少、东密西疏、沿长江和沿海呈密集分布的格局。商务部于2020年1月17日公布2019年国家级经开区综合发展水平考核评价结果,对排名靠后的10家国家级经开区开展约谈、督促整改。酒泉经开区由于连续两年排名靠后予以退出国家级经开区序列,经开区总数量降到218家。

表3-1 国家级经开区数量变化

年份	全国 数量/家	东部 数量/家	东部 占比/%	中部 数量/家	中部 占比/%	西部 数量/家	西部 占比/%
1984~1991	14	14	100	0	0	0	0
1992~1999	33	27	81.82	4	12.12	2	6.06
2000~2009	56	34	60.71	9	16.07	13	23.21
2010	116	60	51.72	32	27.59	24	20.69
2010~2012	171	84	49.12	49	28.65	38	22.22
2013	210	103	49.05	60	28.57	47	22.38
2014~2019	219	107	48.86	63	28.77	49	22.37

数据来源:由商务部、中国开发区信息网、工业和信息化部网站相关整理

中国的特殊经济空间

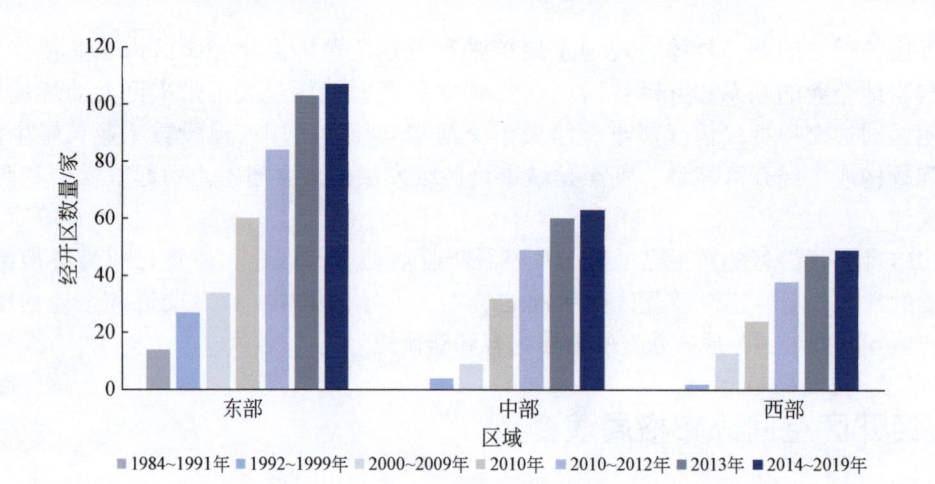

图 3-1　不同时期国家级经开区数量变化表

总体来看，经开区空间分布格局演变具有以下三个特点：①宏观格局——国家级经开区空间分布上，东多西少、东密西疏、沿长江和沿海地区密集排列（图 3-2）；②全国范围——国家级经开区经济规模在城市间和三大区域间的差异持续减小，但区域内部差异增减变化的情况不一；③未来中西部地区的国家级经开区将迅速发展，引起经济规模空间分异格局的相应变化。

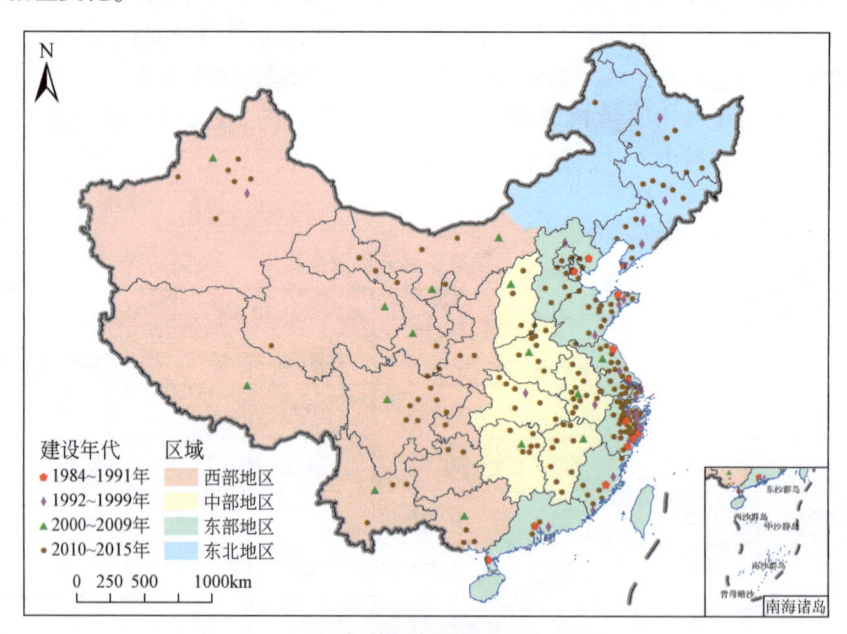

图 3-2　1984～2015 年国家级经开区空间分布

城市层面上，国家级经开区多分布于经济发达的主要城市以及区域内社会经济发展水平较高的中心城市、省会城市；中西部地区经开区的选址基本位于省会城市，表现出明显的特大城市和大城市偏好，具有明显的首位城市指向性。城市自身的经济活力和对生产要素的吸引集聚能力影响着城市层面国家级经开区的宏观分布。

全国层面上，国家级经开区的相对经济规模和绝对经济规模分异格局始终没有突破东西方向的地带分异规律。东部沿海地区多港口，水路陆路交通便利，建立了首批经济特区，对外开放程度高、劳动力资源充沛、城市基础设施完善、城市经济水平高、投资环境优越、市场广阔、科技发达。东部地区具有先天区位优势，这一系列条件构成了建设和发展国家级经开区的有利条件。经过多年发展，长三角、珠三角和环渤海地区的国家级经开区已经是现代制造业、高新技术产业和高附加值现代服务业的高台，城市及国家级经开区的城际分工合作，让这种根深蒂固的区位优势表现为更为强劲的产业优势，使得中部和西部地区的国家级经开区难以追赶。所以在初期建设阶段，经开区分布始终集中于东部，而深居内陆城市的国家级经开区，虽应国家宏观经济政策而生，且有国家政策支持，但局限于区位因素，缺乏和东部地区国家级经开区抗衡的原动力。从趋势上看，国家级经开区的经济规模的数量差异和空间分异都逐年减小，空间集聚性降低，趋于随机分布。

发展阶段层面上，东中西部地区经开区建设位于不同发展阶段。东部地区建成较早，经历了快速发展阶段，普遍进入转型发展时期，政策向中西部地区转移，东部地区政策优势弱化，经济增长放缓，经济规模的区内差异逐步减小；中西部地区建设时间较晚，现正处于快速发展时期，开发区间的经济规模差异扩大、空间极化现象较为明显。总体而言，全国国家级经开区的绝对经济规模体系由"倒梨"形发展为"纺锤"形（图3-3），但规模等级空间分布格局较为稳定。相对经济规模等级体系呈现为中部不断变粗的"纺锤"形，绝对经济规模的全局空间自相关性逐渐减弱，极高和极低区在空间上发生东西倒置。经济规模空间格局由集聚分布向随机分布过渡。

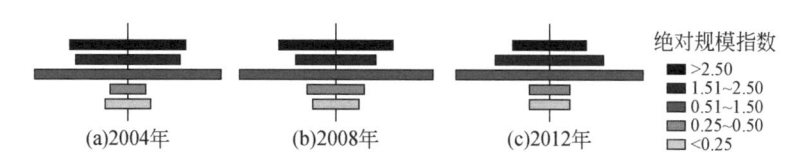

图3-3　国家级经开区的绝对经济规模指数
资料来源：丁悦等，2016

第二节　主要政策分析

一、管理体制创新

国家级经开区建设之初，原有的体制不能适应吸引外资的需要。在硬件上，要建设、完善符合国际投资者要求的基础设施；在软件上，要建设结合我国国情与国际惯例的投资软环境。国家级经开区在充分吸收国际上各种经济特区的经验与我国经济特区建设成功经验的同时，创造性地形成了一整套具有中国特色的开发区管理模式与体制。

国家级经开区管理模式主要有以下四种：一是管理委员会模式。由作为市政府派出机关的管委会管理与运营开发区，其下属的开发区总公司负责土地开发，大部分经开区采取这一模式。二是企业管理模式。以上海的三个国家级开发区为代表，不设专门行政管理机构，由开发区总公司运营管理开发区，总公司被赋予一定的行政职能。三是行政区政府管理模式，将国家级开发区按行政区设置相应的管理机构，个别经开区采取这种模式。四是管委会+乡镇管理模式。随着开发区范围扩展，区管委会保留辖区内乡镇政府，这一类型是管委会模式的扩展。绝大多数国家级开发区采取了开发区特有的"准政府"的管理模式——管理委员会制。管委会模式的主要内容包括：①由地方人民代表大会立法或政府特别授权，组建国家级开发区管理委员会，代表市人民政府统一管理国家级开发区。在形式上，管委会是市政府的派出机关，主要行使政府的经济管理职能。②在管委会内部，机构设置高度精简，相关的职能部门合署办公，并不与现存政府机构一一对应。在干部任免上，管委会实行任命制，而非选举制，管委会下级干部实行聘任制。③国家级经开区设立一级财政，可以组织税收和编制、实施财政预算，可以有正项支出，将公安、检察院、法院请入区内，相应地制定特殊的区域管理的规范性文件，实现依法治区，有效地对所辖区域实行管理。

以上几种模式的共性是形成了高度授权、特事特办、专心发展经济的管理体制和相对独立的管理体制，使经开区成为我国经济体制改革的实验区；用"一站式、一条龙"方式化解和减少了政府审批环节，为经开区的发展提供了政治保障，降低了管理机构运行成本，提高了管理效率。不同管理体制之间的差别及"个性化"方式多是出于适应当地行政管理体系（特别是行政体系结构）的需要做出的调整。

二、投资环境建设

国家级经开区内的企业，绝大部分是按市场化原则进行投资决策的，企业是否投资国家级经开区，完全取决于经开区是否具备有竞争力的投资环境。国家级经开区之所以能够保持持续快速的发展，关键在于始终将优化投资环境作为工作的要务。从早期劳动密集型项目注重要素成本，到后期跨国公司资本与技术密集项目注重物流效率、产业配套条件和透明高效的投资软环境，国家级经开区牢固树立了亲商服务的观念，并始终按照投资者提出的新要求，坚持不懈地优化投资环境，从而确保在吸引外资的激烈竞争中，成为对外资最具吸引力的投资地区。

三、提供激励措施

我国政府向投资企业提供具有经济优势的激励措施，有助于提高投资收益率，降低企业成本或风险，鼓励其按照某种方式进行经营。例如，吸引新的外商直接投资（foreign direct investment，FDI）到特定地区（区位激励），使当地的外资企业承担相应的培训、研发和出口功能（行为激励）。

典型的激励措施包括：
- 生产性外商投资企业，减按15%的税率缴纳企业所得税，其中经营期在10年以上的，可从获利的年度起免缴所得税两年，第三年至第五年减半按7.5%的税率缴纳企业所得税。

- 外商投资企业上述免减税期满后，凡属先进技术企业的，可再延长 3 年减半缴纳所得税。属于产品出口企业的，若当年出口产品达到全年产品产值 70% 以上的，按 10% 的税率缴纳企业所得税。
- 生产性外商投资企业，减按 1.5% 的税率缴纳地方所得税，并从获利年度起，两年内免缴地方所得税，第三年至第五年减半按 0.75% 的税率缴纳地方所得税。
- 外商投资企业发生年度亏损可以用下一年度所得弥补，不足弥补的，可在 5 年内逐年提取所得继续弥补。
- 外商投资企业缴纳所得税后，外国投资者从企业分得的利润，再投资于本企业或开发区其他企业，经营期在 5 年以上的，可以退还再投资部分已缴纳所得税税款的 40%；再投资于开发区产品出口企业或先进技术企业的，可以全部退还再投资部分已缴纳的所得税税款。
- 企业生产的产品出口时，除国家另有规定外，免缴关税和增值税。
- 企业的产品允许内销。
- 国有土地使用权出让地价，按投资规模和资金到位情况每亩[①]可下浮 1 万~5 万元，经省、市科委认定的高科技项目，地价可下浮 3 万~6 万元。
- 企业可按银行规定，用现汇或固定资产向银行抵押申请贷款；产品出口企业和先进技术企业所需资金，可优先贷给。
- 企业依法享有用人自主权，可自行决定机构设置和人员编制，招聘和解聘职工，决定职工的工资标准、工资形式和奖惩、津贴制度；企业用工实行合同制。
- 企业同时享受国家和省、市有关法律、法规的各项优惠待遇；华侨、港澳台胞投资的企业，除享受以上所有的优惠待遇外，还可以根据国家的有关规定，适当安排其农村的亲属在其所投资的企业中就业，户口关系可迁入开发区。
- 开发区的内联企业，也可以按照有关规定，比照外商投资企业享受一定的优惠政策。

研究表明，相对于区位的市场规模和成长、生产成本、技术水平、基础设施完善程度、宏观经济状况等因素，激励措施虽然不是一个最为重要的决定因素，但它却能使具有吸引力的地区变得更具吸引力。在世界各国竞相吸引外国直接投资的背景下，国家级经开区提供的一系列激励措施，在提升区位对跨国公司投资吸引力上发挥了重要作用。

随着我国地方经济竞争力整体增强，为营造更加公平的营商环境，上述金融性、土地性激励措施逐渐被废止或修改，人才性激励措施得到强化。但从实施来看，由于所处阶段不同，不同地区采取的激励措施有所差别。政府一方面借助土地、税收等优惠条件吸引资金，另一方面担忧政策逐底效应的出现，在制定和实施政策激励过程中，如何把握优惠力度成为国家和地方面临的一大难题。

第三节　贡献与作用

改革开放 40 余年来，国家级经开区已成为我国保增长、扩内需、调结构、促就业的

---

① 1 亩 ≈ 666.67m²。

重要支撑点，推动着中国经济社会的大变革。

一、经济发展的重要引擎

国家级经开区是我国经济发展的重要力量。2010~2014年，国家级经开区对我国经济总量贡献从6.50%快速提高到11.89%，2014~2018年稳定在11%左右，截至2018年，国家级经开区地区生产总值为10.20万亿元，占国内生产总值的11.10%（表3-2，图3-4）。2010年以来，国家级经开区主要经济指标增幅普遍高于全国平均增幅（图3-5），其中，2006~2012年国家级经开区人均劳动生产率是全国平均水平的2~3倍（图3-6）。

表3-2 国家级经开区对我国经济发展的贡献

年份	国内生产总值/万亿元	国内生产总值增速/%	经开区地区生产总值/万亿元	经开区地区生产总值增速/%	产值占比/%	国内生产总值年增量/万亿元	经开区地区生产总值年增量/万亿元	增量占比/%
2018	91.93	10.49	10.20	11.60	11.10	8.73	1.06	12.14
2017	83.20	11.47	9.14	9.99	10.99	8.56	0.83	9.70
2016	74.64	8.35	8.31	7.09	11.13	5.75	0.55	9.57
2015	68.89	7.04	7.76	1.49	11.26	4.53	0.11	2.43
2014	64.36	8.53	7.65	10.71	11.89	5.06	0.74	14.62
2013	59.30	10.10	6.91	27.96	11.65	5.44	1.51	27.76
2012	53.86	10.39	5.40	30.43	10.03	5.07	1.26	24.85
2011	48.79	18.39	4.14	54.48	8.49	7.58	1.46	19.26
2010	41.21	18.25	2.68	25.23	6.50	6.36	0.54	8.49
2009	34.85	9.18	2.14		6.14	2.93		

数据来源：中国政府网 http://ezone.mofcom.gov.cn/article/n/，《2019中国统计年鉴》

注：国家统计局"按照我国国内生产总值（GDP）数据修订制度和国际通行做法，在第四次全国经济普查后，对2018年及以前年度的GDP历史数据进行了系统修订"

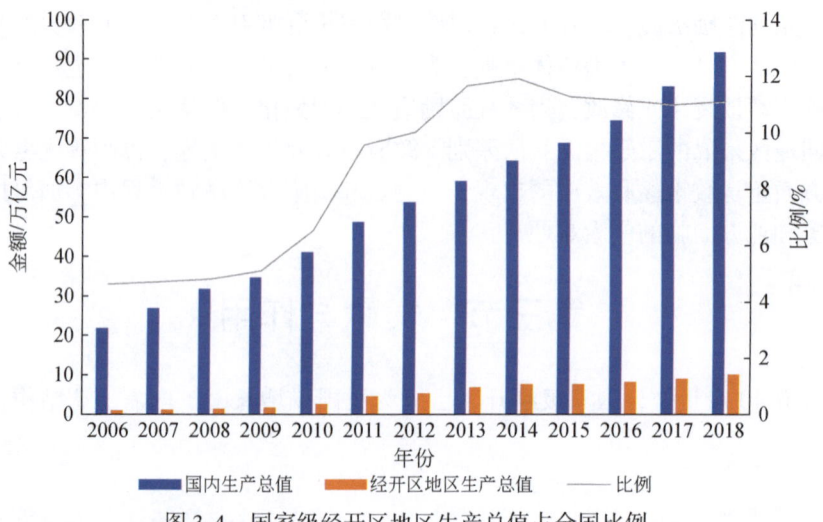

图3-4 国家级经开区地区生产总值占全国比例

图 3-5 国家级经开区地区生产总值增量占全国增量比例

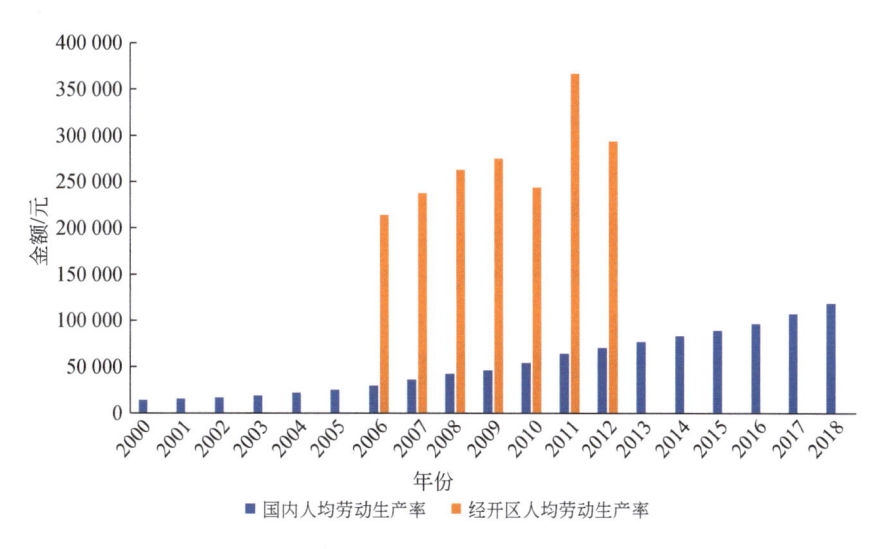

图 3-6 2006~2012 年人均劳动生产率的比较
数据来源：商务部、国家统计局

2014~2015 年，国家级经开区数量增加 9 家，但是地区生产总值增幅并不大，甚至对国家经济总量的贡献降低了 0.63%（表 3-2）。从增量来看，2010~2015 年，名义国内生产总值一共增加了 27.68 万亿元，其中约 18% 来自国家级经开区的贡献。2013 年，国家级经开区年增量的贡献达到顶峰，约为 27.76%，此后快速降低，特别是 2015 年仅为 2.43%，后来缓慢回升到 2018 年的 12.14%。经开区对国家经济总量和增量的贡献及其变化表明了国家级经开区面临调结构、促增长的新挑战。

二、"引进来，走出去"的主要载体

国家级经开区是我国"引进来"战略中的重要一环，是区域吸引国外资本、实现自身经济繁荣的重要手段。经开区的建立以增加经济产出为主要目的，实现了国内外劳动力优势、技术优势互补，为经济快速发展创造了条件。

国家级经开区作为对外开放的先行区，率先参与国际产业分工，是我国最具竞争力的国际产业转移承接地。2006~2010年，国家级经开区吸引外资占全国外资总额的20%~30%；2011~2015年，占全国外资总额的40%以上；2016年后有所回落但仍保持在高位（图3-7）。

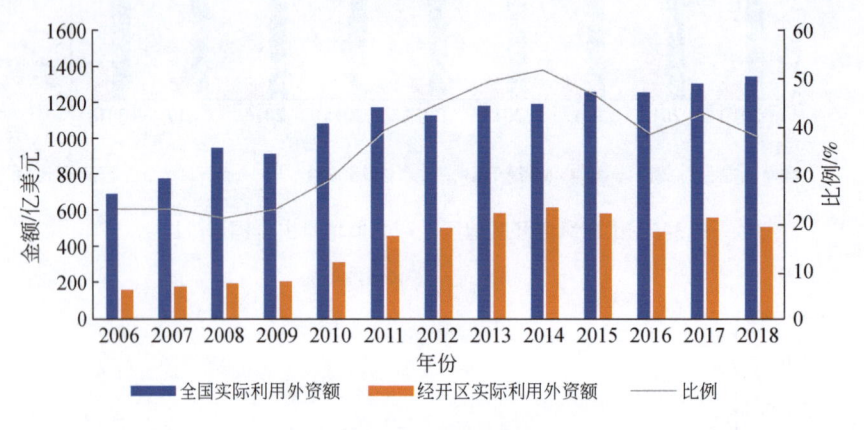

图3-7 国家级经开区外资集中水平

数据来源：商务部、国家统计局

2005年，世界500强跨国公司中在华投资的共有109家（不包括中国500强跨国公司和金融类公司），投资企业总数达303家。2015年世界500强跨国公司中，约有470家已在华投资；2019年达到了490家。国家级经开区成为世界500强跨国公司投资的集中地区。2018年北京经开区入区企业2万余家，其中世界500强83家；2019年苏州经开区有253家500强的跨国公司投资设厂，广州经开区也有百余家500强企业。通过建立国家级经开区，我国学习了外国企业成熟的生产技术与管理模式，对我国企业发展起到了重要的引导与借鉴作用。

三、产业集聚的重要平台

集聚或集群化发展是现代经济组织的重要方式，不仅有助于形成经济发展中的规模效应和范围经济，而且有助于知识创新、促进技术的快速商业转化。经开区在选址上主要集中在交通发达地区和港口，沿河或沿海分布。不同国家级经开区结合本区域特点，不断优化外资结构，大力引进龙头企业，同时促进产业链迅速延伸，产业聚集效应十分突出。例如，广州经开区形成了以宝洁为龙头的化工产业集群；天津经开区、北京经开区形成了电子信息产业集群；长春经开区、武汉经开区和重庆经开区形成了汽车产业集群；青岛经开区形成了家电、电子产业集群；沈阳经开区形成了装备产业集群；福州经开区、融侨经开区形成了显示器产业集群。一方面，产业集群将国家级经开区产业与区域经济和产业升级紧密联系起来；另一方面，对新的同业企业产生强大的吸引力，使之将研发与生产制造活动迁移过来,从而以国家级经开区为核心,形成一些具有国际竞争力的产业集群。

依托已有的产业基础和资源禀赋,通过承接国内外产业转移,国家级经开区通过产业集聚效应逐渐引导地方经济形成了以电子信息、汽车、装备制造、化工、食品等为主导的产业体系,同时探索新能源、新材料、生物医药、节能环保等新兴产业的发展,有力地促进了我国工业化发展和转型升级进程。

四、体制改革的试验区域

国家级经开区是改革开放的"试验田"和"排头兵",推动开发区体制机制改革创新,是实现高质量发展的题中之意。

经开区始终走在体制机制创新的最前沿,如开创了精简高效的管委会模式,被此后其他特殊经济空间普遍借鉴;经开区实行高起点统一规划、高标准滚动开发,有力推动了我国城镇化进程;作为投资区域中的代表,经开区积极与国际惯例接轨,营造重商、亲商、安商的投资环境,首创"一个窗口"对外、"一条龙"服务等多种投资服务模式,成为我国投资环境的优质品牌……目前改革促活,尤其是东部地区经开区的升级转型正在走向纵深。例如,2018年烟台经开区启动"大部制"改革,龙口经开区探索实行企业运营"区中园"等。总体而言,经开区始终是改革创新的率先试验和高质量示范区域。

五、供给侧结构性改革的示范基地

在新的发展阶段,经开区是我国当前和今后供给侧改革的重要区域。由于区域内资本、土地、人才等要素的集聚,经开区为落实和加快供给侧改革提供了条件。不断优化产业结构、大力推动科技创新是今后经开区建设的一个重要方向。2018年国家级经开区高新技术产品出口额达到12 531亿元,同比增长12.8%,占国家级经开区出口总额的36.7%,占全国高新技术产品出口总额的25.4%;高新技术产品进口额达到9001亿元,同比增长21.2%,占国家级经开区进口总额的32.3%,占全国高新技术产品进口总额的20.3%。经开区已成为创新资源的重要载体和高新技术研发及成果转化基地。

第四节 存在问题与建议

一、存在问题

目前,国家级经开区都已完成了粗放式创业阶段,进入内涵式全面提高阶段。表3-3总结了我国代表性国家级经开区的主要政策。在新的发展阶段,国家级经开区也面临着一些亟待解决的问题和瓶颈,经开区外部经济环境、体制环境、政策环境等宏观氛围也发生了重大变化。

表 3-3 典型国家级经开区政策梳理

省区市-城市	开发区名称	政府支持基本政策	土地	财税	科技	人才	出口	成效
北京市-北京	北京经开区	对高新技术企业、高产值及高附加值企业、国家鼓励和扶持的支柱生产企业可实行土地租赁生产方法《北京经济技术开发区土地租赁管理办法》		生产型外商投资企业减按15%的税率征收企业所得税。其中,经营期十年以上的生产型企业从获利年度起两年免征、三年减半征税。免税期满后,仍为先进技术企业的,可延长三年减按10%的税率征收企业所得税。地方所得税5年免征,5年减半征收	科研机构、高等学校转化职务科技成果,应当依法对研究开发该项科技成果做出重要贡献的其他人员给予奖励。其中属于技术转让方式的,应当从转让收入中提取不低于20%的比例用于一次性奖励；实施奖励,自行实施或与他人合作实施科技成果转化的,项目投产后,连续3～5年内,从该项科技成果转化年净收入中提取不低于5%的比例用于奖励；采用股份形式实施转化的,股份不低于科技成果入股时评价金额20%的股份给予奖励。对主要贡献人员的奖励份额应不低于奖励总份额的50%	对经市政府有关部门认定的高新技术成果和高新技术成果产业化项目所需相关的外省市专业技术和管理人才,经人事部门批准,享受本市居民待遇,工作满三年者,有关部门人单位推荐,办理户口准入核准、办理户口迁入手续。民营科技企业进中关村科技园的高新技术单位在市、区、县人事局所属人才服务中心委托存档的专业技术人员和管理人员,凡本人具有北京市常住户口,且被在京用人单位聘用一年以上现仍被聘用的人员,其配偶符合下列条件之一者,均可申请办理解决夫妻两地分居问题：(含聘用干部)	区内自营出口额达到200万美元的高新技术企业可经营与该企业自产产品相关或同类的产品的出口业务。注册资本不少于200万元、自产自供出口的国有、集体所有制和高新技术可进出口经营权登记制。凡列入中关村科技园区提供的有进出口权的《高新技术优惠名单》的高新技术企业,享受海关优先通关、查验、放行的优先待遇；对列入名单的企业,从事加工贸易业务的,给予审批的优惠,优先发展电子数据交换(EDI)报关	2017年1～7月,开发区规模以上工业总产值同比增长31.1%,实现1900.5亿元,增速与上月基本持平。其中,四大主导产业表现继续好于全区整体水平,实现产值1741.3亿元,同比增长34.3%,高于规模以上企业3.3个百分点。分产业看,四大主导产业全部保持两位数以上增速,汽车及全交通设备产业保持40%以上增速,实现产值834.5亿元。电子信息产业龙头企业发力,1～7月动产业继续快速增长,实现产值419.1亿元,同比增长44.2%。进入第二季度以来,装备制造企业整体表现明显好,1～7月,59.4%的装备制造企业实现产值同比扩大24.4个百分点,产业实现产值262.6亿元,同比增长12.9%,增速比上月提高2.6个百分点。1～7月,开发区完成全社会固定资产投资183.1亿元,同比下降16.3%,降幅比上半年收窄3.3个百分点。其中,基础设施投资同比增

56

第三章 经济技术开发区建设研究

续表

| 省区市-城市 | 开发区名称 | 政策 ||||| 成效 |
		政府支持基本政策	土地	财税	科技	人才	出口	
北京-北京	北京经开区				额的50%。科研机构、高等院校转化职务科技成果以股份或出资比例形式奖励给个人在取得股份、出资比例时，暂不缴纳个人所得税。高新技术企业研制开发新技术、新产品、新工艺当年所发生的各项费用和为此所购置的单台价值在10万元以下的试制用关键建设用、测试仪器的费用，可一次或分次摊入成本；购买国内外先进技术、专利所发生的费用，经税务部门批准，可在两年内摊销完毕	1. 具有高级专业技术职务目存档时间满2年的人员；2. 具有硕士学位或中级专业技术职务且存档时间满2年的人员；3. 夫妻双方均系大学本科毕业且在京一方存档时间满3年的人员；4. 在京一方年满30岁，存档时间满5年，其配偶具有中级以上专业技术职务目系我市急需的人员。获得博士学位或在工作中获得省（市）级以上部门奖励、表彰的先进个人，可不受上述条件的限制，予以办理		长2.9倍，实现投资额22.3亿元。1~7月，房地产开发投资降幅大幅收窄，实现投资额45亿元，同比下降40.3%，降幅比上半年收窄23.8个百分点。1~7月，实现社会消费品零售额220.7亿元，同比增长5.7%。从限额标准看，限额以上企业实现零售额205亿元，同比增长5.5%，限额以下企业实现零售额15.7亿元，同比增长8.6%。从主要商品看，通信器材类、文化办公用品类、家用电器和音像器材类商品贡献率最高

57

续表

省区市-城市	开发区名称	政府支持基本政策	政策 - 土地	政策 - 财税	政策 - 科技	政策 - 人才	政策 - 出口	成效
黑龙江-哈尔滨	哈尔滨经开区	享受国家级新区优惠政策；享受国家级开发区优惠政策；享受黑龙江省及哈尔滨市制定的鼓励东北老工业基地调整改造项目优惠政策；享受黑龙江省及哈尔滨市制定的鼓励进入哈尔滨走廊建设工业项目优惠政策。受哈市政府支持哈南新城发展的政策，对入区重点项目采取一事一议的办法给予支持	1. 在开发区建设的项目必须符合开发区规划，产业的要求，环保、产业的要求，出让地最小于2000元/m²。2. 企业与开发区签订区有关协议后，持建设、规划等有关批复办理用地手续，并按每平方米30元支付首期土地出让金，获"用地许可证"，可办理开工建设有关手续。3. 企业应按开发区签订协议规定的开期完工投产。竣工投产第三年度按所达到的每平方米土地出让销售额（或开发区实际财政收入）不同比例的土地出让金予以补贴。4. 每平方米销售额3000万元以下项目，不享受土地出让金补贴，但在土地出让金付工前一次性交付的可获得金扶持补贴。5. 开发区20%减免优惠	开发区内生产性外商投资企业，从事生产、经营所得和其他所得，按15%的税率征收企业所得税。外商投资企业合同经营期在10年以上的，从获利年度起，两年内免征企业所得税，第三年至第五年减半征收企业所得税；期满后，属于先进技术企业，可延长3年减半征收企业所得税，税率低于10%的，按照10%征收；产品出口企业，按照国家规定减免企业所得税期满后，凡当年出口产品产值达到当年企业产品产值70%以上的，减半征收企业所得税，税率低于10%的，按照10%征收。开发区内外商投资企业发生年度亏损时，可以用下一纳税年度的所得		1. 优化海外留学人员创新创业环境。设立留学人员创业资金，扶持留学人员开发、生产高新科技项目和产品。以哈尔滨高新区管委会为主设立区的风险投资资金，优先扶持科技部门已有的留学人员创业资金。各科技部门经费向创业留学人员或留学人员创办的企业倾斜，支持留学人员开展科研工作。2. 放宽海外留学人员出入境，落户及家属随迁限制，简化办理手续。留学人员不受其出国前户籍所在地限制，可长期居留，也可短期工作，来去自由；其家属可向中国公安部门申办两年多次出入境的"外国人居留证"和一年多次的有效的护照签证；持中国护照的留学人员，凭"留学回国人员证明"，可向公安部门申办两年多次出入境的创业园		哈尔滨开发区制定实施了《哈尔滨开发区保增长促发展暂行办法》，安排了2亿元的保增长资金，帮助企业保订单，支持企业创新，助推企业快发展；实行了入门零收费，暂停和取消了所有收费项目，设立了首席单位所有收费项目，创业创新企业扶持资金，帮助企业申报国家及市各类扶持政策……这些打破常规的保增长措施，使开发区内达产企业数量快速增长，截至6月底，开发区规模以上投产工业企业已达380户，同比增长16.3%，工业增加值增长18.5%

续表

省区市-城市	开发区名称	政府支持基本政策	政策					成效
			土地	财税	科技	人才	出口	
黑龙江-哈尔滨	哈尔滨经开区		区内公司、企业、其他经济组织或个人取得土地使用权后，必须在合同规定或合同规定期限内开工建设，逾期未开工建设或未使用土地的，加收土地荒芜费；荒芜两年以上的，依法吊销土地使用证，收回土地使用权	弥补，下一纳税年度的所得不足弥补的，可逐年继续弥补，但最长不得超过5年		证明、工商营业执照和"港澳同胞、华侨暂住证"，可直接落到市公安部门办理落户手续。留学人员的配偶及其子女可以随正并就地民族考生开学时视情况享受加分政策。 3. 留学人员创业回取得的合法收入，经税务部门审核开具专用凭证后，可按国家有关规定购买外汇，携带或汇出国（境）外。 4. 在国外获得硕士以上学位（含硕士学位）的留学人员，可根据工作需要直接聘任为高级专业技术职务，享受高级专业技术职务待遇		

续表

省区市-城市	开发区名称	政府支持基本政策	政策					成效
			土地	财税	科技	人才	出口	
上海-上海	上海漕河泾新兴技术开发区	独立核算，自负盈亏，为开发区发展和区内企事业单位服务的企业、享受新兴技术企业的优惠待遇		1. 设立专项资金，重点用于扶持漕河泾新兴技术开发区高新技术企业上市，鼓励针对科技企业上市的各类服务工作。2. 加大小额贷款担保工作力度。3. 鼓励金融机构加大对创业组织的信贷支持力度。4. 减征或免征税收的优惠：a. 减按15%税率征收所得税；b. 经市人民政府批准，可免购国家重点建设债券；c. 以自筹资金新建技术开发的生产、经营性用房，自1990年起五年内免征建筑税。5. 新兴技术企业出口所创汇，三年内全额留给企业。地方外汇二八分成，地方和创汇企业部分留给开发区，由开发区公司按照国家有关规定使用	1. 市科委组织认定为高新技术企业的，从被认定之日起，按照15%的税率征收所得税。2. 高新技术企业出口产品的产值达到70%以上的，经税务机关核定，减按10%的税率征收所得税。3. 新办的高新技术企业，经税务机关批准，从投产年度起，两年内免征所得税。4. 进入创业中心企业可享受开发区相应优惠政策及徐汇区对科技企业的优惠政策。5. 经认定的孵化企业可由区科技发展资金给予一定的资金扶持，期限为3年	1. 经上海市外国投资工作委员会审核批准的留学人员企业，可享受外商投资企业的有关优惠政策。2. 留学人员企业的投资及注册公司可按实际需要适当降低，咨询、服务性公司注册资金最低限额1.2万美元，生产性公司注册资金最低限额6万美元。3. 具有8年以上（含8年）在海外留学、工作经历的留学归国人员，在所创办的企业，在2002年1月1日以后在上海市注册登记，注册资本50万元以上人民币（或等值外币），且主要从事软件开发或集成电路设计，可向上海市信息化委员会申请创业资助专项资金	新兴技术企业出口其生产的产品，免征出口关税	

续表

省区市-城市	开发区名称	政府支持基本政策	政策					成效
			土地	财税	科技	人才	出口	
江苏-苏州	昆山经济开发区	昆山高新技术出口加工园区、高新技术产业开发区的相关政策，凡在区内投资的外资企业，可享受保税区及高新技术产业开发区的一系列优惠政策。区内投资者除享受原有开发区优惠政策之外，还将享受保税区及高新技术产业开发区政策，包括税收、业务动作、土地批租、水、通信及金融、外汇等方面优惠	根据企业注册资金，每5万美元三年内提供一个单位（100m²）免税厂房，标准厂房，期满后三年，租金减半收取，每个企业最多提供1000m²。企业如自行建造厂房，可提供土地，三年免收租金，期满后可按利润收取土地出让金。企业也可批租土地，地价按保护价下限执行	外商投资的企业，所得税率按25%征收；符合保税区的小型微利企业，按20%的税率征收企业所得税；国家需要重点扶持的高新技术企业，减按15%的税率征收企业所得税；从事农、牧、渔业项目国家重点扶持的公共基础设施项目，符合条件的环境保护、节能节水的技术让所得，可以免征、减征企业所得税；创业园企业从营业之日起三年，三年内对营业税先征后返，对企业所得税三年内通过财政渠道返还，对企业所得税通过财政渠道返还，增值税中地方所得部分年终通过财政渠道返还；对国家鼓励发展的高新技术化项目和技术改造项目进口设备，可根据国家规定免征进口关税及增值税	昆山高新技术出口加工园区位于昆山经开区内，规划面积2.2km²，与"昆山经济陆路口岸"开发区连成一体。创办宗旨是建立昆山高新技术出口加工园、保税区和经济开发区相关政策，加快昆山开发区高新技术产业的发展，加快结构的调整优化和转型升级。昆山高新园坚持技术出口加工园区为主，即项目以高新技术为主，侧重发展电子信息、精密机械、精细化工等产业；投资以外资企业为主，侧重国外跨国大企业集团，吸引国外跨国大企业集团，产品以出口外销为主	吸收对象：国家公派、自费出国学习取得本科以上学历的人员；在国内具有大学本科学历或中级以上专业技术职称以上，学有专长的校政科研机构进修一年或进修人员，到国外进修一年以上的学者；获得国外永久居住权的留学人员；已经或出站的博士后研究人员。鼓励的经营范围：从事高新技术产品的研制，开发生产及建立科研开发中试基地。从事技术、咨询科技等服务。从事律师事务所中介服务，从事会计事务中介服务，符合条件的海外高级人才配偶及未成年子女免费落户本市，并可随迁家属2~3人	凡在区内投资的外资企业，可享受相应的保税区、高新技术产业区及经开区的一系列优惠政策。区内开发区投资者除享受原有开发区优惠政策之外，还将享受保税区及高新技术产业区政策	昆山出口加工区于2000年4月27日经国务院批准建立，同年9月6日通过8部委联合验收，10月8日率先封关运作，成为中华人民共和国历史上第一个出口加工区。2006年12月，昆山出口加工区经国务院批准，成为全国首批拓展保税物流等功能试点单位。至2008年末，共吸纳外资企业113家，总投资19.5亿美元。当年完成工业产品销售1583亿元，进出口总额352亿美元，其中出口244亿美元。拓展保税物流试点工作取得阶段性成果，已有19家物流企业入注册，保税物流业务总量在全国试点加工区中名列前茅

续表

省区市-城市	开发区名称	政府支持基本政策	政策-土地	政策-财税	政策-科技	政策-人才	政策-出口	成效
甘肃-兰州	兰州经开区		省每年新增建设用地指标向开发区倾斜，对开发区实行计划单列，优先保障开发区内重大投资项目及公共基础设施建设用地。建立开发区用地审批"绿色通道"，优化办理重点项目建设用地的预审及审批程序，简化报批程序，开发区批次用地计划可按不超过当年度用地计划的30%申报。加快推进开发区建设用地基准地价制定工作，鼓励开发区合理使用国有未利用地，属开发区主导产业且用地集约的工业项目，其土地出让底价可按所在地土地等别相对应的15%～50%确定。对土地利用效率低、经济效益差的企业，督促其提高土地投资强度和使用效率，对达不到土地基地使用效益的项目，依法收回土地使用权	开发区财政实行独立核算，纳入市级财政预算管理。开发区管委会负责开发区的财政事务和国有资产的管理。实行"核定税收基数、超收部分返还"的财税激励政策，核定2011年开发区增值税、营业税、企业所得税基数，2012～2014年，省级"三税"留成超出核定基数部分，3年内全额返还开发区。主要用于返还开发区合理支出。主要用于开发区内基础设施和公共服务体系建设，县、市区政府也要制定相应的财政优惠政策。对开发区土地出让收入除确保足额支付征地和拆迁补偿费、补助被征地农民社保支出及法定支出外，优先用于开发区基础设施建设。省级财政和国家级开发区设立一级独立财政	建立健全以政府支持、企业主体、产学研用相结合的科技创新体系导向，充分用开发区内优势企业与高等院校科研机构、合作实验室、企业技术研发中心，科技企业孵化器等创新平台，吸纳引进技术创新人才，转化应用科技成果，积极发展金融物流、科技研发、商务服务、信息咨询等服务业。支持生产性服务业。开发区配套建设物流仓储、信息服务、技术检测等服务平台，促进制造业与服务业融合发展	鼓励国（境）内外组织或者个人，以各种形式在开发区投资兴办企事业，进行基础设施建设，开展各种经济技术合作和贸易活动。鼓励具有高级职称的专业技术人员以及留学回国人员到开发区创业。开发区管委会建立城乡统筹的职业介绍机构、职业培训机构和再就业服务机构等，为用人单位招募人才，录用员工及职业服务提供，为开发区城乡劳动力就业服务	开发区管委会根据发展需要，按规定程序经批准后，可设立出口加工区、保税物流中心、出口监管仓库和保税仓库等	

续表

省区市-城市	开发区名称	政府支持基本政策	政策					成效
^	^	^	土地	财税	科技	人才	出口	^
新疆-乌鲁木齐	乌鲁木齐经开区		开发区的规划应符合城市总体规划，依法报批后，由管委会组织实施。开发区内土地开发及公共基础设施和公共设施的兴建可采取多种形式。法律、法规另有规定的除外。开发区内的土地使用权可依法出让、租赁及作价入股。经认定的高科技项目投资者，除享受国家、自治区和本市规定的有关优惠政策外，土地使用给予优惠	所得税优惠：外商投资企业所得税税率为15%，享受法定的"两年免征三年减半"企业所得税优惠政策，期满后，企业所得税可申请延长优惠期；内联工业企业：享受"三年免征二年减半"企业所得税的税收优惠政策。财税优惠：高新科技企业增值税中地方所留部分（25%）三年返还。进口关税优惠：《外商投资项目目录》以外的，投资项目享受免税的进口商品目录，免征关税和进口环节增值税。其他优惠：享受沿海开放城市经开区和自治区规定的其他优惠政策	经认定的高科技项目投资者，除享受国家、自治区和本市规定的有关优惠政策外，土地使用给予优惠	开发区的用人单位应依法接受管委会劳动管理部门劳动用工和工资基金的管理。开发区的用人单位，应依法参加社会保险统筹，执行国家有关劳资福利的规定，实行安全生产和保护，保障劳动者的合法权益。开发区用人单位可依法自行确定工资形式、工资标准和奖励津贴制度。鼓励各类科技人员、高级管理人员，留学归国人员到开发区工作，到开发区工作的各类人才享受自治区、本市和开发区优惠待遇		

63

续表

省区市-城市	开发区名称	政策					成效
^	^	政府支持基本政策					^
^	^	土地	财税	科技	人才	出口	^
广东-深圳		经认定的出口型企业、减半缴纳其工业用地"土地使用费",经认定的先进技术型企业、减半缴纳土地使用费5年。高新技术企业和高新技术项目的科研、生产用地,免收土地使用权出让金、免收购买生产经营用房的交易手续费;契税由财政部门按实际交纳额给予返还。高新技术企业和高新技术项目新建成新购置的生产经营场所,自建成或购置之日起五年内免征房产税	所得税中央征收30%,地方征收3%,对于符合条件的从事生产型外商投资企业、中外合资或外商投资银行业、生产性高新技术企业,实行不同程度的企业所得税免征或减征政策。增值税基本税率为17%,另外设置一档低税率13%;符合条件的外商投资企业可享受相应的所得税优惠。营业税按行业划分,税率在3%~20%,运输业3%,建筑业5%,金融服务业8%,商业服务5%,保险业20%,娱乐业20%;符合条件的外商投资企业可享受相应的所得税优惠。	由政府兴办的深圳软件园、国家集成电路设计深圳产业化基地、深圳国家电子工业试中心、生物孵化器;由清华大学、北京大学、哈尔滨工业大学、深圳虚拟大学园创办的院校孵化器;由政府、留学生协会共同兴办的留学生创业园构成的孵化器群正在形成,目前在孵企业达600余家。由政府、民间资本参与的创业投资体系正在兴办,孵化企业提供投资支持风险投资支持	1.凡在高新技术企业任职两年以上、具有本科以上学历的专业技术人员,可落户深圳。大学本科以上职称的人员、大学本科以上学历和技师以上职称的具有副高级职称以上专业技术职称的技术人员所需的具有副高级职称以上专业技术人员的配偶可以同时办理调入手续。出国留学人员在深圳工作的,其子女入学均享受深圳市户籍人口待遇。2.从事软件工作的软件工程师、系统分析员、系统工程师,具有大学本科以上学历并具有中级以上技术职称的,准予其本人、配偶及未成年子女在深圳落户(不分随迁或工作调动),免交城市增		

| 64 |

续表

省区市-城市	开发区名称	政府支持基本政策	政策					成效
			土地	财税	科技	人才	出口	
广东-深圳				个人所得税采用超额累进税率，本国员工月工资超过1600元起征，外籍员工月工资超过4000元起征，税率采用9级超额累进，税率5%~45%		容费。3. 集成电路制造企业引进的国内外高级专业技术和管理人员在深圳市购买商品住宅的，其购买一套商品住宅的房款可以抵扣其申报个人所得税的应税所得额。4. 集成电路制造企业所需的国内外高级专业技术和管理人员及其家属落户深圳，不受进入深圳户口指标限制，并免征城市基础设施增容费。5. 由市政府出资设立"深圳市科技贡献奖（市长奖）"，对在本市高新技术成果产业化活动中有突出贡献，创造巨大经济效益的科技人员，进行重大		

| 65 |

续表

省区市-城市	开发区名称	政府支持基本政策	政策					成效
			土地	财税	科技	人才	出口	
广东-广州				对符合国家金融政策的外商投资金融机构，包括中外合资银行，鼓励其经批准后在区内注册开办分支机构，并享受如下优惠：自开业年度起，前三年所所得税人所得税项目当年入库金额的50%予以奖励。第四、第五年按项目当年入库税款的30%予以奖励。对生产、物资资料市场项目，所缴纳增值税、营业税、企业所得税人所得税款在30万元以上（含30万元），经区税务局核定，按增值税、营业税、企业所得税人库超过500万元以上的项目，增加10%的奖励。对房地产企业入库营业税、企业所得税额的60%予以奖励，鼓励国内外企业发展商业项目。	对上年度研发强度5%以上、销售收入500万元以上的高新技术企业，给予上年度研发经费10%~20%、最高300万元的研发经费补贴。对获得资助的国家级科技项目给予最高100%、最高500万元的资金配套；对省级科技项目给予最高70%、最高300万元的资金配套；对市级科技项目给予最高50%、最高100万元的资金配套。对中小科技企业在境内外上市给予最高不超过300万元的资助；对进入非上市高新技术企业股权转让体系的，给予最高50万元的资助，国家经科技部、改革委认定的国家级	《广州开发区人才引进奖励办法》，建立市场化的引才存才机制。每向广州开发区推荐一名高层次人才，该地成功在区内注册企业或者与区内用人单位签订劳动合同的，可获得3万~10万元的引才奖励。推荐各类人才（团队）在区内创办企业注册成立后3年内，以获批中央（国家）、省、市各类高层次人才（团队）称号的，按照批准人才称号的同级财政给予个人奖励、累计推荐1%另行给予行个人奖励或者人单位的，可获50万元奖励		2016年，黄埔区完成地区生产总值3006亿元，增长5.6%；实现规模以上工业总产值7141亿元，增长2.3%；固定资产投资857亿元，增长8.4%；一般公共预算收入141亿元，增长1.5%；合同利用外资42亿美元，增长313.6%；实际使用外资22亿美元，增长91%

第三章 经济技术开发区建设研究

续表

省区市-城市	开发区名称	政府支持基本政策	政策					成效
			土地	财税	科技	人才	出口	
广东-广州				鼓励国内外企业发展为区内生活配套的旅游、宾馆、娱乐项目;鼓励发展信息、咨询项目;鼓励发展改革区内配套条件的加工修理、商业零售、燃气、交通运输、餐饮项目,上述项目享受如下优惠:自开业年度起,前三年按营业年当年所得税款额的50%予以奖励,所得税按项目当年入库存营业税、所得税款改其他税,第五年按项目当年入库存营业税、所得税税款的50%予以奖励	工程研究开发中心、国家级重点研究试验室等资格的研发机构,一次性给予最高不超过300万元的资助;对获得经省科技部门认定省级研发机构资格的,一次性给予最高不超过150万元资助。对获得市级以上(含市级)重点新产品、火炬计划项目、星火计划项目或其他科技立项项目,按该项目所获银行贷款贴息,给予一年期贷款贴息,贴息率按3%计。对留学人员创业资金支持的,给予等额资金配套,最高20万元			

67

续表

省区市-城市	开发区名称	政府支持基本政策					成效
		土地	财税	科技	人才	出口	
湖北-武汉		按照办公服务场地使用费的70%给予5年的补贴（5年总共享受的补贴费用相当于"两免三减"政策），享受补贴支持的建筑面积最高不超过1000m²	企业自进驻产业园当年起，前三年按照全额奖励，后两年按照其新增区财政贡献的50%进行奖励	高科技产业园：开发区高科技产业园是武汉经开区高新技术成果孵化、研发及产业化基地。根据国家对高新技术企业发展扶持方向，高科技产业园优先发展生物医药、光机电一体化、电子信息与通信、新材料、环保农业、新能源等高新技术项目。对入园项目，开发区将在资金、土地、厂房等方面给予特殊的扶持政策，促进入园项目迅速成长壮大。民营科工园：武汉民营科工园位于318国道西侧，重点发展民营科技型企业。截至2000年，共引进项目30个，引资达2.1亿元。这些企业2000年的工业总产值达9亿元，实现利税2500万元	引进"车都英才"的中介服务机构，认定为"车都伯乐"。当年每引进1名"国内外顶尖人才"，奖励10万元。每引进1名"国家级产业领军人才"，奖励5万元。每引进1名"省市级"车都产业高端人才"或"车都天使"，奖励3万元	产品出口企业，先进技术企业，经市税务部门批准，可在依法免征和减征企业所得税期间，免征地方所得税，并在期满后继续免征9年。产品出口企业，先进技术企业规定免征地方所得税期满后，凡当年出口产品产值达到70%以上的企业按所得税70%以上所得额在100万元以下、销售20%以下的，利率免征当年地方所得税	

续表

省区市-城市	开发区名称	政府支持基本政策					成效
		土地	财税	科技	人才	出口	
四川-成都		分为两类用地,实行不同的土地价格。一类用地为生产性项目建设用地,土地价格最低每亩8万元(净地,费用包干)。下同,按不同的地段划分为若干等次,以竞价方式确定地价;代征地价按50%计征。二类用地为非生产性项目建设用地,土地最低价每亩12万元,按不同等次划分为若干等次,以竞价的方式确定地价	1. 对生产性外商投资企业,经营期在10年以上的,从事电子信息相关领域高新技术研发和生产的"专、精、特、新"企业的所得税,第一年和第二年免征企业所得税,第三年至第五年减半征收企业所得税,高新技术企业可延长3年。 2. 外地来开发区投资符合产业导向的企业或项目,经批准可参照生产性外商投资企业的所得税率执行。 3. 对设在开发区内的为生产出口产品而进口的原材料和零部件,经海关保税监管,免征进口关税和增值税。 4. 开发区内企业生产出口产品,除国家另有规定外,免征出口关税。 5. 外商投资企业,按规定免征、减征出口产品产品增值税。合条件的可减按10%的税率征收企业所得税。	1. 支持中小企业加快发展。具有自主知识产权,从事电子信息相关领域高新技术研发和生产的"专、精、特、新"企业,根据销售规模和发展速度给予三年累计不超过1000万元的支持。 2. 鼓励大企业上台阶。对符合条件的软件和信息技术服务企业,给予奖励。 3. 大力培育独角兽企业。对符合条件的企业,按上年度获得投资总额10%给予奖励。 4. 鼓励企业并购重组。对企业进行境内外关联的并购重组给予的并购重组补贴。 5. 鼓励企业开拓国际、国内市场。鼓励	给予高层次人才创业扶持;鼓励青年人才来蓉落户,保障人才住房;提高外籍人才医疗待遇;简化外籍人才停居留手续;激励产业人才;支持校地校企合作培养产业发展人才;提供全民免费技术技能培训;建立人才信息发布制度;支持用人主体育才;设立"蓉漂人才日"	对生产出口产品所耗用的原材料、元器件、包装物等免征关税和进口环节增值税。外商投资企业举办的出口企业,按规定免征、减征所得税期满后,凡当年出口产品产值达到当年企业产品产值70%以上的按11%的税率征收企业所得税	2014年全年完成地区生产总值944.6亿元,增长12.7%;全社会固定资产投资405.5亿元;地方公共财政收入58.4亿元,增长20.9%;社会消费品零售总额102.1亿元,增长10.9%;城镇居民人均可支配收入29 799元,农民人均纯收入15 649元,分别增长10.4%、11%;城镇登记失业率2.4%;万元GDP能耗下降1.8%。近年来,成都经开区按照中央"四个全面"战略布局和"五大发展理念",积极抓"一带一路"、天府新区建设、"蓉欧+"等重大发展机遇,主动适应经济新常态,不断挖掘发展潜力,大力推进经济提质增效,确保区域经济稳定发展。2015年,完成地区生产总值1002.1亿元,规模以上工业增加值增长5%,固定资产投资483亿元,增长19%,其中工业投资144.9亿元,增长51.5%。实现汽车整车(机)产量92万辆、整车主营业务收入1219亿元。重点项目投资,工业投资、服务业

69

续表

省区市-城市	开发区名称	政策支持基本政策	政策					成效
			土地	财税	科技	人才	出口	
四川-成都			6. 对外商投资企业和外商企业不征收城市维护建设税、三资企业可免征耕地占用税。 7. 中外合资企业可免征房产税、土地使用税、车船使用牌照税8年。 8. 所有企业从2000年起暂不征收固定资产投资方向调节税。 9. 开发区内投资新办的符合产业导向的重点企业或项目需要政府支持的，给予生产性发展基金 10. 在开发区内新办经认定批准的高新技术企业和需要政府支持的重点工业企业，给予生产性发展资金	企业人驻成都市政府支持发展的"一带一路"沿线地区中外合作产业园区和自建产业园区，企业参加国际、国内重大展会拓展市场，布展费用、展位费，企业在境外新设立研发机构和销售分支机构，且年度出口额100万美元以上的企业，按出口额给予一次性补贴。 6. 提高技术创新水平。支持企业通过自主创新或产学研合作，实现关键核心技术产业化，企业对现有生产线进行改造，或建设新生产线，对承担国家级计划或国家项目的企业，按国家拨付资金的50%给予最高1000万元奖励			投资和促进创新创业工作受到市政府表彰。区域经济综合实力连续3年位居全省"十强县"第一。预计到2025年，建成中西部最大的乘用车产业基地、领先的新能源汽车产业基地、新型的新能源汽车电子产业基地，辐射力广的汽车服务基地。建成"中国一流，世界知名"的成都国际汽车城，进入世界国际汽车产业集群体系

国际环境上，国外外资政策调整、国际资本转移、全球经济持续低迷、需求疲软、国际贸易环境不佳、国内政策优势有所弱化、管理体制问题逐渐暴露。

经济发展上，中国经济进入新常态、经济发展方式发生根本转变；传统产业产能过剩、去产能压力大；创新性与创新能力不足；服务业和服务基础设施发展较为缓慢，综合成本高、引资用资门槛提高；劳动力成本提高。

土地资源上，存在土地资源紧张、个别经开区节能环保意识不强、土地利用粗放等现象。2018年国家级开发区土地集约利用评价结果体现出的问题具体有：①开发区土地利用程度普遍较高，但土地利用强度较低，土地利用效率有待提高。参评开发区中，土地供应率和土地建成率均超过90%的开发区近6成（57.12%），但综合容积率达到1.0的开发区仅有3成（32.12%），建筑密度达到30%的开发区不足6成（56.92%）。②开发区用地投入情况良好，但产出水平相对较低，土地利用效率有待提高。参评工业主导型开发区中，工业用地固定资产投入强度达到5000万元/hm^{2}的开发区超过6成（61.22%），但工业用地地均税收超过500万元/hm^{2}的开发区仅有3成（30%）、超过300万元/hm^{2}的开发区约为一半（53.66%）；参评产城融合型开发区中，综合地均税收超过500万元/hm^{2}的开发区不足2成（18.18%）、超过300万元/hm^{2}的开发区不足4成（38.18%）。③开发区可供应土地相对紧张，但仍有闲置土地。参评国家级开发区中，可供应土地比例不足10%的开发区超过4成（41.15%），可供应土地比例为10%~30%的开发区超过3成（34.61%），但仍有闲置土地294.49hm^2，需进一步加强用地的供后监管和存量用地盘活力度。这些土地资源利用问题在一定程度上制约了开发区的发展，土地资源瓶颈凸显。

产业结构上，部分经开区存在低水平重复建设、产业结构同质现象严重；产业转型升级的路径模糊、主导产业的带动作用不突出等问题。目前，国家级经开区已经形成了诸多具有代表性的产业集群，如苏州工业园区的电子信息产业集群、天津经开区的通信产业集群、宁波经开区的石化产业集群，这些集群的发展有效促进了所在经开区经济及商业环境的提升。在产业集聚效果初步显现的同时，产业同质化现象也变得突出。以山东济南为例，济南全市共有各类省级以上园区10家，2014年，各园区机械装备、电子信息、食品饮料产业同质化率分别达到60%、50%、40%。国家级经开区主导产业中结构趋同性较强的行业，主要集中在新能源产业、新材料行业和信息技术行业。产业结构同质化的原因有：①产业政策引导不足。一是部分园区顶层设计不足，忽视本地现实条件和市场状况，盲目照搬导致产业定位不准；二是规划执行不力，缺乏硬性标准，未能严格控制入园产业；三是缺乏细化的政策引导，未能进一步推出本地针对性的政策，拿来即用。②园区信息不畅，包括市场信息不畅和园区管理信息不畅。③参与者忽视长远发展，片面追求GDP、财政收入、工业增加值等指标，趋向选择有利于政绩提高的大项目，重数量轻质量，不顾自身定位扎堆投资"高新技术"，集中于汽车、化工、电子信息制造等少数产业，忽视自身专业特色和长期竞争力的培育。

二、主要建议

针对以上问题与挑战，今后经开区建设需要特别注意以下几个方面。

1. 明确经开区法律地位与权限,避免"区政合一"后的经开区行政化

目前我国一些地方政府已经出台了相应的开发区条例。可以考虑尽快出台国家层面的开发区条例,对各地经开区在与地方政府的隶属关系和管理权限等方面作出明文规定,明确经开区管理委员会代表省级或市级人民政府对经开区的经济事务和部分社会事务实行统一管理,并对经开区的功能定位、发展方向、管理体制、运行机制、设立撤销、规划和土地自主管理权限等予以明确,从而有利于提高行政管理效率,有利于经开区的长远发展。

"区政合一"的行政体制班子要适应原行政区及经开区的特点和需要,两者兼顾,尤其不能削弱经开区的原有优势。国家在支持经开区探索与行政区融合发展的体制机制实践中,在明确"大部制、高效能、优服务"的同时,要始终明确和坚持对经开区的角色定位,避免将融合后的经开区等同于传统行政区。经开区对人员专业性要求很高,可以考虑允许经开区在省市机构编制管理部门核定的机构总数和编制总数内,自主设立、调整工作机构,自主制定人员分流方案,使经开区队伍的业务水平、能力、素养、作风得到保证。

2. 做好园区顶层设计

顶层设计是园区走出同质发展的第一步。首先要明确方向,包括综合化和专精化两个方向。综合化指园区进一步吸收整合同质产业,形成区域内综合性的园区;专精化指选定少数差异性产业,沿产业链精深方向发展,形成特色专业化园区。其次要做好发展规划,依托规划做好战略设计:研判园区所处发展阶段和产业趋势;精细化选择产业细分领域;合理安排空间格局。对于先进地区,应以借鉴和学习经验为主,减少规划中盲目复制的现象。例如,苏州宿迁工业园区在复制苏州工业园区的过程中,花了大半年制定规划,通过剖析模式、学习经验,实现差异发展。

同时政策应当进行分类指导,辅助顶层设计的实施。监督园区严格执行规划,避免规划走偏。对于综合化园区,鼓励优胜劣汰;对于专精化园区,紧扣定位发展产业,明确细分产业领域,量化入园指标,严格筛选企业,允许同质产业退出,"腾笼换鸟"。

3. 培育市场化机制

首先,探索市场化的园区产业选择机制,在招商引资过程中,鼓励产业链配套招商、以商招商等方式,促进园区产业向专业、特色领域集聚。其次,运用市场机制加强和提高园区管理。政府和园区管理机构应将工作重点转向基础设施和制度体系建设。在此基础上,以政策撬动市场资金,积极推进融资租赁、私募股权(private equity)投资、风险投资(venture capital)等市场化的支持方式,减少政策性直接补贴,避免政策的"价格竞争"。此外,推动信息化建设,避免信息不畅造成的园区趋同;运用云计算、大数据、物联网等信息技术,推动智慧园区建设;构建园区产业信息平台,收集与发布产业动态、技术方向和产品供需情况。

4. 科技推动经济,创新驱动发展

目前我国已经迈过要素驱动发展阶段,开始进入创新驱动发展的新阶段,国家级经开

区要将自身定位为创新驱动发展的先行区，将创新作为推动经开区发展的第一推动力。国家高新区要以体制改革为抓手，推动区内经济持续高速发展，率先实现创新驱动发展。相比较而言，经开区以往总是专注于发展实体产业，对于科技创新关注度不够。从这一点来说，经开区也要像高新区一样，重视科技与经济的结合。只有将科技与经济结合，经开区发展实体经济才有后劲。

5. 坚持特色发展，实现融合发展

国家高新区的特色在于孵化创业创新，要坚持孵化创业创新不动摇，将孵化创业创新作为立区之本；国家经开区的特色在于先进制造业，要坚持发展先进制造业不动摇，将先进制造业作为主导产业。在坚持各自特色的同时，两类开发区也要实现融合发展，你中有我、我中有你，相互借鉴、共同提高。国家高新区在坚持孵化中小企业的同时，可以有针对性地开展高新技术产业的大项目招商引资，实现大企业和小微企业之间的良性互动。国家经开区在积极吸引先进制造业大项目落户的同时，也应该积极孵化和扶持中小型高科技企业，发现和培育新的增长点。

6. 推动园区合作发展

鼓励园区开展多层次全方位合作。首先，建立园区间信息共享平台，以便园区了解区域内其他园区在产业方向、政策制定上的动态，避免重复建设与恶性竞争，为园区合作创造前提条件。其次，推进园区开展业务合作，鼓励区域内工业园区、科技园区、物流园区、出口加工区等不同类型园区集中优势发展、依托专业功能开展业务合作。最后，鼓励具有互补功能的园区合并，依据产业链、资金链和创新链上下游经济联系，合并产业相同或存在互补关系的园区。

7. 因地制宜，具体问题具体分析

我国经开区的建设重心随着政策变化，在不同阶段向不同地区倾向，东部与中西部地区经开区建设和发展程度不同，加之自然环境、相对位置的影响，不同区域存在的问题有所差异。

东部地区建设历史久，数量多；沿江沿海，开放程度高；高等院校集聚，对人才吸引能力强，经济发展速度快，该区域面临的问题以产能过剩和技术升级为主。西部地区发展时间短，身处内陆，对外开放程度较低，对人才吸引力较低，环境问题较为突出，土地集约程度低，因此，西部地区经开区的建设应围绕如何提高效率展开。同时，西部地区更应把握政策带来的机遇。以成都市为例，近年来，成都经开区按照中央"四个全面"战略布局和"五大发展理念"，积极抢抓"一带一路"、天府新区建设、"蓉欧+"等重大发展机遇，主动适应经济新常态，不断挖掘发展潜力，大力推进经济提质增效，有效保证了区域经济快速发展。

在经济新常态下，注重内涵式增长、注重提质、注重创新能力等核心竞争力的提升已经上升到第一优先发展日程。对于经开区而言，体制机制的优化、理顺、完善是第一要务。国务院办公厅于2014年印发《关于促进国家级经济技术开发区转型升级创新发展的

若干意见》，是针对经开区原有发展模式的不可持续困境及时开具的一剂良方。"三个成为"与"四个转变"明确了经开区未来发展的角色定位与指导思想。近年，经开区的表现证明了转型升级、创新发展的正确性、必要性和紧迫性。借着这一历史契机，我国应尽快针对经开区当前体制机制创新所面临的问题加以切实有力地解决。

参 考 文 献

丁悦，蔡建明，杨振山. 2015. 中国城市开发区研究综述及展望. 工业经济论坛，(1)：148-160.

丁悦，杨振山，蔡建明，等. 2016. 国家级经济技术开发区经济规模时空演化及机制. 地域研究与开发，(1)：51-56，107.

葛顺奇，田贵明. 2008. 国家级经济技术开发区的经济发展及其面临的问题. 世界经济研究，(12)：10-16，84.

国务院办公厅. 2016.《关于完善国家级经济技术开发区考核制度促进创新驱动发展的指导意见》解读. 中国外资，(9)：14-19.

李耀尧. 2011. 创新产业集聚与中国开发区产业升级研究. 广州：暨南大学.

孙宇. 2016. 我国经开区发展的现状、问题及对策. 中国外资，(23)：77-79.

熊婧. 2016. 中国国家级经济技术开发区政策审视——政策工具视角. 广西教育学院学报，(4)：45-50.

张艳. 2011. 国家经开区与高新区的政策渊源探究及反思. 城市规划学刊，(3)：51-57.

张志强，孙斌栋. 2016. 国家级经济技术开发区与产业转移. 产业经济评论，(3)：5-21.

赵晓冬，吕爱国，李兴国，等. 2013. 我国经济技术开发区发展瓶颈与对策研究——以秦皇岛经济技术开发区为例. 燕山大学学报（哲学社会科学版），(1)：106-108.

郑国，周一星. 2005. 北京经济技术开发区对北京郊区化的影响研究. 城市规划学刊，(6)：23-26，47.

第四章 海关特殊监管区建设研究

摘 要

自我国1990年批准设立第一个海关特殊监管区以来，经过30多年的发展，海关特殊监管区域已逐步成为我国扩大开放的重要窗口、吸引境内外投资的重要载体、促进加工贸易健康发展的先行重要平台。本章主要从海关特殊监管区的基本情况和发展态势入手，重点分析其对区域发展的贡献并解析其存在的不足。主要观点如下：

为适应我国不同时期对外开放和经济发展的需要，国务院先后批准设立了保税区、出口加工区、保税物流园区、跨境工业区、保税港区、综合保税区六类海关特殊监管区域。其中，综合保税区与保税港区整合了海关所有特殊监管区域的功能政策，是目前开放层次最高、优惠政策最多、功能最齐全的海关特殊监管区域。

从海关特殊监管区域的类型看，截至2020年5月底，我国共有综合保税区131家，保税港区9家，保税区9家，保税物流园区1家，出口加工区1家，珠澳跨境工业区（珠海园区）1家，中哈霍尔果斯国际边境合作中心中方配套区1家。近年来，我国大力推进出口加工区和保税物流园区的升级，综合保税区数量明显提升。

由于"境内关外"特殊功能及政策，海关特殊监管区域在我国扩大对外开放、推动外资外贸发展中起到重要作用。金融危机后，在我国外贸总体增速回落的情况下，海关特殊监管区域的进出口贸易仍保持了较快增长态势。在2019年中美贸易摩擦抑制中国国际贸易的大环境下，海关特殊监管区进出口贸易总额增加依然明显。

总体来看，我国海关特殊监管区域在空间分布、海关监管等方面存在众多问题，已经成为阻碍海关特殊监管区域进一步发展的"瓶颈"。在深入推进"一带一路"建设、开启全面建设社会主义现代化国家新征程的紧要关头，需要进一步推动我国海关特殊监管区域的发展、升级与转型。

第一节 基本情况

一、政策背景

2005年11月28日，海关总署令第134号《中华人民共和国海关对保税物流园区的管理办法》首次明确了海关特殊监管区域的定义,指出海关特殊监管区域是指经国务院批准的保税区、出口加工区、保税物流园区、保税港区及其他特殊监管区域。从特殊功能类型来说,海关特殊监管区域是一个国家或地区为实现某些特定目的,如吸引外资、扩大出口、促进转口贸易等,而实行特殊海关监管制度和政策的特定区域。从对外开放功能上看,海关特殊监管区域的基本功能是保税,实行"境内关外"运作方式,但不同类型区域的政策功能有所差异。

为适应我国不同时期对外开放和经济发展的需要,国务院先后批准成立了保税区、出口加工区、保税物流园区、跨境工业区、保税港区、综合保税区六类海关特殊监管区域。其中,综合保税区与保税港区整合了海关所有特殊监管区域的功能政策,是目前开放层次最高、优惠政策最多、功能最齐全的海关特殊监管区域(Ma,1993)。

保税区是指经国务院批准设立的,海关实施特殊监管的经济区域,具有进出口加工、国际贸易、保税仓储商品展示等功能。保税区享受"境内关外"政策,保税区通过便利的转口贸易,增加有关费用的收入。进入保税区的货物可以进行储存、改装、分类、混合、展览,以及加工制造,但必须处于海关监管范围内。外国商品存入保税区,不必缴纳进口关税,尚可自由进出,在规定的期限内只需交纳存储费和少量费用。

出口加工区是指经国务院批准设立的,由海关实行封闭监管的,专门发展出口加工的海关特殊监管区域。出口加工区与保税区功能相似,享有"免证、免税、保税"政策,实行"境内关外"运作方式,但出口加工区享有更优惠的出口退税政策。国内货物通过保税区出口到境外,采用"离境退税"的原则,而出口加工区采用"入区退税"的原则。

保税物流园区是指经国务院批准在保税区规划面积或者毗邻保税区的特定港区内设立的、专门发展现代国际物流业务的海关特殊监管区域。保税物流园区进出口税收政策可以概括为:一般进口货物保税,特定进口货物免税,出口货物入区退税,区内货物流转免税,货物进入国内市场征税。其中,区内企业运往区外的货物,海关按照对进口货物的有关规定办理进口报关手续,并对报关的货物征收增值税、消费税;区外企业运入区内的货物视同出口,由海关办理出口报关手续,签发出口货物报关单(出口退税专用联),区外企业凭海关签发的出口货物报关单(出口退税专用联)及其他规定凭证向主管税务机关申请办理退(免)税;区内货物自由流通,不征增值税和消费税,但是在区内不得开展加工贸易业务;区外企业进入区内的货物享受出口退(免)税政策。

跨境工业园区是指经国务院批准,在实行享受保税区政策同时,与境内区外(内地)之间进出货物在税收方面又享有出口加工区政策的海关特殊监管区域。

保税港区是指经国务院批准,设立在国家对外开放的口岸港区和与之相连的特殊区域内,具有口岸、物流、加工等功能的海关特殊监管区域。

综合保税区是指设立在内陆地区的具有保税港区功能的海关特殊监管区域,由海关参照有关规定对综合保税区进行管理,执行保税港区的税收和外汇政策,集保税区、出口加工区、保税物流区、港口的功能于一身,可以发展国际中转、配送、采购、转口贸易和出口加工等业务。

二、发展态势

我国于 1990 年设立第一个海关特殊监管区域——上海外高桥保税区。2015 年,国务院办公厅印发《加快海关特殊监管区域整合优化方案》,提出逐步将现有出口加工区、保税物流园区、跨境工业区、保税港区及符合条件的保税区整合为综合保税区。

截至 2020 年 5 月底,全国共有海关特殊监管区域 153 家(图 4-1)。从不同类型海关特殊监管区域看,共有综合保税区 131 家,保税港区 9 家,保税区 9 家,保税物流园区 1 家,出口加工区 1 家,珠澳跨境工业区(珠海园区)1 家,中哈霍尔果斯国际边境合作中心中方配套区 1 家。从空间分布看,由于我国对外开放是从沿海到沿江沿边、从东部到中西部逐渐推进,因此,海关特殊监管区域在空间上也集中分布在东部沿海地区,江苏(21 家)、广东(14 家)、山东(12 家)、浙江(10 家)和上海(10 家)等省(直辖市)数量相对较多。在中美贸易摩擦、国际贸易形式不断恶化的背景下,2020 年国务院开始批复新的综合保税区。1 月,国务院批准设立宜昌综合保税区、福州综合保税区、洋山特殊综合保税区;3 月,国务院批准设立温州综合保税区、汕头综合保税区、义乌综合保税区;4 月,国务院批准设立拉萨综合保税区、烟台综合保税区、井冈山综合保税区、宁波梅山综合保税区、宁波北仑港综合保税区、宁波前湾综合保税区、绵阳综合保税区。

从土地面积看,中国海关特殊监管区域共占地约 650km^2。从不同类型海关特殊监管区域的空间分布来看,保税区、保税港区、保税物流园区在全国的空间分布比较集中,这三类海关特殊监管区域均集中分布在我国东部沿海地区;而出口加工区、综合保税区、跨境工业园区的空间分布相对较为分散,广泛分布在我国东中西部地区。

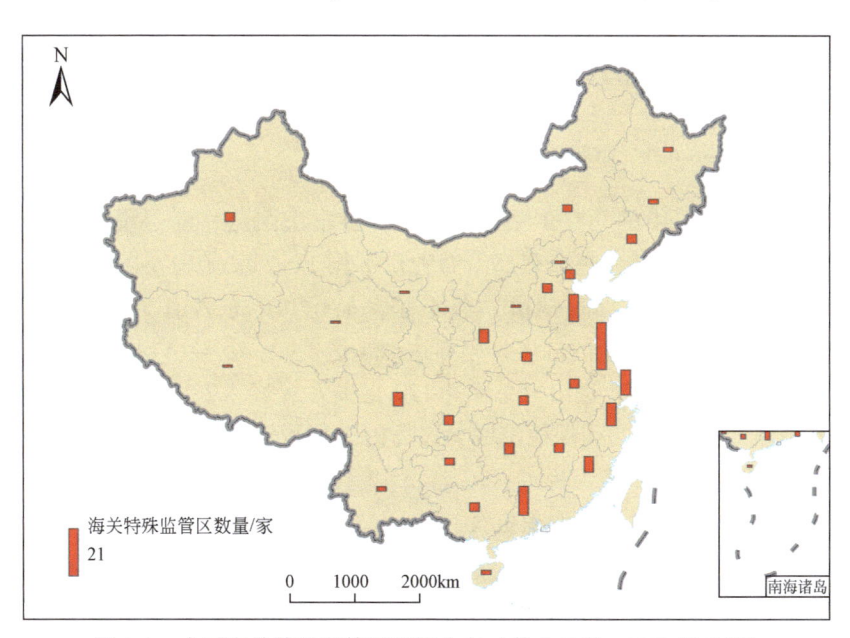

图 4-1　中国海关特殊监管区空间分布(截止日期:2020 年 5 月)

1. 保税区

截至2020年5月,中国共设立保税区9家,主要分布在6个沿海省市,包括广东(3家)、上海(1家)、浙江(1家)、福建(2家)、辽宁(1家)、天津(1家)。从经济规模看,2019年,上海外高桥保税区的进出口总额达到1278.6亿美元,是中国经济规模最大的保税区;其次是宁波保税区、天津港保税区,进出口总额分别达到103亿美元和89亿美元(表4-1)。从土地面积看,保税区面积共40.45km²,其中,上海外高桥保税区面积最大,达10km²;其次是厦门象屿保税区、天津港保税区,面积分别为9km²、8.5km²;其他保税区的面积均低于4km²。

表4-1 保税区名录(截至2020年5月)

保税区名称	所在地区	2019年进出口额/万美元
天津港保税区	天津	891 291.2
大连保税区	辽宁	162 842.8
上海外高桥保税区	上海	12 785 903.4
宁波保税区	浙江	1 034 812
厦门象屿保税区	福建	598 169.7
福州保税区	福建	34 188
深圳福田保税区	广东	—
广州保税区	广东	254 942.1
珠海保税区	广东	269 933.1

2. 保税港区

截至2020年5月,中国共有9家保税港区,除重庆两路寸滩保税港区外,其他保税港区均分布在东部沿海地区,每个东部沿海省份平均1~2家(表4-2)。其中,海南、重庆、辽宁、江苏、山东等省(直辖市)各1家,福建和广东各有2家。从经济规模看,2019年,深圳前海湾保税港区的进出口总额达184亿美元,是经济规模最大的保税区;其次是重庆两路寸滩保税港区,进出口总额达179亿美元(表4-2)。从土地面积看,保税港区面积共68.4km²,其中,福州保税港区、青岛前湾保税港区、厦门海沧保税港区、海南洋浦保税港区、重庆两路寸滩保税港区的面积均超过8km²。总体而言,保税港区的面积较其他类型海关特殊监管区域的面积更大。

表4-2 保税港区名录(截至2020年5月)

保税港区名称	所在地区	2019年进出口额/万美元
大连大窑湾保税港区	辽宁	464 038.1

续表

保税港区名称	所在地区	2019年进出口额/万美元
张家港保税港区	江苏	695 455.3
厦门海沧保税港区	福建	367 823.5
福州保税港区	福建	37 405.1
青岛前湾保税港区	山东	1 240 778.8
广州南沙保税港区	广东	1 071 371.7
深圳前海湾保税港区	广东	1 849 330
海南洋浦保税港区	海南	5 375.7
重庆两路寸滩保税港区	重庆	1 797 883.4

3. 综合保税区

2016年底，我国共有31家综合保税区，广泛分布在全国23个省（自治区、直辖市），但主要分布在东部沿海地区，特别是江苏省。近年来，国家加快推进综合保税区的建设，促进保税物流园区和出口加工区的转变。截至2020年5月，已经有131家综合保税区，其中绝大多数是从出口加工区和保税物流园区演变升级而来（表4-3，图4-2）。

表4-3　综合保税区名录（截至2020年5月）

综合保税区名称	所在地区	2019年进出口额/万美元	综合保税区名称	所在地区	2019年进出口额/万美元
北京天竺综合保税区	北京	876 588.6	营口综合保税区	辽宁	—
天津东疆综合保税区	天津	1 386 319.5	沈阳综合保税区	辽宁	19 394.9
天津滨海新区综合保税区	天津	380 147.7	长春兴隆综合保税区	吉林	77 264.5
天津港综合保税区	天津	891 291.2	珲春综合保税区	吉林	—
天津泰达综合保税区	天津	8 584.7	绥芬河综合保税区	黑龙江	37 272.9
曹妃甸综合保税区	河北	42 468	哈尔滨综合保税区	黑龙江	3 452.1
秦皇岛综合保税区	河北	64 387.1	洋山特殊综合保税区	上海	1 256 328.7
廊坊综合保税区	河北	—	上海浦东机场综合保税区	上海	1 041 347.4
石家庄综合保税区	河北	109 186.9	上海松江综合保税区	上海	—
太原武宿综合保税区	山西	883.6	金桥综合保税区	上海	—
呼和浩特综合保税区	内蒙古	2 013.9	青浦综合保税区	上海	—
鄂尔多斯综合保税区	内蒙古	—	漕河泾综合保税区	上海	—
满洲里综合保税区	内蒙古	7 556	奉贤综合保税区	上海	—
大连湾里综合保税区	辽宁	—	嘉定综合保税区	上海	88 218.8

续表

综合保税区名称	所在地区	2019年进出口额/万美元	综合保税区名称	所在地区	2019年进出口额/万美元
苏州工业园综合保税区	江苏	2 254 820.8	合肥经济技术开发区综合保税区	安徽	—
昆山综合保税区	江苏	4 707 887.6
苏州高新技术产业开发区综合保税区	江苏	2 023 927	合肥综合保税区	安徽	108 379.6
			马鞍山综合保税区	安徽	47 760.1
无锡高新区综合保税区	江苏	2 385 913	泉州综合保税区	福建	130 146.1
盐城综合保税区	江苏	15 827.8	厦门象屿综合保税区	福建	598 169.7
淮安综合保税区	江苏	53 431.4	福州综合保税区	福建	37 405.1
南京综合保税区	江苏	540 480.4	九江综合保税区	江西	—
连云港综合保税区	江苏	—	南昌综合保税区	江西	109 709
镇江综合保税区	江苏	39 609.5	赣州综合保税区	江西	20 144.4
常州综合保税区	江苏	42 125.9	井冈山综合保税区	江西	9 312.9
吴中综合保税区	江苏	21 919	潍坊综合保税区	山东	123 127.2
吴江综合保税区	江苏	381 383	济南综合保税区	山东	56 868
扬州综合保税区	江苏	15 882.8	东营综合保税区	山东	49 391
常熟综合保税区	江苏	22 327.6	章锦综合保税区	山东	—
武进综合保税区	江苏	76 480.5	烟台综合保税区	山东	1 036 091.8
泰州综合保税区	江苏	25 640.2	威海综合保税区	山东	109 459.7
南通综合保税区	江苏	85 017.6	青岛胶州湾综合保税区	山东	—
太仓港综合保税区	江苏	59 647.8	青岛西海岸综合保税区	山东	—
江阴综合保税区	江苏	16 734.1	临沂综合保税区	山东	105 645.5
徐州综合保税区	江苏	27 175.6	日照综合保税区	山东	—
宁波梅山综合保税区	浙江	79 659.8	青岛即墨综合保税区	山东	—
宁波北仑港综合保税区	浙江	—	郑州新郑综合保税区	河南	4 983 045.8
宁波前湾综合保税区	浙江	—	郑州经开综合保税区	河南	—
舟山港综合保税区	浙江	282 287.1	南阳卧龙综合保税区	河南	12 141
杭州综合保税区	浙江	—	洛阳综合保税区	河南	—
嘉兴综合保税区	浙江	—	武汉东湖综合保税区	湖北	152 368.4
金义综合保税区	浙江	—	武汉经开综合保税区	湖北	—
温州综合保税区	浙江	—	武汉新港空港综合保税区	湖北	97 946.1
义乌综合保税区	浙江	—	宜昌综合保税区	湖北	—
芜湖综合保税区	安徽	73 925.9	衡阳综合保税区	湖南	105 711.3

续表

综合保税区名称	所在地区	2019 年进出口额/万美元	综合保税区名称	所在地区	2019 年进出口额/万美元
郴州综合保税区	湖南	—	成都国际铁路港综合保税区	四川	—
湘潭综合保税区	湖南	36 016.5	泸州综合保税区	四川	—
岳阳城陵矶综合保税区	湖南	253 795.7	宜宾综合保税区	四川	—
长沙黄花综合保税区	湖南	537 182.7	贵阳综合保税区	贵州	25 231.7
广州白云机场综合保税区	广东	247 467.5	贵安综合保税区	贵州	42 756.9
深圳盐田综合保税区	广东	1 125 189.2	遵义综合保税区	贵州	13 431.5
深圳坪山综合保税区	广东	—	昆明综合保税区	云南	5 016.2
广州黄埔综合保税区	广东	—	红河综合保税区	云南	—
东莞虎门港综合保税区	广东	0	西安综合保税区	陕西	37 282.7
珠海高栏港综合保税区	广东	—	西安关中综合保税区	陕西	—
汕头综合保税区	广东	36 863.2	西安高新综合保税区	陕西	996 407.4
钦州综合保税区	广西	—	西安航空基地综合保税区	陕西	—
广西凭祥综合保税区	广西	981 704.7	宝鸡综合保税区	陕西	—
北海综合保税区	广西	—	西咸空港综合保税区	陕西	—
南宁综合保税区	广西	354 310	兰州新区综合保税区	甘肃	31 141.1
海口综合保税区	海南	115 672.7	银川综合保税区	甘肃	122 048.3
重庆西永综合保税区	重庆	3 734 261	阿拉山口综合保税区	新疆	86 578.7
重庆江津综合保税区	重庆	110 892.4	乌鲁木齐综合保税区	新疆	25 363.1
重庆涪陵综合保税区	重庆	—	喀什综合保税区	新疆	5 596.7
成都高新综合保税区	四川	6 277 101.6	西宁综合保税区	青海	—
成都高新西园综合保税区	四川	—	拉萨综合保税区	西藏	—
绵阳综合保税区	四川	—			

从经济规模看，2019 年，成都高新综合保税区、郑州新郑综合保税区、江苏昆山综合保税区的进出口总额均超过 400 亿美元，分别达 627 亿美元、498 亿美元、470 亿美元，是我国经济规模最大的三个综合保税区；重庆西永综合保税区、无锡高新区综合保税区、苏州工业园综合保税区、苏州高新技术产业开发区综合保税区等 4 家综合保税区的进出口总额超过 200 亿美元；烟台综合保税区、天津东疆综合保税区、洋山特殊综合保税区、深圳盐田综合保税区、上海浦东机场综合保税区等 5 家的进出口贸易总额超过 100 亿美元。从空间格局看，综合保税区在全国的空间分布相对较为分散，广泛分布在我国 30 个省（自治区、直辖市）；具体来看，主要分布在江苏省（20 家）、山东省（11 家）、浙江省（9 家）、上海市（8 家）、广东省（7 家）、四川省（6 家）和陕西省（6 家）。从土地面积看，仅重庆西永综合保税区面积达 10.3km²；广西凭祥综合保税区、广东广州白云机场综

合保税区、辽宁沈阳综合保税区的面积分别达 8.5km²、7.2km²、7.12km²；其他综合保税区的面积均低于 6km²。

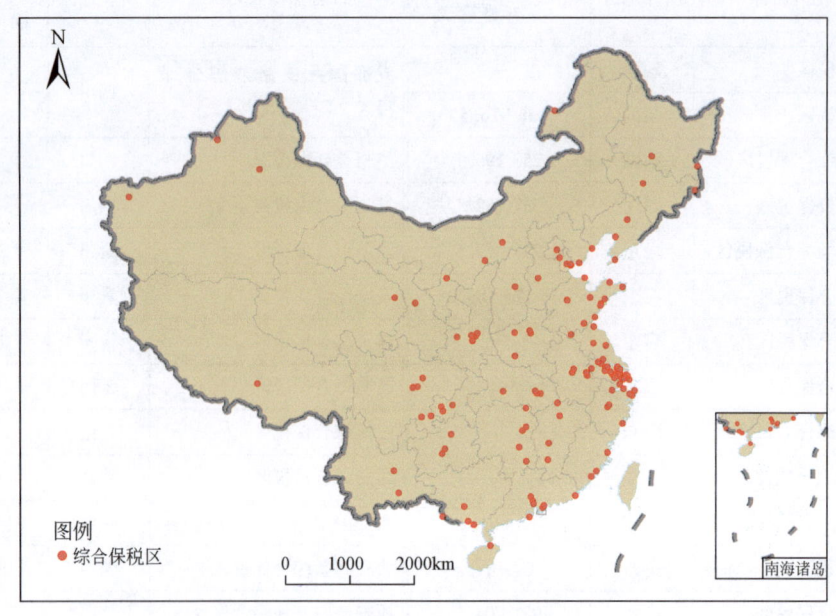

图 4-2 综合保税区空间分布

4. 其他（保税物流园区、出口加工区、跨境工业园区）

随着中国内陆多数的出口加工区和保税区、保税物流园区升级成为综合保税区，出口加工区和保税物流园区数量不断下降。截至 2020 年 5 月，中国共有 1 家保税物流园区，为上海外高桥保税物流园区，面积为 1.03km²，2019 年进出口额达 32.53 亿美元；1 家出口加工区，为广东的广州出口加工区，面积为 7.06km²，2019 年进出口额达 6.29 亿美元；2 家跨境工业园区，广东的珠澳跨境工业园区，面积为 0.4km²，2019 年进出口额 3.24 亿美元；新疆的中哈霍尔果斯国际边境合作中心中方配套区面积为 9.73km²，2019 年进出口额 1.18 亿美元（表 4-4）。

表 4-4 其他类型海关特殊监管区名录（截至 2020 年 5 月）

海关特殊监管区名称	所在地区	2019 年进出口额/万美元
上海外高桥保税物流园区	上海	325 258.5
广东广州出口加工区	广东	62 937.2
珠澳跨境工业区珠海园区	广东	32 418.4
中哈霍尔果斯国际边境合作中心中方配套区	新疆	11 841.8

中哈霍尔果斯国际边境合作中心中方配套区也叫霍尔果斯跨境工业园，沿中哈界河横跨中国与哈萨克斯坦两个国家，经由专门通道连为一体。其中，中方区域于 2011 年 12 月

实现封关运营，主要功能是贸易洽谈，商品展示和销售，仓储运输，住宿餐饮、商业服务、金融服务等。霍尔果斯口岸进出口货运量的提升，带来新疆霍尔果斯跨境工业园的进出口额也相应增长。

第二节 贡献与作用

由于"境内关外"特殊功能及政策，海关特殊监管区域在我国扩大对外开放、推动外资外贸发展中起到重要作用（胡序威等，2000；顾朝林等，2003）。

一、推动外资外贸发展

从海关特殊监管区域的贸易发展态势看，2019年海关特殊监管区域以不到全国0.01%的土地面积，创造了17.68%的进出口贸易总额。2010年以来，海关特殊监管区域在全国进出口总额中的占比长期保持在16%以上，且基本保持增长态势。金融危机前，海关特殊监管区域一直保持较强劲的贸易增长态势；金融危机后，在我国外贸总体增速回落的情况下，2014年前海关特殊监管区域的进出口贸易仍保持了快速增长的态势，直到2014年石油等大宗产品价格大幅下跌之后，其进出口贸易额出现下降。2017~2018年，随着中国对外贸易情况向好，海关特殊监管区域的进出口贸易额又开始明显增长。在2019年中美贸易摩擦抑制中国国际贸易的大环境下，海关特殊监管区进出口贸易总额依然增加明显，成为我国对外贸易的引路石。2019年我国进出口总额4.57万亿美元，同比降低1%；同期，全国海关特殊监管区域进出口累计8088.3亿美元，同比增长6.7%（表4-5）。

表4-5 2014~2019年各类海关特殊监管区域进出口情况

区域	2019年 金额/亿美元	占比/%	同比增长/%	2018年 金额/亿美元	占比/%	同比增长/%	2017年 金额/亿美元	占比/%	同比增长/%
全国水平	45 753.0	—	-1	46 200	—	12.6	41 045.0	—	11.4
保税区	2 121.5	32.1	1.9	2 081.85	27.4	0.5	2 070.59	30.3	8.5
出口加工区	886.7	16.5	-4.1	924.59	12.2	-7.3	997.50	14.6	1.5
保税港区	1 134.5	10.2	2.5	1 106.87	14.6	45.7	759.71	11.1	4.9
综合保税区	3 751.6	37.7	11.5	3 365.2	44.4	15.5	2 913.09	42.7	30.0
保税物流园区	182.2	3.4	119	83.2	1.1	8.0	77.06	1.1	-61.8
跨境工业园区	11.8	0.1	41.3	20.1	0.3	52.3	13.2	0.2	59.0
总计	8 088.3	100	6.7	7 581.81	100	11.0	6 831.15	100	14.8

续表

区域	2016年 金额/亿美元	占比/%	同比增长/%	2015年 金额/亿美元	占比/%	同比增长/%	2014年 金额/亿美元	占比/%	同比增长/%
全国水平	36 849.3	—	-6.9	39 586.4	—	-8.0	43 030.4	—	3.5
保税区	1 907.7	32.1	-5.4	2 016.4	31.3	-13.1	2 321.0	33.3	-26.8
出口加工区	982.9	16.5	-19.4	1 218.9	18.9	-10.3	1 358.3	19.5	17.2
保税港区	608.3	10.2	-1.7	619.1	9.6	-32.1	911.8	13.1	55.3
综合保税区	2 241.6	37.7	-6.5	2 397.3	37.2	8.6	2 208.3	31.7	10.3
保税物流园区	201.6	3.4	8.0	186.6	2.9	17.0	159.5	2.3	3.9
跨境工业园区	8.3	0.1	88.6	4.4	0.1	57.1	2.8	0.1	40.0
总计	5 950.4	100	-7.6	6 442.7	100	-7.5	6 961.7	100	-1.6

数据来源：海关总署 2019 年 12 月特定地区进出口总值表、2019 年 12 月全国进出口总值表；
海关总署 2018 年 12 月特定地区进出口总值表、2018 年 12 月全国进出口总值表；
海关总署 2017 年 12 月特定地区进出口总值表、2017 年 12 月全国进出口总值表；
海关总署 2016 年 12 月特定地区进出口总值表、2016 年 12 月全国进出口总值表；
海关总署 2015 年 12 月特定地区进出口总值表、2015 年 12 月全国进出口总值表；
《2014 年海关特殊监管区域进出口情况》，港口经济，2015 年 4 月

从不同类型海关特殊监管区域的贸易情况看，综合保税区、保税物流园区是近年来贸易发展态势相对较好的海关特殊监管区域，其进出口贸易额在 2014～2019 年基本保持长期高速增长，且绝大部分年份均高于全国贸易增长水平。保税区、保税港区的贸易增长态势近年来有所放缓，但大部分年份仍高于全国贸易增长水平。而出口加工区在金融危机前的贸易增长态势较好，但金融危机之后其增长态势不断放缓，大部分年份甚至低于全国贸易增长水平。2019 年，保税区进出口额 2121.5 亿美元，同比增长 1.9%；出口加工区进出口额 886.7 亿美元，同比降低 4.1%；保税港区进出口额 1134.5 亿美元，同比增长 2.5%；综合保税区进出口额为 3751.6 亿美元，同比增长 11.5%；保税物流园区进出口额为 182.2 亿美元，同比增长 119%。

二、促进对外开放

目前，在"一带一路"建设过程中，重庆、成都、西安、郑州等城市的综合保税区在总体推进"一带一路"国际经济走廊建设、陆路跨境运输通道建设、中欧国际运输班列组织中发挥了重要作用（樊纲，2009）。

重庆。随着重庆两路寸滩保税港区和重庆西永综合保税区的不断发展，海关特殊监管区域已成为重庆外向型经济发展的重要平台，有力推动了重庆加工贸易的快速增长，近年来，重庆又陆续设立了江津综合保税区和涪陵综合保税区。两路寸滩保税港区和西永综合保税区的物流货物增长迅速，其中加工贸易增长尤为显著。2019 年，重庆西永综合保税区

的进出口额、出口额、进口额分别为 373 亿美元、242 亿美元和 131 亿美元；两路寸滩保税港区的进出口额、出口额、进口额分别为 179.6 亿美元、125.2 亿美元和 54.4 亿美元；江津综合保税区进出口额、出口额、进口额分别为 11 亿美元、7 亿美元和 4 亿美元。

成都。成都高新综合保税区于 2010 年 10 月经国务院批准设立，2011 年 2 月通过国家验收。成都高新综合保税区由原成都出口加工区、成都保税物流中心整合扩展而成，重点发展笔记本电脑、平板电脑制造，晶圆制造及芯片封装测试，电子元器件、精密机械加工以及生物制药产业。目前，成都高新综合保税区已吸引英特尔、富士康、德州仪器、戴尔、莫仕等世界 500 强企业或其他跨国企业入区发展，投资总额超过 25 亿美元。2019 年成都高新综合保税区进出口总额为 627 亿美元，其中出口额 346 亿美元，进口额 281 亿美元，逐渐成为推动四川对外贸易增长的主要力量。

西安。西安综合保税区和西安高新综合保税区先后于 2011 年 2 月、2012 年 9 月获得国务院正式批准，为陕西承接沿海地区产业转移、发展加工贸易提供了重要平台支撑。2019 年西安综合保税区、西安高新综合保税区进出口总额分别 3.7 亿美元和 99.6 亿美元，出口额分别为 2.5 亿美元和 61 亿美元。2019 年，这两个综合保税区进出口额占陕西的 1/5，有力支撑了关中-天水经济区外向型经济发展。目前，西安高新综合保税区借助其保税物流及口岸功能，与西安铁路集装箱中心站、西安公路码头等有效对接，实现了沿海港口服务功能内移、就地办单的大通关功能。

郑州。郑州新郑综合保税区于 2010 年 10 月批准设立，依托集航空、高铁、城际铁路、地铁、高速公路于一体的郑州航空港经济综合实验区，目前已形成了半导体及电子信息、超硬材料精细加工、精密机械制造三大主导产业，不断发展成为河南的加工贸易基地、出口创汇基地和保税物流基地。2019 年，新郑综合保税区进出口总额为 498.24 亿美元，其中出口额 316.51 亿美元，进口额 181.73 亿美元。

第三节 存在问题与建议

我国各种类型的海关特殊监管区域在招商引资、进出口贸易和提高我国的综合经济实力等方面起到了重大作用，也取得了显著的成果，海关特殊监管区域逐渐成为沟通国内市场与国外市场之间的重要桥梁。但目前，我国海关特殊监管区域在空间地理分布、海关监管、保税物流、土地存量与税收等方面存在众多问题（王缉慈，2011；徐晓林和杨保清，2014），已经成为阻碍海关特殊监管区进一步发展的"瓶颈"。在深入推进"一带一路"建设、全面建成小康社会的紧要关头，需要进一步推动我国海关特殊监管区的发展、升级与转型。

一、存在问题

我国海关特殊监管区域空间地理分布不均。目前，我国海关特殊监管区域主要集中在以广东、江苏等为主的东部沿海省市；其中，江苏综合保税区数量占全国近六分之一。这与我国在改革开放之后大力推进沿海地区经济建设、对外开放与吸引外资等原因相关（曾刚和林兰，2008）。但近年来，随着东部地区经济水平的提高，其原有的劳动力、土地等优势逐渐丧失，而生态环境、用工荒等问题逐渐凸显（张晓平和刘卫东，2003）。在此态势下，我国海关特殊监管区域空间分布过于集中的问题进一步凸显，需要与中西部地区统筹布局其空间格局（中国产业集群发展报告课题组，2009）。另外，中西部地区地域辽阔、资源丰富、能源充足，在目前推进"一带一路"建设的大背景下，特别是在推进六大国际经济合作走廊建设的态势下，亟须在中西部地区加强海关特殊监管区域的建设，促进中西部地区、特别是沿边地区对外开放，加强与周边国家的物流联系，不断拓宽市场，形成内陆型战略开发高地（中国产业集群发展报告课题组，2009；王缉慈，2011）。其次，部分地区海关特殊监管区域的同质化竞争日趋激烈。例如，部分东部地区设立了种类繁多、数量可观的海关特殊监管区域，这些海关特殊监管区域功能定位类似，导致区域内同质化竞争趋于白热化（徐晓林和杨保清，2014），难以发挥其区位、产业等优势。同时，部分海关特殊监管区域的海关监管程序、通关便利化、信息化建设等方面还需进一步改进。例如，部分中西部地区的海关特殊监管区域没有建立国际贸易"单一窗口"，不能有效促进出口加工和国际贸易的发展。另外，部分海关特殊监管区域的交通基础设施和物流通道建设还比较滞后，不能有效降低物流成本，不利于出口加工、国际贸易、保税物流的发展。

二、发展建议

中国目前正处在战略转型的关键时期，面对推进"一带一路"建设的包容性全球化需求，海关特殊监管区域应进一步适应时代诉求，以对外开放为核心进一步促进海关特殊监管区域的功能转型。在海关特殊监管区域原有的国际贸易、出口加工、物流配送等功能的基础上，顺应产业结构转型升级及对外开放、走出去的潮流，进一步加快完善一体化供应链的研发、售后、维修、金融、服务外包及租赁等新环节；完善区内区外企业的联动，从注重传统的出口加工、仓储等功能逐渐转移到以物流为主体的新功能；在以出口导向为主导的海关特殊监管区域建设过程中，区内企业逐渐加强自主创新能力，适应包容性全球化发展理念，积极促进企业走出去，适应引进来与走出去相结合的双向开放格局（朱晓明，2000）。

进一步完善海关特殊监管区域的政策体系、协调监管模式与管理机制。重点建立更加健全的集中报关制度，提高海关特殊监管区域的通关效率。在目前海关总署所实施的"无纸化通关""两单一审"制度的基础上，更加注重优化海关特殊监管区域特别是综合保税区相对于普通区域所特有的低物流成本的问题。海关总署可以适当调整对于海关特殊监管区内企业的监管力度，降低区内零货散货外销内售的物流成本。

参 考 文 献

樊纲.2009.中国经济特区研究——昨天和明天的理论与实践.北京：中国经济出版社.
顾朝林，赵令勋，等.2003.中国高技术产业与园区.北京：中信出版社.
胡序威，周一星，顾朝林，等.2000.中国沿海城镇密集地区空间集聚与扩散研究.北京：科学出版社.
王缉慈.2011.中国产业园区现象的观察与思考.规划师，(9)：5-8.

徐晓林，杨保清. 2014. 海关特殊监管区向自由贸易区转型问题思考. 中国行政管理，(6)：44-46.
曾刚，林兰. 2008. 技术扩散与高技术企业区位研究. 北京：科学出版社.
张晓平，刘卫东. 2003. 开发区与我国城市空间结构演进及其动力机制. 地理科学，(2)：142-149.
中国产业集群发展报告课题组. 2009. 中国产业集群发展报告. 北京：机械工业出版社.
朱晓明. 2000. 开发区规划研究. 北京：海洋国际出版社.
Ma H. 1993. Guide to Investment in China's Economic Development Zones. Beijing：China Statistical Publisher.

第五章 国家级高新技术产业开发区建设研究

摘 要

实践表明，国家高新区是区域经济增长的重要增长极，是智力密集、环境开放、国际导向的科技成果转化的重要区域。在取得可观成就同时，国家高新区发展也遇到了一些困难和挑战。本章回顾了国家高新区发展历史和主要政策、评估其贡献和主要作用，并剖析其存在的主要问题。主要观点如下：

国家高新区是国民经济发展的一个重要支撑和新的增长点，是国家发展的创新高地、产业高地、人才高地。截至2019年，我国已有169家国家高新区。国家高新区实现生产总值12.2万亿元，上缴税费1.9万亿元，分别占国内生产总值的12.3%、税收收入的11.8%；国家高新区发明专利的授权量占全国的37.5%；聚集了8.1万家高新技术企业，占全国高新技术企业的35.9%。

国家高新区的主导政策主要经历了三大阶段。早期国家高新区除了推动高新技术产业发展与孵化作用外，主要承担着市场化改革、体制机制创新"试验田"的作用。2000年进入"二次创业"阶段，开始规范高新区审批标准，不断完善创新创业环境和公共创新服务体系。2008年金融危机以来，国家高新区向中西部地市级城市覆盖，原有高新区扩容加快，并开始与其他新型政策空间（如国家级自主创新示范区、国家级新区和自由贸易试验区）进行叠加。

当前，国家高新区已迈入"创新驱动高质量发展"的新阶段，面对新时代提出的新定位和高要求，国家高新区应当坚持推动深化改革创新、营造创新创业氛围、集聚创新创业主体、优化产业和战略布局，着力解决自主创新能力不足、跨区域联动机制不完善、产城融合程度低、政策创新成果少等问题，积累原始创新成果和可复制推广的发展经验，努力打造成为国家高质量发展示范区和创新驱动发展先行区。

第一节 基本情况

一、国家高新区概念界定

国家高新区属于国务院批准成立的国家级科技工业园区。在设立初期，国家高新区是以我国具有影响力的沿海城市以及区域中心城市为基础，以智力密集和开放环境条件为依托，依靠国内的科技和经济实力，充分吸收和借鉴国外先进科技资源、资金和管理手段，凭借高新技术产业的优惠政策和各项改革措施，为了实现软硬环境的局部优化，最大限度地把科技成果转化为现实生产力而建立起来的集中区域。国家高新区作为国家高新技术产业化的重要载体和实施科技创新的重要基地，其产生背景体现国家战略，开发建设具有创新、改革的示范作用，影响力和辐射力具有区域性，是国家改革创新的前沿。

国家高新区不断吸引创新要素、积累创新成果、孵化科技企业、壮大产业规模。第一，国家高新区不断深化政策创新和体制机制改革，形成技术创新与产业发展相互融合、相互促进的局面，有力地支撑国家经济持续健康发展。第二，国家高新区坚持重点发展高技术产业，推动产业结构升级，孕育发展新兴产业，培养具有园区特色且有竞争力的产业集群。第三，国家高新区充分发挥科技集聚地和创新孵化器的功能，持续完善创新创业生态，通过搭建创新平台和投入科技要素引导企业参与到创新活动中，稳步提升企业国际竞争力。第四，国家高新区进一步嵌入国家经济建设战略布局，国家自主创新示范区、三类园区、新升级高新区协同发展，其中国家自主创新示范区是在国家高新区基础上的进一步深化改革举措，是我国实施创新驱动发展战略的中流砥柱。

二、国家高新区设立背景与分布特征

国家高新区是改革开放的产物，是计划经济时期大量科技成果实现产业化的重要平台。1978年全国科学大会上邓小平指出"科学技术是第一生产力"，引发了科技人员下海创办民营高科技企业的热潮。中国科学院物理研究所研究员陈春先等人借鉴美国硅谷经验，创办了"北京市等离子体学会先进技术发展服务部"。此后，科技人员陆续自主决策，面向市场提供商业化技术服务，逐渐在中关村形成"电子一条街"，是中关村高新技术产业园区发展的前身。1988年，经国务院批准，北京中关村地区建立了定位为外向型、开放型的新技术产业开发试验区；1991年和1992年连续两年，国务院对全国范围内国家高新区建设做出战略性部署，批准在52个智力资源相对密集的大中城市建立高新区，包括中东部省会城市和计划单列市等。此后十多年，国家高新区的数量保持相对稳定的同时，内部结构不断调整和占地面积不断扩大，争取享受更大程度的政策优惠以应对世界高新技术的竞争。2007年和2009年先后批复宁波高新区、泰州医药高新区和湘潭高新区，宣告国家高新区扩容重启。2010年，国务院先后两批批复27家省级高新区升级，国家高新区实现了历史上第二次大扩容。2011~2015年，国家高新区数量增至146家，尤其在中西部地区加大了国家高新区支持力度，从而实现高新技术的区域均衡发展。截至 2017 年 2 月，156 家国家高新区覆盖 30 个省级行政区域，在经济规模总量上持续支撑国民经济增长和地方区域经济发展，在全国空间形成合理的布局（图5-1）。2018 年 2 月 28 日，国务院新批复荆州、黄石大冶湖、潜江、湛江、茂名、楚雄、淮南、荣昌、永川、九江共青城、宜春丰城、怀化等 12 家高新区升级为国家高新区。

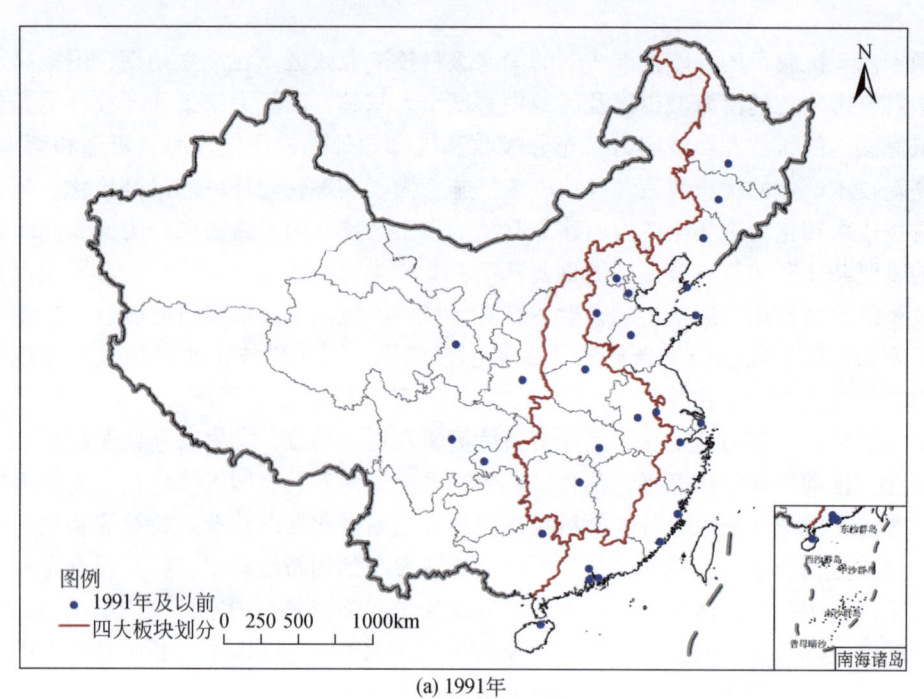

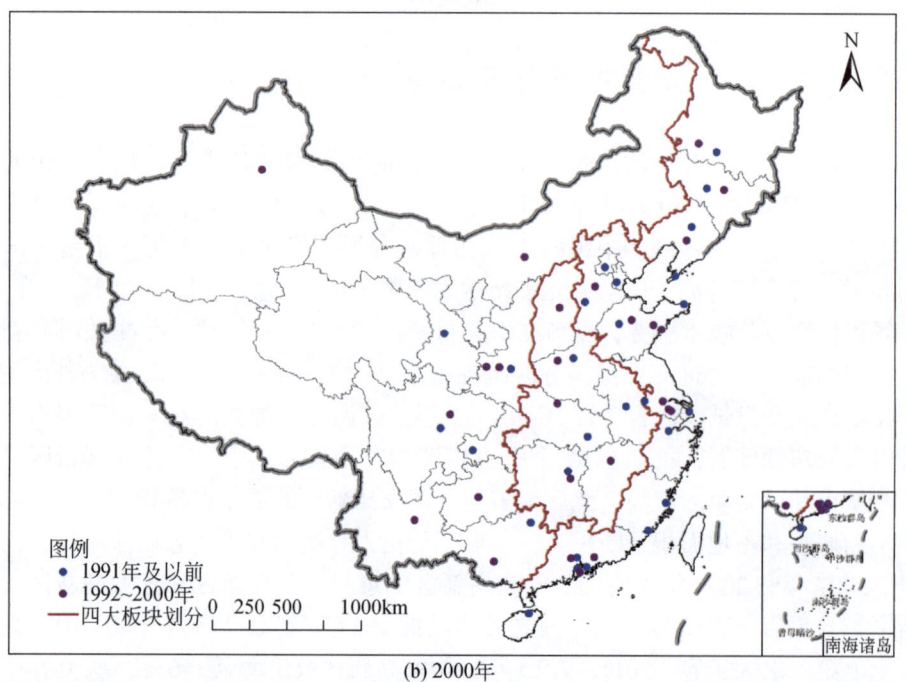

(a) 1991年

(b) 2000年

(c) 2010年

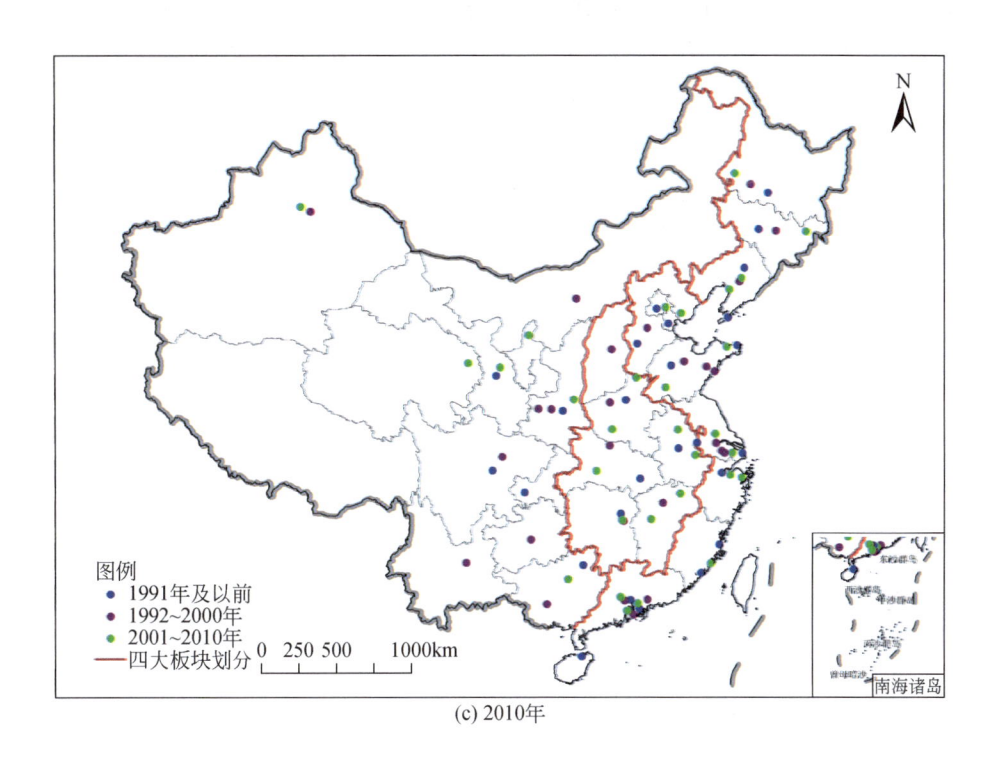

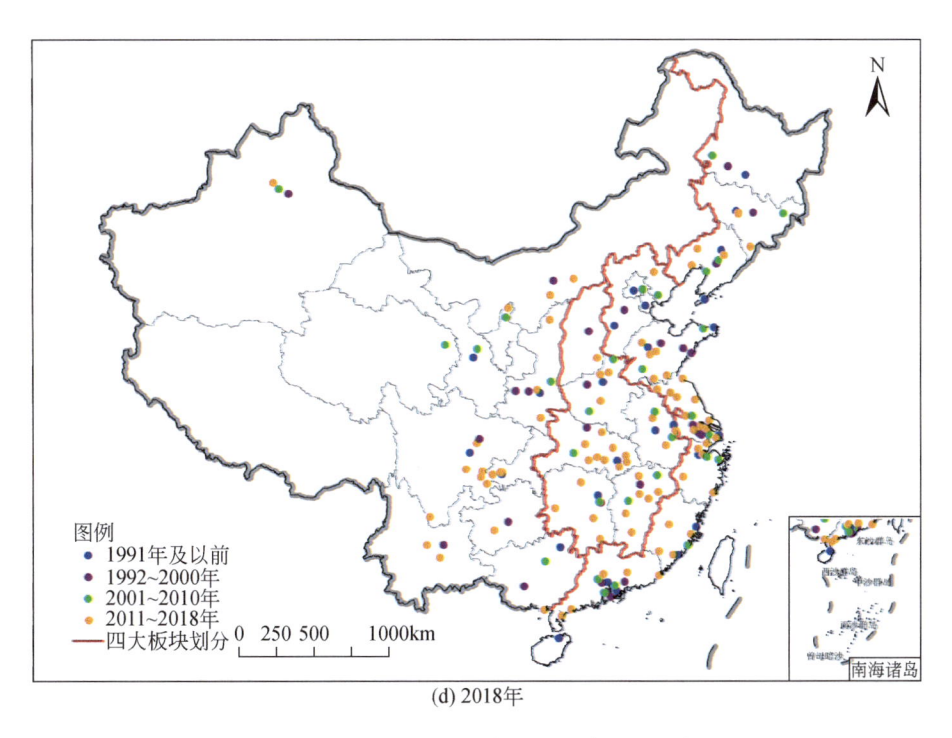

(d) 2018年

图 5-1 国家高新区（所在市域）布局时空演化

国家高新区的空间分布，符合我国改革开放初期"区域开放、梯次推进、逐步扩大"的发展战略。除西藏自治区外，我国30个省（自治区、直辖市）均设有1家以上的国家高新区，其中，江苏、广东和山东的国家高新区数量分别为18家、14家和13家，在全国所有省级行政单元中分列前三位。国家高新区是区域发展的增长极，在珠三角、长三角、环渤海等区域形成空间集聚，在长江经济带、丝绸之路经济带形成重要节点，贯彻国家推进西部大开发、振兴东北老工业基地、促进中部崛起、鼓励东部地区率先发展的发展方向和战略定位，体现我国区域发展正在一步步实现从"单极突进"到"多轮驱动"的转变，从非均衡发展向协调发展转变的态势。

第二节 主要政策分析

一、政策演变与国家高新区建设

国家高新区在国家改革创新中承担着重要任务，是改革开放政策红利区和科技创新探索的先行区。建立以来，国家高新区始终站在国家和社会改革的潮头，在推动科技成果转化、高技术人才吸引培育、科技金融结合、知识产权运用保护、创新驱动发展、高技术走向国际化等方面均做出了全方位的探索实践。

1988年，国务院出台《国务院关于深化科学技术体制改革若干问题的决定》，明确指出"智力密集的大城市，可以积极创造条件试办新技术产业开发区"。此后，国务院及有关部委相继发布了税收、财政、土地、人才等150多个倾斜性政策文件助力国家高新区建设。根据这些政策变迁，可以将国家高新区建设分为三个时期，分别是一次创业时期（1988~2000年），二次创业时期（2001~2008年）和创新升级时期（2009年至今）。

1. 一次创业时期（1988~2000年）

一次创业时期是国家高新区的探索时期，初步建立了适合中国国情的高新技术产业发展的良好环境，奠定了科技产业化发展的基础。1991年颁布的《国家高新技术产业开发区高新技术企业认定条件和办法》《国家高新技术产业开发区若干政策的暂行规定》等，规定了高新技术的范围、高新技术企业的认定条件、税收金融优惠政策等，构成了国家高新区的基石文件。同时，"地方政府单独划拨土地，设立市政府派出机构实施单独管理"的高新区管理机制和"高新区内经认定的内资高新技术企业，减按15%的税率征收企业所得税"等优惠政策对吸收社会资源、外商投资、聚集企业资源等起到了很大的激励作用，推动高新区成为我国高新技术产业发展的重要基地。

这一时期的高新区各项主要经济指标均保持了持续高速的增长，但就经济增长的实质来看，园区发展主要以外延扩张为主，产业特色不够鲜明，没有形成支柱产业。因此，1999年《关于加速国家高新技术产业开发区发展的若干意见》中提出，现阶段高新区发展的战略目标是：强化创新能力，加快高新技术产业发展步伐，建立具有自主知识产权的高新技术支柱产业。

2. 二次创业时期（2001~2008年）

21世纪以来，随着建设创新型国家战略目标的提出，国家高新区从依靠土地、资金等要素驱动进入以科技创新和体制创新为动力、以培养高新技术产业为主要任务的二次创业阶段，即高新区的自我调整时期。

这一时期，我国经济快速发展为高新区发展提供了巨大的市场机遇和轻型升级的契机。一是高新技术产品的市场需求旺盛，需要高新技术企业提供多样化的产品和服务；二是经济发展质量的提升，需要国家高新区起到应有的示范带动作用，与周边区域形成协调并举的发展机制。因此，高新区发展重点聚焦于建设创新创业环境，完善创业孵化体系、创新服务体系和风险投资体系等软环境优化上。《国家高新技术产业开发区"十一五"发展规划纲要》明确提出高新区要承担新的历史使命：除了进一步发挥高新技术产业化重要基地的优势，还要成为促进技术进步和增强自主创新能力的重要载体，起到带动区域经济结构调整和经济增长方式转变的引擎作用，成为高新技术企业走出去参与国际竞争的服务平台，成为抢占世界高技术产业制高点的前沿阵地。具体任务就是实现个别领先园区跨入世界一流高科技园区行列，建设一批自主创新能力较强的创新型园区，扶持一批具有地区特色的高新技术产业园区，形成特色产业集群、产业创新链，把科研活动与产业化基地建设有机结合起来。

3. 创新升级时期（2009年至今）

2008年全球金融危机爆发后，国家高新区为促进经济平稳较快发展提供重要支撑，培育战略性新兴产业，引导创新型产业集群建设，加快经济转型升级。国家高新区在新一轮扩容的同时，相关政策制度全方位规范化和再升级。

首先，截至目前，北京中关村、武汉东湖、上海张江等21个高新区被国务院批准为国家自创区，将国家自创区建设成为体制机制改革和政策先行先试的创新特区，积极打造国家高新区"升级版"。自创区先后研究出台"6+4""新四条""黄金十条""科技新九条"等政策措施，在人才引进、税费减免、科技成果转化、研发投入等方面的相关优惠政策，促进科教优势转化为新经济和新民营经济的优势，极大解放和发展了科技生产力。与此同时，对标世界一流高科技园区、创新型科技园区、创新型特色园区的实施战略提升行动，提出具体目标要求；按照择优选择、以升促建、分步推进、特色鲜明的原则，加快省级高新区升级为国家高新区的步伐，新升级的高新区实施现行国家高新区政策。

其次，国家高新区与周边其他开发区进行融合，实现了高新区土地利用扩张和政策优化。例如，在国家自创区带动下，北京中关村形成了"一区十六园"的大中关村发展格局；武汉东湖形成了拥有20余个"园外园"的大光谷一体化发展等。再如，在国家级新区的带动下，天津滨海新区范围包括了天津经济技术开发区和天津滨海高新区，南京高新区管理并入江北新区等。国家高新区的融合扩张不仅协调了城市范围内高新技术产业，还壮大了高新技术产业集群的规模，优化了产业布局和空间，促进了区域高新技术产业的辐射扩散和协同发展。

"十三五"以来,"大众创业、万众创新""京津冀协同发展""长江经济带""互联网+""中国制造2025"等一系列国家战略及"一带一路"倡议正在深入实施,这为国家高新区带来新的机遇和挑战。国家高新区要充分把握时代特征,探索新一轮科技产业革命带来的新技术、新产业、新业态、新模式,真正实现结构优化和动力转换。

二、政策特点

国家高新区从建立以来始终站在国家和社会改革的潮头,不断加快改革与创新,持续加大创新要素的市场化配置,全面优化政产学研用合作体系。对不同时期的高新区政策,两个重点始终贯穿国家高新区建设:一是高新技术产业,包括产业特色、产业集群;二是创新创业生态,包括创业服务机构、科技企业孵化器等。高新区政策发展特点主要体现在以下四个方面。

1)从对象上看,政策帮助国家高新区实现从无差别化培育向因地制宜探索差异化的创新驱动发展路径转变。就目前169家国家高新区而言,由于设立时间和背景条件不同,需要进行有差别化的管理和建设。在"三类园区"的具体依据指导下,形成一种产业不雷同,各有侧重点的高技术产业发展格局,发挥产业集聚和规模效应。鼓励"世界一流高科技园区"促进科技创新、制度创新、开放创新的有机统一和协同发展,打造若干具有全球影响力的创新创业枢纽和原创新兴产业高地。引导"创新型科技园区"依托科技优势,加快推进科技服务体系建设,率先营造创新创业生态,促进科技优势转化为创新优势、产业优势,形成区域创新中心。推动"创新型特色园区"开展产业创新和应用创新,培育具有较强竞争力的创新型特色产业集群,增强区域竞争力。

2)从要素投入上看,政策支持从早期注重资金、土地等要素投入向技术、创新投入转变,部分国家高新区已经具备了相对完善的区域创新体系。国家高新区从最初的高技术产品加工基地向高技术创新基地、战略性新兴产业培育基地转化,依托要素从硬件设施转变为系统专业的科技中介服务和以主导产业为核心的产业集群与创新集群。

3)从培育重点来看,政策引导国家高新区从企业集聚向打造具有国际竞争力和影响力的创新型产业集群跨越。建设初期,高新区主要依靠政府资源投入聚集企业和发展产业,而现阶段,政府不再直接提供资金和技术,更多是引导和调动社会资源服务高新区发展,在此基础上,深入实施"创新型产业集群建设工程",强化"互联网+产业集群"发展路径,促进信息技术提升在产业链全流程的综合集成应用,推动产业集群向产业生态升级。支持有条件的企业发展研发众包、创业孵化、股权众筹新型模式,推动大企业内外部的创新团队、关联企业、研究机构等各类主体集聚创造价值,提升发展创新型产业集群,形成"开放、协作、共赢"的新型产业生态群落。

4)从政策目标上看,国家高新区要实现从工业经济、产业园区向知识经济、创新文化和现代生态文明和谐社区转变。从世界各园区的发展历程来看,高新区建立在产业集群形成的基础上,相互迥异的创新文化是使其成为世界一流园区的必备要素。在全球化和信息化的背景下,高新区应积极倡导敢为人先、宽容失败的文化氛围,树立崇尚创新、创业致富的价值导向,使创业在国家高新区成为一种价值追求、一种生活方式、一种时代气息。另外高新区在完善国际化城市配套服务设施的同时，应建立国际化园区与社区，营造开放多元、包容创新的国际文化氛围。在创新文化的底蕴下，深化国家高新区产城融合协调发展，大力改善和提升人民群众的生活水平，建设宜居宜业园区，使人民群众共享改革发展的成果。

第三节　贡献与作用

一、经济发展的主力军

国家高新区在我国经济高速增长中扮演了相当重要的角色。2018 年，全国 169 家国家高新区共 120 057 家企业纳入统计，实现营业总收入 346 213.9 亿元、工业总产值 222 525.5 亿元、净利润 23 918.1 亿元、上缴税额 18 650.5 亿元、出口总额 37 263.8 亿元，分别比 2017 年增长 9.4%、5.3%、8.2%、4.9%、8.1%。其中，武汉东湖、湖南长株潭及四川成都等国家自创区的年均增速达到 30% 左右，在推动地方经济中高速增长中起到重要作用。

2018 年国家高新区的园区生产总值占全国 GDP 的比例为 12.3%，高于 2017 年 0.5 个百分点。其中，8 家高新区的园区生产总值占所在城市 GDP 比例超过 50%，23 家高新区超过 30%。国家高新区积极鼓励企业开拓和利用国际市场，加快高新区企业出口贸易结构调整和优化，重点发展高附加值的高新技术产品和技术服务出口。我国高新区出口创汇稳中有升，占高新区营业总收入的 10.8%，占全国外贸出口总额的 20.5%。

国家高新区的经济质量效益改善。2018 年高新区企业共实现营业利润 27 243.0 亿元，营业利润率、增加值率和工业增加值率分别为 7.9%、21.0% 和 21.9%；与 2017 年 157 家高新区同比，利润率、增加值率和工业增加值率均保持稳步提升，分别提高 0.4 个、0.1 个和 0.7 个百分点。其中，服务业企业全年实现营业利润 8281.9 亿元，较上年同期同口径增长 18.3%。

同时，国家高新区着眼于持续推动高科技创新发展方式，促进生产效率不断提升，推动产业结构不断优化，实现生产要素的高效集约利用。国家高新区人均经济效益指标较 2017 年稳步提升，2018 年企业人均创造价值的能力继续提升。2018 年，高新区人均营业收入、人均工业总产值、人均净利润、人均上缴税额和人均出口总额分别为 165.5 万元、106.4 万元、11.4 万元、8.9 万元和 17.8 万美元。同期劳动生产率为 35.2 万元/人，是全国水平的 3 倍。国家高新区依然是全国经济效率的高地，并践行创新驱动，绿色发展，构筑环境友好、资源节约的生态经济。2018 年，169 家国家高新区中有 81 家获得国际或国内认证机构评定认可的 ISO 14000 环境体系认证。高新区规模以上工业企业万元增加值综合能源消费量为 0.488tce，低于全国平均水平。

二、高技术产业示范带动作用强

高技术产业是我国经济发展的稳定剂与增强器，经过 30 年的发展，以高技术制造业和高技术服务业共同构成的高技术产业已经成为国家高新区产业的主体构成，也成为我国发展方式转变、经济结构调整、产业转型升级的引领。2018年，169家国家高新区中属于高技术产业的企业达59 956家，占高新区纳入火炬统计企业总数的49.9%；高技术产业从业人员达858.8万人，占高新区从业人员总数的41.1%。高技术制造业和高技术服务业创造的营业收入、工业总产值、净利润、上缴税额和出口总额分别为11.2万亿元、6.6万亿元、8757.2亿元、5483.1亿元和2.3万亿元，占高新区总体各项经济指标的比重均在30%左右，其中出口创汇占高新区企业比例达60.9%。

2018年，高技术产业中属于高技术制造业的企业为1.5万家，占高新区统计企业数的12.9%；实现营业收入6.7万亿元，占高新区统计企业的19.2%。属于高技术服务业的企业共计4.4万家，占高新区统计企业数的37.0%，高技术服务业企业数量远超过高技术制造业企业数量；实现营业收入4.5万亿元，占高新区统计企业的13.1%。尽管高技术服务业企业营业收入占比贡献不大，但企业的平均利润率高达9.4%，高出高新区平均水平2.4个百分点。

国家高新区在响应国家关于产业结构调整、加快发展第三产业方面已经取得初步成效。2018年，高技术服务业企业数量是高技术制造业企业数量的近三倍，在创造新的工作岗位，扩大就业，提升经济效益等方面有巨大贡献。对各国家高新区主导产业的营业收入进行测算得出该高新区内高技术制造业或高技术服务业的聚集度，2018年聚集度超过50%的国家高新区为13家，超过30%的国家高新区为42家，超过20%的高新区达到60家；其中仅高技术产业与园区整体营业收入比例超过50%的高新区有85家，仅主导产业营业收入与园区全部高技术产业营业收入比例超过50%的高新区有31家。由此可见国家高新区不仅注重产业的集群化发展，而且更加注重产业的高端化发展和多元产业支撑发展，进而逐步完善园区产业生态系统，提升园区适应外部环境变化的能力。

除了以上高技术服务业与制造业，国家坚持发展新产业新业态，加速结构优化和动力转换。以国家自创区为重要策源地的高技术新兴产业也如火如荼地开展着，不断发展新兴产业组织，孵化培育新兴业态。移动互联网、物联网、增材制造和可穿戴设备等新业态不断涌现，高效能计算机、人工非线性晶体、智能机器人、量子通信和燃料电池等关键前沿技术取得重大突破。

"区域专业化、产业集聚化"是高技术产业区域发展的重要理念。随着社会分工不断深化，产业价值链不断分解并在区域上集聚，使得区域呈现出从研发、制造到市场的专业化分工。同时，相同的产业领域和环节在特定区域上集群发展，不同的产业领域和环节融合发展，以便降低成本，互通信息，共享资源。高新区以这种方式进行技术转移和扩散，加快人才、资本、信息等要素在区域间的合理流动，加强与周边区域的产业关联和融合，在产业结构升级调整的同时，促使优势产业向区外延伸，实现区域经济协调发展。在全国著名的创新产业集群中，中关村的下一代互联网、上海张江的集成电路、武汉东湖的光通信及深圳的通信设备等创新产业集群已经具备国际影响力和竞争力。新时期对以高新区为主导的产业集群更高的要求是：在"互联网+产业集群"的发展路径下，深入实施"创新型产业集群建设工程"，促进信息技术在产业链各环节和全流程的综合集成应用，推动产业集群向"开放、协作、共赢"的新型产业生态群落升级。

三、创新活动的重要基地

国家高新区是国家创新投入和创新产出的重要支撑。经过四十多年的发展改革，国家高新区基本形成了政府、企业和社会多元化的科技投入体系。国家高新区通过创造和提供更多就业岗位，引进高端人才和培养创新人才来优化人才发展环境。2018 年底，全国 169 家高新区内企业年末从业人员 2091.6 万人，较 2017 年增加 122.6 万人。

国家高新区建立灵活的引进人才政策，包括对高层次人才创业给予办公用房补贴、公租房配租和房租补贴，其子女在户口、教育等方面享受绿色通道；对海外人才落户创业给予相应的启动资金、股权投资等，大大提高了科技人员创新创业的积极性。截至 2018 年底，全国 169 家高新区从事科技活动人员 428.1 万人，占全部从业人员总数的 20.5%；本科以上学历从业人员数为 764.8 万人、R&D 人员 258.4 万人、R&D 人员全时人员数为 189.2 万人，与 2017 年（157 家高新区）相比分别增长 9.5%、2.2%、9.0%。相较于高新区从业人员 4.5% 的增长速率，可以看出，高学历和研发人才的增长速率均高于从业人员的平均增速。2018 年 169 家高新区每万名从业人员中 R&D 人员折合全时当量为 847.2 人年，是全国每万名从业人员中 R&D 人员（54.0 人年）的 15.7 倍。

高新区为企业创新创业提供了强有力的资金支持。2018 年国家高新区的财政科技拨款 1057.1 亿元，占高新区财政支出的比例为 14.8%；高新区用于支持企业技术创新的资金达到 454.5 亿元，较上年 157 家同比增长 24.2%；用于支持创业风险投资的资金 533.5 亿元，用于创新券的资金达 14.3 亿元；用于支持担保机构的资金 340.1 亿元。

截至 2018 年底，国家高新区企业科技活动经费内部支出为 12 675.0 亿元，较 2017 年 157 家同口径同比实现增长 21.3%；企业 R&D 经费内部支出 7455.7 亿元，占全国企业 R&D 经费支出的比例达到 48.9%，实现同比增长 16.7%；企业研发经费支出占园区生产总值的 6.7%，是全国平均水平的 3.1 倍。总体而言，国家高新区企业的研发投入强度处于较高水平。

创新的高投入在一定程度上也决定了国家高新区在创新方面的高产出。国家高新区已逐步成为我国专利产出规模最高的地区。2018 年国家高新区企业当年申请专利和授权专利分别为 67.4 万件和 40.4 万件，其中发明专利申请数量和授权数量分别占当年全国总数的 21.6% 和 32.2%。国家高新区企业的创新意识也不断增强，2018 年企业有效专利为 192.2 万件，其中拥有发明专利为 73.1 万件，拥有境内发明专利 64.7 万件，占全国境内发明专利拥有量的 38.9%。国家高新区各类型的知识产权发展也卓有成效。截至 2018 年底，国家高新区企业共有软件著作权 71.8 万件，集成电路布图超过 1 万件，植物新品种 2126 件。国家高新区在实现创新经济价值方面同样成效显著。2018 年，国家高新区企业的新产品产值和销售收入分别为 80 766.6 亿元和 80 834.1 亿元，增速分别达到 7.6% 和 7.4%，企业认定登记的技术合同成交金额为 4769.4 亿元，占全国的比例为 26.9%。

四、带动双创热潮持续升温

国家高新区坚持以人为本，持续优化创新环境与氛围，持续集聚创新要素与主体，持续提升创新效率与能力，在全国率先形成了"大众创业、万众创新"的生动局面，为技术扩散提供了更多更新的渠道和传播载体。以中关村自创区为例，形成了政府、企业和个人等主体相互作用、有效协同，由领军企业、高校院所、高端人才、天使投资和创业金融、以新型孵化器为特色的创新创业服务、创新创业文化六大要素组成，集合政、产、研、学、资、介等关键资源要素的双创生态，形成良性循环。

"创业苗圃—孵化器—加速器"的科技创业孵化链条的建设和完善使得国家高新区创新创业的生态环境不断优化。截至2018年底，国家高新区内共有国家级科技企业孵化器565家，占国家级孵化器总数的57.7%，在孵企业5.2万家，累计毕业企业5.5万家。科技企业加速器共有706家，国家高新区内科技企业孵化器和加速器总面积分别为7398.2万m²和5958.7万m²。为经历了孵化之后的中小企业提供更大的研发和生产空间，更加完善的技术创新和商务服务体系，为中小企业的发展加速助推。

除了传统的孵化器和加速器，国家高新区也在加速培育和建设低成本、便利化、全要素和开放式的新型创业服务平台。截至2018年底，国家高新区有众创空间2868家，其中科技部备案的众创空间为906家。北京、武汉、深圳和杭州等区域的国家高新区积极探索推广创新工场、创客空间和创业咖啡等新型的孵化模式，发挥资源集成和协同效应，实现创新与创业相结合，线上与线下相结合，孵化与投资相结合，不仅有效推动了创业经验的积累，也实现了创业资源的跨区域传播和共享。同时，"天使投资+合伙人制+股权众筹"等新的创业模式也在国家高新区悄然成长，特别是通过互联网的股权众筹平台，通过天使投资人领投，就能面向更多的人筹集更多的资本、资源和服务，改变了传统的资源配置方式，为落实我国创新驱动发展战略，打造高精尖的经济结构，完善创新创业生态系统提供了新的思路。

国家高新区也积极落实和创新各项相关政策措施来促进创新创业服务平台的发展。2018年国家高新区内的国家级科技企业孵化器获得24.5亿元的各级财政资金支持，单位孵化器获得各级财政资助资金439.2万元，较2017年增加33.2万元；截至2018年底，共有128家国家级科技企业孵化器当年享受孵化器税收优惠政策，当年共享受免税金额1.2亿元。除了资金支持，国家高新区整合政府和社会等多方资源，为企业提供包括创业指导、人力资源、法律服务和金融服务等全方位的创业服务。截至2018年底，国家高新区分别有会计师事务所、审计师事务所和律师事务所2106家、1617家和2317家；人才服务机构有4200家，知识产权服务机构有8357家。

五、促进国际化水平不断提升

国家高新区积极实施全球发展和对外开放的战略。国家高新区通过产品、要素和组织国际化，不断拓展国际贸易能力，聚集全球创新资源，并增强企业的国际竞争力。2018年国家高新区出口规模占全国外贸出口的比例为20.5%，比2017年高0.2个百分点。其中，高新技术产品和技术服务的出口规模分别为21 889.8亿元和2210.1亿元，占全国同类出口的比例分别为44.3%和12.5%。国家高新区也是外商直接投资集聚的重要载体。2018年国家高新区吸引外资实际投资3362.6亿元，占全国实际使用外商直接投资额的38.0%，高新区企业在海外上市融资股本为787.2亿元，吸引了大量国际资金。

国家高新区利用自身的政策优势，积极吸引、利用和整合全球创新资源，集聚全球高层次创新人才和一流研发机构。截至2018年底，国家高新区企业从业人员中的留学归国人员共有16.3万人，外籍常驻人员7.3万人，引进外籍专家1.7万人。高新区作为海外人才创新创业的重要基地，留学生创办的企业已有4.8万家。在国家和地方政府的引导下，高新区采取各种措施优化产业发展环境吸引跨国公司入驻，不仅包括生产基地，还鼓励跨国公司设立区域总部、全球研发及数据中心。截至2018年底，国家高新区的外资研发机构共有3646家，是高新区乃至全国配置国际创新资源的重要平台。

除了积极"引进来"，国家高新区也在近年来不断加快"走出去"的步伐。高新区支持和引导企业通过建立海外分支机构和境外收购等形式，开展境外投资。一方面，是想扩大企业在海外的市场规模；另一方面，则在于培育本土的国际化品牌，使国内的高新技术企业嵌入全球研发网络之中，提升企业技术水平，从根本上增强国内高技术企业的国际竞争力。2018年国家高新区企业对外直接投资1297.4亿元，占全国对外非金融类直接投资的16.3%。目前，国家高新区企业已在海外设立了5093家营销服务机构、1374家技术研发机构和723家生产制造基地。

第四节　存在的问题

在取得傲人成绩的同时，国家高新区在面对新形势和新责任时仍面临一系列挑战。在世界新一轮科技和产业革命孕育兴起的新时期，虽然国家高新区已经在一些重要的科学问题和关键核心技术中取得重要突破，但整体创新水平仍然不高，原始创新成果不多，尤其在我国经济步入新常态之后，国家高新区推动产业结构调整的动力稍显不足。国家高新区和自创区的创新资源和要素流动并不通畅，跨地区跨部门的资源集聚整合能力和辐射联动机制尚未形成。多数地区的国家高新区仍然以工业化为主，商贸、医疗、交通、教育和娱乐等城市配套功能仍然欠缺。尽管国家高新区和自创区是科技体制和社会经济改革的先行区，但是从目前来看，可用于复制推广的发展经验仍然不够，并未起到示范引领的作用。

一、自主创新能力不足，原始创新成果偏少

我国目前仍然处于投资和要素驱动的发展阶段，在"短期经济增长"的激励机制下，很多地区的国家高新区也沦为地方政府追求经济效益的工具，其创造的经济价值远高于创新价值，在功能上与我国其他类型的开发区相差无几，这与设立高新区提升自主技术创新能力的初衷背道而驰。尽管一系列的经济数据表明国家高新区已经成为我国区域发展的重要增长极，但近几年来，国家高新区的生产总值增长率正逐渐与全国平均GDP增长水平趋近，高新区企业的整体利润率与区外的企业相比，优势也在不断减小。而与发达国家相比，我国高新区在工业增加值、人均生产劳动率和产业全球竞争力方面的差距并未缩小。作为我国创新投入的集中地，国家高新区的研发投入强度、研发人员的储备水平，以及人员和经费利用率和成果转化率并未起到相应的示范效应，限制了高新区带领区域经济实现

转型发展的内在动力。除北京中关村、上海张江、武汉东湖等少数几家高新区外，全国大多数国家高新区在技术、产品、管理和商业模式中的原始创新能力偏低，以创新链中后端为主的政策配套，使得产品中试和产业化成为高新区的发展重点。很多高新区不顾自身发展基础，盲目规划所谓新一代信息技术、新材料、高端装备制造业等产业，但这些新兴产业的技术扩散与融合仍然仅仅停留在表面，并未真正脱离传统技术产品的行列，一般技术产品及传统产业产品对于高新区的收入贡献依然高于高技术产品和服务。

二、跨区域联动机制有待完善

我国不同类型的开发区分属不同的国家部委管理，如经开区由商务部主管，保税区由海关总署主管，而高新区的主管部门则是科技部等。在我国目前的行政体制下，不同部委及其下属部门仍然缺乏有效的交流合作，导致各类开发区功能与定位的交叉重叠。部分高新区尤其是欠发达中小城市中的高新区，成为与经开区类似的以吸引规模大、产出快、资金多的项目为主要目标的"金字招牌"。高新区与经开区的产业定位相似，产业结构雷同，不可避免地导致两者在招商引资方面产生不符合市场规律的竞争，出现一味压低土地价格、擅自减免企业税收等现象，而这种无序竞争带来的恶性循环，不利于地方经济的可持续发展和产业结构的转型升级。

而园区之间的恶性竞争并不仅仅出现在国家高新区与其他类型的开发区之间，城市"二元"土地制度使得各种开发区的扩容在过去一段时间内相当普遍，扩容的形式也愈加多样化，也由此导致高新区与地方政府、高新区内部不同园区之间的关系更难协调。传统的拓展园区周边土地的形式，由于建设用地不足和土地资源难以盘活等问题，逐渐被"一区多园"、开发区托管等形式所代替。然而，由于高新区管委会作为政府的派出机构，且不具备政府管理职能。因此，高新区管委会与园区所在地政府难免存在一定程度的管理和利益冲突。以中关村为例，采取典型的"一区多园"的空间结构，从1994年扩容至今，中关村不仅在北京的每个区县都设立了园区，形成了"一区十六园"的形态，而且也在全国多个地区建立了分园。数量众多的园区一方面给北京市政府和区县政府，以及中关村与其他城市地方政府在土地开发管理、财政税收分配等方面带来困难，另一方面也使得中关村难以对各个园区实行统一的规划和协调，由此造成园区功能不明确、产业结构雷同等问题。

三、产城融合仍需提升

2009年之后，我国高新区迎来了升级浪潮，每年都有多家省级高新区被冠以"国家级"的称号，而这些新升级的国家高新区在产业规划和技术水平方面并没有明显的优势，甚至在区位、地方政府发展观念和政策方面存在劣势，导致这些高新区无法在短期内建立与规划的高新技术产业相配套的比较专业化的分工网络和完整的产业链。同时，考虑到区域平衡因素的高新区升级有时会带来高新区的产业规划与所在区域产业发展联动不足的问题，未能很好地服务于城市产业的改造升级。除了少数成立时间长、发展相对成熟的国家高新区的住房、医院、学校、休闲设施等生活配套设施已在逐步完善之中，对于多数国家高新区而言，在政策支持和政府扶持等外推力大于自主创新的内驱力的发展模式下，高新区的生产和生活服务相对滞后，医疗、教育等公共设施配置不足，产业发展区与城市居住区和消费功能区被割裂，在高新区产业规模和就业规模均持续扩大的趋势下，高新区产业功能和城市功能分离的现状，既不利于高新区自身的发展，也难以从根本上实现城市创新发展的需求。

四、政策创新不够，可复制推广经验缺乏

随着产业结构的转型升级，国家经济技术开发区也逐步走向以发展高新技术产业为目标的道路，在政策方面也与国家高新区多有重叠，国家高新区在税收减免、资金支持和土地资源等方面的政策也同样适用于其他类型的开发区。国家针对高新区的特指类政策文件数量远远少于各种没有严格使用边界的综合类、配套类和叠加类政策法规。尽管高新区同时享受着多种政策待遇，但各种政策的协同效应并未能很好地发挥。同时，随着我国土地、劳动力和资金等要素成本的上升，国家高新区依赖低成本生产要素和特殊政策红利的发展模式已难以为继。高速的工业化和城市化发展使得现有的土地资源无法满足高新区的进一步扩容；从事高技术产品生产劳动的工人成本上升增加了以技术模仿为主的企业经济成本；金融体系不完善及改革制度成本的存在强化了科技型中小企业的融资需求；外部关键技术引进成本高阻碍了企业核心竞争力的提升。生产要素驱动力的减弱也直接导致以此为基础制定的优惠政策不断弱化、滞后甚至徒有虚名。国家部分政策的调整，包括高新技术企业认定向其他类型开发区扩展、以"产业优惠"为主的新税收优惠体系等，高新区个别优惠政策的到期，以及高新区管理权限、评价考核和法规建设方面的政策虚置，使得国家高新区与其他开发区相比，在政策方面的优势逐步缩小。而地方政府以追求短期利益为主的发展观念，也导致很多政策配套直接服务于经济增长，缺乏实施鼓励技术创新、改善创新环境的政策改革的动力，如中小科技型企业的税收优惠以企业最终利润为评价标准，忽略了对于技术创新过程的激励。作为承担科技体制改革的重要载体，目前国家高新区政策环境的主动性、持续性和个性化依然不足，可复制推广的发展经验相当有限，并未从根本上起到创新示范效果。

第六章 国家级新区建设研究

摘 要

  国家级新区是我国承担国家重大发展和改革开放战略任务、培育壮大新增长极的重要经济空间，对推进新时代区域高质量发展具有引领示范作用。自20世纪90年代浦东新区设立以来，我国先后设立了19家国家级新区，其中东部地区8家，西部地区6家，东北地区3家，中部地区2家。这些国家新区各具特色，承载着特殊的时代背景与意义。本章梳理了新区批复时间、战略定位、时空变化、类型划分等基本情况以及推动新区建设过程中出台的相关政策，总结了新区的贡献与作用，并提出现阶段新区存在的问题与挑战。主要观点如下：

  国家级新区不断扩容。新区数量增加，功能定位从早期浦东和滨海等新区的打造国际中心逐渐转变为舟山群岛等新区的国家中心、两江等新区的地区中心以及西海岸等新区的专项基地。新区的主体城市也逐渐从直辖市向省会城市、发达地级市延伸。

  国家级新区是我国体制机制改革的试验田，依托其先行先试的政策优势，形成一批在全省乃至全国可复制、可推广的创新经验和模式。未来，国家级新区承担的历史责任与发展的重点方向值得进一步的研究与探索。

  国家级新区在促进区域经济增长、促进人口集聚、优化产业结构以及改善基础设施等方面发挥了积极作用。但目前存在土地利用粗放、规划规模过大、产业同质化现象突出、产城融合发展有待提高等问题。

第一节 基本情况

一、国家已经批复的新区

  国家级新区是指将新区成立及其开发建设上升为国家战略，其总体发展目标、发展定位等由国务院统一进行规划和审批，相关特殊优惠政策和权限由国务院直接批复，在辖区内实行更加开放和优惠的特殊政策，鼓励新区进行各项制度改革与创新探索工作（吴昊天和杨郑鑫，2015；陈明星等，2019）。自20世纪90年代以来，国务院先后批准设立了19家国家级新区，涉及陆域总面积2.05万 km^2，海域总面积2.58万 km^2（表6-1）。新区的发展历程基本能够反映出我国改革开放进程，每个国家级新区的出现都有着特殊的时代背景和意义，在改革开放的历史长河中承担着不同的任务和使命。

表 6-1 国家级新区基本情况

新区名称	区域范围	批复时间（年.月.日）	面积/km²
浦东新区	上海市浦东新区	1992.10.11	1 210
滨海新区	天津市滨海新区	2006.5.26	2 270
两江新区	重庆市江北区、渝北区、北碚区 3 区的部分区域	2010.5.5	1 200
舟山群岛新区	舟山市行政管辖区，包括 1390 个岛屿及邻近海域	2011.6.30	陆地 1 440；海域 20 800
兰州新区	永登、皋兰两县 6 乡镇	2012.8.20	806
南沙新区	广州市沙湾水道以南区域	2012.9.6	803
西咸新区	西安、咸阳两市 7 县（区）	2014.1.6	882
贵安新区	贵阳、安顺两市所辖 4 县	2014.1.6	1 795
西海岸新区	青岛市黄岛区全域	2014.6.3	陆地 2 096；海域 5 000
金普新区	大连市金州区和普兰店区部分地区	2014.6.23	2 299
天府新区	成都、眉山、资阳 3 市 7 县（市、区）	2014.10.2	1 578
湘江新区	长沙市岳麓区、望城区和宁乡县部分区域	2015.4.8	490
江北新区	南京市浦口区、六合区和栖霞区八卦洲街道	2015.6.27	788
福州新区	福州市马尾区、仓山区、长乐市、福清市部分区域	2015.8.30	800
滇中新区	昆明市的安宁市、嵩明县和官渡区部分区域	2015.9.7	482
哈尔滨新区	哈尔滨市松北区、呼兰区、平房区的部分区域	2015.12.16	493
长春新区	长春市朝阳区、宽城区、二道区和九台区部分区域	2016.2.3	499
赣江新区	南昌市青山湖区、新建区和九江市的共青城市、永修县的部分区域	2016.6.14	465
雄安新区	保定市雄县、容城、安新 3 县及周边部分区域	2017.4.1	起步区约 100；中期发展区约 200；远期控制区约 2 000

数据来源：各新区发展规划、新区总体方案、国务院关于同意设立各新区的批复

二、新区战略定位

战略定位是新区建设思路和发展目标的直接反映。按照战略定位侧重点的不同，可将国家新区划分为核心功能、区域定位、改革创新、产业定位、生态文明五方面（李云新和贾东霖，2016）（表 6-2）。在核心功能方面，新区的核心功能从早期浦东和滨海等新区的国际中心逐渐转变为舟山群岛等新区的国家中心、两江等新区的地区中心以及西海岸等新区的专项基地。

表6-2 国家级新区的战略定位

名称	战略定位	产业定位	改革创新	对外开放	生态建设
浦东新区	国际经济、金融、贸易、航运中心城市的核心区；上海市经济发展的重要增长极	构建以战略性新兴产业为主导产业的融合型现代产业体系	科学发展的先行区；综合改革的试验区	国家对外开放主要窗口	生态型宜居新城区
滨海新区	国际航运中心和国际物流功能；区域现代服务业中心	高水平现代制造业和研发转化基地；国际旅游与地区总部	综合配套改革试验区	北方对外开放门户	宜居生态新城区
两江新区	内陆国际航运航道功能，连接国际大通道的综合交通枢纽；长江上游地区金融中心和科技创新中心；内陆重要先进制造业和现代服务业基地	现代制造业和国家高新技术产业基地；内陆国际贸易大通道和出口商品加工基地；长江上游科技创新和科研成果产业化基地	统筹城乡综合配套改革实验区的先行区	内陆地区对外开放重要门户	长江上游生态文明区，宜居新城
舟山群岛新区	中国大宗商品储运中转加工交易中心；浙江海洋经济发展的先导区；长三角经济发展的重要增长极	现代海洋产业基地；建设海洋教文化基地；国际性的港口与海洋旅游城市	海洋海岛统筹发展先行区；中国海洋科学保护开发示范区	东部地区重要海上开放门户	海洋海岛综合保护开发示范区
兰州新区	西北地区重要的经济增长极	国家重要的装备制造、石油化工和生物医药产业发展基地；现代产业聚集和研发开发基地	承接产业转移示范区	向西开放的重要战略平台	生态宜居新城区
南沙新区	世界先进水平的综合服务枢纽	以生产性服务业为主导产业的现代产业新高地，积极发展新兴产业	新型城市化典范、社会管理服务创新试验区	我国南方重要的对外开放门户	粤港澳优质生活圈
西咸新区	西北地区能源金融中心和物流中心	构建创新型产业体系；重点发展战略性新兴产业和现代服务业	创新城市发展方式试验区；历史文化传承保护示范区；建设全国科技创新中心	丝绸之路经济带重要支点	现代田园城市
贵安新区	西部地区重要经济增长极	高端服务业聚集区；先进制造业、战略性新兴产业基地	创新发展试验区，新型城镇化示范区	内陆开放型经济新高地	国际休闲度假旅游城市；国际化山水田园生态城市
西海岸新区	东北亚国际航运枢纽；深远海开发保障基地	现代海洋产业体系	国内一流的工业互联网产业园区；国家制造业高质量发展实验区；海洋特色鲜明的科教产业基地	—	美丽海洋经济新城

续表

名称	战略定位	产业定位	改革创新	对外开放	生态建设
金普新区	引领东北地区全面振兴的重要增长极	战略性新兴产业、高端装备制造业等产业集群	老工业基地转变发展方式的先导区；体制机制创新与自主创新的示范区；新型城镇化和城乡统筹的先行区	面向东北亚区域开放合作的战略高地	生态宜居新区
天府新区	拓展西部新发展空间	现代制造业为主，高端服务业集聚区；国家科技创新和产业基地	统筹城乡一体化发展的先行区，创新城镇化发展模式	内陆开放经济高地	宜业宜商宜居城市，休闲度假旅游和现代都市农业
湘江新区	长江经济带建设重要支撑点，带动湖南省和长江中游地区经济社会发展的重要引擎	高端制造研发转化基地和创新创意产业集聚区；现代服务业、战略性新兴产业	产城融合、城乡一体的新型城镇化示范区	长江经济带内陆开放高地	资源节约型、环境友好型社会建设引领区
江北新区	—	长三角地区现代产业集聚区	自主创新先导区、新型城镇化示范区	长江经济带对外开放合作重要平台	宜居宜业的现代化新区
福州新区	两岸交流合作重要承载区	东南沿海重要的现代产业基地	改革创新示范区	扩大对外开放重要门户	生态文明先行区
滇中新区	云南省重要经济增长极	战略性新兴产业、先进制造业、科技创新等现代产业集群	西部地区新型城镇化建设综合试验区；改革创新先行区	我国面向南亚东南亚辐射中心的重要支点	高原生态宜居城市
哈尔滨新区	东北地区新的经济增长极	现代产业集群	老工业基地转型发展示范区	中俄全面合作重要承载区	特色国际文化旅游集聚区；生态宜居新城市
长春新区	东北地区新增长极；东北地区重要的科技创新中心	创新型现代产业体系：战略性新兴产业、现代服务业、都市型现代农业	创新经济发展示范区、体制机制改革先行区	图们江区域合作开发重要平台，东北亚各国经贸合作重要平台	绿色智慧新城区
赣江新区	中部地区先进制造业基地	先进制造业、战略性新兴产业和现代服务业为主导的现代产业体系；新型工业化产业示范基地	长江中游新型城镇化示范区，美丽中国"江西样板"先行区	内陆地区重要开放高地	生态宜居；现代滨湖临江生态新城
雄安新区	京津冀世界级城市群的重要一极；北京非首都功能疏解集中承载地	数字化、网络化、智能化、绿色化的现代产业体系	创新驱动发展引领区；协调发展示范区	开放发展先行区	绿色生态宜居新城区

资料来源：本表引自《国家级新区发展报告》，并结合《国家级新区的时空分布、战略定位与政策特征——基于新区总体方案的政策文本分析》，各新区总体方案及发展规划做适当调整

在区域定位方面，多数新区明确提出了对外开放门户和经济发展增长极的发展要求，其他新区也在其战略定位中体现了这一要求，如两江新区在核心功能中提到要建设商贸物流中心和金融中心，西海岸新区在区域定位中提出要发展成为海洋经济国际合作先导区，由此可见提升对外开放水平和经济发展水平已经成为所有新区的共同目标。

在改革创新方面，多数新区都在不同程度上被定位为发展示范区、改革先行区。例如，舟山群岛新区被定位为海洋综合开发试验区、陆海统筹发展先行区，定位较为单一；金普新区被定位为老工业基地转变发展方式的先导、体制机制创新与自主创新的示范区、新型城镇化和城乡统筹的先行区，定位内容更加多样化。自南沙新区被批复以来，创新成为新区战略定位中必不可少的词汇，根据自身特色在发展模式上寻求创新已经成为新区设立的重要目标。在产业定位方面，"现代""高端""创新""集聚区""基地"已经成为新区产业定位的高频词，现代制造业和服务业是新区产业发展的主要方向。少数新区也有其独具特色的产业定位，舟山群岛新区定位为现代海洋产业基地，西海岸新区定位为海洋科技自主创新领航区。

在生态环境和人文资源方面，新区因地制宜、定位清晰、特色鲜明。具体来看，雄安新区发展践行生态文明理念，"尊重自然，顺应自然"，注重保护区域生态环境，加强区域生态环境协同治理。南沙新区提出建设金融服务重要平台和打造粤港澳优质生活圈示范区。西咸新区创新历史文化保护方式，将丰富的历史文化资源转化成强大的产业势能，提出建设历史文化传承保护示范区。

新区的战略定位与其所处的地理区位息息相关，处于不同区域的新区在战略定位上差异明显。西部的国家级新区均具有推动西部大开发的战略目标，东部的国家级新区则是要提升对外开放水平，但具体到某一个新区又有其独具特色的发展定位。例如，在西部的国家级新区中，两江新区要发展成长江上游商贸物流中心、金融中心和科技创新中心；兰州新区着重打造向西开放的战略平台及承接产业转移示范区；滇中新区重点发展成我国面向南亚东南亚辐射中心的重要支点。在东部国家级新区中，浦东新区着重发展成国际经济、金融贸易和航运中心；南沙新区要建设成为世界先进水平的综合服务枢纽。可以说，位于东部的新区更多发挥引领体制机制创新、带动全国转型发展、构建全面开放窗口等方面的作用，而中西部和东北地区的新区则更多承担着打造新的区域增长极，探索特色化发展模式的重要任务。

三、新区时空变化

1. 国家级新区设立的年际变化明显

自1992年以来，我国先后设立了19家国家级新区，新区设立的时间分布如图6-1所示。1992年浦东新区成立，第二个是滨海新区成立[①]，2010年又成立了两江新区，2011年后新区数量明显增多，2014年、2015年达到峰值，每年均有5个新区设立，2016年后

---

① 2006年，国务院常务会议研究推进滨海新区开发开放。

新区设立速度开始变缓。根据我国新区设立的年际波动和时代背景，新区发展历程大致可以划分为3个阶段。

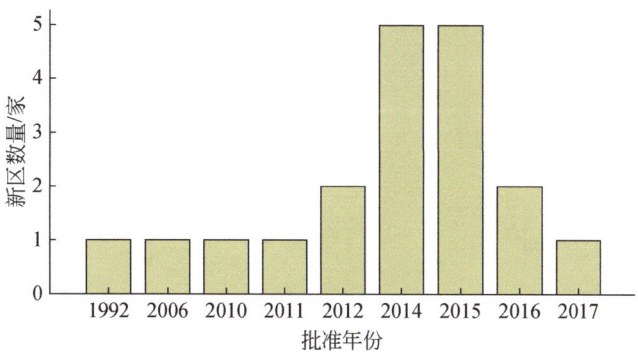

图6-1 国家级新区设立的年际数量变化

（1）探索试验阶段（1992~2010年）

浦东新区是我国首个国家级新区，自设立之初就被赋予多项优先权和政策优惠，迅速成为我国的政策和经济高地。浦东新区是对新区模式的初步探索，承担着带动我国改革开放和经济发展的历史使命，其历史地位能够比肩于改革开放之初设立的经济特区（李云新和贾东霖，2016）。21世纪之初，国家又先后设立了滨海新区和两江新区，与浦东新区同为直辖市新区，经济基础相对较好，便于推广浦东新区的建设经验，同时也是对新区模式的进一步探索，为之后的新区建设提供经验。这一时期正是我国改革开放不断深入发展的时期，新区的成立与改革开放的步伐一致，便于改革红利的释放。

（2）快速发展阶段（2011~2015年）

2011年之后，新区的发展速度加快。2011~2015年，13家新区接连设立，其中又以2014年和2015年的发展最为迅速，每年均设立了5家新区，这在新区的发展历史上是前所未有的。在这一阶段，新区所处的主体城市开始从单一的直辖市扩展到省会城市和发达地级市，其历史使命也从单一的改革开放向海洋开发、西部大开发等具有区域特色的使命发展。

（3）平稳发展阶段（2016年至今）

在经历了全国范围内的新区大爆发后，自2016年起，新区的发展速度开始变缓，进入平稳发展阶段。目前，处于这一阶段的新区有长春新区、赣江新区和雄安新区，在功能上对现有新区进行有力补充。其中，长春新区主要打造新一轮东北振兴引擎和图们江区域合作开发平台；赣江新区目的是发展成为内陆地区重要开放高地和中部地区先进制造业基地；雄安新区的首要发展目标是疏解北京的非首都职能。

2. 新区的空间布局

在空间布局方面，目前，国务院批准设立的19家新区在我国东中西和东北四大板块中均有分布，但在分布数量上存在较大差异（图6-2）。其中，东部地区8家，西部地区6家，东北地区3家，中部地区2家，空间分布呈现非均衡化特征。东部、西部、东北三地的新区较多，反映出西部大开发、东部率先发展以及振兴东北老工业基地等国家战略对新区设立的重要影响，表明新区的分布与国家空间战略的发展高度匹配。随着经济、城镇化和城市群的发展以及"一带一路"倡议、长江经济带战略的实施，从长远角度看，新区建设将会向区域均衡化方向发展，以辐射带动全国范围的社会进步。从空间序列上看，从浦东新区到滨海新区，再到两江新区，新区的空间分布呈现从南到北、由东至西、从沿海到内陆的发展格局。但2010年之后，国家级新区大批量成立，打破了原有的格局，空间分布逐渐分散化。

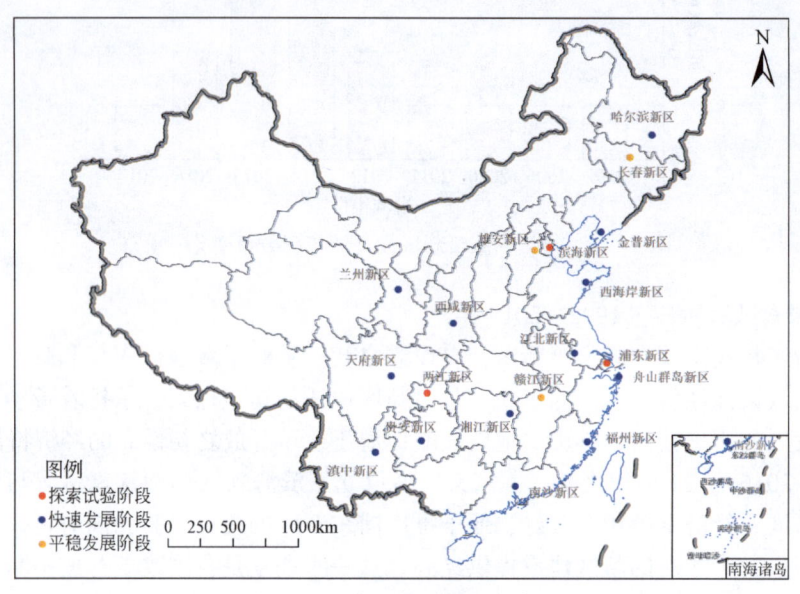

图6-2 国家级新区空间分布图

四、新区的类型划分

按照新区的战略定位，可以划分为提升国际竞争力、促进区域开放合作、培育经济新高地三大类（表6-3）。以提升国际竞争力为主要定位的新区有浦东新区和滨海新区，其中浦东新区主要打造国际经济、金融贸易、航运中心，滨海新区着重建设国际航运中心、物流中心。浦东和滨海新区是我国最早成立的两大国家级新区，经济发展基础良好，是参与国际竞争的重要区域，新区的成立更是为其吸引、集聚了大量资源和政策优势，有助于进一步提升其参与国际竞争的水平和能力。以促进区域开放合作为主要定位的新区所占比例最大，共11家，在我国西部、东部、东北部均有分布。其中，西部地区主要对中亚、欧洲等地开放，东部地区面向海外开放，东北部地区主要对俄罗斯、朝鲜等地开放，如哈尔滨新区是中俄全面合作重要承载区，长春新区是图们江区域合作开发重要平台等，通过新区建设有利于进一步加强与周边国家或地区的合作交流，促进自身发展。以培育经济新高地为主要定位的新区有6家，包括兰州、贵安、天府、湘江、赣江、雄安新区，大多经济基础相对较弱，但发展潜力巨大，未来将会通过自身产业转型发展或承接发达地区产业转移等方式集聚人口和产业，成为区域新的经济高地。例如，兰州新区主要进行老工业基地改造和承接东中部产业转移，贵安新区努力打造高端服务业聚集区，雄安新区主要承接北京的非首都职能。

表 6-3　国家级新区类型划分

新区类型	包含新区
提升国际竞争力	浦东、滨海
促进区域开放合作	两江、舟山群岛、南沙、西咸、西海岸、金普、江北、福州、滇中、哈尔滨、长春
培育经济新高地	兰州、贵安、天府、湘江、赣江、雄安

第二节　主要政策分析

纵观国家级新区先行先试政策体系，可以分为国家层面、省层面、新区层面 3 个层级。以浦东新区为例，截至 2010 年，在浦东新区的政策文件中，国家层面出台了 26 项，上海市政府出台了 39 项，浦东新区政府出台了 54 项，涵盖了财税、土地、金融、海关、对外开放等方面，这种巨大的政策先行优势，对当地的经济发展起到了极强的带动作用。然而，随着我国"梯度发展"的非均衡战略向区域均衡发展战略的转变，新区的政策优惠力度大减，新区的发展越来越依赖自下而上的政策创新（谢广靖和石郁萌，2016），"创新"一词在新区政策中被提及的次数逐渐增加。

滨海新区设立后，天津市陆续出台了《天津市促进企业总部和金融业发展优惠政策》《关于加快财税改革创新促进科学发展和谐发展率先发展的意见》《关于加快天津滨海新区保险改革试验区创新发展的意见》《天津滨海新区招商引资基金管理暂行办法》《天津滨海新区综合配套改革试验总体方案三年实施计划（2008—2010 年）》《天津市促进现代服务业发展财税优惠政策》《关于进一步推进滨海新区开发开放十项措施》等一系列政策，为滨海新区提供了金融、涉外、土地、行政、社会管理等多项领域先行先试的政策支持。

2012 年，国务院批复同意了《兰州新区建设指导意见》，意见中提出了支持体制机制创新、实施差别化土地政策、加大基础设施建设与生态文明保护支持力度、优化布局重大项目、加大金融支持这五项扶持政策，如差别化土地政策中允许新区在土地开发整理和利用等方面先行先试（表 6-4）。

表 6-4　部分国家级新区的金融、财税、土地政策比较

政策支持		适用新区
金融政策	金融机构支持	舟山群岛、兰州、南沙、西咸、贵安、西海岸、金普、天府、湘江、江北、福州、滇中、哈尔滨、长春、赣江
	完善投资融资体系	舟山群岛、兰州、南沙、西咸、贵安、西海岸、金普、天府、湘江、江北、福州、滇中、哈尔滨、长春、赣江
	金融创新	舟山群岛、兰州、南沙、贵安、西海岸、天府、江北、福州、哈尔滨
	金融对外开放	舟山群岛、南沙、贵安、西海岸、天府、湘江、江北、福州、滇中、哈尔滨、长春
	发展农村金融	舟山群岛、贵安

续表

政策支持			适用新区
财税政策	国家支持	国家支持公共服务和相关产业	舟山群岛、南沙、西咸
		国家统一财税政策	西海岸
		国家支持公共服务	天府
		国家支持相关项目	兰州、哈尔滨
	地方支持	地方支持社会事业、重大基础设施和产业	湘江、江北、滇中、长春、赣江
		地方财政基金	贵安
	—	—	金普、福州
土地政策	创新土地管理制度		舟山群岛、兰州、南沙、贵安、西海岸、金普、天府、湘江、江北、福州、滇中、哈尔滨、长春、赣江
	设置用地权限	国家层面倾斜	舟山群岛、南沙、贵安、天府
		省内倾斜	贵安、湘江、江北、滇中、哈尔滨、长春、赣江
		与主体城市协调	兰州、南沙、西海岸、福州
	规范土地市场		舟山群岛、西海岸、天府、江北、福州

注：由于处于探索试验期的三个直辖市新区在政策支持方面具有特殊性以及雄安新区设立较晚，本表只对比了其他 15 家新区在金融、财税和土地政策方面的共性与差异

2013 年，浙江省出台了《中共浙江省人民政府关于推进舟山群岛建设的若干意见》，制定了完善新区管理体制、加大财税政策支持力度、全方位深化对外开放、构建现代海洋体系、保障用地用海和岸线有效利用、强化海洋科技创新驱动、加强基础设施建设、保护海洋生态环境、创新海岛社会管理、加强组织协调等多项政策，在海洋开放开发等多方面做出了政策创新。

2014 年，中国人民银行等 10 部委发布了《关于支持广州南沙新区深化粤港澳台金融合作和探索金融改革创新的 15 条意见》，为新区深化与港澳台地区的交流合作提供了政策支持。

山东省出台了《关于支持青岛西海岸新区加快发展的意见》，制定了强化改革创新引领示范、突出开放合作辐射带动、推动蓝色经济跨越发展、加强基础设施保障支撑、推进青西新区治理现代化法治化等方面的数十条创新发展政策，如在省内重大规划和生产力布局方面向青西新区倾斜，将青西新区纳入全省"海上粮仓"建设重点区域和养生产业规划等。

贵州省印发了《贵州省人民政府关于创新贵安新区管理体制若干问题的意见（试行）》，允许新区在行政管理扁平化、社会管理精细化、公共服务均等化、城乡发展一体化上先行先试，并赋予投资项目建设、土地矿产资源开发利用、市场主体培育发展、城市建设、外商投资与涉外事务等方面的权限，并围绕建成生态文明示范区强化贵安新区生态保护自主权。

四川省出台了《四川省人民政府关于印发支持四川天府新区建设发展若干政策的通知》，提出了 23 项支持政策，如转移支付补助、耕地占用税适用税额自主确定、省政府根据天府新区促进金融业发展的实绩给予相应激励性补助等。

2015年,《福建省人民政府关于支持福州新区加快发展的若干意见》出台,提出多项政策优惠,如赋予福州新区部分省级经济管理权限、支持福州新区开展市场准入负面清单制度改革试点、支持整合申请福州空港综合保税区等,为福州新区的快速发展提供了良好的政策环境。

2015年4月和7月,国家发展改革委同有关方面印发了《发展改革委 国土资源部 环境保护部 住房城乡建设部关于促进国家级新区健康发展的指导意见》《国家发展改革委 国家开发银行关于推进开发性金融支持国家级新区健康发展有关工作的通知》等系列文件,进一步加强对新区发展的总体部署和政策支持;并在7月出台了《国家发展改革委关于推动国家级新区深化重点领域体制机制创新的通知》,首次明确了体制机制创新在国家级新区建设中的重要作用,同时也为各个新区进行体制机制创新指明了方向。2016年5月,国家发展改革委印发了《2016年国家级新区体制机制创新工作要点的通知》,进一步明确各新区体制机制创新的重点任务。例如,浦东新区要进一步深化自由贸易试验区制度创新,加快构建开放型经济新体制;滨海新区要努力深化京津协同创新体系建设,大力推进投资与服务贸易便利化改革创新,推动港区协调联动探索等。

2016年2月,江苏省正式印发了《省委 省政府关于加快推进南京江北新区建设的若干意见》,提出要在实施创新驱动发展战略、着力构建现代产业体系、健全完善新区综合功能、全面拓展开放合作空间、坚持生态优先绿色发展、创新行政管理体制机制等领域扎实推进相关重点工作。

2016年4月,湖南省委深改组通过《中共湖南省委 湖南省人民政府关于支持湖南湘江新区加快改革发展的若干意见》,共包含综合配套改革、计划单列、组织领导、开放发展、金融创新、体制机制、财政扶持、土地利用、管理建设等方面的17条具体意见,如国家或省级主管部门在土地、金融、财税、投融资等领域各项改革优先在新区试点,支持新区建立改革试点容错机制等。

2017年1月,《中共辽宁省委 辽宁省人民政府关于推进大连金普新区建设发展的实施意见》正式印发,从完善管理体制、强化创新驱动、构建现代产业体系、推进城乡统筹和生态建设等7个方面,提出27项重点任务。例如,在完善管理体制中提出要扩大新区的行政管理权限,建立"新区事新区办""特事特办"的工作运行机制,鼓励先行先试,并赋予新区省级经济社会管理权限。

无论是从国家级新区的发展历程来看,还是从国家级新区设立时间的先后来看,国家级新区受到的国家政策支持力度越来越小,一些特殊政策越来越成为普惠政策,地方政府的创新政策和体制机制改革对国家级新区发展的支撑作用越来越显著(谢广靖和石郁萌,2016)。

第三节 贡献与作用

一、促进区域经济增长

2018年,国家级新区共实现地区生产总值约4.3万亿元,成为国民经济发展的重要引擎。从新区地区生产总值在区域中的占比情况来看，浦东新区、滨海新区和两江新区的经济总量占所在地区的10%以上，对当地经济增长的促进作用明显（表6-5）。在19家新区中，滨海新区对区域经济的带动作用最强，地区生产总值占天津市总量的38.2%；其次是浦东新区和两江新区；而雄安新区和贵安新区对省域经济的带动作用相对较弱，其地区生产总值占比不足省域地区生产总值的1%。从新区GDP增速情况来看，处于西部地区的兰州新区、西咸新区、滇中新区、贵安新区增速较快，均达到了12%以上，增长势头良好；其次为江北新区、福州新区、湘江新区、天府新区，增速也保持在10%以上；而两江新区和滨海新区地区生产总值的同比增速较低，不足5%。

表6-5　2018年各新区GDP及占所在区域比例

新区名称	GDP/亿元	占所在省市比例/%	同比增速/%
浦东新区	10 461.59	32.0	8.0
滨海新区	7 193.45	38.2	4.4
两江新区	2 933.43	14.4	4.2
舟山群岛新区	1 316.70	2.3	6.7
兰州新区	205.00	2.5	16.0
南沙新区	1 458.40	1.5	6.5
西咸新区	381.94	1.6	13.3
贵安新区	138.30	0.9	12.9
西海岸新区	3 517.07	4.6	9.8
金普新区	2 437.90	9.6	7.5
天府新区	2 714.10	6.7	10.1
湘江新区	2 300.22	6.3	10.5
江北新区	2 528.00	2.7	11.3
福州新区	1 838.08	5.1	10.6
滇中新区	623.40	3.5	13.1
哈尔滨新区	768.40	4.7	8.0
长春新区	966	6.4	8.1
赣江新区	733.90	3.3	9.6
雄安新区	189.16*	0.6*	—

数据来源：《国家级新区发展报告2019》《河北经济年鉴2018》《河北经济年鉴2017》；带*数据为2017年数据；雄安新区数据只统计了雄县、容城、安新三县，未统计三县周边部分区域

二、促进人口集聚

受用地规模、发展水平等因素的影响，不同新区的人口规模从几十万到几百万不等，其中以浦东新区的人口最多，人口规模超过500万；其次是滨海新区、天府新区和两江新区，人口规模均在200万以上（图6-3，表6-6）。从新区人口在所在区域中的占比情况来

看，有12家新区的人口在区域中所占比例达到10%以上，说明多数新区人口占所在区域比例较高，对人口的吸引力较强（图6-4）。其中，金普新区人口在区域中的比例最高，占大连市的26.6%，其次是浦东新区和福州新区，在区域中的比例也达到了20%以上。

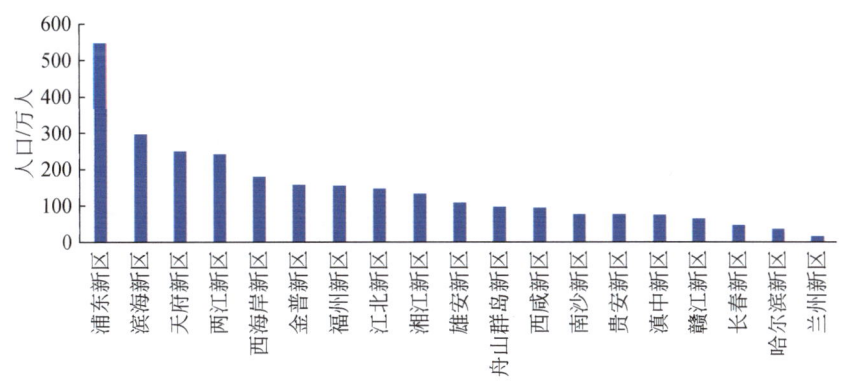

图6-3 2015年末各新区常住人口数量排名

数据来源：长春新区为2014年数据

表6-6 2015年末各新区常住人口及占所在区域比例

新区名称	常住人口/万人	占所在区域比例/%
浦东新区	547.5	22.7
滨海新区	297.0	19.2
两江新区	242.6	8.0
舟山群岛新区	97.4	—
兰州新区	16.1	4.4
南沙新区	77.8	9.1
西咸新区	95.2	西安10.9；咸阳19.1
贵安新区	77.3	贵阳16.7；安顺33.4
西海岸新区	180.0	19.8
金普新区	158.0	26.6
天府新区	250.3	成都17.1；眉山83.4；资阳70.1
湘江新区	134.0	18.0
江北新区	148.2	18.0
福州新区	155.3	20.7
滇中新区	76.1	11.4
哈尔滨新区	36.3	3.8
长春新区	47.0*	6.2*
赣江新区	65.0	12.3
雄安新区	108.4	9.4

数据来源：《国家级新区发展报告2016》、各新区总体方案、各地区统计年鉴和政府工作报告；数据中 * 为2014年；雄安新区的人口数据只统计了雄县、容城、安新三县2015年末常住人口，未统计三县周边部分区域

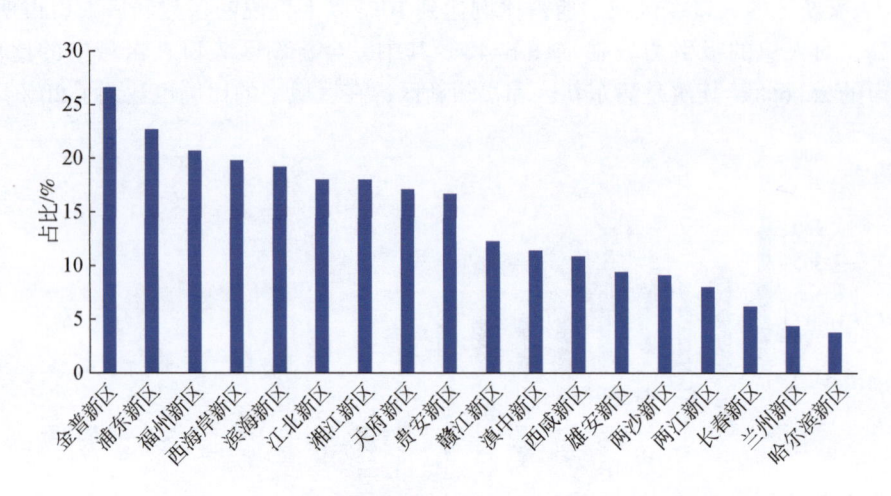

图 6-4 2015 年末部分新区常住人口占所在区域比例排名

长春新区为 2014 年数据；由于舟山群岛新区范围为整个舟山市，未统计其常住人口占所在区域比例；天府、西咸、贵安新区范围涵盖多个地级市，在本排名中仅选取了省会城市

三、优化产业结构

随着新区的发展，其产业结构也得到了优化，第三产业占比明显增加，产业类型也开始向集约化、特色化、高端化方向发展。例如，浦东新区积极推行贸易先行、高技术产业先行的产业发展方针，不断优化产业结构，培育壮大新兴产业；2018 年，其第三产业增加值增长 9% 以上，占地区生产总值的 75.5%，增幅明显高于上海市平均水平，表明新区的出现加快了当地产业结构优化速度。西海岸新区积极发展海洋特色产业，海洋经济增加值占全市的比重超过 35%，三次产业结构也从 2010 年的 3∶63∶34 调整为 2016 年的 2.2∶45.4∶52.4，第三产业占比大幅提升且与青岛市的差距明显缩小，形成第二和第三产业协调发展、并驾齐驱的格局。2018 年，两江新区汽车、电子、装备和生物医药四大产业产值约占规模以上工业总产值的 95%，产业发展特色突出。

四、改善基础设施

在国家政策的大力扶持下，各新区积极推进道路、铁空水港、水电气讯污、河流整治等基础设施建设。例如，2018 年，上海浦东新区建成 56 个口袋公园，开展 3 座老公园改造，开放 29 座夜间公园，城市宜居性显著增强；重庆两江新区实施了 191 项基础设施、155 个城市功能补短板项目建设；贵州贵安新区棚户区改造开工 600 套，基本建成 1400 套；南京江北新区全年实施基础设施建设项目 112 个，完成投资 207 亿元，完成拆迁 226 万 m²，改造棚户区 105 万 m²，不断改善民生。

第四节 存在问题与政策建议

一、存在问题

1. 土地使用粗放

大部分国家级新区在批复中都提出"严格集约节约利用土地",但在实际开发过程中大多存在建设用地使用粗放,产出效率不高的问题。例如,2014年,浦东新区每平方千米建设用地生产总值10.1亿元,而上海市市辖区建设用地地均生产总值为13.7亿元/km^2;两江新区建设用地地均生产总值8.8亿元/km^2,而重庆市市辖区平均水平为10.4亿元/km^2;南沙新区建设用地地均生产总值(5.5亿元/km^2)远低于广州市市辖区建设用地地均生产总值(20.6亿元/km^2)。一些新区在建设过程中,为实现短期经济增长,引入一些环境门槛较低或是技术层次不高的项目,很快就面临经营困难等问题。还有一些建设项目占用了超出实际需求面积的土地,而迟迟不进行开发建设,造成了土地的闲置浪费,不利于土地的集约利用。此外,新区发展过多强调新增用地扩展,而忽视了对原有用地的更新改造,从而造成土地利用效率下降。

2. 规划规模过大,加大区域发展不平衡

大部分新区的规划面积在800km^{2}以上,规划人口200万~500万人,规划城市建设用地面积超过300km^2(表6-7)。较大规模的新区,如滨海新区面积2270km^2,2020年规划人口600万人,规划城市建设用地720km^2;天府新区面积1578km^2,2030年规划人口500万人,规划城市建设用地580km^2;两江新区面积1200km^2,2020年规划人口400万~500万人,规划城市建设用地550km^2。而从多个新区当前人口和城市建设用地实际增速来看,很难实现预期目标。例如,滨海、两江、南沙和天府新区实际人口年均增长5万~15万人,远不及规划人口年均增长量(20万~25万人)。

表6-7 国家级新区总体规划情况

名称	面积/km^2	规划人口/万人	规划城市建设用地/km^2
浦东新区	1 210	—	831*
滨海新区	2 270	600*	720*
两江新区	1 200	400~500*	550*
舟山群岛新区	陆地1 440;海域20 800	180	中心城区131.3
兰州新区	806	100	160
南沙新区	803	300#	300#
西咸新区	882	236*	272*

续表

名称	面积/km²	规划人口/万人	规划城市建设用地/km²
贵安新区	1 795	230	220
西海岸新区	陆地 2 096；海域 5 000	240*	320*
金普新区	2 299	—	—
天府新区	1 578	500	580
湘江新区	490	150*	
江北新区	788	300~350	350
福州新区	800	220	234
滇中新区	482		
哈尔滨新区	493	200	
长春新区	499	190	276
赣江新区	465		
雄安新区	起步区约 100；中期发展区约 200；远期控制区约 2 000	—	—

数据来源：各新区总体规划和总体方案；数据中 * 为 2020 年数据，# 为 2025 年数据，其他为 2030 年数据

过大规模的背后是地方政府对土地资源的渴求和对土地财政、投资拉动等传统发展模式的依赖（刘继华和荀春兵，2017）。但是由于大部分国家级新区都是依托于省会城市、发达地级市或计划单列市，发展水平在区域中本已处于领先地位，再加上新区特有的政策优势，集聚优势突出，过大的人口和建设用地规模会进一步强化这些城市的资源集聚能力。一方面会减缓新区转型升级的压力，使新区继续采用粗放式的经营模式，加大产能过剩风险和大城市病等问题；另一方面会加剧区域资源配置的不公平，制约小城市发展，加大区域发展的不平衡。

3. 产业同质化、趋同化现象突出，新区功能特色不够鲜明

从新区主导产业来看，不少新区热衷于发展各类热门项目，没有明确的产业定位，造成新区内产业类型繁杂，缺乏特色鲜明、优势明显的主导产业，出现"千城一面"的现象。部分新区虽然存在较大规模的企业群组，但在产业发展和项目选择上仍存在很大的随意性和被动性。一些新区产业同质化现象突出，如兰州新区、贵安新区、福州新区，都以大数据产业作为主导产业之一；天府新区、江北新区等 7 家新区均重点发展新材料产业。有的新区产业类型繁杂，如江北新区发展了智能制造、生物医药、新材料、高端装备制造、现代物流、科技服务、新能源汽车、集成电路等产业。有的新区仍以传统产业为主，自主创新能力较差，对周边地区的带动能力较弱。同时，新区之间缺乏交流合作，仅南沙新区与西咸新区、贵安新区等部分新区建立了合作机制。这导致新区在产业定位上存在盲目性，过分热衷于热门项目。这些问题都会引起新区之间资源和市场争夺，形成恶性竞争关系，不利于新区形成相对完整的产业链条和产业集群。

4. 产城、区域融合发展有待提高

由于部分新区分布在老城区以外，生活配套设施相对滞后于产业功能，存在"职住分

离"现象，产城融合难度大。另外，新增居住用地多分布在中心城区，而新增工业用地多分布在城市外围的工业园区，且居住用地的开发较多注重高端、高品质，使新增就业人口难以负担高价住宅，导致产城融合的难度不断加大。在区域融合方面，由于大部分新区与行政区划之间存在差异，有些甚至跨越了不同地市，这虽然能够使资源突破行政界限在更大范围内优化配置，但也增大了新区管理的难度，降低了新区管理的效率。例如，已经批准为行政区的滨海新区，在天津港的融合发展中仍面临着很多问题，区域融合发展还需进一步提高。

二、政策建议

国家级新区是承担国家重大发展和改革开放战略任务的国家级综合功能区。建议从管理体制和机制入手，通过进一步的创新政策支持，深化国家级新区改革开放和创新高质量发展。中央政府从源头实施管理控制，增强新区规划申请的科学性与严谨性，严格控制贪大求全，对国家级新区进行顶层设计和政策指导。国家级新区地方政府主动发挥地方政府的能动性，积极融入国家级新区建设，有效利用好先行先试。国家级新区一级管理部门基于新区发展特征和定位，建立科学适宜的管理体制机制，创新探索区域开发利用和高效治理新模式，加强企业、公众和社会组织在新区建设过程中的参与度。

参 考 文 献

陈明星，隋昱文，郭莎莎. 2019. 中国新型城镇化在"十九大"后发展的新态势. 地理研究，38（1）：181-192.
李云新，贾东霖. 2016. 国家级新区的时空分布、战略定位与政策特征——基于新区总体方案的政策文本分析. 北京行政学院学报，(3)：22-31.
刘继华，荀春兵. 2017. 国家级新区：实践与目标的偏差及政策反思. 城市发展研究，(1)：18-25.
吴昊天，杨郑鑫. 2015. 从国家级新区战略看国家战略空间演进. 城市发展研究，(3)：1-10，38.
谢广靖，石郁萌. 2016. 国家级新区发展的再认识. 城市规划，(5)：9-20.

第七章 边境经济合作区建设

摘 要

边合区设立于 1992 年，是中国继沿海沿江开放后，为了加快推进沿边开放步伐而设立的特殊经济空间，其设立在一定程度上标志着中国沿边开放政策的正式实施。边合区在设立之后，逐渐成为中国沿边城市发展边境贸易和出口加工的重要平台，也不断成为我国沿边开发开放的重要载体。本章梳理了边合区成立背景、分布特征和发展态势，归纳了该类型特殊经济空间的主要政策，分析其对区域发展的主要贡献与作用，最后总结其存在的问题。主要观点如下：

1992 年，我国相继设立 14 家边合区，极大带动了我国沿边地区发展；2011 年以来，特别是提出共建"一带一路"倡议之后，国务院又相继批复设立了 3 家边合区。目前，我国共有 17 家边合区，主要集中分布在新疆和云南两省区。

三十年来，边合区在加快边境地区开发开放与经济发展、促进边疆地区民族团结和社会稳定、发展与周边国家（地区）的经贸合作和睦邻友好关系等方面发挥了积极作用。

边合区存在管理体系仍有待进一步完善、与口岸缺乏良好互动、沿边地区开发开放政策优势降低、边境地区及其毗邻国家经济实力有限等问题。在未来发展中，边合区可以与其他对外开放型的特殊经济空间进行整合。

第一节 基本情况

边合区是中国沿边城市发展边境贸易和出口加工的重要平台。1992 年，我国继沿海沿江开放后，开始逐渐加快了沿边开放步伐。1992 年 3 月 9 日，《国务院关于进一步对外开放黑河等四个边境城市的通知》（国函〔1992〕21 号）决定进一步对外开放黑龙江省黑河市、绥芬河市，吉林珲省春市和内蒙古自治区满洲里市 4 个边境城市，批准其可在本市范围内划出一定区域，兴办边合区，以吸引内地企业投资为主，兴办对独联体国家出口的加工企业和相应的第三产业。这在一定程度上标志着中国沿边开放政策的正式实施。至 1992 年 12 月，国务院相继发文，批准设立了凭祥、东兴、畹町、瑞丽、河口、丹东、二连浩特、伊宁、博乐、塔城 10 个边合区。1992~2011 年，我国一直保持 14 个边合区，并实施了大量的税费及通关优惠政策，在一定程度上带动了我国沿边地区的发展。进入 21 世纪后，特别是在共建"一带一路"倡议提出之后，2011 年 9 月、2013 年 9 月、2015 年 3 月，经国务院批准同意，分别设立了吉木乃、临沧、和龙 3 个边合区。截至 2020 年底，我国共设立了 17 个边合区。

第七章 边境经济合作区建设

从空间分布看，我国17个边合区主要集中分布在新疆和云南（图7-1，表7-1）。其中，新疆设有吉木乃、塔城、伊宁、博乐4个边合区，云南设有瑞丽、畹町、河口、临沧4个边合区，在很大程度上推动了我国西北、西南沿边地区的开发开放。从"一带一路"建设的六大国际经济合作走廊的走向看，我国17个边合区主要分布在中蒙俄经济走廊、孟中印缅经济走廊、新亚欧大陆桥等三大国际经济合作走廊上。

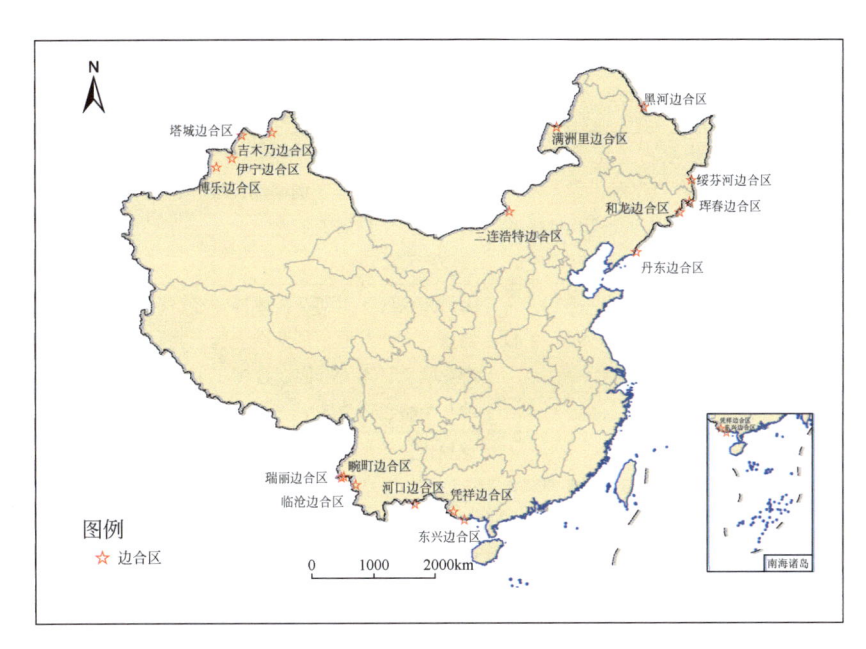

图7-1 我国17个边合区分布图
数据来源：商务部网站

表7-1 全国边合区概况

名称	概况	发展方向
吉木乃边合区	位于新疆阿勒泰地区吉木乃县城北部，2011年设立，14.39km²	境内外能源资源开发、加工生产制造、商品贸易、仓储转运、国际物流采购的综合型边合区
塔城边合区	位于新疆塔城市，1992年设立，6.5km²	全疆通往中亚市场最大的果蔬出口集散地和重要物流通道基地
伊宁边合区	位于新疆伊宁市，1992年设立，15km²	按照"一区多基地、区中有园"的布局模式，围绕"工业、商贸流通业、房地产业"三大产业板块，全力发展建材业、纺织工业、农副产品深加工业（生物制药业）、机械装备制造业、家具及小家电等轻工类产业
博乐边合区	位于新疆博乐市，1992年设立，7.83km²	积极建设生物技术产业基地，建设一批新能源示范工程，形成以生物技术、新能源、新型建材、制糖、棉纺、油脂、塑料等为主的产业体系，积极创建国家生态工业示范园及循环经济示范园区

续表

名称	概况	发展方向
瑞丽边合区	位于云南瑞丽市区与缅甸木姐城区之间，1992年设立，6km²	依托口岸，立足国内外两个市场两种资源，建设集边境贸易、工业加工、物流仓储、服务经济于一体的综合经济区
畹町边合区	位于云南西部德宏傣族景颇族自治州南部，1992年设立，5km²	充分利用中缅两国原料和市场，从事外贸、边贸、边贸加工、农业资源开发、国际经济劳动技术合作和旅游业的开发等
河口边合区	位于云南东南端河口县，1992年设立，4.02km²	立足口岸连通国内外的区位优势，大流通效应明显，交通优势突出，以国家一类口岸为核心、二类口岸为支撑、国家级通道为辅助，构建涵盖水陆、便利、高效、有序的大通关体系
临沧边合区	位于云南临沧市孟定清水河口岸、镇康南伞口岸和沧源永和口岸三个口岸地区，2013年设立，3.47km²	通过"一区三园"的联动发展，建设成云南以及中国面向西南沿边重要出口加工基地
丹东边合区	位于辽宁丹东，1992年设立，97km²	由丹东新区、中朝黄金坪特殊经济配套区组成，其间分布着仪器仪表产业基地、环保产业园、高科技园、手表工业园、视光产业园、日本工业园、台湾工业园、不锈钢产业园、修造船基地9个特色产业园
凭祥边合区	位于广西凭祥，1992年设立，7.2km²	规划建设3个园区：南山工业园，以进出口加工为主；岜口工业园，以制造业为主；大弯弓工业园，以建材生产为主。以越南、东盟为主要目标市场，优先引进高新科技型、进出口加工型及民营型企业
东兴边合区	位于广西东兴，1992年设立，4.07km²	合作区主要推进江平工业园区建设，包含国际物流园、口岸区商业中心、产业交易市场
二连浩特边合区	位于内蒙古二连浩特市，1993年设立，3km²	区内设两大功能区，出口加工区和口岸加工区，出口加工区以出口加工、商贸服务、仓储物流、旅游服务为主。发展以出口资源加工为龙头的相关产业，初步形成以木材加工为龙头，以建工建材、矿产品加工、食品加工、仓储物流、出口加工为支撑的六大产业集群
满洲里边合区	位于内蒙古满洲里市，1992年设立，70.1km²	建设全国最大的"一个市场、两个基地、三个企业"：全国最大的进口木材交易市场、全国最大的锯材集成材加工集散基地和全国最大的木结构房屋加工基地、全国最大的木屋、木窗、木门生产企业，同步打造上市企业和"双百亿"园区
黑河边合区	位于黑龙江黑河市，1992年设立，7.63km²	打造跨境合作发展平台：硅硼新材料、有色金属冶炼、对俄进出口加工、机电制造、有机化工、现代商贸物流、文化旅游、石油、天然气深加工；延伸跨境产业链条：机电、石油、天然气、太阳能电池、新型建材；构建跨境能源资源通道：扩大对俄电、油、气、煤等合作
绥芬河边合区	位于黑龙江绥芬河市，1992年设立，16.5km²	三园一基地，主要发展纺织，服装，轻工产品加工，家电、通信产品制造，建材产品制造，食品、海产品加工等产业；发展中俄电子商务、国际现代物流产业；形成俄罗斯的进口木材资源及产品储备的重要基地

续表

名称	概况	发展方向
珲春边合区	位于吉林珲春市，1992年设立，21.77km²	发展出口加工区：四个国际工业园区，重点发展现代服务业和电子信息业、新材料与矿产品精细加工产业、汽车零部件产业、文化创意产业、绿色食品与海产品加工产业、木材加工及针对俄罗斯市场的食品加工
和龙边合区	位于吉林和龙市南坪镇，2015年设立，规划面积0.76km²	分四个功能园区：进口资源转化区，以进口矿产、木材、海产品等资源加工为主；出口产品加工区，以开发朝鲜国内适用产品、重点发展轻纺、电子、食品、家电、工程机械、建材等产业；商贸物流保税区；西南部生活区

数据来源：根据各边合区官方网站资料整理

第二节 主要政策分析

边合区的政策可追溯至1992年3月发布的《国务院关于进一步对外开放黑河等四个边境城市的通知》（国函〔1992〕21号）。该文件涉及的政策主要包括：①允许这些边境城市在本市范围内划出一定区域，兴办边合区，以吸引内地企业投资为主，兴办对独联体国家出口的加工企业和相应的第三产业。②当边合区内以出口为主的企业出口达到一定规模时，给予其对独联体国家的进出口经营权，同时给予降低所得税税率政策；"八五"期间免征投资方向调节税。③边合区内的内联企业和外商投资企业在独联体国家易货所得，允许自行销售，减征进口关税和工商统一税。④边合区建设需要的机械、物资等，免征进口关税和产品税（或增值税）。另外，"八五"期间，边合区可以保留其新增财政收入用于当地基础设施建设，且中国人民银行还安排固定资产贷款支持边合区建设。

1997年，边合区的相关政策实施五年后，国务院批复财政部《关于1995年以后14个边境经济合作区财政优惠政策的函》（财地字〔1996〕263号），同意在1996年至1998年的三年内，对黑河、绥芬河、珲春、丹东、满洲里、二连浩特、伊宁、塔城、博乐、畹町、瑞丽、河口、凭祥、东兴等14家边合区，每年两税应上缴中央财政部分减去1993年两税应上缴中央财政部分，实行定额返还的政策。

2008年，国务院印发《国务院关于促进边境地区经济贸易发展问题的批复》（国函〔2008〕92号），进一步明确促进边合区发展的政策。主要包括：①加大对边境贸易发展的财政支持力度。同意自2008年11月1日起采取专项转移支付的办法替代现行边境小额贸易进口税收按法定税率减半征收的政策，并逐年增加资金规模，专项用于支持边境贸易发展和边境小额贸易企业能力建设。②提高边境地区边民互市进口免税额度。③促进边境特殊经济区健康发展。同意对国家级边境经济合作区，比照执行中西部地区国家级经济技术开发区基础设施项目贷款财政贴息的优惠政策，具体办法由财政部会同商务部等有关部门研究制定。对在边境地区申请设立具有保税功能、货物从境内区外入区享受退税政策的跨境经济合作区，由海关总署在全国海关特殊监管区域宏观布局规划中统筹考虑。

2015年12月，国务院发布《国务院关于支持沿边重点地区开发开放若干政策措施的意见》（国发〔2015〕72号），支持重点开发开放试验区、沿边国家级口岸、边境城市、边境经济合作区和跨境经济合作区等沿边重点地区发展。给予边合区财税优惠政策，包括：差别化补助政策，由财政部、国家发展改革委、商务部负责，继续对边合区以及重点开发开放试验区内符合条件的公共基础设施项目贷款给予贴息支持；加大税收优惠力度，由财政部、国家税务总局、海关总署负责根据跨境经济合作区运行模式和未来发展状况，适时研究适用的税收政策。加强与相关国家磋商，积极稳妥推进避免双重征税协定的谈签和修订工作。

2017年，国务院发布《兴边富民行动"十三五"规划》，提出加大对边境经济合作区和跨境经济合作区的支持力度。推动边境经济合作区与东部地区国家级经济技术开发区等各类园区一对一合作，鼓励有条件的边境经济合作区与周边国家开展产业合作，积极有序承接境内外产业转移，推动边境经济合作区加工制造、边境贸易、商贸物流、休闲旅游等特色产业和相关新兴产业发展。稳步建设跨境经济合作区，充分发挥其在促进互联互通和探索国际经贸合作新模式等方面的优势，便利贸易投资和人员往来，推进产业合作，带动与相邻国家边境地区经济往来。发挥好周边境外经贸合作区的带动作用。突出生态保护、休闲旅游、口岸通道等功能，建设黑瞎子岛中俄国际合作示范区。

2019年，国务院印发《国务院关于推进国家级经济技术开发区创新提升打造改革开放新高地的意见》（国发〔2019〕11号），指出要"拓展对内开放新空间"。充分发挥对外经贸发展专项资金作用，支持国家级经济技术开发区与边境经济合作区、跨境经济合作区开展合作，共同建设项目孵化、人才培养、市场拓展等服务平台和产业园区，为边境经济合作区、跨境经济合作区承接产业转移项目创造条件。

第三节　贡献与作用

边合区在加快边境地区开发开放与经济发展、促进边疆地区民族团结和社会稳定、发展与周边国家（地区）的经贸合作和睦邻友好关系等方面发挥了积极作用。同时，边合区积极推进了当地科技、工业、贸易、旅游并举发展，推动产业实力持续壮大、企业技术水平和产品增值率不断提高，促进了当地产业结构的优化升级。另外，边合区还进一步完善沿边地区的口岸基础设施和通关能力建设，丰富对外经贸和人员往来的形式与内容，提升与周边国家的开放合作水平，提升对外贸易和利用外资的规模。

一、促进边境地区经济发展

边合区作为边境地区经济发展的重要增长点，在带动地方基础设施建设、促进经济贸易发展、解决地方就业、带动脱贫等方面均发挥了重要作用。"十三五"期间，我国边合区经济实力显著提升，2017年全国边合区的工业总产值达755.59亿元，实现税收收入47.43亿元；对外贸易发展的势头良好，进出口总额达到1053.59亿元。在稳定和扩大对外贸易规模、实现经济发展的同时，各个边合区还充分发挥产业优势，在促进边境地区脱贫方面成效显著。据不完全统计，目前边合区已吸纳就业人员16.68万人，带动就业人员的收入水平大幅提高。具体的边合区情况如下。

吉木乃边合区。2019 年，吉木乃边合区已累计投入 4.5 亿元，完成配套基础设施建设，入驻企业 38 家，累计完成工业产值 11.88 亿元，进出口贸易额 4500 万美元，税收 1.04 亿元，为吉木乃县申报建设"国家数字乡村试点"项目奠定了基础。

伊宁边合区。2019 年，伊宁边合区实现生产总值 44.1 亿元，增长 11.5%，比伊宁市 GDP 增速高 4.8 个百分点；固定资产投资 36.5 亿元，在伊宁市固定资产投资中占 42.29%；公共财政预算收入 6.3 亿元，增长 14.6%，比伊宁市平均增速高 6.8 个百分点。从工业发展看，2019 年，伊宁边合区工业总产值 50.8 亿元，工业增加值 14.6 亿元，增长 34.2%；规模以上工业增加值 13.9 亿元，增长 42.5%，比伊宁市平均增速高 19.8 个百分点。从外资外贸看，2019 年，伊宁边合区外贸进出口总额 1.35 亿美元，增长 22.5%；招商引资到位资金 35 亿元，占伊宁市招商引资总额的 43.02%。

临沧边合区。临沧边合区依托孟定清水河、南伞、永和三个国家级口岸，在"十三五"期间有力促进了地方经济贸易发展。根据临沧边合区管委会资料，"十三五"期间，边合区下辖的孟定清水河口岸边民互市贸易额增长了 16 倍，外贸进出口总额增长了 8 倍，进出口货运总量增长了 11 倍，出入境人流量增长了 5 倍。2019 年，临沧边合区招商引资市外到位资金完成 51.4 亿元，同比增长 18.6%，其中省外到位资金完成 33.7 亿元，同比增长 18.3%。一般公共预算收入完成 0.29 亿元，同比增长 19.79%；一般公共预算支出完成 3.439 亿元，同比增长 114.79%；外贸进出口总额完成 37 亿元，同比增长 0.7%。

东兴边合区。2018 年底，东兴边合区共有工业企业 56 家，规上企业为 16 家。其中江平工业园区规划总面积 757.05hm²，建成区超过 140hm²，以资源型加工业为主导，主要有食品加工、海产品加工、红木加工等；有入园企业 45 家，其中规上企业 12 家。同时，东兴边合区开创了"边贸+"的发展模式，以东兴市成为全国电子商务进农村综合示范县为契机开创"边贸+电子商务"发展模式。2018 年，东兴市新增电子商务企业 60 多家，电子商务企业突破 2500 家，实现电商交易额 32 亿元，同比增长 20%。

满洲里边合区。"十三五"期间，满洲里边合区坚持以发展园区经济为重点，统筹推进产业提档升级和城区环境综合治理，全面推动经济社会的发展。2018 年，满洲里边合区确定了 20 个重点项目，总投资 16.8 亿元，全年完成投资 2.23 亿元。2019 年，满洲里边合区全年固定资产投资完成 7.71 亿元，同比增长 24.6%；依托的满洲里口岸货运量累计完成 3259 万 t，增长 2.1%；进出境中欧班列达 2167 列，增长 20.3%。2020 年，受新冠肺炎疫情响应，满洲里口岸货运量为 1973.6 万 t，同比下降 39.4%；客运量 16.4 万人次，同比下降 91.3%；开行中欧班列 3548 列，同比增长 35.1%。综合保税区项目建设步伐加快，贸易额突破 5 亿元。中俄互市贸易区进出口交易额 5.24 亿元，增长 52.3%，带动地方边境贸易快速发展。

二、为边境地区带来发展动力

目前，边合区作为边境地区发展的政策高地，为边境地区发展带来了新动力。特别是边合区塑造了经济发展新模式，利用区内传统产业优势、资源优势和区域优势，吸引项目入驻边境地区，推动了所在边境地区及边境口岸的发展。

珲春边合区是周边区域经济增长速度最快、市场最具活力、投资环境最完善、运行政策最新、经济效益突出的区域之一。珲春边合区具备运行体制优势且市场发展潜力大、资本密集型产业在边合区发展中占主导地位，曾一度成为吉林省经济发展的新经济增长点，在充分发挥窗口、示范、辐射和带动作用等方面取得较显著效果，为边境地区发展带来新的动力。

博乐边合区依据博尔塔拉蒙古自治州实际情况，积极建设生物技术产业基地；利用博尔塔拉蒙古自治州的风能资源，重点在风电、光伏和生物质发电等领域建设一批新能源示范工程，逐步引进一批新能源产业项目，构建了相对完整的新能源产业链体系，并引导上下游企业理性扩充产能，合理配置资源，提升综合竞争力；同时，边合区带动了博乐市的新型城镇化和工业化建设，为博乐市社会经济发展提供动力。

东兴边合区、凭祥边合区、河口边合区等中越边合区为当地贸易、经济发展做出了很大贡献。一方面，边合区推动地方形成了服务贸易中心，满足了日益增长的贸易需求，进而临时进口、再出口、转口、转运等出现增长。另一方面，边合区推动当地市场体系得到提升，地方商场、免税商店、保税仓库等设施得到扩建、新建，商业交流不断增强。

临沧边合区积极引入大量民生保障、产业发展、基础设施项目，带动地方经济发展。2018年，亚洲开发银行贷款云南临沧边合区基础设施综合发展项目资金申请报告获国家发展改革委批复，基础设施的逐渐完善推动边合区的可持续快速发展。同时，临沧边合区正在逐步形成集仓储、物流、特色产业为一体的开放型产业链，成为推动沿边开放的重要平台和临沧市经济发展的重要增长极。

三、促进边境地区开发开放

边合区增强了区域对外资的吸引，成为沿边开放的重要载体和平台，促进边境地区开发开放和对外交流。例如，珲春边合区是其周边地区吸引朝鲜、俄罗斯及国内投资最为集中的区域；极大促进了地区的民族团结、社会稳定、政治和谐、边境安宁。博乐边合区利用周边国家的市场和资源，努力发展特色产业，带动当地的边贸发展，成为我国沿边开放的重要载体和平台。同时，基于博尔塔拉蒙古自治州的地理区位，博乐边合区逐渐成为新疆发展对外经济贸易的窗口。

临沧边合区极大地促进了中缅边境地区的交流合作。根据临沧边合区管委会资料，2019年底，首届缅甸（腊戌）中国（临沧）边境经济贸易交易会在缅甸联邦共和国腊戌市举办。这次交流会为中缅两国商家和民众搭建了一个扩大友好交流和互利合作的平台，通过共商、共办、共享，促进两国边境地区经济发展，推动中缅经贸合作，巩固和深化睦邻友好传统"胞波"友谊，对中缅共建"一带一路"和中缅经济走廊产生积极影响。

第四节　存在的问题

一、边合区的管理体系有待进一步完善

边合区的发展涉及口岸开放与合作、边境贸易等工作，具体实施主要由地方政府来推

动;但由于涉及国家主权,决策层面一般由国家来决定,地方政府只是决策的推动者和执行者。这就存在决策者与执行者之间步骤不协调的问题,严重制约边合区发展的进度。特别是缺乏国家的支持与协调,边合区在国际合作、资金引入等方面难以取得突破。

同时,我国边合区与边境口岸、互市贸易区、跨境经济合作区等各种类型对外开放平台隶属于多个管理部门,且在空间及功能上多有重叠,为管理造成很多不便。从内部结构看,不同开放平台存在发展定位不明确、管理主体地位缺乏法律依据、相互竞争日趋激烈、开发建设资金不足、土地环境资源制约凸显、社会管理事务日益繁重、同所在行政区域责权划分不明确等问题。

二、边合区与口岸缺乏良好互动

近年来,边合区发展模式多以边境贸易带动为主,且小额贸易、易货贸易居多,工业化程度低且边境贸易的商品结构单一。从我国各大口岸的进出口数据看,我国边境口岸以进口原木、矿产、铁矿砂等资源型产品和农产品为主导,技术含量较高的工业制品较少,经济规模相对较低。基于我国边境口岸的进出口贸易商品结构,边合区与所依托口岸的相互合作水平较低,边合区没有围绕口岸的主要进出口贸易商品建立相应的现代加工产业体系,而大部分是过货化贸易格局。这种过货化贸易格局使边合区发展缺乏稳定的产业基础,不能有效带动地方就业及经济发展。

三、边境地区经济实力有限,不能有效支持边合区发展

我国边境地区地处偏远、经济发展水平相对较低、社会发展相对滞后;大多数企业规模偏小、企业国际竞争力不足,缺乏大项目的支撑;且交通通达性相对较差,对游客及投资者的吸引力较弱。因此,边境地区地方财力往往不足,不能有效支撑边合区基础设施建设,在一定程度上影响了边合区的发展。例如,和龙边合区尽管在国家支持下在教育、卫生、文化等方面的基础设施条件得到了一定改善,但多年来薄弱的财力造成了很多历史欠账,当前其社会经济发展水平整体落后的现实情况尚未得到根本扭转。

四、沿边地区开发开放政策优势降低

边合区建设之初,国家在对外贸易、边境旅游、口岸通关、土地利用等方面给予了重要的优惠政策,有效地推动了边合区及边境地区的开放发展。随着体制改革和政策调整,边合区的管理一度被边缘化。以博乐边合区为例,其成立之初,按照国函〔1992〕21号文件享受在税收、财政收入和贷款(每年1000万元)等方面的优惠政策;1994年分税制改革后,政策由直接减免税收变为先征后返,税收优惠仅限于将所得税减为原征收额的24%,国家的每年1000万元专项贷款也改由按项目定贷款;1996~1998年,国家财政部每年从税收中返还博乐边合区260万元作为扶持边合区发展资金;2000年国家西部大开发优惠政策出台后,对边合区也不再实行税收返还优惠政策。由于缺乏政策的有效支持,边

合区集聚效应大幅减弱，经济发展出现明显断层。特别是近年来，国家对沿边开放政策陆续停止执行和取消更是降低了边合区的政策优势。例如，2008年11月，国务院取消了边贸进口优惠政策（国函〔2008〕92号），对进口全额征税，造成企业进口成本增加，边贸企业因此丧失了原有的价格优势，一些为享受边贸优惠政策在边合区设立的贸易公司陆续撤离，对边境地区发展影响较大。与此同时，国家对沿海和内陆地区的优惠政策不断增强，建立多种类型开发开放平台，进一步弱化了边合区的政策优势。2008年以来，国家在沿海和内陆地区先后批复40多种各类经济新区、示范区等，出台了一系列针对性很强的优惠政策；而沿边地区开发开放的新政策没有及时跟进，导致沿边地区与沿海和内陆地区的政策优势落差不复存在。

五、毗邻国家/地区经济实力有限

我国陆地边境毗邻国家大多属于中小国家，经济发展水平相对不高、国力较弱，没有能力投入大量的人力物力发展边境贸易。而且，中国与俄罗斯、哈萨克斯坦、蒙古国、缅甸、老挝等国的接壤地区，多为该国落后地区、边远地区或未开发地区，远离其国内中心市场，投资吸引力不强，产业基础薄弱，自主发展能力不足。例如，中俄边境的满洲里、黑河、绥芬河等边合区，尽管近年来俄罗斯发展趋势逐渐好转、中俄合作态势稳定，但目前俄罗斯经济发展重心仍在以莫斯科为核心的西部地区，东部西伯利亚地区及滨海边疆地区受自身发展速度和经济发展水平制约，投入力度有限。

同时，由于牵涉到主权让渡问题，大多数毗邻国家对我国发展边合区持有顾虑态度。我国积极推进边合区建设，但缺乏国家之间高层共识，许多问题还停留在基层工作层面，并在具体实施过程中出现了"一头热"状况。即我国积极推进边合区建设，而毗邻国家相对保守，导致我国与毗邻国家容易产生建设规划不协调、行动计划不一致和功能定位不对接的问题，使边合区发展受限。

第五节 发展建议

在推进"一带一路"建设和构建国内国际相互循环双促进的新发展格局的背景下，需要进一步推进边合区建设，以期持续维持沿边社会稳定、提高沿边地区经济发展水平。

一、加大政策扶持力度，完善管理体系

强化边合区的政策支持是推动其快速发展的重要途径。优化边合区的通关程序，提升关税减免力度，探索升级设立沿边自由贸易试验区的可能性。加大政策倾斜力度，重点围绕投资、基建、劳工、土地等方面，制定具有针对性的扶持政策，推动边合区在产业、就业、资金引入和国际合作等方面的发展。加强地方政府与中央政府的沟通与协调，明确边合区管理主体及各部门之间的管理责权，减少边合区与地方及当地其他平台的不良竞争；加快管理制度创新，提高边合区的自治性（胡伟和于畅，2020）。加大与边境口岸的互动

与合作，依托边境口岸推动边合区发展相关出口加工产业，加速建立"通关一体化"体系，推动出口型产业发展。

二、深化双边协调机制，密切经贸合作

深化与毗邻国家的经贸合作关系是推动边合区发展的主要落脚点。积极推动国家层面与毗邻国家建立双边经贸合作及争端解决机制，与邻国边境地区形成有效的、常态化的经贸协商机制和争端处理机制，促进双方经贸往来。地方层面进一步深化双边文化交流，提高边境地区的民心相通，推动双边协调机制建设。从国家到地方都进一步加强与毗邻国家的沟通与合作，提高边合区的要素吸引力，带动边境地区发展及双边互利共赢、共同发展（胡超，2019）。

三、优化产业结构，加大金融支持力度

优化边合区的产业结构、扶持优势产业发展是突破边合区发展瓶颈的主要途径。在"一带一路"建设框架下，立足区位资源优势，边合区应积极谋划与毗邻国家密切相关的产业链布局；深化与国内发达工业园的产业对接，加强全产业链合作，借鉴发达工业园的发展经验，培育合作区内优势产业发展。同时，推动边境地区金融体系改革创新，降低合作区内企业贷款门槛和利率，拓宽企业融资渠道；加大双边金融机构的交流与合作，完善跨境资产交易机制，畅通跨境结算通道，提高金融服务效率。

参 考 文 献

胡超. 2019. 全面开放新格局下中国边境经济合作区转型升级研究. 西部论坛，29（5）：65-74.
胡伟，于畅. 2020. 区域协调发展战略背景下中国边境经济合作区发展研究. 区域经济评论，(2)：44-55.

第八章 国家综合配套改革试验区建设研究

摘　要

国家综改区是指以制度综合创新为主要目标，以全方位改革试点为主要特点，可以在社会、经济、政治多领域进行系统的综合改革，并对全国范围内各管理领域的政策创新带来深远影响的试验区。本章介绍了国家综改区的建设背景以及我国12个国家综改区的基本情况，梳理了12个国家综改区的建设次序以及历年来的有关政策，归类分析各国家综改区的建设经验后阐述了在各类主题的综合配套改革中的政策及机制创新，总结了国家综改区建设过程中存在的主要问题及相应解决措施。主要观点如下：

2005~2013年，我国先后设立了12个国家综改区，涉及区域开发与开放、统筹城乡发展、新型工业化等六大主题，形成了分区域布局、多主题试验、中央和地方共同推动、东中西部和东北地区互动的改革试点工作格局。

综合配套改革不是单一的行政体制改革或经济体制改革，而是全方位、综合性的配套改革组合。在我国，国家综改区的政策研究重点集中在改革政策支撑、改革目标、改革内容、改革经验总结以及经验推广等方面。

各国家综改区在制度上先行先试，在行政管理、经济运行、土地制度、两型社会建设、公共服务与社区治理、对外经济、科技创新等重要领域和关键环节探索出了各类创新制度和改革成果。

国家综改区建设仍存在旧体制阻碍、行政授权不到位、行政执法缺乏规范性、创新动力不足、集聚辐射能力不强、区域发展程度不平衡等显著问题，制约着国家综改区的制度改革成效，为此，围绕设立国家综改区专职部门、完善国家综改区管理制度等提出相关建议。

第一节　基本情况

一、国家综改区建设背景

改革开放以来，我国实现了从经济特区、国家级新区到国家综改区的战略变革，体现了改革的阶段性、连续性和复杂性。1980年，首个经济特区在深圳设立，反映出我国在缺乏对外开放经验的社会背景下发展外向型经济的目标。经济特区的设立顺应了世界政治经济发展的趋势，是推进改革开放和社会主义现代化建设的重要举措。特区利用独特的区位优势和大量政策优势，迅速成为我国对外交流的窗口，实现了区域经济的迅速发展。经过二十多年的探索，经济特区的各项开创性政策得到扩散运用，极大地推动了国家的整体经济与社会建设，但也带来了一系列社会公共问题，加剧了社会矛盾，阻碍了改革的进一步推进。由此，改革进入"深水区"，仅仅以经济增长为目标的单项改革已经无法满足社会发展和生态文明建设的需求。随着各领域、各地区的联动性增强，我国的改革事业迎来了攻坚战，更需要面对复杂的利益关系、改良政府结构，打牢民生基础。国家综改区正是在这种历史条件下成立的。2011年6月10日，全国综合配套改革试点工作会议提出"未来一段时间的工作重点是总结这些地区的发展经验，除特殊情况外，暂时不再审批新的试点地区"，"个别地方如果条件成熟，领导非常重视，各部门也都很支持，不排除继续扩大试点"。经验总结已经成为科学推进国家综改区发展所面临的重要任务之一。

国家综改区是指在科学发展观的指导下，顺应经济全球化与区域经济一体化趋势，满足完善社会主义市场经济体系的要求而建立的以制度综合创新为主要目标，以全方位改革试点为主要特点，对全国范围内各管理领域的政策创新带来深远影响的试验区。对综改区的理解可以从三个方面出发：一是对"国家"的理解，是指综改区不仅要在改革区域内施行成功的创新政策，更要对全国更大范围的社会经济管理提供经验并发挥示范作用；二是对"综合配套"的理解，是指综改区不再进行传统新区的专项和单项改革，而是为了实现多方协调、多层面、多领域的发展，进行系统的、综合配套的改革。三是对"试验区"的理解，是指综改区拥有先行先试权，在社会、政治、经济等方面进行制度改革的试验。为了与20世纪80年代的经济特区相区分，国家综改区又被称为"新特区"。截至目前，我国共设立了12个"新特区"，按照成立时间排序分别为：上海市浦东新区、天津市滨海新区、重庆市、成都市、武汉城市圈、长株潭城市群、深圳市、沈阳经济区、山西省、义乌市、厦门市和黑龙江省（表8-1）。这些试验区的着眼点和改革重心有所区别，在改革任务上分为六种主题：一是区域开发与开放，包括上海浦东新区、天津滨海新区、深圳市、厦门市和义乌市；二是统筹城乡发展，包括重庆市、成都市；三是资源节约型和环境友好型社会建设，包括武汉城市圈、长株潭城市群；四是新型工业化，指沈阳经济区；五是农业现代化，指黑龙江省两大平原；六是资源型区域的转型道路探索，指山西省。至此，我国已经实际上形成了分区域布局、多主题试验、中央和地方共同推动、东中西部和东北地区互动的改革试点工作格局，构成了当前改革突围的新亮点（图8-1）。

表 8-1 我国现有 12 个国家综改区的基本情况（2018 年）

成立时间	名称	性质	行政范围	区域	行政面积 /km²	常住人口 /万人	GDP /亿元	固定资产投资额/亿元	综合试点类型
2005.6.21	上海浦东新区综合配套改革试点	综合性综改区	上海浦东新区	长三角	1 210	555.02	10 460.09	2 003.09	自主创新示范区与现代服务业核心集聚区
2006.5.26	天津滨海新区综合配套改革试验区		天津滨海新区	环渤海	2 270	298.34	8 760.15	2 550	现代制造业和金融创新区
2009.5.6	深圳市综合配套改革试点		深圳市	珠三角	1 953	1 302.66	24 221.98	6 207.67	科学发展示范区和改革开放的领先区
2007.6.7	重庆市全国统筹城乡综合配套改革试验区		重庆市	大西南	82 403	3 101.79	20 363.19	18 661.41	统筹城乡发展
	成都市全国统筹城乡综合配套改革试验区		成都市	大西南	14 335	1 633	15 342.77	8 341.1	统筹城乡发展
2007.12.14	武汉城市圈资源节约型和环境友好型社会建设综合配套改革试验区	专题性综改区	武汉、鄂州、黄石、黄冈、孝感、咸宁、仙桃、天门、潜江	中部	57 800	3 180.1	24 897.5	18 359.74	"两型社会"建设
	长株潭城市群资源节约型和环境友好型社会建设综合配套改革试验区		长沙、株洲、湘潭	中部	28 088	1 504.03	15 796.31	13 749.89	"两型社会"建设
2010.4.6	沈阳经济区国家新型工业化综合配套改革试验区		沈阳、鞍山、抚顺、本溪、营口、阜新、辽阳、铁岭	东北	46 596	1 745.4	10 785.1	6 377.39	国家新型工业化示范区
2010.12.13	山西省国家资源型经济转型综合配套改革试验区		山西省	中部	156 579	3 718.34	16 818.11	6 048.37	国家资源型经济转型
2011.3.4	义乌市国际贸易综合改革试点		义乌市	东部	1 106	131.04	1 248.1	411.7	国际贸易综合改革试点
2011.12.14	厦门市深化两岸交流合作综合配套改革试验区		厦门市	东部	1 699.39	411	4 791.41	2 621.99	深化两岸交流合作
2013.4.3	黑龙江省"两大平原"现代农业综合配套改革试验区		黑龙江省松嫩平原、三江平原	东北	289 000	2 367	—	—	现代农业

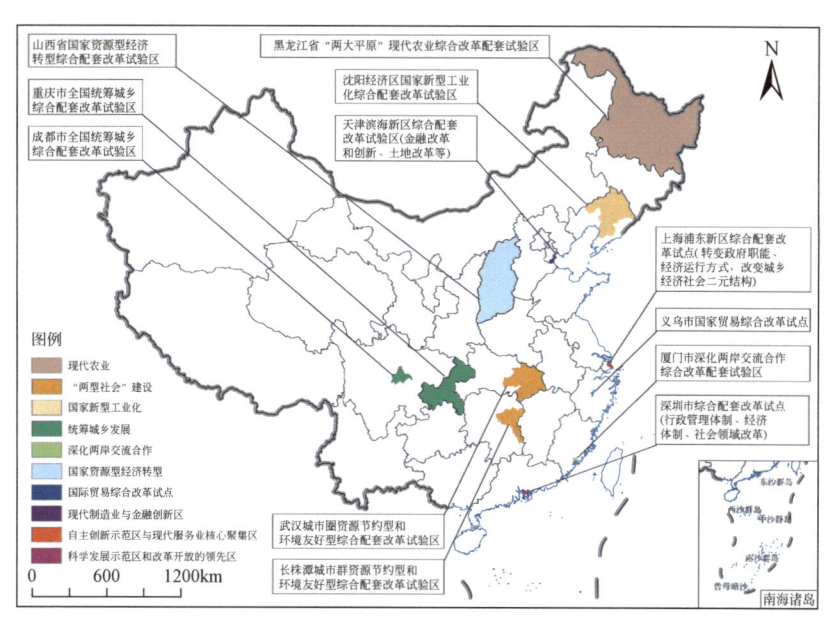

图 8-1 国家综改区空间分布图

实施这十二大改革试点是在新的历史条件下改革向纵深推进的战略部署,是对"以点带域"改革模式的发展和创新。各试验区按照中央的要求完成推动综合配套改革试点的工作,首要目的是实现"又好又快"发展,并为"又好又快"发展破除体制障碍,提供体制保障,第二目的是承担为改革探路、为体制创新积累经验的先行先试任务。相应地,这些国家综改区具备以下预期作用:第一,在试点地区范围内,有机结合改革与发展两大主题,在解决本地实际问题的基础上,攻克共性难题,实现更高层面、更广范围的突破与创新,率先完善本区域的社会主义市场经济体制,从而为其他地区的综合配套改革提供示范经验;第二,有效控制改革风险,压缩试错成本,将改革出现的问题控制在一定区域内,促进改革进程的平稳有序推进。由此分析,国家综改区的设立是为了加强经济社会体制改革的配套性、系统性,强化各领域各层次改革的联动性、协调性,从而促进建立起富有效率、充满活力的社会主义市场经济体制。

二、主要国家综改区建设基本情况

1. 上海浦东新区综合配套改革试点

浦东新区是上海市辖区之一,面积为 1210km²,南面与奉贤区、闵行区接壤,西面与徐汇区、黄浦区、虹口区、杨浦区、宝山区隔黄浦江相望,北面与崇明岛隔长江相望。全区包括 12 个街道、24 个镇,以及陆家嘴、张江、金桥、外高桥、三林、世博和川沙共七大功能区。浦东新区 2018 年常住人口为 555.02 万人,是上海市人口最多的行政区。

2. 天津滨海新区综合配套改革试验区

天津滨海新区综改区位于天津东部沿海地区，面积为2270km²，2018年常住人口为298.34万人。滨海新区地处环渤海经济圈的中心地带，包括原塘沽区、汉沽区、大港区三个行政区和天津经济技术开发区、天津港保税区、天津港区以及东丽区、津南区的部分地区。滨海新区是北方的对外开放门户，也是现代制造业和研发转化基地、北方国际航运中心、国际物流中心、宜居生态型新城区。

3. 深圳市综合配套改革试点

深圳市综改区原范围东至大鹏湾背仔角，西至珠江口安乐村，南与香港新界接壤。2009年中央将深圳特区范围扩大至全市，将宝安区、龙岗区和光明新区划入，因此总面积由395km²扩大为1953km²，2018年全市常住人口1302.66万人。深圳市是中国改革开放以来建立的第一个经济特区，是全国性的经济中心和国际化城市。

4. 重庆市、成都市全国统筹城乡综合配套改革试验区

重庆市位于中国西南部，是我国四大直辖市之一，总面积约为82 403km²，下辖38个区（县），2018年常住人口达3101.79万人。重庆市是长江经济带西部中心枢纽，长江上游地区经济、金融、商贸物流、科技创新和航运中心，西南地区综合交通枢纽和最大的工商业城市，是重要的老工业和现代制造业基地。

成都市是四川省省会、副省级城市，总面积约为14 335km²，下辖12区5县，代管5个县级市，2018年常住人口约1633万人。成都市是中国西南地区的科技、商贸、金融中心和交通枢纽，国家重要的高新技术产业基地、商贸物流中心和综合交通枢纽。

5. 武汉城市圈、长株潭城市群资源节约型和环境友好型社会建设综合配套改革试验区

武汉城市圈是指以武汉为圆心，包括黄石、鄂州、黄冈、孝感、咸宁、仙桃、潜江、天门等周边8个大中型城市所组成的城市群。武汉城市圈总面积约为57 800km²，2018年常住人口3180.1万人，面积不到湖北省总面积的三分之一，但集中了全省一半以上的人口和六成以上的GDP总量。武汉都市圈是中国中部最大的城市组团之一，是湖北经济发展的核心区域，也是中部崛起的重要战略支点，都市圈的建设涉及多个领域，包括工业、教育、金融、交通、旅游等。

长株潭城市群位于中国湖南省中东部，覆盖长沙、株洲、湘潭三市，总面积约为28 088km²，2018年常住人口1504.03万人。该区域位于京广经济带、泛珠三角经济区、长江经济带的结合部，具备建设区域性中心城市群、影响和辐射四方的区位优势。长株潭城市群是湖南省经济发展的核心增长极和城市化的核心地区，内部结构紧凑、区位条件优越，自然资源丰富，生态环境良好，历史文化特色鲜明。

6. 沈阳经济区国家新型工业化综合配套改革试验区

沈阳经济区是辽宁省提出的区域发展战略，是以沈阳为中心，涵盖鞍山、抚顺、本

溪、营口、阜新、辽阳、铁岭 8 个省辖市的城市群,是中国城市化水平较高的地区之一。2017 年调整后新的沈阳经济区范围确定为沈阳、鞍山、抚顺、本溪、辽阳 5 市,总面积约为 46 596km^2,2018 年常住 1745.40 万人。沈阳经济区区位优势较强、交通网络发达,地处东北亚的中心,南临渤海,拥有国家一类对外开放口岸、东北地区最大的航空港以及成体系的公路铁路交通网。经济区产业优势明显,工业实力雄厚,在重化工业、装备制造业、冶金石化业和煤炭等产业方面全国领先,是典型的资源丰富型的工业型城市密集区,是我国最早建立、配套完整的装备制造业和原材料工业基地。

7. 山西省国家资源型经济转型综合配套改革试验区

山西省总面积为 156 579km^2,2018 年常住人口 3718.34 万人,是中国的能源和原材料供应大省。全省 119 个县(市、区)中有 94 个产煤县,煤炭储量曾占全国的 1/3,煤炭、焦炭、冶金、电力四大产业是山西省经济发展的支柱产业,占整个工业产值的 85% 以上。然而,高强度的资源能源开发带来一系列的生态环境问题和社会问题,山西省面临产业体系较为单一,生态环境破坏严重,资源浪费问题突出,安全生产事故多发等问题。资源型经济发展引发的深层次矛盾日益严重,制约了经济的可持续发展,亟待开辟新的发展路径,走资源型经济转型的可持续发展道路。

8. 义乌市国际贸易综合改革试点

义乌市位于浙江省金华市中部,面积约为 1106km^2,2018 年常住人口 131.04 万人,是浙江省乃至全国经济最发达的重要县级市之一。义乌拥有我国最大的小商品批发市场,汇集了 4200 个类型共计 170 多万种商品,商品销售范围遍及全球 200 多个国家,是重要的国际贸易窗口,国际小商品流通、研发及展示中心。2018 年义乌市有证市场建筑面积达 596 万 m^2,小商品市场实现交易额达 4523.50 亿元。义乌市在出口产品体系优化、国际贸易、金融体系和管理体制、区域合作等方面有很大的发展潜力,是唯一的县级市国家级综合改革试点。

9. 厦门市深化两岸交流合作综合配套改革试验区

厦门市位于中国东南沿海、台湾海峡西岸,是东南沿海重要的中心城市,拥有条件优越的海峡性天然港口。全市陆地面积为 1699.39km^2,海域面积超过 390km^2,2018 年常住人口 411 万人。厦门是中国最早施行对外开放政策的经济特区之一,是国家物流枢纽、东南国际航运中心,由于在两岸关系中具有独特的地理区位优势,厦门充分发挥对台战略支点作用,努力推进两岸交流合作"四最"先行区建设,已成为两岸新兴产业和现代服务业合作示范区、两岸区域性金融服务中心和两岸贸易中心。

10. 黑龙江省"两大平原"现代农业综合配套改革试验区

黑龙江省"两大平原"指松嫩平原、三江平原,位于黑龙江省腹地,面积达 289 000km^2,行政区范围包括 11 个市共 51 个县(市、区)和黑龙江农垦总局 9 个管理局下辖的 114 个农场,总人口 2367 万人。"两大平原"是我国黑土资源的主要分布地,该地区的产业体系以农业为主，耕地面积 1.62 亿亩，是东北地区乃至全国重要的粮食主产区和商品粮生产基地。黑龙江省粮食总产量、商品量和调出量均居全国首位，其中"两大平原"地区的耕地面积占全省耕地面积 80% 以上，粮食产量占全省产量的 90% 以上，对农业产业的安全与稳定发展起到至关重要的作用。

第二节 主要政策分析

综合配套改革不是单一的行政体制改革或经济体制改革，而是全方位、综合性的配套改革组合。中央不提供专项资金或特殊政策，只给出试验区的改革重心和改革方向，试点区域只具有改革的先行先试权，通过政策的自主创新而进行"自费改革"。表 8-2 展示了关于 12 家国家综改区的建设次序以及历年来有关国家综改区的主要政策。

表 8-2 各国家综改区建设次序

建设时间	国家综改区名称	目标
2005 年 6 月	上海浦东新区综合配套改革试点	着力转变政府职能，着力转变经济运行方式，着力改变城乡经济社会二元结构
2006 年 5 月	天津滨海新区综合配套改革试验区	金融改革和创新、土地管理改革等
2007 年 6 月	重庆市、成都市全国统筹城乡综合配套改革试验区	形成统筹城乡发展的体制机制，促进两市城乡经济社会协调发展
2007 年 12 月	武汉城市圈、长株潭城市群资源节约型和环境友好型社会建设综合配套改革试验区	根据资源节约型和环境友好型社会建设综合配套改革试验的要求，全面推进各个领域的改革
2009 年 5 月	深圳市综合配套改革试点	深化行政管理体制、经济体制、社会领域改革。完善自主创新和两型社会体制机制，以深港紧密合作为重点
2010 年 4 月	沈阳经济区国家新型工业化综合配套改革试验区	着眼于建立新型工业化的体制机制，推进改革和建立新型工业化的制度支撑体系推进改革
2010 年 12 月	山西省国家资源型经济转型综合配套改革试验区	抓住与资源型经济转型密切相关的重点领域和关键环节，推进改革，率先突破
2011 年 3 月	义乌市国际贸易综合改革试点	形成有利于科学发展的新型贸易体制框架，率先实现贸易发展方式转变
2011 年 12 月	厦门市深化两岸交流合作综合配套改革试验区	围绕建立有利于科学发展和深化两岸交流合作的体制机制，先行试验一些重大改革措施
2013 年 4 月	黑龙江省"两大平原"现代农业综合配套改革试验区	以转变农业发展方式为主线，以提高农业综合生产能力、确保国家粮食安全、确保农民持续增收为目标

2005年6月21日，国务院常务会议召开，指出中国改革正处于攻坚阶段，在继续做好有关专项改革试点的同时，选择具备条件的地区，进行完善社会主义市场经济体制综合配套改革试点，提供相关经验，对于实现中共十六届三中全会提出的改革目标具有重要意义。这是第一次由中央提出综合配套改革试点的概念，也为启动各大试点区域瞄准了改革方向。

2010年3月25~26日，国家发展改革委召开的全国经济体制改革工作会议强调，要积极推进综合配套改革试验，指导和促进各试验区在重点难点体制问题上率先取得突破，形成有推广价值的改革经验，确认了已经成立的上海、天津、深圳、重庆、成都、武汉城市圈、长株潭城市群国家综改区已有的发展路径，强化国家综改区的政策支持。同年，在《关于2010年深化经济体制改革重点工作的意见》中提到要积极推进综合配套改革试点。上海浦东新区、天津滨海新区等国家综改区，要围绕转变经济发展方式、提升开放水平、统筹城乡发展、建设资源节约型和环境友好型社会等战略任务深化改革，率先突破，形成有推广价值的改革经验。该文件从政策层面确认了改革试点工作，拓宽了综改区的先行先试范围并列入专项改革试点内容。

2015年5月15~16日，全国经济体制改革工作会议进一步强调：国家综改区要求更加注重改革试点出成果、出经验，鼓励不同区域进行差别化试点，做好国家综改区工作，妥善处理试点突破与依法行政的关系，切实发挥好改革试点先行先试、示范引领作用；要求更加注重形成协调联动工作机制，加强部门间协调协作、发展改革系统上下联动，形成齐抓共推改革的良好局面，共同完成好党中央、国务院部署的改革任务。

2015年9月6日，国家发展改革委印发《进一步做好国家综合配套改革试验区工作的意见》（简称《意见》）。这是自各国家综改区成立以来的第一份专门政策文件，提到"围绕确定的改革试验主题，着力加快转变政府职能，着力加快转变经济发展方式，着力加快统筹城乡改革，着力加快生态文明制度建设，着力加快社会事业改革"。《意见》强调要"全面落实简政放权""加快完善现代产权制度""加快深化土地制度改革""率先建立绿色发展评估考核体系""完善政府购买服务机制"，并在2018年底前完成31项具体改革任务，尽快形成可复制、可推广的试点经验。

同时强调，各试验区应聚焦当前和今后一段时期我国经济社会发展中的突出矛盾问题，确定改革试验重点任务，形成年度任务清单，建立工作台账，滚动实施，确保重点任务可督查、可考核。一是要全面落实简政放权，深化商事制度改革，深化综合监管执法体制改革，营造大众创业、万众创新的良好环境。二是要加快完善现代产权制度，激发市场主体活力，健全技术创新激励机制，创新投融资体制，推进高水平对外开放。三是要加快深化土地制度改革，探索"多规合一"制度，加快构建新型农业经营体系，创新农村公共服务和社会治理。四是要率先建立绿色发展评估考核体系，开展"两型"标准化建设，完善第三方治理机制，完善城乡环境同治机制。五是要完善政府购买服务机制，探索社会事业管办评联动机制，推进医养结合改革，培育多元化社会组织，加强社区建设与治理。

《意见》要求，建立配套的评估机制、试错容错机制、退出机制、专家咨询机制以及公众参与机制。通过试验区自评估、有关部门评估和第三方评估相结合等有效形式，及时总结评估试验区成熟经验,在更大范围进行推广。建立改革的试错容错机制,最大限度宽容改革失误,保护改革积极性。对长期等待观望、寄希望于给予优惠政策、试验多年而无较大进展的试验区取消国家综改资格。建立专家咨询机制,对重点改革试验任务进行充分的研究论证。建立综合配套改革试验区工作年度报告制度,定期向社会公布。建立改革实施效果的后评估机制,采取多种方式听取群众的意见,确保改革措施更好满足群众诉求。

2016年3月25日,《国务院批转国家发展改革委关于2016年深化经济体制改革重点工作意见的通知》印发,要求深入推进国家综合配套改革试验。充分发挥试验区的综合改革试验平台作用,鼓励和支持各部门将需要试点的重要改革举措优先放在国家综合配套改革试验区先行先试。做好对不同主题综合配套改革试验区试点经验的总结,将统筹城乡、"两型社会"建设、创新发展、社会治理等相关改革经验在更大范围进行推广。

对需要一定前提条件才能推广的经验,在具备条件的地区和改革试验区定向推广。在国家综改区出成果的基础之上,提出了经验定向推广的路径,并且尤其强调创新、公共事务的内容。

根据以上政策文件的梳理,关于国家综改区的政策研究重点体现在以下几个方面(表8-3)。

表8-3 国家综改区主要政策梳理

时间	政策来源	政策主题	政策内容
2005年6月	国务院常务会议	改革政策支撑	选择具备条件的地区,进行完善社会主义市场经济体制综合配套改革试点
2010年3月	全国经济体制改革工作会议	改革政策支撑	强化综合配套改革试验区的政策支持,积极推进综合配套改革试验,指导和促进各试验区在重点难点体制问题上率先取得突破,形成有推广价值的改革经验
2010年6月	《关于2010年深化经济体制改革重点工作的意见》	改革内容	各部门要积极支持改革试点工作,将专项改革试点放到试验区先行先试;支持和指导各地区各部门开展多种形式的改革试点
2015年5月	全国经济体制改革工作会议	改革经验推广	(1)注重改革试点出成果出经验,鼓励不同区域进行差别化试点; (2)妥善处理试点突破与依法行政的关系; (3)形成协调联动工作机制,加强部门间协调协作、发展改革系统上下联动,齐抓共推改革
2015年9月	《进一步做好国家综合配套改革试验区工作的意见》	改革内容	(1)围绕确定的改革试验主题,着力加快转变政府职能,着力加快转变经济发展方式,着力加快统筹城乡改革,着力加快生态文明制度建设,着力加快社会事业改革; (2)确定改革试验重点任务,形成年度任务清单,建立工作台账,滚动实施,确保重点任务可督查、可考核; (3)建立配套的评估机制、试错容错机制、退出机制、专家咨询机制以及公众参与机制; (4)在2018年底前完成31项具体改革任务,尽快形成可复制、可推广的试点经验

续表

时间	政策来源	政策主题	政策内容
2016年3月	《国务院批转国家发展改革委关于2016年深化经济体制改革重点工作意见的通知》	改革经验总结推广	(1) 做好对不同主题综合配套改革试验区试点经验的总结，将相关改革经验在更大范围进行推广； (2) 对需要一定前提条件才能推广的经验，在具备条件的地区和改革试验区定向推广

1）改革目标：进一步完善和建立社会主义市场经济体制，综合解决我国在改革进程中面对的矛盾和问题，选择有代表性的，具有发展潜力和探索潜力的地区进行试点、试验；

2）改革内容：在各地区各部门开展多种形式的改革试点，改革内容包括经济增长、行政管理、公共服务、社会管理、区域发展；

3）改革政策支撑：积极推进综合配套改革试点；鼓励和支持各部门将需要试点的重要改革举措优先放在国家综改区先行先试；将专项改革试点放到试验区先行先试；

4）改革经验总结：建立配套的评估机制，包括自评估、有关部门评估和第三方评估相结合等形式，建立改革的试错容错机制，最大限度宽容改革事务，建立退出机制，对多年无较大进展的试验区取消资格；建立专家咨询机制，增强科学性，建立工作年度报告制度，推动社会公众参与；

5）改革经验推广：在出成果的基础之上，在具备条件的地区和试验区进行定向推广。

第三节　贡献与作用

各国家综改区在制度上先行先试，在重要领域和关键环节探索出各类创新制度，破解了许多改革难题。一方面促进了本地区的全方位、多层次发展，激发了试点地区的经济活力，加快了经济转型和社会建设，缩小了城乡居民生活水平差距，推动了生态环境方面的可持续发展；另一方面在重要领域和关键环节为更大范围的配套改革探索了路径，积累了经验，储备了政策集。

在行政管理体制改革方面，重塑街道及以上管理层级的服务体系，减少机构数量和审批事项，极大地促进了管理高效化，有利于转变政府职能，协调好政府和市场的关系。在经济运行机制和科技创新制度方面，探索并完善了商事登记、市场采购贸易、知识产权保护等机制，创新建立金融机构和相应的服务平台，以促进科技和金融相结合，有序推进财税金融改革，发挥市场在资源配置中的作用，降低了交易成本，高效率发展经济。在土地制度改革方面，通过规划领域、户籍工作等方面开展试点，创造性地构建科学管理土地指标，完善存量土地的循环利用机制，推动城乡协调发展。在"两型社会建设"方面，大胆探索生态补偿办法和循环经济、绿色经济发展机制，深化了生态文明体制改革；在社会公共服务与社区治理方面，采用教育"管办评"、社会组织孵化等一系列经验做法，一方面健全了公共服务体系，创新了社会管理体制，另一方面推进了经济和社会的协调发展。在对外经济方面，改进海关、检疫、边检的管理体制，极大地推动贸易自由化，开启以中国（上海）为代表的自由贸易试验区，激发了对外开放和国际贸易的活力。

表8-4对各国家综改区（试点）的建设经验进行总结与归类分析。在后文具体阐述了各国家综改区在各类主题的综合配套改革中的政策以及机制创新。

表 8-4 国家综改区政策主题与经验总结

综改区	改革试验主题	主要解决的问题或矛盾	经验总结						
			行政管理体制	经济运行机制	土地制度	两型社会建设	公共服务与社区治理	对外经济	科技创新制度
上海浦东新区综合配套改革试点	自主创新示范区与现代服务业核心集聚区	着力转变政府职能，着力转变经济运行方式，着力改变城乡经济社会二元结构	剥离街道经济管理职能；建立市场监督管理局，减少编制和机构数量；实施行政审批制度改革，精简审批事项	确定了全社会诚信体系规划和行动规划；建立新型金融监管机构；构建科技创新公共服务平台，开展知识产权质押融资担保试点	探索工业、商业、办公等综合用地的土地利用政策，完善存量土地循环利用机制	完善区域发展规划和新市镇规划；支持郊区发展；完善公共财政体制和转移支付机制；推进镇村资产管理改革	强化社会组织孵化机制，培育社会管理机动力，促进社区发展会、公益服务协同发展	开展服务外包试点工作，试行海关、边检、检验检疫申报单"三单合一"	成立国家知识产权试点园区，重点推进知识产权服务体系
天津滨海新区综合配套改革试验区	现代制造业与现代金融业创新区	探索新的区域发展模式，加快构建落实科学发展观和建设社会主义和谐社会的体制保障	撤销工委、管委会和塘沽、汉沽、大港行政区，建立滨海新区行政区，组建了两类城区，一类是城区管理机构，另一类是功能区管理机构，主要行使经济发展职能	拓宽直接融资渠道，动金融业综合运营试点；成立企业注册局，实现全程电子化办理模式；探索"一证式"商事登记许可体制	建立了区域规划体系，成立了土地整治储备中心，统一管理土地指标	健全环境质量评价指标体系，强化环境保护参与决策机制；建立循环经济评价体系。试行生产者责任延伸制度，健全固体废物管理和交换机制，实行环境标识、环境认证和绿色采购等制度	开展城镇建设用地增加与农村建设用地减少挂钩试点，建立征地补偿安置标准协调调整决策机制，启动集体土地所有权确权登记	创新东疆保税港区管理，包括推行政管理、口岸监管、海关监管、检验检疫、监管诚信体制	启动技能型紧缺人才培养基地，与大城市知识产权协作，联合行政执法
深圳市综合配套改革试点	科学发展示范区和改革开放的领先区	力争在重要领域和关键环节取得新的突破，在全国率先形成成熟的体制机制，为发展中国特色社会主义创造新经验	5轮行政审批制度改革，向社会放权；梳理行政职权形成"权责清单"	商事登记"新规"，取消或降低公司注册资本、注册场所、经营范围等门槛，成立企业注册局办理	形成以土地二次开发为核心的存量土地利用机制；完善差别化土地公用和低价管理；地铁沿线土地捆绑开发和立体化利用土地	打造国家级农业科技园区，加强生态用地的精细化管理；开展环境污染费改革，环境污染责任保险，中小企业上市绿色金融试点，制定和完善绿色采购制度和生态补偿机制	社会组织登记管理体制改革；公立医院综合改革，医院与社康中心之间逐步实现分级诊疗，分片转诊，社区首诊，推广家庭医生服务	落实粤港澳服务贸易自由化政策，创新自由贸易园区管理体制机制	深入实施创新驱动发展战略

续表

综改区	改革试验主题	主要解决的问题或矛盾	经验总结						
^	^	^	行政管理体制	经济运行机制	土地制度	两型社会建设	公共服务与社区治理	对外经济	科技创新制度
重庆市全国统筹城乡综合配套改革试验区	统筹城乡发展	形成统筹城乡发展的体制机制，促进城乡经济社会协调发展，推动全国深化改革	—	建立"两权"抵押物市场化处置渠道，银行、担保和保险等多类机构共同参与的分担风险模式；农村集体资产量化确权改革	创新地票制度，农村土地交易所挂牌	"两翼"农户万元增收计划；4000万m²公租房建设	解决农民工问题，通过农村人口的减少，促进农村的规模经营和农民增收	探索内陆开放型经济发展模式，深入推进西部大开发	设立国家教育改革试验区，推动职业教育集团化办学模式改革
成都市全国统筹城乡综合配套改革试验区	统筹城乡发展	同上	深化村级公共服务和社会管理改革，积极推进村级融资项目建设，主要涉及交通、水利基础设施等	整合涉农财政资金，建立耕地保护基金，农村产权抵押融资、政策性农业保险资金，农村产权收储公司，防范农村产权流转市场风险	覆盖全域的农村集体产权制度改革；建立了全市农村土地承包经营权管理信息系统和农村集体"三资"监管系统	以"土地股份合作社+农业职业经理人+农业综合服务"体系为核心的"农业共营制"；大力发展农业产前、产中、产后社会化服务组织	建起农贸流通融资平台；农村普惠金融综合服务延伸到村；全面推行政策性农业保险的基础上，探索开展地方特色险种，农村小型公共基础设施村民自建改革	蓉欧国际货运快速铁路班列运营，直达班列双向运现，大力引进外商投资	实施"科技创业天使"计划，政府购买服务，建立区域科技信用服务体系和信用评价标准
武汉城市圈资源节约和环境友好型社会建设综合配套改革试验区	"两型社会"建设	形成有利于生态环境资源节约的体制机制，加快转变经济发展方式，推进经济又好又快发展，促进经济社会发展与人口、资源、环境相协调，切实走出一条有别于传统模式的工业化、城市化发展新路	建立武汉城市圈内统一的权力清单、责任清单；积极稳妥推进乡镇和街道等基层组织行政管理体制的改革，强化其社会管理和公共服务职能；进行电子网络平台和社会公众监督	推动圈内跨区域"四外同"共建合作；形成统一的市场主体准入政策体系，并初步建立工商登记注册机关的协调联动机制	把金融、土地作为改革创新的重点，筹建全国性金融综合服务中心，建立农村土地流转制度	"三网融合"试点；节水型城市试点；规划建设跨行政区域的循环经济产业园区；实施水生态系统保护与修复工程	武汉到相邻城市以及圈内城市之间的1小时交通圈基本建成，半小时交通圈正在形成	建设武汉开放型城市圈，开放型经济新体制试点，打造内陆对外开放新高地	—

续表

| 综改区 | 改革试验主题 | 主要解决的问题或矛盾 | 经验总结 |||||||
			行政管理体制	经济运行机制	土地制度	两型社会建设	公共服务与社区治理	对外经济	科技创新制度
长株潭城市群资源节约型和环境友好型社会建设综合配套改革试验区	"两型社会"建设	同上	建立"两型社会"建设的考评标准体系	首创政府两型采购改革,政府采购绿色产品,通过采购机制的改革推动"两型社会"建设	推行村级规划合一、通过编制村庄规划、统筹村域内土地利用、村庄整治、国土整治、产业发展和生态建设；探索建立补充耕地指标、城乡建设用地增减挂钩指标有偿转让制度	湘潭流域环境综合治理和湘江风光带建设；水生态文明建设；城市群绿心保护与发展	打造社区公共服务综合信息平台；建设农地流转服务平台	理顺湘潭综合保税区管理体制机构设置、内部运行,资本运作独立,但兼顾规划统筹、平台运作统筹合力	深化科研项目资金管理改革,推动投资联动试点,健全支持科技投资款,科技支持科创业投资的风险补偿机制
沈阳经济区国家新型工业化综合配套改革试验区	国家新型工业化示范区	围绕实现新型工业化目标,力求这一战略创新,突破真正符合科学发展要求的体制机制	建立大部制,成立城市大社区和农村社区服务站；下放审批权限,减少行政收费项目；行政区与开发区合并,实现"两区合一"；试行灵活的薪酬制度,按劳分配和按绩效分配相结合	提供更全面的"融智"和融资支持,创新融资模式；推动公司法人治理结构,高端装备制造企业引入信息化,推进产业结构调整,钢铁生产向深加工转移,培育主导产业园区,一园一业	构建集约高效的土地利用新格局	—	推动经济区内信用信息共享、信用机构制度；构建产品服务互认；价格评估体系；取消农业、非农业户口,公民户口统一登记为"居民户口",统一户口迁移政策	—	在归并原来涉及产业发展专项资金的基础上,设立产业重点专项资金；推进产业园区建设,建立公司制园区运营模式
山西省国家资源型经济转型综合配套改革试验区	国家资源型经济转型	依赖煤炭等资源单一、产业结构恶化,环境破坏、资源浪费严重,生产事故矛盾等一系列矛盾和问题,需要深化体制改革,创新发展路子	行政审批制度改革;全面推行权力清单和责任清单制度,加快推进综合性政务服务平台和资源交易服务平台建设	强化产业投资基金引导,着力支持文化旅游、装备制造、新能源、新材料、节能环保等新兴产业发展壮大,加快构建企业信用体系	城乡建设用地增减挂钩；矿业存量土地整合利用；露天采矿用地改革；工矿废弃地复垦利用	煤炭管理体制改革；煤炭、煤层气清费立税改革；煤炭行政审批和证照管理体制改革	建设综合能源基地,加快实施燃煤发电机组超低排放提速工程	实行"六位一体"招商引资管理模式,实行准入前国民待遇加负面清单的外商投资管理模式,完善建立外商投资项目审批绿色通道	提升能源科技创新水平,将山西科技创新城打造成国际低碳技术科学研究高地

140

续表

综改区	改革试验主题	主要解决的问题或矛盾	经验总结						
			行政管理体制	经济运行机制	土地制度	两型社会建设	公共服务与社区治理	对外经济	科技创新制度
义乌市国际贸易综合改革试点	国际贸易综合改革试点	为充分发挥义乌市场在全球分工体系中的独特作用,先行先试,通过大胆探索,快速变革外贸发展方式,推动国内外贸协调发展,形成经济全球化条件下参与国际经济合作和竞争新优势	深化扩权改革,开展商事登记制度改革和外贸主体快速设立审批试点;落户全国首个县级市国际经济贸易仲裁委员会办事处和利富国际贸易员会签证点,促进现代流通信访制立	探索建立"市场采购"贸易方式,促进中小微企业参与国际贸易;搭建市场采购贸易联网信息平台,涵盖全主体、全流程的市场采购贸易信息化系统;推进跨境贸易电子商务城、跨境电子商务园规划建设	推进土地利用总体规划修编;开展土地用途转用审批速改革试点;创新置换权益交易方式,允许新社区集地用缘建设用地开展置换权益转让	—	推进城乡新社区集聚,打破传统农房改造模式,实施高层住宅、产业用房等多形式组合的新社区建设模式;实施积分入户和居住证入户政策	开通了全球最长"义新欧"中欧货运班列并实现常态化运行,国际邮件互换局建成投用;加快离岸业务创新,开展离岸融资担保业务	建设国家日用小商品标准化研究院;完善科技项目决策、执行、评价相对分开、互相监督的运行机制
厦门市深化两岸交流合作综合配套改革试验区	深化两岸交流合作	发挥厦门市在海峡西岸经济区改革发展中的龙头作用,促进两岸关系和平发展	编制权力清单,进行全社会公开的行政权力清理工作;减少审批事项,下放权力	牵头推动全市公车改革、行业协会与商会脱钩改革、公共资源交易中心整合;推动社会信用体系建设,融入自贸试验区	基本农田代保;基本农田数据库和流转平台更加完善	开展小城镇综合改革建设试点,营造保护生态环境的浓厚氛围	建设海沧海底隧道、轨道交通等项目;强化分级诊疗顶层设计,形成医改"厦门模式";推进美丽厦门共同缔造试点社区建设	两岸新兴产业和现代服务业合作示范区、两岸区域性金融中心、东南国际航运中心,对台贸易中心	厦门文化产业园成为国家级文化产业试验园区
黑龙江省"两大平原"现代农业综合配套改革试验区	现代农业	转变农业发展方式,提高农业发展质量效益,加快农业强省转变,提高保障国家粮食安全、食品安全和生态安全的能力	—	开办订单农业金融服务模式、农业产业链融资模式以及土地承包经营权抵押贷款业务;创新涉农金融租赁、互助合作保险等模式	加快土地确权和土地流转工作,建立流转服务网络平台和流转服务大厅等	水利建设与管理体制改革,严格的水资源管理制度	以新型农业经营主体、合作经营为方向,搭建"互联网+农业"平台,建立"全网络销售体系;"家庭到卡",直补到卡"的农机购置补贴模式	—	完善农民培训体系,加强农业科技等公益性服务

| 141 |

一、上海浦东新区综合配套改革试点

2005年6月21日,国务院批准上海浦东新区首家进行综合配套改革试点,明确了"三个着力,四个结合"的要求,即着力转变政府职能,着力转变经济运行方式,着力改变城乡经济社会二元结构;要把改革和发展有机结合起来,把解决本地实际问题与攻克面上共性难题结合起来,把实现重点突破与整体创新结合起来,把经济体制改革与其他改革结合起来,率先建立起完善的社会主义市场经济体制,为推动全国改革起示范作用。

上海浦东新区综改试点自成立以来,围绕发展目标,确立了"全国能借鉴、上海能推广、浦东能突破"的原则要求,以建立有利于可持续发展和科学发展的体制机制为目的进行大胆改革。在行政管理体制改革方面,以政府自身作为综合改革的对象,以提升优质的公共服务为主要目标,大力推进政府职能转变和管理体制创新,为经济发展和产业优化创造了良好制度环境。在经济方面,推动金融发展,加快形成以服务经济为主的产业结构,同时以创新驱动为主的发展模式为突破口,促进科技与金融经济的高度融合。在对外开放方面,确立以开放促改革的制度发展路径。具体如下:

在转变政府职能方面,浦东新区首先创新行政管理体制,在街道办事处层面精简工作,剥离其经济管理职能如招商引资、开辟税源等,使街道将主要工作集中于社会服务、社区管理、社会保障、城市维护、社区安全维护以及党建等内容,促进街道的均衡发展;创新监管体制,整合浦东工商、质监、食药监三局,成立上海浦东新区市场监督管理局,创新"三合一"的市场监管新机制,打破原来的"分段监管"模式;组织实施行政审批制度改革,缩减审批事项,从原来的724项缩减到232项、优化审批流程,平均审批环节从3.4个精简到2.8个、提高审批效率,将审批时限由22个工作日压缩到8.4个工作日、并减少收费项目;此外,加强行政效能建设,通过探索建立批后监管制度、体制内的监察制、体制外的投诉制、社会化的评估制以及自上而下的问责制提升政府工作效率;在社区治理方面,促进公众和社会工作者参与决策制定,培育社会管理的群众内部动力。通过孵化社会组织促进社区委员会参与社区重大事务,共商共治共决。在实践方面打造了公益服务园、基金会服务园等体系化的国家级公益示范基地。

在转变经济运行方式方面,浦东新区聚焦陆家嘴地区,集聚金融重要机构和要素市场,在金融机构创新和设立上先行先试,建立票据中介公司、场外交易市场、金融资产交易所等新型金融机构;在涉外经济体制创新方面,首先衔接金融国际规范,确定了通用的社会诚信体系和行动规划,然后落实商务部和上海市服务外包试点工作;在完善创新创业社会环境方面,开展知识产权质押融资担保试点,构建科技创新公共服务平台;大力推进电子商务发展创新,建立电子商务新业态。

在改变城乡经济社会二元结构方面全面发力。首先完善规划层面,包括区域发展规划和新市镇规划等;其次,全面推开农村综合配套改革,更新完善镇村管理体制、集体资产管理制度和土地管理制度等;此外,促进郊区产业升级和城郊产业联动发展,并优化郊区产业布局;最后,通过完善公共财政体制和转移支付机制弱化城乡二元体制带来的社会矛盾,加强对郊区和农村的发展支持力度,并建立城乡一体化的社会事业和就业保障机制。

二、天津滨海新区综合配套改革试验区

2006年5月26日,国务院颁布《推进天津滨海新区开放有关问题的意见》,天津滨海新区综合配套改革试验区成立。文件指出,天津滨海新区要按照党中央、国务院的部署并从天津滨海新区的实际出发,先行试验一些重大的改革开放措施。在改革试验中注重探讨新的城市发展模式,其目的是在引进外资和先进技术,推动环渤海地区经济发展的同时,走新型工业化道路,把增强自主创新能力作为中心环节,积极发展高新技术产业和现代服务业,提高对区域经济的带动作用。

自天津滨海新区综合配套改革试验区成立以来,在金融体制改革、涉外经济体制改革、科技体制改革、土地管理制度改革等方面进行了积极探索并取得了进展。

在金融体制改革方面,2006年出台《天津市促进企业总部和金融业发展优惠政策》,2013年出台《天津促进现代服务业发展财税优惠政策》,强化政府在总部经济、基金业、金融业、租赁业等行业的财税扶持,进行征信体系建设试点,通过专业性法律服务机构保证金融体系的高效率运行。另外,该试验区还积极拓宽融资渠道,如2008年成立创业风险投资引导基金等;推动金融业综合运营试点工作,成立天津国际经济仲裁中心,探索并建设保险改革试验区。

在涉外经济体制改革方面,2006年滨海新区成立东疆保税港,在行政管理统一高效、口岸监管协调、海关监管宽松、检验检疫灵活、监管诚信体制建立五大方面进行创新,在不断完善相关政策环境的基础上支持保税港建设。2007年海关总署印发《关于支持滨海新区开放的总体意见》,在贸易加工改革、海关机构建设等6大方面共出台14条具体措施,加快口岸物流速度;2008年3月成立天津滨海新区综合保税区,面积达195.63hm^2,综合保税区享受与保税港同样的功能和税收、外汇政策,对接国际惯例,整合保税区、保税物流园和出口加工区等多个功能,有利于天津建立北方航空货运中心,集聚相关产业项目并推动天津滨海新区综合配套改革试验区的对外贸易、开发开放。

在深化科技体制改革方面,增强国内外科技资源的集聚,促进研发机构、联合实验室、技术平台的建设;2008年与教育部合作共建8个技能型紧缺人才培养基地,为滨海新区建设储备人力资本,加快推进人才培养模式创新和就业准入制度。

在土地管理制度改革方面,首先建立了区域规划体系,制定完善相应土地管理办法,进行农村集体用地流转、土地收益分配、政府对土地供应调控等改革试验;成立了滨海新区土地整治储备中心,统一管理规划区域内的土地指标,将满足征收要求的土地预先纳入储备中心,从而改变了现用现征的模式,以相对低的价格为滨海新区中期远期的制造业项目和商业项目奠定土地资源基础;在保证耕地面积,土地征收和农地转用分离的基础上,研究农村建设用地使用权流转,启动集体土地所有权确权登记,设定城镇建设用地增加和农村建设用地减少相挂钩试点,建立征地补偿安置标准争议协调裁决制度。

三、深圳市综合配套改革试点

2005年11月,深圳市起草了《全面推进综合配套改革总体方案》,并且在深圳市

"十一五"规划中明确提出要"全面推进综合配套改革,总体部署与重点突破相结合,围绕行政管理体制改革、经济体制改革、社会事业和社会管理体制改革三个重点领域,集中力量改革攻坚"。2009年5月初,国务院正式批复并通过《深圳市综合配套改革总体方案》,授予深圳市四个先行先试权:一是对国家深化改革、扩大开放的重大举措先行先试;二是对符合国际惯例和通行规则,符合我国未来发展方向,需要试点探索的制度设计先行先试;三是对深圳经济社会发展有重要影响,对全国具有重大示范带动作用的体制创新先行先试;四是对国家加强内地与香港经济合作的重要事项先行先试。

在行政管理体制改革方面,深圳市首先思考改革的使用区域问题,研究将特区范围扩展到深圳全市范围,解决一个城市两种法规的问题。此外,开启行政权三分的改革,按照大部制的要求将行政权分为决策权、行政权、监督权,以解决过去部门行政职能重叠的问题。同时,深圳市大力推进简政放权,推动行政审批制度改革,调整政府与市场之间的关系。行政审批制度改革的核心内容是适当控制政府职权,给政府权力做"减法"。其一是在已经成功推进的5轮具有一定规模的行政审批制度改革的基础之上,进一步明确权责清单;其二是进一步加大向社会放权的力度,市直部门转变政府职能事项目录,取消并转移189项内容,梳理涉及30个部门共994项行政服务事项。

在经济体制改革方面,2013年3月1日起,率先实施商事登记制度改革,通过降低公司注册资本、放宽注册场所和经营范围等硬性要求以降低市场主体准入门槛。商事登记制度探索"一证式"商事登记许可体制,统一了机构代码证、税务登记证、社保登记证和刻章许可证,代以一张营业执照覆盖所有功能,保证企业注册时的审核和执照印发时间尽可能地压缩。商事登记制度改革激发了社会创业创新的活力并获得巨大成功,截至2018年12月底合计有311.91万户商事主体,商户密度排名全国首位。2014年4月,深圳企业注册局挂牌成立,在商事登记制度的基础上接入"互联网+"的服务平台,代表登记工作开启新的互联网模式,实现了办理全程电子化。同时建立并健全商事主体违法违规和失信惩戒机制,对事中事后的漏项缺项进行监管,建立黑名单,名单内的企业和自然人取消税收、信贷、资金扶持等方面的优惠。该政策制度在2014年得到全国范围的全面实施,是先行先试权的成功推广运用案例。

在社会事业和社会管理体制改革方面,一是开启社会组织管理体制改革,进行社会组织登记管理,促进社会组织的快速发展。2014年以来,深圳作为全国首批社会组织建设创新示范区,创新引入了社会组织的竞争机制,在全国率先突破"一业一会"的限制。市内社会组织快速发展壮大,截至2019年底,全市已登记社会组织总数达到10 779家。二是公立医院综合改革,合理分配医院和社会康复中心的工作职能,逐步实现分级诊疗、分片转诊、社区首诊。截至2018年深圳市统计有600余家社会康复中心,基本实现"一社区一社康机构",共3018名家庭医生提供家庭医疗服务,降低了大型医院的就诊压力和工作强度,提升了就医方便程度。此外,顺利推进重大卫生项目建设,加强医疗基础设施投入,提升不同诊疗机构的就诊能力,改善就医环境。

在自由贸易试验区体制综合配套改革方面,深圳市开启国际创投中心的研究,全面落实粤港澳服务贸易自由化政策,创新自由贸易园区管理体制机制,建立健全中国(广东)自由贸易试验区前海蛇口片区管理办法;在科技综合配套改革方面,深入实施创新驱动发展战略,形成了涵盖科技创新、大数据、产业转型升级、中小企业的引导基金体系。

四、重庆市、成都市全国统筹城乡综合配套改革试验区

2007年6月7日,国家发展改革委印发《关于批准重庆市和成都市设立全国统筹城乡综合配套改革试验区的通知》,要求重庆市和成都市从实际出发,根据统筹城乡综合配套改革试验的要求,全面推进各个领域的体制改革,在重点领域和关键环节率先突破,尽快形成统筹城乡发展的体制机制,促进城乡经济社会协调发展,为推动全国深化改革、实现科学发展与和谐发展发挥示范和带动作用。

在统筹城乡综合配套改革方面,重庆市的改革侧重点有三个方面,其一是推进城乡经济社会的协调发展,重点是通过一系列主城区帮扶渝东南,渝东北区县的政策,以减少主城与区县的发展差异。帮扶以财政投入为主,分配了主城区和区县在财政上的使用比例,超过75%的财政支出要落地到区县,市级支出不能超过财政总支出的25%。其二是通过户籍改革解决农民工问题,促进农村土地和产业的规模经营以应对农村人口的减少。2010年7月,市政府召开统筹城乡户籍制度改革工作会启动了户籍改革。至2012年,重庆市农村居民累计转户达345万余人,反映户籍制度改革取得较大成果。其三是土地改革,重庆市开创性地运用地票制度,以地票交易为主要内容的重庆农村土地交易所挂牌。此举降低了政府和开发商的直接交易成本,将土地流转的功能留给市场,极大地促进了农村土地交易的活力。由此重庆成为全国首个进行城乡建设用地增减挂钩的省级单位。

重庆市于2011年开始探索农村"两权"抵押途径,以期盘活农村资产,为农村和农业发展注入资金。2015年正式启动"两权"抵押贷款试点,2016年5月印发"两权"抵押贷款试点工作方案。12个区县建立起了农村产权流转交易平台,2017年已实现抵押贷款余额累计32.08亿元,银行、保险等多类机构共同参与风险分担,初步建立起了抵押物市场化处置渠道。

重庆市深化农村集体资产产权制度改革。在保护农村集体资产,清产核资确权的基础上,2014年开始启动农村集体资产量化确权改革和集体资产股权化改革,推动集体经营性建设用地进入市场。在403个农村集体经济组织中开展量化确权改革试点工作,农民的财产被清晰的分割并经营,累计盘活闲置资产达3亿元,增加了农民的财产性收入,提高了农民的满意程度。

此外,重庆市还推出一系列有针对性的专项改革。例如,2010年2月,重庆市政府推出$4\times10^7 m^2$的公租房建设。此外,2010年3月开启"两翼"农户万元增收计划,要求基层政府在三年政策期内,以户为帮扶单位,争取使有劳力家庭户增收万元("两翼"是渝东南、渝东北贫困人口集中的区域,占重庆市一半的农村人口),保证点对点的帮扶工作起到实效。最后,力推城市资本下乡,促进城乡要素流动以减少城乡差距。

成都市作为全国首个农村金融服务综合改革试点城市,其城乡统筹改革也具有较强代表性。在农村集体产权制度改革方面,以市场化为导向,在全域范围内逐渐明确产权归属,保障"确权赋能"和"流转顺畅",清算并股份量化未确权到户的土地房屋等集体资产。全市累计颁发900万本农村产权证书和183万本股权证,覆盖率达到98%,农民的财

产性收入增加，据估算达到可支配收入的四分之一。此外，促进城乡土地要素的市场化流转机制，建立并健全了农村土地承包经营权管理信息系统和农村集体"三资"监管系统。至 2017 年，土地流转面积达到 477 万亩，流转比率高达 59.9%，实现农村产权交易 14 079 宗、成交金额累计 584 亿元。

伴随土地流转的推进，成都市积极培育新型农业经营主体，探索并推广"农业共营制"，推动"土地股份合作社+农业职业经理人+农业综合服务体系"共同参与。在经营方式部分创新开展"土地预流转+履约保证保险""大园区+小农场"等模式。此外，培育农业社会化服务组织，2016 年相关服务组织达到 4100 多家，服务范围覆盖农业产前、产中、产后全过程。

在健全支农投入保障机制方面，2016 年成都市县两级财政投入的风险保障资金超过 9 亿元，各类补贴金达 40 亿元。成都市加大财政资金投入、整合涉农财政资金并保证其稳定增长，建立耕地保护基金、政策性农业保险资金、三次产业融合发展用地价格补助等，促进农业供给侧结构性改革项目落地；并配以粮食适度规模经营补贴政策，防范农村产权流转市场风险。

在农村金融综合服务方面，建立农贷通融资平台，落实"风险分担、快捷高效、应贷尽贷"原则。探索开展农村普惠金融相关服务和机制，综合服务覆盖范围细化到村，激活农村产权要素市场；推进农村产权抵押融资，扩大产权抵押范围，截至 2016 年共实现农村产权抵押融资金额共 186 亿元；扩大农业保险范围，在政策性农业保险的基础上，探索地方特色险种 11 个，截至 2016 年底共提供风险保障达 113.6 亿元。

五、武汉城市圈、长株潭城市群资源节约型和环境友好型社会建设综合配套改革试验区

2007 年 12 月 14 日，国家发展改革委印发《关于批准武汉城市圈和长株潭城市群为全国资源节约型和环境友好型社会建设综合配套改革试验区的通知》，要求两地"根据资源节约和环境友好型社会建设的要求，全面推进各个领域的改革，在重点领域和关键环节率先突破，大胆创新，尽快形成有利于能源资源节约和生态环境保护的体制机制，加快转变经济发展方式，推进经济又好又快发展，促进经济社会发展与人口、资源、环境相协调，切实走出一条有别于传统模式的工业化、城市化发展新路"。

武汉城市圈的两型社会建设相关改革试点共 70 项。其中"三网融合"、节水型城市等 16 项改革试点已完成验收；武汉城市圈内相邻两市之间基本建成 1 小时交通圈，促进了城市间的要素快速流通和城市圈的实质形成。在产业发展方面的改革重点是促进产业双向转移和产业协作，通过一系列产业政策促进形成多个优势产业集群，建立健全统一的市场主体准入政策体系和工商登记注册机关的协调联动机制，市场主体冠名同城化，异地冠名武汉市行政区划名称的企业不断增加；在资源节约方面，武汉城市圈以发展具有地方特色的循环经济新模式为突破口，大力推进东西湖区、青山区及跨行政区的区域循环经济试点园区建设，大力支持循环经济产业项目，并配套以创新、科技方面的技术和智力支持，创办武汉循环经济发展研究院和实验室；在生态保护方面，武汉城市圈着眼于区域内部生态环

境的修复，包括水生态系统保护工程和城市污水集中处理等，取得在中心城区截污63个湖泊排污口，城市污水集中处理率达80.7%的成果，但是在机制和体制政策创新方面略显不足。

长株潭试验区的综合配套改革的重点突出，主要涉及湘江流域环境综合治理和湘江风光带建设、水生态文明建设、城市群绿心保护与发展以及"两型"建设标准体系构建等方面。长株潭城市群在生态环境保护方面取得较大成果，提前完成了5项《长株潭城市群区域规划》的目标，包括城市污水处理率达94%，生活垃圾实现100%无害化处理，湿地保护率73.32%，森林蓄积量达2.2亿m^3，城市范围内人均公园绿地面积增加至10.57m^2。

在生态空间管制分区，创新实施不同空间管理措施和保护与发展相结合的基础之上，长株潭建成了目前国内唯一一个大型城市群绿心。该绿心位于长株潭三市交会地区，面积达522.87km^2。城市绿心既保护了生态环境，也抑制了长株潭走向"摊大饼"的城市群发展老路，保护了三个城市的独特性和多样性。

另外，自2015年，长株潭城市群在全国率先开展了两型社会建设标准的认证试点工作，首先开启了两型社会认证制度，完善了"两型"社会标准的建立，并建立了各级多部门联动推进的两型认证工作机制。此外，加强两型标准的培训，促进认证工作的贯彻和推广。通过综改内容和综改目标的确立，有效地激励了相关制度的创新和建设，在全国范围内发挥了标准的规范引领作用，树立了两型建设的典范。

六、沈阳经济区国家新型工业化综合配套改革试验区

2010年4月6日，沈阳经济区新型工业化综合配套改革试验区成立。根据国家发展改革委的批复文件，沈阳经济区着眼于新型工业化的体制机制改革，以制度优势促进产业结构优化升级，推进老工业基地改造和振兴，建设国家重要的现代制造业基地，同时着眼于建立新型工业化的制度支撑体系推进改革。

在体制机制改革方面，沈阳经济区企业顺应国内外两个市场的变化，推进公司法人治理结构创新，增强市场在要素流动和资源配置中的作用。省政府减少行政收费项目，下放审批权限，让步于市场，创造宽松的市场环境和法规环境

在经济结构转型升级方面，沈阳经济区按照"产城一体""一城一业""一园一业"的规划布局，突出地方发展产业特色，共发展了十大主导产业集群，实现了因地制宜的产业政策创新。在铁西新区引入高端装备制造企业的信息化管理技术，通过现代化的传播平台和大数据分析贯彻制造服务化的工业理念；鞍山市转变经济发展方式，力推产业结构的优化，探索资源型城市向深加工转移的路径，推动钢铁生产向深加工、高附加值、高科技、低能耗的产业转型，提升产品效益，同时大力发展物流、职业教育、科技研发等第三产业，为新型战略产业的产业园区集聚政策优势和基金优势。

在统筹区域发展方面，2012年12月，原沈阳经济区范围内8个城市在本溪签署九项一体化合作发展协议，明确将推行经济区内信用信息共享、信用机构、制度、产品服务互认；提供更全面的"融智"和融资支持，创新融资模式；构建集约高效的土地利用新格局，推动区域一体化改革向纵深发展。

在行政管理体制改革方面,沈阳经济区一方面进行大部制改革,推进行政区与开发区"两区合一",减少了各级政府、各个部门的职能重叠问题。机关服务更加侧重于功能区和街道社区,专门组建七大功能区,成立城市大社区和农村社区服务站。特别是经济区内的沈北新区完善了大部制、社会服务、行政审批、发展要素、智慧系统等一系列改革,提升政府工作的效率。另一方面,沈阳经济区大力提升行政审批的服务能力。建立首个区级行政审批服务局,削减25个审批事项的77个审批要件并压缩办理时限。此外,沈阳经济区通过建立跨部门、跨行业的监督监管体系,组建市场监管和综合行政执法局,对市场准入、行政执法、日常监督、消费维权统一监管,轻量化的政府管理与监督监管营造了有利于投资发展、创新服务的市场环境。

七、山西省国家资源型经济转型综合配套改革试验区

2010年12月13日,国家发展改革委下发《关于设立山西省国家资源型经济转型综合配套改革试验区的通知》,山西省国家资源型经济转型综合配套改革试验区成立,其是我国设立的第九个国家综改区,也是第一个全省域、系统性、全方位的国家级综改区。《山西省转型综合配套改革试验总体方案》明确山西综改试验的主要任务目标包括产业转型、生态修复、城乡统筹和民生改革四大领域。具体改革内容着眼于产业转型促进机制、财税体制改革、土地管理制度、科技创新体制机制、金融创新体制、资源能源节约和生态环境保护修复、城乡统筹体制机制、社会体制改革等方面,进行全方位、多层次的先行先试改革。

山西省国家资源型经济转型综合配套改革试验区将综改目标逐步分解,按照"总体方案—实施方案—年度行动计划"的推进思路,分年度滚动实施重大改革、重大事项、重大项目和重大课题,激发市场创造活力,迸发体制机制改革的动力。2013~2015年成功部署并实施了50项重大改革、100项重大事项、100项重大项目、10个重大课题。2015年以来,全省进一步加大综改的方案统筹,深化了煤炭管理体制改革、国资国企改革、户籍制度改革、农业农村改革等内容,起到了稳增长、调结构、防风险的引领作用。以下对四个重点领域的改革进行说明分析。

在资源型产业管理和更新方面。一方面,山西省进行了煤炭管理体制改革,出台了《关于深化煤炭管理体制改革的意见》:一是简化行政审批和证照管理,缩短一半以上的审批时间,减少审批事项和企业事务性负担;二是部署了10个方面共32项具体任务,加快推进资源配置市场化改革和行政审批管理制度改革;三是开展煤炭清费立税改革,降低吨煤成本,减轻煤炭企业负担共计321亿元,促进煤炭产业的更新升级。另一方面,山西省大力培育文化旅游、节能环保、装备制造、新能源等新兴产业,注资共计24亿元强化产业投资基金,并设立了120亿元规模的战略新兴产业、文化、旅游和体育产业投资基金。

在能源领域改革方面统筹推进,加快建设综合能源基地,规范高效落实国家低热值煤发电项目核准委托,加快实施燃煤发电机组超低排放提速工程,同时努力推进煤层气矿业权审批制度改革落地。

在行政管理体制改革方面,与其他国家综改区相似,山西省强化了行政审批制度改

革,分别在 2013 年、2014 年、2015 年开展三轮审批事项精简改革,仅 2015 年就取消了 14 项政府部门内部审批事项且下放了 96 项省本级行政审批事项,省政府部门的行政许可审批项目仅剩 409 项。此外,加快推进综合性政务服务平台和公共资源交易平台建设,全面推行权力清单和责任清单制度。

在土地管理制度改革方面,开展城乡建设用地增减挂钩试点、整合矿业存量土地、进行工矿废弃地复垦等工作,为资源经济转型的项目建设提供土地保障。

八、义乌市国际贸易综合改革试点

2011 年 3 月 4 日,国务院发文批复《浙江省义乌市国际贸易综合改革试点总体方案》,义乌市成为国际贸易综合改革试点区域,是浙江省第一个国家级综合改革试点,也是全国首个由国务院批准的县级市综合改革试点。该方案要求积极支持义乌市开展与国际贸易相关的专项先行先试改革,提出了建立新贸易方式、优化出口商品结构、加强义乌市场建设、探索现代流通信访室、推动产业转型升级等共 9 方面的主要任务。

在国际贸易综合改革方面,义乌市率先探索建立"市场采购"的贸易方式,改变了曾经专业批发市场中外贸发展的制度缺失问题,有力促进了中小微企业参与国际贸易,并成功将该市场采购贸易方式向其他城市和区域推广。在贸易方式机制创新的基础上,2019 年义乌市外贸出口总额达 2867.9 亿元,比 2010 年增长 10 余倍,占浙江省出口总额的 1/8、全国出口总额的 1/60。

在贸易交通物流方面,义乌市开通了"义新欧"中欧货运班列并实现了常态化运行,并增加至包括西班牙、伊朗、德国、阿富汗、英国等国家在内的 8 条线路,"义新欧"作为义乌市贸易物流先行先试改革的重要成果,是地方在国家"一带一路"建设实践中的典范;航空货运方面开通至首尔、曼谷等地的国际航班;铁路运输方面开通铁路口岸。此外,义乌市注重国际交流和学术实践活动的开展,先后举办丝绸之路经济带城市国际论坛、中非民间论坛等活动,凸显了地方城市在"一带一路"建设中的地位和作用。

九、厦门市深化两岸交流合作综合配套改革试验区

2011 年 12 月 14 日,国务院批准实施《厦门市深化两岸交流合作综合配套改革试验总体方案》,明确厦门的目标是"在推动科学发展和深化两岸交流合作的重要领域和关键环节率先试验,创新体制机制,以配套推进区域合作、行政管理、对外开放等支撑体系建设为基础,构建两岸交流合作先行区"。以创新两岸产业合作发展、创新两岸贸易合作、建设两岸区域性金融服务中心等五方面为主要任务,厦门市的体制机制改革着眼于行政管理体制、社会领域、城乡统筹等方面,以实现厦漳泉大都市区同城化和开放的海峡两岸关系。

"一区三中心"是厦门市深化两岸交流合作综合配套改革试验区的改革重点,包括两岸新兴产业和现代服务业合作示范区、两岸金融中心、东南国际航运中心、对台贸易中

心。此外在重大政策方面也取得了突破,如土地政策方面,厦门与省内有关地市签订了3.7万亩基本农田代保协议,并落实到具体地块,完成基本农田数据库的修改和完善。

另外,在经济合作方面,放宽台商投资市场准入限制和台湾专业人员执业准入门槛,率先将两岸综合配套改革与自贸试验区改革有机融合,推动国际贸易"单一窗口"、两岸关检"监管互认"等机制创新。在物流通道提升方面,中欧(厦门)班列通过海铁联运延伸至中国台湾地区,并通过与"海上丝绸之路"的连接,实现境内外产能合作。在对台人才政策方面,出台特色鲜明的吸引措施,鼓励台湾青年来厦创业。

十、黑龙江省"两大平原"现代农业综合配套改革试验区

2013年6月,国务院批复《黑龙江省"两大平原"现代农业综合配套改革试验总体方案》,代表着黑龙江省"两大平原"现代农业综合配套改革试验区的正式成立,其成为黑龙江省经济建设历史上第一个国家层面的发展战略实践,也是目前全国范围内开展的唯一涉农主题的改革区域。根据批复内容,黑龙江省"两大平原"现代农业综合配套改革试验区的试验任务着眼于农业产业的创新,主要内容有现代农业产业体系、农业生产经营体制、农业社会化服务体系、农村金融服务以及统筹城乡发展,涵盖了"三农"的主要问题。黑龙江省"两大平原"现代农业综合配套改革试验区的建设目标是建立国家商品粮基地核心区、绿色食品生产样板区、高效生态农业先行区和统筹城乡发展先导区,在三农问题和相关体制机制上为全国粮食产区提供发展经验,发挥示范作用。

在现代农业产业体系建立方面,黑龙江省"两大平原"现代农业综合配套改革试验区在区域分布上优化农业产业布局,避免分散或不合理的分布模式,推动粮经饲统筹、农林牧渔结合、一二三产业融合,减少农民过度依靠第一产业带来的贫困现象;在种植结构方面,根据气候状况提前调研判断,引导农民逐步调整种植结构,在保障农民受益的同时减少农业产业的系统性、不可抗性风险。

在构建新型农业经营体系方面,《关于鼓励和扶持新型农业经营主体发展的意见》、《农民合作社联社登记管理办法》等文件先后出台,指明合作经营是整合农业经营的方向,重点发展专业大户、家庭农场、农民合作社、农业企业等四类经营主体。地区专业大户达到10.3万个、农业合作社发展到5.45万个,代表着各类农业经营主体活力迸发。新型农业经营主体如农民合作联社等有利于实现土地的规模化经营,既节约了社会资本,也有利于现代化、网络化的农业经营、销售平台发展。

在农业社会化服务体系建设方面,体制机制改革较少,主要采用了适用范围广的改革方式,包括加快土地确权和土地流转工作,具体是农村土地确权登记发证和流转网络平台、服务大厅的建设,2016年黑龙江全省实现了土地流转面积超过6500万亩。

在农村金融综合改革和金融普惠服务方面,黑龙江省"两大平原"现代农业综合配套改革试验区主要展开了三方面的体制改革创新:一是涉农金融融资贷款,试验区内分别有19个、37个、47个县创新了订单金融服务模式、农业产业链融资模式以及土地承包经营权抵押贷款工作,实现了农村金融组织规模不断扩大、金融产品日益丰富、融资担保方式多样化;二是涉农金融租赁,租赁公司和农机生产厂家合作,租赁公司负责提供资金,供

厂家购置原材料、生产销售等一系列经营活动，从而换取经营规模化土地所需要的大型农机具，此举有利于农业资金与农业机具形成良性循环促进产业规模扩大；三是农业互助合作保险的制度模式创新，沿着"提标、扩面、转制"的思路，全面实施农机购置补贴，通过财政投入的方式保障了农业产业的机械化发展。

第四节 存在问题与建议

一、国家综改区面临的问题

经过各国家综改区多年的探索和实践，综改区建设也逐渐呈现出一些问题，对我国特殊经济空间功能平台的建设提出挑战。

1. 旧体制阻碍国家综改区功能的释放

在传统观念、部门利益驱动、管理体制混乱等多方面的冲击下，机构的不断膨胀和职能相互交叉导致旧体制复归的趋向严重。部分地区牵头机构的力量不足，负责国家综改区任务的人员匮乏，表面上建立了国家综改区工作小组进行体制改革，实质上只是增添了"综改区"的名头以推进招商引资和项目落地。以黑龙江省"两大平原"现代农业综合配套改革试验区为例，改革成果较少，能够推广的现代农业体制改革经验更少。此外，改革虽能够促进地方经济发展，但呈现在统计数字上的成果需要一个较长的周期，改革意愿被GDP政绩考核冲淡，导致国家综改区对改革的重视程度不足，改革动力不足。

2. 各大中央部委对国家综改区的行政授权不到位

虽然国家综改区被赋予了先行先试权，行政管理权限级别高，但是在实际运作中矛盾多。一般仅在有发展需要时呈块状下放权力，而缺乏整体协调管理，国家综改区的管理权力只是委托授权并非真正下放，导致了行政工作的复杂化。比如上海浦东新区综合配套改革试点出台的促进金融发展和自主创新的政策在实施过程中受到行政权限的限制而难以顺利开展工作。自主创新企业和相关研发机构、研究机构的成立需要通过上海市科委等部门认定，使得创新政策难以落地。

3. 行政执法缺乏规范性

国家综改区在管理社会经济事物中仍然主要依靠行政手段，一些试验区的职能甚至在政府管理手段之后，造成政府行政执法管理混杂，出现多门管辖、标准不一的现象，破坏公平宽松的市场环境。以上海浦东新区综合配套改革试点为例，改革方案中提到将企业注册等待35个工作日缩短到11个工作日，然而在实际操作中11个工作日的高效率无法实现。企业注册过程中由于没有明确的牵头单位，多门管辖和管辖缺口同时存在。武汉城市圈资源节约型和环境友好型社会建设综合配套改革试验区也没有解决多部门管辖和政府机构设置繁杂且职能重叠的问题，该问题在跨区域的公共行政事务管理上，特别是基础设施建设、环境治理等方面更加突出。以武汉水治理为例，参与的部门包括水利（水务）、国土、环保、林业、渔业、农业、交通共七大部门，因此，国家综改区的职能需要进一步明确。

4. 国家综改区缺乏制度创新，地方动力不足

从国家综改区产出的角度出发，由于牵头机构力量不足、法律法规限制、中央授权不足和地方动力不足等原因，部分试验区未能有效地提出改革创新的方案和政策，在试验区内的政策效果不佳，自然无法在更大范围内推广。此外，由于编制增加的比例与工作量增加的比例不平衡，不仅增加了综合改革职能部门的负担，也妨碍了政府组织机构的廉洁高效建设，浪费了大量行政资源、人力资源，降低了民众对综合改革的信任度。还需注意的是，在寻求改革的路上，中央政府和地方政府的出发点并不统一，在一定程度上导致综改的目标和意愿出现了偏差。中央政府更希望地方以真改革带来真经验以便更好地大范围推广；而对于地方政府，中央的外部激励难以内部化，希望通过获取优惠政策和经费支撑促进本地经济增长，因此在改革过程中制度创新力度不足。除了上海浦东综合配套改革试点的行政体制创新、深圳的商事制度改革、重庆的"地票制"土地经营权竞价流转、成都的农村耕地保护的创新力度和推广意义较大之外，其他国家综改区的制度创新性不明显。比如行政体制改革部分，沈阳、山西、厦门等地的综改区只进行了简政放权和审批简化的举措，并没有在此基础上进一步创新体制，只能算是"新瓶装旧酒"。

5. 集聚辐射力度不强

综合配套改革对资本、信息、技术、人才等要素的聚集力度不够，未能强化经济溢出效应。国家综改区设立的本意是通过先行先试带来示范效应吸引大量外部优势资源，辐射和影响试验区的外围地区共同发展，从而最大化整个区域范围内资源开发潜力、市场潜力、经济增长潜力，然而实际情况是综合配套改革对周边区域的经济带动作用不够。12个国家综改区中，天津滨海新区以"开发开放"为主题，其经济溢出效应最为显著；而其他如武汉都市圈、长株潭城市群资源节约型和环境友好型社会建设综合配套改革试验区、山西省国家资源型经济转型综合配套改革试验区、黑龙江"两大平原"现代农业综合配套改革试验区这些非经济导向改革的国家综改区，对区域协同发展的辐射力度较小，需要很长时间才能体现经济增长绩效。

6. 区域内部发展程度不平衡

国家综改区内部发展程度不平衡会严重影响综改区效能的发挥。例如，在武汉城市圈内，武汉市作为城市圈发展中心极点，拥有强大的科教资源优势和科技实力，与周边城市的经济体量也不处于同一个层级，周边城市的技术研发实力薄弱，缺乏技术支持用于构建区域创新体系，减弱了国家综改区的绩效。

国家综改区面临的其他问题还包括科技投入不足，社会科技投入的有效需求严重不足；主要依靠政府财政投入的结构缺陷导致总体财力实力不足，缺乏社会投资；城乡区域发展、公共服务、人力资源提供不平衡；部分地区落后的思想观念制约与束缚等。这些问

题都掣肘了地方创新创造思维的发散，不利于国家综改区的政策创新和制度创新研究。

二、国家综改区建设的几点建议

针对国家综改区建设的经验和问题，我们对以促进体制综合改革的功能性平台的特殊经济空间提出如下几点建议。

1. 正确处理中央、地方和社会组织的关系，设立管理国家综改区专职部门

中央政府的相关部门和地方政府需要高效的交流协作，通过建立上下沟通、廉洁高效的合作机制，塑造综改区的创新氛围，真正引导、评估、推动、督促创新型制度的有效实施。中央和地方相互配合，相得益彰，既可有效地激发创新活力，又可防范监管不力。

同时，国家综改区应积极发挥社会力量，大力培育社会组织，实现管理机制创新。社会管理创新和社会组织的引入能增强社会组织承接公共治理的能力，促进国家综改区与社会之间的互动机制，加速实现公共服务的专业化和高效率。以上海浦东新区综合配套改革试点为例，浦东新区始终坚持"小政府、大社会"的发展理念，将构建新型政社合作关系作为突破口，加大社会组织培育扶持、监管、服务力度，形成了一批特色鲜明、功能完善的社会组织，并形成了承接部分政府转移职能、整合社会资源、促进组织与经济社会发展相协调、促进综合配套改革向前推进的良性循环。在这个过程中，政府通过体系支持、要素集聚，不断提升社区服务能力，有利于行政管理体制改革、社会服务的体制机制更新以及形成政社合作的创新模式。

最后，设立专门主管职能部门，统一协调工作。虽然各国家综改区的职能定位主要由国家发展改革委进行领导，但在具体改革举措的实施过程中需要中国人民银行、商务部、民政部等各相关部委的审批管理，从而影响了制度改革的推行效率，也不利于配套方案的退出。因此，应专设管理国家综改区的部门，将各部委以及其他机构的审批管理集中起来，使得各试验区的改革方案能够更高效地审批、落实，同时有利于对各试验区的指导与监督。例如，长株潭城市群资源节约型和环境友好型社会建设综合配套改革试验区，在2014年出台了《湖南省长株潭"两型社会"试验区建设管理委员会主要职责内设机构和人员编制规定》，将原长株潭"两型社会"建设改革试验区领导协调委员会办公室变更为湖南省长株潭"两型社会"试验区建设管理委员会，由省政府专门负责统筹，属于正厅级的行政机构。该部门统筹协调和指导长株潭城市群"两型社会"试验区改革建设的各项工作，对各部门进行国家综改区的战略规划管理，并开展两型性评价工作，会同有关部门推动两型标准体系和技术规范体系建设，推进市场化运作的同时提升了综合配套改革的活力与动力。

2. 完善国家综改区管理制度，进一步明晰界定"先行先试权"范围

完善明晰管理体制，制定精细化、标准化以及对应不同层级政府机构的管理制度，在实质上提升政府管理水平，并使之与国家综改区创新动能相结合，激发国家综改区的制度创新动力，防止由于制度不当或制度缺失而导致的国家综改区制度改革效果不强、经验难

以推广的问题。

明确在法律框架范围内国家综改区地方政府的行政权限，即在多大程度上能够进行先行先试的创新机制，在多大范围内能够进行制度创新。在制度创新初期，改革现行制度必然牵扯到不同部门的利益分配，与旧政策与旧法规制度相冲突，如果没有对"先行先试权"进行清晰的界定，极有可能出现法律法理不容、政策创新方向偏误、政策创新力度下降的问题。同时，需要明确各级管理机构对于创新型体制机制失败的容忍度，根据不同国家综改区的实际情况建立较为灵活的绩效评价指标体系，防控操作风险、道德风险以及其他系统性风险。

3. 创新区域开放型文化，作为机制构建的要素之一

通过开放型文化的创造和科技投入的加强，度过文化转轨和社会经济变化阶段，激发社会创新创造氛围。以深圳综合配套改革试点为例，深圳作为改革开放的前沿，在市场大环境的作用下形成了兼容并蓄、创新活力的深圳文化，不仅民间社交力量非常活跃，而且年轻人聚集，年轻文化要素聚集。创新区域文化，对于国家综改区体制机制创新具有重要的文化和社会意义，深圳的区域开放型文化在其综合配套改革过程中发挥出了积极作用，深圳市在政府体制机制改革方面也因此领先于其他国家综改区，不仅全面启动了行政体制改革改进工作，还大力推行事业单位改革、街道综合执法改革等，并完成了文化体制改革试点任务，进一步促进开放文化、创新文化的发展。

4. 加强综改区内部以及与周边区域的协同配合

强化国家综改区之间的交流联系，开阔创新思路，促进真正好的制度向外扩散。以"两型"社会建设综改区为例，其制度创新的核心目标是破除体制机制障碍，为"两型社会"建设过程中的改革创新提供动力支持，从而实现区域环境与资源的优化和提质。而对于其他国家综改区乃至全国而言，建设资源节约型和环境友好型社会也是共同的目标，所以更应该在"两型社会"建设方面加强各试验区之间的协调，促进交流联系，实现政策成果的有效推广和扩散。

另外，国家综改区的发展目标不是单增长模式的，更应该通过与周边区域的对接合作实现整体的增长。国家综改区拥有一定的发展基础和制度创新的特权，利用周边地区的广阔腹地和丰富资源，可以进行优势劣势互补，促进双方共赢。以山西省国家资源型经济转型综合配套改革试验区为例，山西加快构建开放型经济新体制，积极与环渤海地区、中原经济区、沿黄经济区合作交流，努力促进经济技术的协同发展并列入综合配套改革的重要内容。特别是在环境保护和资源节约等外部性较强的工作中，通过区域的协同，山西省担负了辐射周边区域的责任，致力于打造全球地权环保经济开放高地，对其他国家综改区而言打造协作发展的经济环境大格局也大有裨益。

5. 制定国家综改区工作的评估体系，促进制度创新更科学可行

设计合理的监管机制、指标体系，及时调整与改进评估国家综改区政府内部绩效、经济社会发展、制度的示范带动作用、周边区域经济社会溢出效应以及可持续发展情况等，

对试验区制度创新运行进行监控和反馈，保证试验区的制度稳定运行并科学推广。此外，完善试错容错标准和退出机制，试错容错标准应保证在最大限度宽容改革失误的同时减少由于制度失误带来的不良影响，通过消极控制的方式保护改革积极性，退出机制针对长期寄希望于给予政策优惠、试验多年而无较大制度创新的试验区，应取消其综改资格。长株潭城市群资源节约型和环境友好型社会建设综合配套改革试验区在评估综改绩效方面具有代表性，2015年率先开展了全国两型标准的认证试点工作，树立了两型建设的典范，通过标准的规范引领促进了制度创新与推广。为了评估综改区的工作进度和工作效益，其他国家综改区也应制定相应指标体系进行评估并在此基础上推动进一步的体制改革，最大化综合配套改革的系统收益，在量化评估的基础上进行其他区域的推广、扩散工作。

第九章 海洋经济发展示范区建设研究

摘 要

党的十九大报告中提出我国要坚持陆海统筹,加快建设海洋强国。海洋经济发展示范区是我国建设新兴海洋产业引领区、海洋生态环境保护示范区的重要经济空间,同时也是海洋经济发展的新引擎。本章梳理了推动海洋经济发展示范区建设过程中出台的指导性政策,分析了海洋经济发展示范区的主要贡献,并提出现阶段亟待解决的问题。主要观点如下:

海洋经济发展示范区范围逐渐明确,战略定位与主要任务进一步明晰。山东、浙江、广东、福建、天津5省(直辖市)作为试点地区先行探索,在9个省(自治区、直辖市)共设立了14个权责明确的海洋经济发展示范区。

指导性政策文件陆续出台,为海洋经济发展示范区提供了支持与保障。充分给予了示范区先行先试的权利,发挥其独特的区位优势探索海洋经济发展建设的新思路、新模式。

海洋经济发展示范区在优化海洋经济布局、增强地区经济发展、推进地区产业优化升级等方面作出了突出贡献;但也存在管理集中度有待提高、经济核心竞争力需要加强、近岸海域生态环境承载压力不断加大等亟待解决的问题。

第一节 基本情况

一、背景介绍

海洋是潜力巨大的资源宝库,也是支撑未来发展的战略空间。我国海域辽阔,海洋资源丰富,开发潜力巨大。经过多年发展,我国海洋经济取得显著成就,对国民经济和社会发展发挥了积极的带动作用。"十二五"期间,我国海洋经济继续保持总体平稳的发展势头,年均增长8.1%,是拉动国民经济发展的有力引擎。2015年海洋经济总量接近6.5万亿元,比"十一五"期末增长了65.5%;海洋生产总值占国内生产总值比例达9.4%;涉海就业人员达3589万人,较"十一五"期末增加239万人。2019年全国海洋生产总值8.9万亿元,比2015年增长了38.3%,海洋生产总值占国内生产总值的比例为9.0%,占沿海地区生产总值的比例为17.1%。大力发展海洋经济,进一步提高海洋经济的质量和效益,对于提高国民经济综合竞争力,加快转变经济发展方式,全面建设小康社会具有重大战略意义。

二、海洋经济发展示范区的设立

大力发展海洋经济,建设海洋经济发展示范区,有利于拓展国民经济发展空间,维护国家战略安全;有利于优化海洋产业结构,促进经济发展方式转变,提升海洋经济总体实力和综合竞争力;有利于优化沿海地区总体开发格局,促进区域协调发展;有利于不断探索海洋资源开发、环境保护和经济发展良性互动的科学方式,进一步积累海洋综合管理的成功经验,为实现我国海洋事业可持续发展提供示范。

2010年4月以来,国务院先后将山东、浙江、广东、福建、天津确定为全国海洋经济发展试点地区,旨在通过试点地区的积极探索,为全国海洋经济发展积累经验、提供示范。2011年,国务院相继批复了《山东半岛蓝色经济区发展规划》《浙江海洋经济发展示范区规划》《广东海洋经济综合试验区发展规划》,国家发展改革委按照国务院要求先后批复了上述3个省的试点工作方案。2012~2013年,经国务院同意,国家发展改革委先后批复实施《福建海峡蓝色经济试验区发展规划》《天津海洋经济科学发展示范区规划》及相关试点工作方案。上述以海洋经济为主题的发展战略规划先后出台,是我国区域经济发展从陆域向海洋延伸、加快推进陆海统筹、拓展国民经济发展空间的重大战略举措,标志着全国海洋经济发展进入全面实施的新阶段(表9-1,图9-1,图9-2)。2016年10月,国家海洋局和财政部共同批复"十三五"期间海洋经济创新发展示范城市工作方案,确定天津滨海新区、南通、舟山、福州、厦门、青岛、烟台、湛江8个区市为首批海洋经济创新发展示范城市(图9-3)。

表9-1 全国海洋经济发展试点地区规划主体范围及战略定位

示范区	规划主体范围	规划期	战略定位
山东	规划主体区范围包括山东全部海域和青岛、东营、烟台、潍坊、威海、日照6市及滨州市的无棣、沾化2个沿海县所属陆域,海域面积为15.95万 km^2,陆域面积为6.4万 km^2。2009年,区内总人口为3291.8万人,人均地区生产总值为50 138元	规划期为2011~2020年,重点是"十二五"时期	建设具有较强国际竞争力的现代海洋产业集聚区;建设具有世界先进水平的海洋科技教育核心区;建设国家海洋经济改革开放先行区;建设全国重要的海洋生态文明示范区
浙江	规划区包括浙江全部海域和杭州、宁波、温州、嘉兴、绍兴、舟山、台州等市的市区及沿海县(市)的陆域(含舟山群岛、台州列岛、洞头列岛等岛群),海域面积为26万 km^2,陆域面积为3.5万 km^2,其中海岛的陆域总面积约为0.2万 km^2。2009年,区内人口约为2700万,人均地区生产总值为5.5万元	规划期为2011~2020年,重点为"十二五"时期	重要的大宗商品国际物流中心;海洋海岛开发开放改革示范区;现代海洋产业发展示范区;海陆协调发展示范区;海洋生态文明和清洁能源示范区

续表

示范区	规划主体范围	规划期	战略定位
广东	规划主体区范围包括广东省全部海域和广州、深圳、珠海、汕头、惠州、汕尾、东莞、中山、江门、阳江、湛江、茂名、潮州、揭阳 14 个市所属陆域，海域面积为 41.9 万 km²，陆域面积为 8.4 万 km²	规划期为 2011~2020 年，重点是"十二五"时期	提升我国海洋经济国际竞争力的核心区；促进海洋科技创新和成果高效转化的集聚区；加强海洋生态文明建设的示范区；推进海洋综合管理的先行区
福建	规划主体区范围包括福建省管辖海域和福州、厦门、漳州、泉州、莆田、宁德 6 个沿海设区市及平潭综合实验区陆ină，海域面积为 13.6 万 km²、陆域面积为 5.47 万 km²。2010 年，区内总人口为 2918 万人，人均地区生产总值为 40 329 元	规划期为 2012~2020 年，重点为"十二五"时期	深化两岸海洋经济合作的核心区；全国海洋科技研发与成果转化重要基地；具有国际竞争力的现代海洋产业集聚区；推进海洋生态文明建设先行区；创新海洋综合管理试验区
天津	规划范围为天津市行政管辖区域，陆域面积约为 11 947km²，海域面积约为 2146km²。2012 年，规划区内常住人口为 1413 万人，地区生产总值为 12 855 亿元	规划期为 2013~2020 年，重点是"十二五"时期	海洋高新技术产业集聚区；海洋生态环境综合保护试验区；海洋经济改革开放先导区；陆海统筹发展先行区

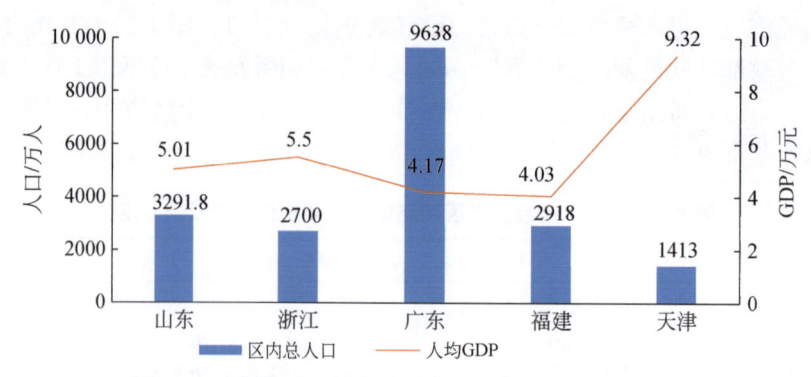

图 9-1 全国海洋经济发展试点地区总人口及人均 GDP

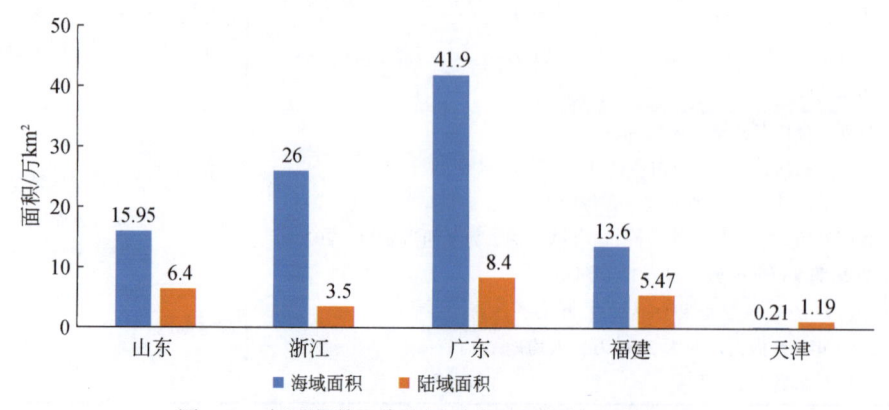

图 9-2 全国海洋经济发展试点地区海域和陆域面积

依据规划文本内容，山东、浙江、广东采用 2009 年人口与经济数据，福建采用 2010 年人口与经济数据，天津采用 2012 年数据

图 9-3　全国海洋经济发展试点地区及首批海洋经济发展示范城市

2018 年 12 月，国家发展改革委和自然资源部联合下发《关于建设海洋经济发展示范区的通知》，支持山东威海、山东日照、江苏连云港、江苏盐城、浙江宁波、浙江温州、福建福州、福建厦门、广东深圳、广西北海 10 个设立在城市的海洋经济发展示范区和天津临港、上海崇明、广东湛江、海南陵水 4 个设立在园区的海洋经济发展示范区建设（表 9-2，图 9-4~图 9-6）。

表 9-2　全国海洋经济发展示范区范围及主要任务

示范区名称	示范区范围	主要任务
山东威海海洋经济发展示范区	示范区依托区域为荣成市，由南部融合发展核心区、北部滨海休闲旅游带、东部海洋牧场带组成"一核两带"的整体布局	发展远洋渔业和海洋牧场，推动传统海洋渔业转型升级和海洋生物医药创新发展
山东日照海洋经济发展示范区	包括日照经济技术开发区 2 个街道、86 个行政村，北到迎宾路，东到北京路，西至沈海高速，南至沿海公路接涛雒镇，靠港临海	推动国际物流与航运服务创新发展，开展海洋生态文明建设示范
江苏连云港海洋经济发展示范区	位于后云台山南北两翼，由连云港区、上合组织（连云港）国际物流园，以及连云新城、连岛等沿岸海岛构成	推动国际海陆物流一体化模式创新，开展蓝色海湾综合整治
江苏盐城海洋经济发展示范区	位于盐城市东部沿海地区，以东台市临海部分成陆滩涂区和滨海县临海部分废弃盐田区两个片区为主	探索滨海湿地、滩涂等资源综合保护与利用新模式，开展海洋生态保护和修复
浙江宁波海洋经济发展示范区	位于宁波市象山半岛，包括象山半岛陆域、象山港湾和三门湾宁波海域及上述海域内的岛屿	提升海洋科技研发与产业化水平，创新海洋产业绿色发展模式

续表

示范区名称	示范区范围	主要任务
浙江温州海洋经济发展示范区	位于温州市洞头区,包括瓯江口产业集聚区、洞头海洋生态经济区、状元岙港区、大小门临港产业园、国家海洋特色产业园区	探索民营经济参与海洋经济发展新模式,开展海岛生态文明建设示范
福建福州海洋经济发展示范区	罗源湾组团、闽江口组团、滨海新城组团和兴化湾北岸组团四个海洋产业集聚区	推进海洋资源要素市场化配置,开展涉海金融服务模式创新
福建厦门海洋经济发展示范区	海沧园区、同集园区、翔安园区(三园),环岛产业带、环湾产业带(两带)	推动海洋新兴产业链延伸和产业配套能力提升,创新海洋环境治理与生态保护模式
广东深圳海洋经济发展示范区	以前海蛇口自贸片区为核心,向周边南山、宝安重要发展区域拓展,打造海洋经济发展示范区总体布局	加大海洋科技创新力度,引领海洋高技术产业和服务业发展
广西北海海洋经济发展示范区	东起铁山港临海工业区,西至北海外沙岛	加大海洋经济对外开放合作力度,开展海洋生态文明建设示范
天津临港海洋经济发展示范区	东至渤海六十路,西至渤海十路,南至津晋高速延长线,北至清河道	提升海水淡化与综合利用水平,推动海水淡化产业规模化应用示范
上海崇明海洋经济发展示范区	示范区位于长兴岛中南部	开展海工装备产业发展模式创新,创新海洋产业投融资体制
广东湛江海洋经济发展示范区	依托国家级湛江经济技术开发区建设	创新临港钢铁和临港石化循环经济发展模式,探索产学研用一体化体制机制
海南陵水海洋经济发展示范区	"两湖两岛":新村潟湖、黎安潟湖和分界洲岛、南湾猴岛	开展海洋旅游业国际化高端化发展示范,创新"海洋旅游+"产业融合发展模式

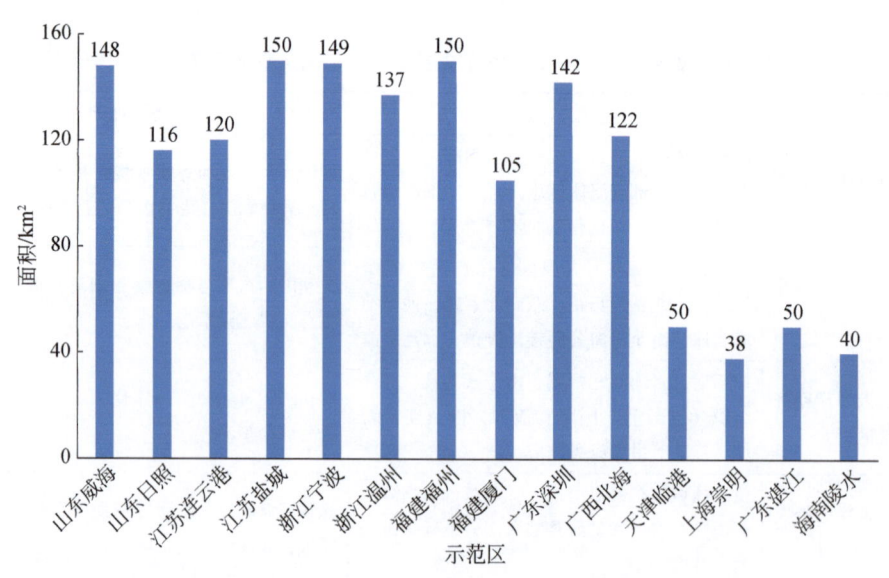

图 9-4 全国海洋经济发展示范区面积

第九章 海洋经济发展示范区建设研究

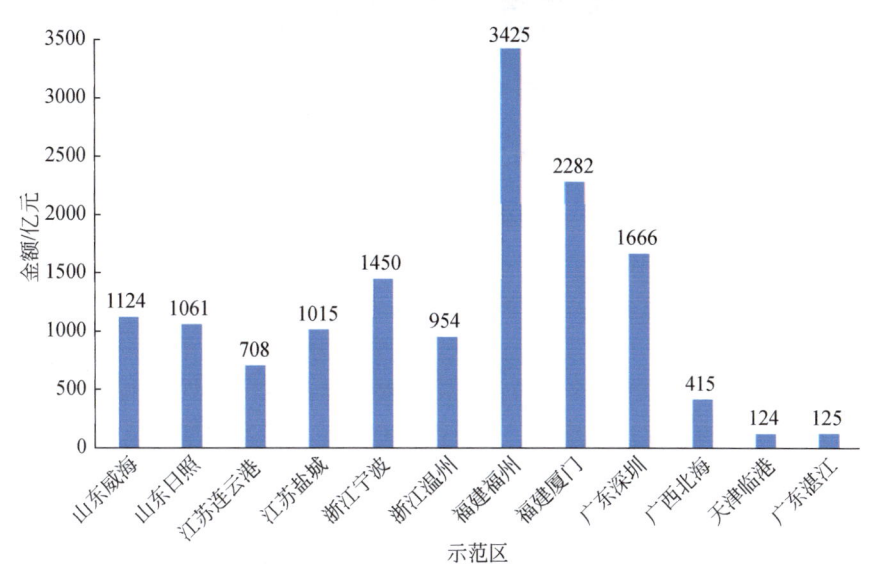

图 9-5 全国海洋经济发展示范区海洋生产总值

上海崇明、海南陵水相关数据缺失；广西北海采用 2015 年数据，山东日照、浙江温州、福建厦门、广东深圳采用 2017 年数据，其余示范区均采用 2016 年数据

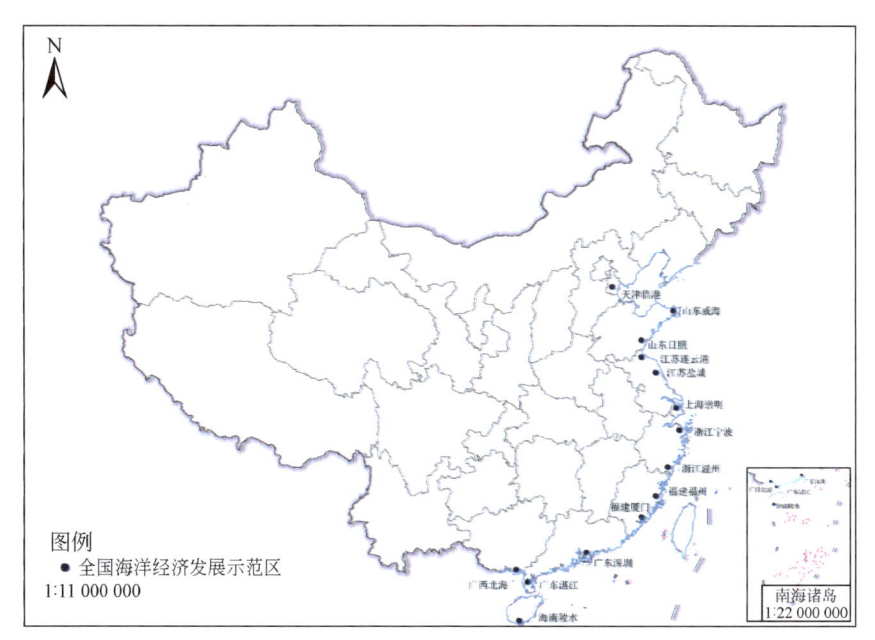

图 9-6 全国海洋经济发展示范区

第二节 主要政策

一、指导性政策文件陆续出台

党中央、国务院对加快发展海洋经济高度重视，提出了建设海洋强国的宏伟目标。《中华人民共和国国民经济和社会发展第十二个五年规划纲要》提出推进山东、浙江、广东等海洋经济发展试点。《中华人民共和国国民经济和社会发展第十三个五年规划纲要》提出深入推进山东、浙江、广东、福建、天津等全国海洋经济发展试点区建设。《全国海洋经济发展"十二五"规划》《全国海洋经济发展"十三五"规划》提出深入推进全国海洋经济发展试点建设的指导性政策建议。值得注意的是，国家发展改革委、国家海洋局在《关于促进海洋经济发展示范区建设发展的指导意见》中提出"十三五"时期，拟在全国设立10~20个海洋经济发展示范区的目标。到2020年，海洋经济发展示范区基本形成布局合理的海洋经济开发格局、海洋经济增长速度高于所在地区经济发展水平，成为我国实施海洋强国战略、促进海洋经济发展的重要支撑。这表明试点示范区建设取得了重大成果，未来将建设海洋经济发展示范区，使之成为新兴海洋产业引领区、海洋生态环境保护的示范区、海洋经济发展的新动能（表9-3）。2018年12月，国家发展改革委和自然资源部两部门联合下发《关于建设海洋经济发展示范区的通知》，提出支持山东威海等14个海洋经济发展示范区的建设，以供给侧结构性改革为主线，科学规划、突出特色、创新引领、集约节约，以创新体制与先行先试促改革，以产业集聚与转型升级促发展，以资源节约和环境保护促生态，实现改革和发展高效联动，努力将示范区建设成为全国海洋经济发展的重要增长极和加快建设海洋强国的重要功能平台（表9-3）。

表9-3 全国海洋经济发展试点区指导性政策文件

时间	文件名称	政策内容
2011年3月	中华人民共和国国民经济和社会发展第十二个五年规划纲要	制定实施海洋主体功能区规划，优化海洋经济空间布局。推进山东、浙江、广东等海洋经济发展试点
2012年9月	全国海洋经济发展"十二五"规划	积极推进全国海洋经济发展试点工作，加大对试点工作的指导和支持力度，重点在海洋资源可持续利用、海洋经济发展方式转变、海洋生态文明建设和海洋综合管理等方面探索新思路和新模式
2016年3月	中华人民共和国国民经济和社会发展第十三个五年规划纲要	深入推进山东、浙江、广东、福建、天津等全国海洋经济发展试点区建设，支持海南利用南海资源优势发展特色海洋经济，建设青岛蓝谷等海洋经济发展示范区
2016年12月	国家发展改革委 自然资源部关于促进海洋经济发展示范区建设发展的指导意见	"十三五"时期，拟在全国设立10~20个示范区。到2020年，示范区基本形成布局合理的海洋经济开发格局、引领性强的海洋开发综合创新体系、具有较强竞争力的海洋产业体系、支撑有力的海洋基础设施保障体系、相对完善的海洋公共服务体系、环境优美的蓝色生态屏障、精简高效的海洋综合管理体制机制，示范区海洋经济增长速度高于所在地区经济发展水平，成为我国实施海洋强国战略、促进海洋经济发展的重要支撑

续表

时间	文件名称	政策内容
2017年5月	全国海洋经济发展"十三五"规划	继续深入推进全国海洋经济发展试点建设，围绕优化海洋经济空间发展格局、构建现代海洋产业体系、强化涉海基础设施建设、完善海洋公共服务体系、构建蓝色生态屏障、创新海洋综合管理体制机制等重点任务，选择有条件地区建设一批海洋经济发展示范区，进一步优化海洋经济发展布局，提高海洋经济综合竞争力，探索海洋资源保护开发新路径和海洋综合管理新模式，打造海洋经济发展重要增长极，总结可复制、可推广的经验，为全国海洋经济发展提供示范借鉴
2018年12月	国家发展改革委 国家海洋局关于建设海洋经济发展示范区的通知	示范区建设要坚持陆海统筹，立足比较优势，突出区域特点，明确发展方向，发挥引领作用。要深入实施创新驱动发展战略，着力推动海洋经济高质量发展。要突出体制机制创新，最大程度调动和发挥各方面积极性、主动性和创造性，尽快形成一批可复制、可推广的经验。要坚决防范各类风险，合理确定建设目标和任务，把握建设时序和节奏，切实防范化解地方政府债务风险。要坚决打好污染防治攻坚战，坚持生态优先、绿色发展，合理利用海洋资源，严管严控围填海活动，除国家重大战略项目外，全面停止新增围填海项目审批，加强滨海湿地和海岛保护，最大程度保护和修复海洋生态环境，构建蓝色生态屏障

二、政策优势

国家给予海洋经济发展示范区先行先试的权利，探索海洋经济发展建设的新思路、新模式。一方面，鼓励支持各海洋经济发展示范区利用自身资源优势探索发展特色海洋经济，培养具备较强竞争力的海洋产业体系；探索引领性较强的海洋开发综合创新体系。另一方面，进一步优化海洋经济发展布局，提高海洋经济综合竞争力，探索海洋资源保护开发新路径和海洋综合管理新模式，打造海洋经济发展重要增长极，总结可复制、可推广的经验，为全国海洋经济发展提供示范借鉴。

利用独特的区位优势获得海洋经济发展试点地区的政策支持。海洋经济发展示范区的政策优势来源于那些适合本地区资源开发的各项政策，并且这些政策同其他地区比具有显著差异，通过这些差异能够提升竞争力，获得显著经济效益。山东半岛是我国最大的半岛，山东半岛蓝色经济区濒临渤海与黄海，东与朝鲜半岛、日本列岛隔海相望，西连黄河中下游地区，南接长三角地区，北临京津冀都市圈，区位条件优越，海洋资源丰富，海洋生态环境良好，具有加快发展海洋经济的巨大潜力。浙江海洋经济发展示范区位于长江三角洲南部，南接海峡西岸经济区，东临太平洋，西连长江流域和内陆地区，区域内外交通联系便利，紧邻国际航运战略通道，具有深化国内外区域合作、加快开发开放的有利条件。广东面向南海，毗邻港澳，是我国大陆与东南亚、中东以及大洋洲、非洲、欧洲各国海上航线最近的地区，是我国参与经济全球化的主体区域和对外开放的重要窗口，广东海洋经济综合实验区区位优势突出、条件优越、基础良好、潜力巨大。福建海峡蓝色经济试验区位于台湾海峡西侧，北承浙江海洋经济发展试点地区，南接广东海洋经济综合试验区，西连广大内陆腹地，是我国深化对外开放的重要窗口、促进两岸交流合作的前沿平台，在完善我国沿海地区开发开放格局中具有重要作用。

为有效保障示范区建设工作的顺利开展，自然资源部同国家发展改革委从支持政策制定、统筹协调机制、监督考核、信息反馈等方面，对 14 个全国海洋经济发展示范区建立起全方位的保障措施体系。一是加强统筹指导协调。国家发展改革委、自然资源部等部门加强对示范区建设的统筹指导和政策支持，及时总结可复制、可推广的经验，协调解决有关重大问题。二是健全督促评价机制。国家发展改革委、自然资源部对示范区建设发展情况进行阶段性和终期评估，重点从海洋经济发展、海洋科技创新、海洋生态保护等方面，指导有关地方开展自我评估和第三方评估，对执行不力、落实不到位的示范区，以适当形式通报直至取消示范资格。三是建立信息反馈制度。各省区市发展改革部门、自然资源部门、海洋行政主管部门要及时掌握示范区建设发展情况，分解落实各项建设任务，并结合实际情况完善示范区建设总体方案，有关经验和重大问题及时报送国家发展改革委、自然资源部。

第三节　贡献与作用

一、海洋经济布局进一步优化

海洋经济布局的合理性深刻影响着海洋经济的高质量发展进程，关乎着海洋经济提质增效及国家海洋整体战略的推进。在"十二五"和"十三五"期间，中国多个内陆省区市的海洋经济加速发展，广州南沙、大连金普、浙江舟山群岛、青岛西海岸等国家级新区，以及深圳前海、珠海横琴、福建平潭等重要的涉海特殊经济空间相继获批设立。天津、广东、福建、浙江、山东等全国海洋经济发展试点区域工作取得显著成效，关键性领域先行先试取得良好的效果，海洋经济辐射带动效应进一步增强。

海洋经济的对外开放水平持续提升，上海、天津等自由贸易试验区相继设立，与"21世纪海上丝绸之路"沿线国家的对外贸易和直接投资等显著增加。一批跨海桥梁和海底隧道等重大基础设施工程相继建设和投入使用，促进了沿海区域间的融合集群发展，海洋经济布局进一步优化。

在环渤海、长江三角洲和珠江三角洲等东部沿海城市群地区的引领作用下，中国海洋经济发展的北部、东部、南部"三大海洋经济圈"格局进一步完善。2018 年，三大海洋经济圈海洋生产总值与 2017 年相比分别增长了 7.0%、8.0% 和 10.6%。山东威海等 14 个海洋经济发展示范区建设工作全面有序启动。

二、经济发展的贡献持续增强

2016 年，山东、浙江、广东、福建、天津 5 个省（直辖市）海洋生产总值分别为 13 280.4 亿元、6597.8 亿元、15 968.4 亿元、7999.7 亿元、4045.8 亿元（图 9-7），合计占全国海洋生产总值的 68.72%，对全国海洋经济发展的引领示范作用逐步显现。同时，山东、浙江、广东、福建四大试点地区的海洋生产总值逐年提高，天津海洋生产总值稳中有进，海洋经济不断创造社会与经济价值，有力地推动了地区经济的增长。

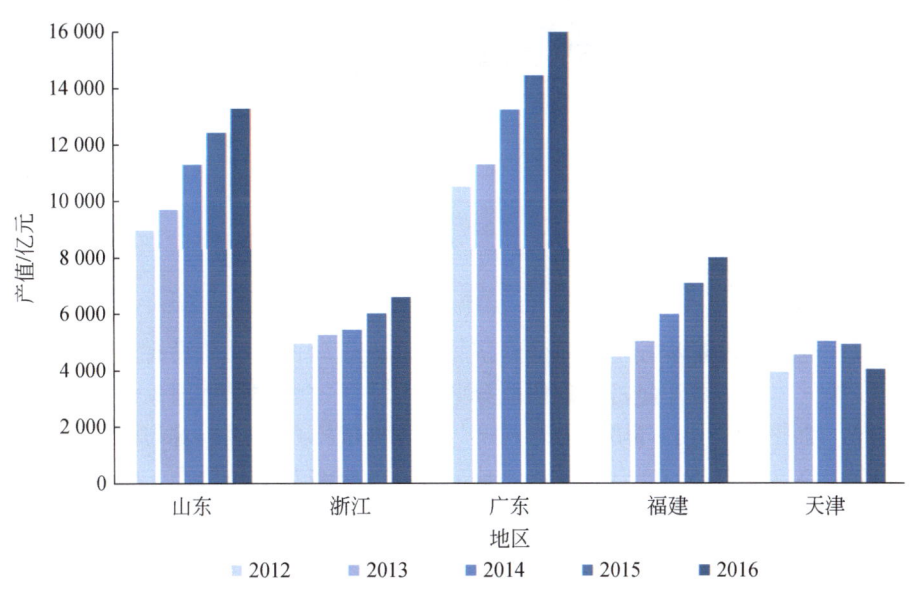

图 9-7 2012～2016 年海洋经济发展试点区海洋生产总值

三、推进地区产业优化升级

2016 年，五大海洋经济发展试点地区海洋生产总值中第二、第三产业年均占比为 95.44%，高于全国海洋生产总值中第二、第三产业占比 0.54 个百分点，高于全国生产总值中第二、第三产业占比 4.04 个百分点，提升了全国海洋产业结构和层次，为全国海洋产业的科学发展提供示范。山东、广东、福建、天津四省市海洋生产总值中第二、第三产业占比分别高于本地区生产总值中第二、第三产业占比 1.4 个百分点、2.9 个百分点、0.9 个百分点和 0.9 个百分点，增强了区域辐射带动能力，促进了地区产业结构优化和发展方式转变（图 9-8）。

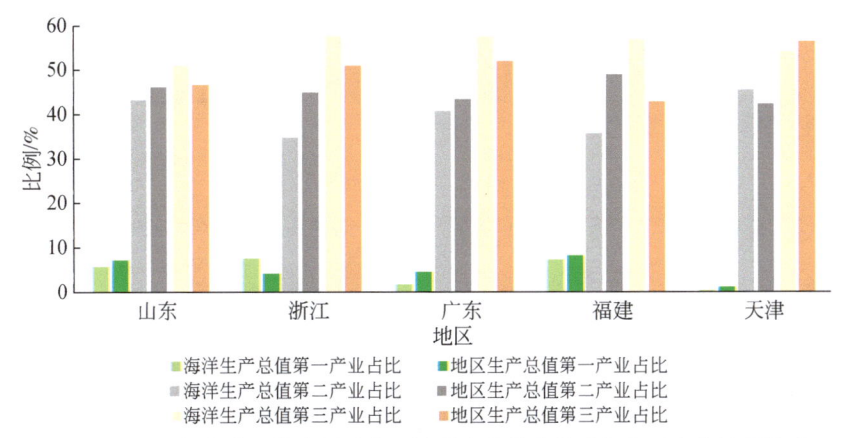

图 9-8 2016 年海洋经济发展试点区海洋生产总值构成与地区生产总值构成

第四节 存在问题与建议

一、存在问题

1. 海洋经济组织管理分散，抓手推动能力有限

中国海洋经济建设起步较晚，海洋经济管理还处于较低层次，没有建立起高规格的海洋经济组织领导体系。海洋经济管理职能分散，其中国家海洋局、国家发展改革委、工业和信息化部、商务部、生态环境部、水利部等多家政府部门都承担着与海洋经济发展相关的管理工作，导致政出多门、管理混乱，缺乏统一的组织和对外协调，各级单位协调难度大，难以形成发展合力。

2. 海洋经济收益仍存在较强的不确定性

海洋经济受自然、社会、历史、区位等因素的影响，其不同年份的气候、生态等自然因素难以预测且不确定性较强。2012~2016年，海洋经济发展试点地区海洋生产总值占地区生产总值的比例时高时低，各年份差异较大（图9-9），说明海洋经济对地区经济发展的贡献值不确定性较大。

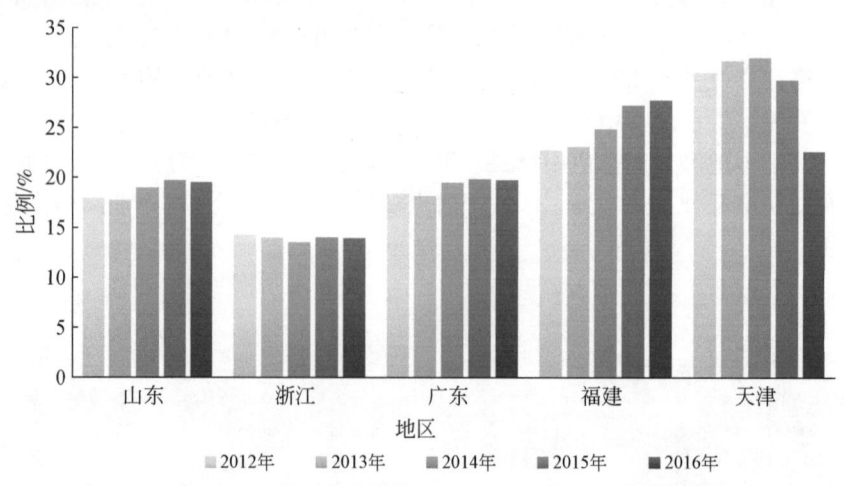

图9-9 海洋经济发展试点地区海洋生产总值占地区生产总值的比例

3. 海洋经济综合效益增速有待提高，海洋经济核心竞争力有待增强

2012~2016年，海洋经济发展试点地区海洋生产总值增速有时低于全国海洋生产总值增速（图9-10），试点地区海洋经济对全国海洋经济的辐射带动作用有待增强。同时，试点地区海洋生产总值增速与地区生产总值增速差值也不总为正值（图9-11），试点地区海洋经济并没有对地区经济发展起到持续的促进与带动作用，试点地区海洋经济的整体实力有待提高。

图9-10　海洋经济发展试点地区海洋生产总值增速与全国海洋生产总值增速差值

图9-11　海洋经济发展试点地区海洋生产总值增速与地区生产总值增速差值

4. 近岸海域生态环境承载压力不断加大，海洋灾害和安全生产风险日益突出

从水质数据来看，海洋经济发展试点地区近岸局部海域海水环境污染严重，除山东外，天津、福建、广东、浙江海域劣四类海水水质占比均高于全国平均值（图9-12），其中天津、浙江水质问题尤为突出。从工业废水排放数据看，2014年海洋经济发展试点地区工业废水直排入海总量占全国比例为56.83%，其中福建省占比为39.29%（图9-13），工业废水排放问题十分严峻。从沿海地区风暴潮灾害情况来看，2014年海洋经济发展试点地区风暴潮灾害直接经济损失占全国的51.84%（图9-14），其中广东省占比为44.84%，灾害受损情况严重。保护沿海生态环境，提高防御灾害能力仍大有可为。

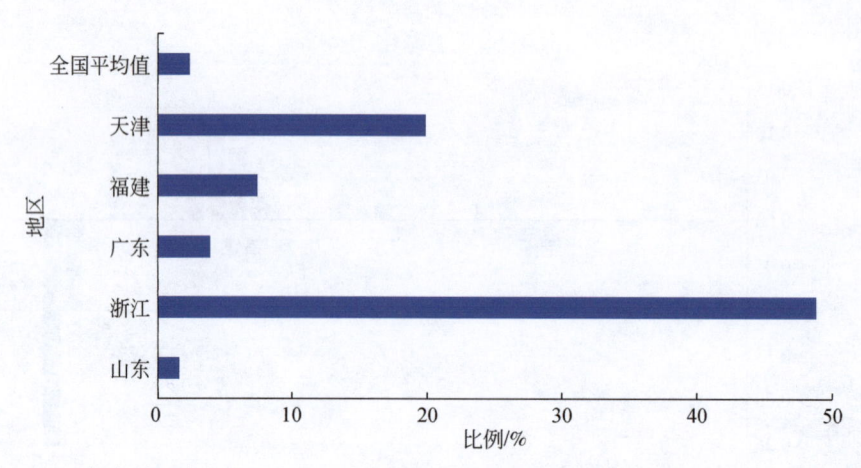

图 9-12　2015 年海洋经济发展试点地区劣四类海水水质（取春夏秋冬四季平均值）占全国的比重

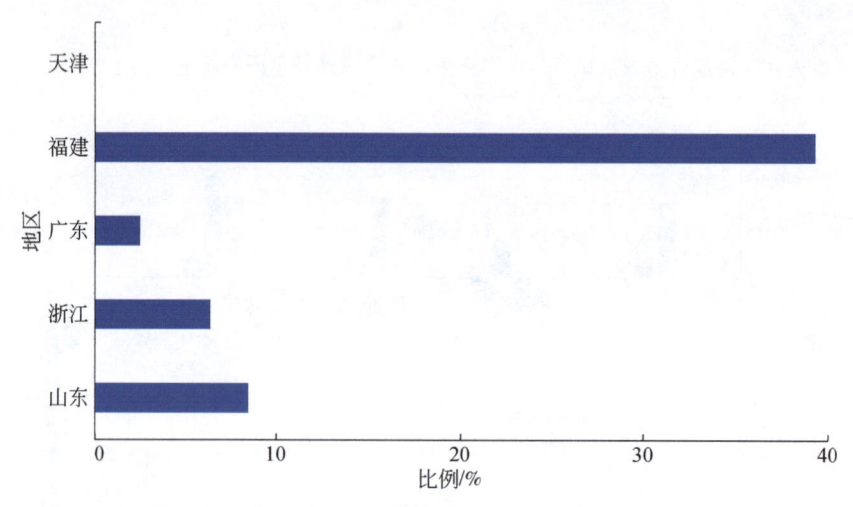

图 9-13　2014 年海洋经济发展试点地区工业废水直排入海量占全国的比重

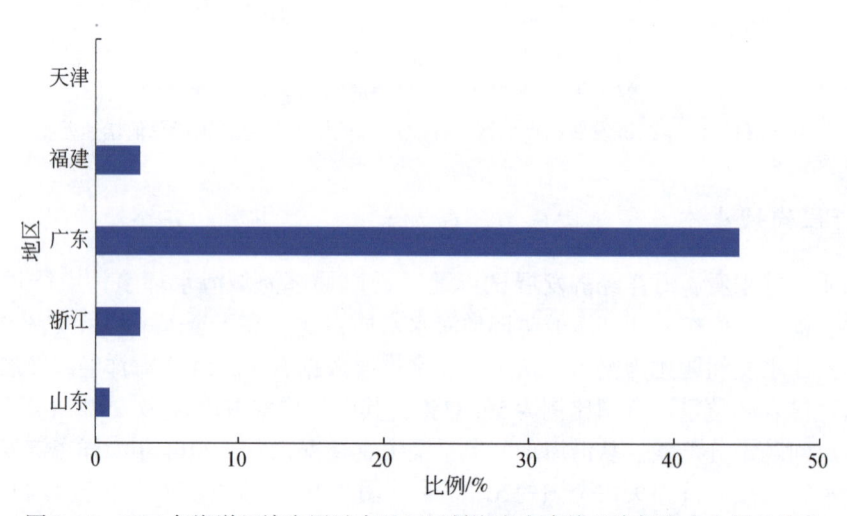

图 9-14　2014 年海洋经济发展试点地区风暴潮灾害直接经济损失占全国的比重

二、政策建议

海洋经济发展试点在海洋领域先行先试取得良好效果，海洋经济辐射带动能力进一步增强。但是目前中国海洋经济组织管理相对分散，海洋经济收益仍然存在较强的不确定性因素，海域生态环境承载压力持续增大，综合效益整体不高。

海洋经济发展示范区是较新的平台类型，有重要的国土安全意义和发展潜力，建议增强该类平台实质性政策，完善管理体制机制，拓展海洋经济协同发展功能，向复合型海洋综合管理转型。在示范区建设方面，从制定支持政策、统筹协调机制、监督考核、信息反馈等方面，系统建立全方位的保障措施体系。14个全国海洋经济发展示范区发挥各自特色先行先试，坚持陆海统筹，立足比较优势与突出区域特点；坚持质量第一，效益优先，深入实施创新驱动发展战略。

第十章　重点开发开放试验区建设研究

摘　要

　　重点开发开放试验区旨在提高沿边开放水平、完善中国全方位对外开放格局，探索沿边开放新模式、促进形成与周边国家互利共赢共同发展新局面。本章从重点开发开放试验区的基本情况、核心政策、贡献与作用进行分析，并探究其发展中存在的主要问题，进而提出相关建议。主要观点如下：

　　截至 2020 年，我国共批准设立了 9 个国家重点开发开放试验区，分别为广西东兴、凭祥、百色，云南瑞丽、勐腊（磨憨），内蒙古满洲里、二连浩特，黑龙江绥芬河—东宁，新疆塔城。

　　近年来，国家对重点开发开放试验区建设的重视程度不断提升。国务院分别从兴边富民、产业发展、基础设施建设和财税支持等方面提出了支持沿边重点地区发展的政策举措；除上述优惠政策外，试验区所在的省级人民政府也均对重点开发开放试验区制定了详细的扶持政策。

　　2012 年以来，我国重点开发开放试验区建设取得了重要进展和明显成效，正在逐渐成为沿边地区经济社会发展的重要支撑和开发开放的排头兵。重点开发开放试验区综合经济实力大幅提升，体制机制创新迈出坚定步伐，基础设施互联互通水平明显提升，招商引资水平大幅提高，对外贸易和合作不断加强。

　　重点开发开放试验区在建设过程中，也存在地方财政薄弱、寻求投融资困难、土地资源配额不足、基础设施较为滞后、人才支撑不足和政策优势趋于弱化等问题。

第一节　基本情况

　　2010 年 4 月，国家发展改革委发布的《关于 2009 年西部大开发进展情况和 2010 年工作安排》提出，要推动广西东兴、云南瑞丽、内蒙古满洲里等重点开发开放试验区建设，第一次正式提出建设重点开发开放试验区。6 月，党中央、国务院下发《关于深入实施西部大开发战略的若干意见》，明确提出要积极建设广西东兴、云南瑞丽、内蒙古满洲里等重点开发开放试验区。2012 年 7 月 9 日，国务院办公厅下发了《关于同意广西东兴、云南瑞丽、内蒙古满洲里重点开发开放试验区建设实施方案的函》，正式批准了广西东兴、云南瑞丽、内蒙古满洲里重点开发开放试验区实施方案。2014 年 6 月，国务院批复同意设立内蒙古二连浩特重点开发开放试验区；2015 年 7 月，国务院批复同意设立云南勐腊（磨憨）重点开发开放试验区；2016 年 4 月、8 月，国务院相继批复同意设立黑龙江绥芬河—

东宁、凭祥重点开发开放试验区。2020 年 3 月、12 月，国务院相继批复同意设立广西百色、新疆塔城重点开发开放试验区。至此，中国沿边重点开发开放试验区增至 9 个（表10-1）。

表 10-1 重点开发开放试验区概况

名称	批准设立时间	战略定位
满洲里重点开发开放试验区	2012 年 8 月	沿边开发开放的排头兵、欧亚陆路大通道重要的综合性枢纽、沿边地区重要的经济增长极、边疆民族地区和谐进步的示范区
东兴重点开发开放试验区	2012 年 8 月	深化我国与东盟战略合作的重要平台、沿边地区重要的经济增长极、通往东南亚国际通道重要枢纽和睦邻安邻富邻示范区
瑞丽重点开发开放试验区	2012 年 8 月	中缅边境经济贸易中心、西南开放重要国际陆港、国际文化交流窗口、沿边统筹城乡发展示范区和睦邻安邻富邻示范区
二连浩特重点开发开放试验区	2014 年 6 月	我国向北开放国际通道的重要枢纽、深化中蒙战略合作的重要平台、沿边地区重要的经济增长极和睦邻安邻富邻示范区
勐腊（磨憨）重点开发开放试验区	2015 年 7 月	中老战略合作的重要平台、连通我国与中南半岛各国的综合性交通枢纽、沿边地区重要的经济增长极、生态文明建设的排头兵和睦邻安邻富邻的示范区
绥芬河—东宁重点开发开放试验区	2016 年 4 月	中俄战略合作及东北亚开放合作的重要平台、联通我国与俄罗斯远东地区的综合性交通枢纽、沿边地区重要的经济增长点、睦邻安邻富邻的示范区
凭祥重点开发开放试验区	2016 年 8 月	打造西南中南开放发展新的战略支点，形成与"一带一路"沿线国家有机衔接的重要门户，促进广西北部湾经济区、珠江—西江经济带建设和左右江革命老区振兴，实现边疆繁荣稳定发展
百色重点开发开放试验区	2020 年 3 月	中国—中南半岛经济走廊的重要支点，形成西南地区新的增长极，推动西部大开发形成新格局，加快左右江革命老区振兴发展；加快边境地区城乡建设，促进稳边安边兴边
塔城重点开发开放试验区	2020 年 12 月	丝绸之路经济带的重要支点、深化与中亚国家合作的重要平台、沿边地区经济发展新的增长极、维护边境和国土安全的重要屏障

重点开发开放试验区旨在提高沿边开放水平、完善中国全方位对外开放格局，探索沿边开放新模式，促进形成与周边国家互利共赢、共同发展新局面。同时，这也是中国深入实施西部大开发战略、打造新的区域增长点的需要，是深入推进兴边富民、维护边疆繁荣稳定的需要。截至 2020 年，我国共批准设立了 9 个国家重点开发开放试验区，分别为广西东兴、凭祥、百色，云南瑞丽、勐腊（磨憨），内蒙古满洲里、二连浩特，黑龙江绥芬河—东宁，新疆塔城（图 10-1）。

东兴重点开发开放试验区。2012 年 8 月经国务院批准设立，面积 1226km^2。试验区定位是建设成为深化我国与东盟战略合作的重要平台、沿边地区重要的经济增长极、通往东南亚国际通道重要枢纽和睦邻安邻富邻示范区。目前重点布局国际经贸区、港口物流区、国际商务区、临港工业区、生态农业区。

瑞丽重点开发开放试验区。2012 年 8 月经国务院批准设立，以瑞丽市全境为核心、两翼包含芒市和陇川县，区内有瑞丽、畹町两个国家一类口岸、两个国家级边境经济合作区

中国的特殊经济空间

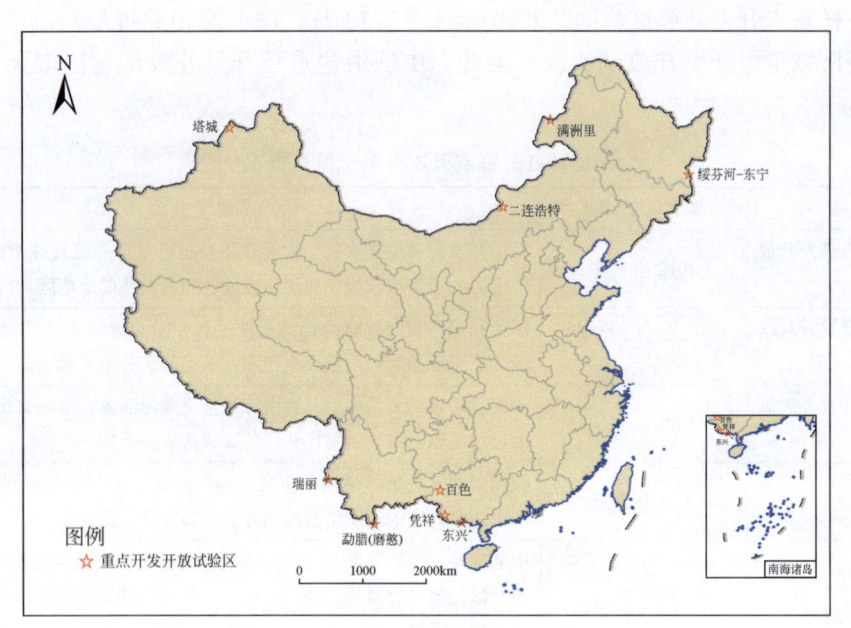

图 10-1　重点开发开放实验区空间分布

及姐告边境贸易区。试验区定位是建设成为中缅边境经济贸易中心、西南开放重要国际陆港、国际文化交流窗口、沿边统筹城乡发展示范区和睦邻安邻富邻示范区。目前重点布局边境经济合作区、国际物流仓储区、国际商贸旅游服务区、进出口加工产业区、特色农业示范区、生态屏障区。

满洲里重点开发开放试验区。2012年8月经国务院批准设立，面积732km²，总人口30万人。试验区定位是建设成为沿边开发开放的排头兵、欧亚陆路大通道重要的综合性枢纽、沿边地区重要的经济增长极、边疆民族地区和谐进步的示范区。目前重点布局国际商贸服务区、国际物流区、边境经济合作区、资源加工转化区、生态建设示范区。

二连浩特重点开发开放试验区。2014年6月经国务院批准设立，面积4015.1km²。试验区定位是利用欧亚陆路大通道辐射带动区域经济发展的新机遇，成为向北开放重要桥头堡，向北开放、经贸合作、文化交流、友好往来的重要窗口，为沿边地区开发开放发挥示范带动作用。

勐腊（磨憨）重点开发开放试验区。2015年7月经国务院批准设立，试验区范围为勐腊10个乡镇，土地面积约4504.74km²。试验区定位是打造内联西南经济圈、外接中南半岛的综合交通运输体系，在澜沧江—湄公河次区域经济合作方面取得重要进展，并建成以国际贸易、国际物流、进出口加工、跨境旅游为主的产业体系，形成富有活力的体制机制，对沿边地区开发开放发挥示范带动作用。

绥芬河—东宁重点开发开放试验区。2016年4月经国务院批准成立，土地面积1284km²。试验区定位是加快培育新的发展动能，着力推进基础设施互联互通，深化投资贸易合作，发展特色优势产业，加快新型城镇化建设，保障和改善民生，加强生态建设和环境保护，将试验区建设成中俄战略合作及东北亚开放合作的重要平台、联通我国与俄罗斯远东地区的综合性交通枢纽、沿边地区重要的经济增长极、睦邻安邻富邻的示范区。

凭祥重点开发开放试验区。2016年8月经国务院批准成立，范围包括崇左市下辖的凭祥市全域以及宁明县、龙州县、大新县、江州区、扶绥县部分区域，土地面积1279km²。重点是以凭祥市为核心，打造国际经贸商务中心、国际产能合作示范基地、加工贸易合作基地及临空产业合作基地；以凭祥、友谊关、水口、爱店、硕龙、平而、科甲等沿边口岸为主体，发展口岸物流、大型专业市场等；以凭祥市友谊关、大新县德天瀑布、宁明县花山岩画等旅游区域为主体，打造国际知名的文化旅游胜地，建设国际旅游合作区；以爱店、水口、硕龙等边境村镇为重点，推进边境小集市建设，形成边境特色村镇。

百色重点开发开放试验区。2020年3月经国务院批准成立，土地面积3.63万km²，总人口422.68万人，拥有龙邦、平孟2个国家边境口岸和岳圩等7个边民互市贸易区（点）。试验区的建设目标是成为我国与东盟高质量共建"一带一路"的重要平台、辐射带动周边经济发展的重要引擎、稳边安边兴边模范区、生态文明建设示范区，为构建全面开放新格局作出新的重要贡献。

塔城重点开发开放试验区。2020年12月经国务院批准成立，规划面积约1.6万km²。试验区重点深化与周边国家的全面合作，加快建设丝绸之路经济带核心区，推进共建"一带一路"高质量发展；打造我国西北地区重要的国际合作平台，促进生产要素集聚，增强内生发展动力，形成沿边地区新的经济增长极；加快边境地区城镇化建设，提高城市承载能力，促进稳边安边固边；提高边境地区、民族地区人民生活水平，推动实现新疆社会稳定和长治久安。

第二节　核心政策

2015年，国务院发布《关于支持沿边重点地区开发开放若干政策措施的意见》（国发〔2015〕72号），包括8个方面31条，分别从兴边富民、产业发展、基础设施建设和财税支持等方面提出了支持沿边重点地区发展的具体政策举措。针对重点开发开放试验区的优惠政策主要包括：财税支持方面，中央财政对重点开发开放试验区在一定期限内给予适当补助，继续对边境经济合作区以及重点开发开放试验区符合条件的公共基础设施项目贷款给予贴息支持；人员往来便利化方面，允许重点开发开放试验区自行审批副厅级及以下人员因公赴毗邻国家（地区）执行任务；基础设施建设方面，加快推动互联互通境外境内段项目建设，重点推动中蒙俄跨境运输通道建设，加强口岸基础设施建设等。

2016年，国家发展改革委发布《关于印发沿边重点开发开放试验区建设专项资金管理试行办法的通知》（发改西部〔2016〕905号），设立专项资金，支持沿边重点开发开放试验区改善发展条件，引导生产要素向试验区集聚，促进形成我国沿边地区经济发展的增长极、向西开放的桥头堡、推进"一带一路"建设的排头兵，实现稳边兴边安边和国家繁荣稳定发展。该专项资金重点用于市场不能有效配置资源、需要政府支持的经济、社会领域，主要包括试验区园区基础设施投资项目，市政基础设施投资项目，展示中心等公共服务设施投资项目，教育、医疗卫生、文化等领域重点投资项目，以及符合国家投资方向的其他项目。

2017年，《兴边富民行动"十三五"规划》提出加快推进广西东兴、凭祥，云南瑞丽、勐腊（磨憨）、内蒙古满洲里、二连浩特、黑龙江绥芬河—东宁等重点开发开放试验区建设，改革创新试验区体制机制，优化区内产业结构，加快建设国际贸易基地、国际物流中心、进出口加工基地、国际人文交流中心等，打造网络化连接、立体式交通、生态型发展的现代化国际口岸城市。

除上述优惠政策外，重点开发开放试验区所在的省级人民政府也均对省区内重点开发开放试验区制定了详细的扶持政策。例如，广西壮族自治区人民政府于 2012 年印发《关于印发加快推进东兴重点开发开放试验区建设若干政策的通知》，给予东兴试验区财政税收、投融资、产业与贸易、土地资源、口岸通关与旅游管理、公共服务管理 6 个方面 34 项政策扶持。内蒙古自治区人民政府于 2017 年 5 月印发《关于加快满洲里、二连浩特国家重点开发开放试验区建设的若干意见》，围绕行政管理体制改革、通关便利化、通道和基础设施建设、平台和载体建设、金融领域开放创新和配套措施等 8 个方面给予二连浩特、满洲里国家重点开发开放试验区 33 条政策扶持。云南省人民政府于 2014 年印发《关于加快推进瑞丽重点开发开放试验区建设的若干政策》，给予瑞丽试验区财税、投融资、产业、土地、公共服务、行政和人才等 7 个方面 28 项政策扶持；2016 年印发《云南省人民政府关于印发支持勐腊（磨憨）重点开发开放试验区建设若干政策的通知》，给予勐腊（磨憨）试验区行政管理、通关、投融资和金融、财税、产业、土地林地政策、公共服务与人才等 7 个方面 32 项政策扶持。黑龙江省人民政府于 2017 年印发《关于印发支持黑龙江绥芬河—东宁重点开发开放试验区建设若干政策的通知》，给予绥芬河—东宁试验区财政税收、土地财政、产业贸易、公共服务、口岸通关与旅游管理、投融资、人才等 7 个方面共 35 项政策扶持。

第三节　贡献与作用

2012 年以来，我国重点开发开放试验区建设取得了重要进展和明显成效，正在逐渐成为沿边地区经济社会发展的重要支撑和开发开放的排头兵。重点开发开放试验区综合经济实力大幅提升、体制机制创新迈出坚定步伐、基础设施互联互通水平明显提升、对外贸易和合作不断加强。

一、试验区综合经济实力不断提升

重点开发开放试验区作为我国沿边地区的政策高地，不断促进外资外贸发展、带动地方就业、推进地区经济社会全面发展，逐渐形成沿边地区的新区域经济增长极。例如，东兴重点开发开放试验区。2020 年实现地区生产总值 586.24 亿元，同比增长 6.7%；规模以上工业企业 104 家，实现工业总产值同比增长 11.6%；财政收入实现 12.9 亿元，同比下降 10.2%；固定资产投资完成同比增大 6.6%；新签约项目 84 个。东兴重点开发开放试验区发展态势良好，为加快打造全国沿边经济发展新增长极和改革创新排头兵、中越经贸合作示范区奠定了更加坚实的基础。

瑞丽重点开发开放试验区。2019 年，瑞丽重点开发开放试验区实现地区生产总值

197.6亿元，比2016年增长65%；进出口总额127.49亿美元，比2016年增长158%；口岸进出口货运量2065万t，比2016年增长291%；出入境交通工具527.78万辆，比2016年增长3%；口岸出入境人流量2293.63万人次，比2016年增长21%；实际利用外资总额881.37万美元，比2016年下降269%；地方一般公共财政预算收入13.67亿元，比2016年增长52%；社会消费品零售总额64.99亿元，比2016年增长29%；城镇和农村常住居民人均可支配收入分别为32 735元、13 136元，分别比2016年增长30%、35%。

勐腊（磨憨）重点开发开放试验区。2019年，勐腊（磨憨）重点开发开放试验区完成地区生产总值125.88亿元，同比增长9.1%；社会消费品零售总额为55.52亿元，同比增长11.0%；固定资产投资（不含农户）同比增长21.8%；进出口贸易总额为34.67亿美元，同比增长25.0%；城镇居民人均可支配收入为26 919元，同比增长8.7%；城镇居民人均消费支出为18 791元，同比增长15.3%；农村居民人均可支配收入为11 908元，同比增长11.3%；农村居民人均消费支出为12 617元，同比增长16.8%。

满洲里重点开发开放试验区。2019年，满洲里重点开发开放试验区完成地区生产总值148.6亿元，按可比价计算，同比增长3.9%；人均地区生产总值为65 568元，按可比价计算，同比增长3.6%；一般公共预算收入11.2亿元，同比增长1.9%；口岸货运量累计完成3259万t，同比增长2.1%；固定资产投资开工项目91个，总投资金额达25.5亿元；居民人均可支配收入为3.93万元，同比增长7.0%。

二连浩特重点开发开放试验区。2019年，二连浩特重点开发开放试验区完成地区生产总值66.25亿元，同比增长3.5%；人均地区生产总值实现94 739元，同比增长4.6%；社会消费品零售总额完成39.87亿元，同比增长3.4%；口岸进出口贸易额达268.6亿元，同比增长2.7%；城镇常住居民人均可支配收入45 763元，同比增长4.6%；农牧区常住居民人均可支配收入27 494元，同比增长7.9%。

二、促进地方对外开放

重点开发开放试验区作为沿边地区的重要对外开放平台，有利于统筹国内发展与对外开放，更好地利用国内国外两个市场、两种资源，探索和创新沿边地区发展新模式；有利于加快兴边富民步伐，提升国门国界新形象，推动边疆少数民族地区繁荣和谐稳定；有利于深入实施互利共赢战略，深化拓展我国与周边国家的全面合作，实现睦邻、安邻、富邻。具体情况如下。

满洲里重点开发开放试验区有利于打造新的区域经济增长极，为沿边地区加快转变经济发展方式、实现跨越发展积累经验；有利于深入实施向北开放战略，更好地开发利用国内国外两个市场、两种资源，为我国经济可持续发展提供有力支撑；有利于深入实施互利共赢战略，深化与周边国家交流合作，实现兴边富民、睦邻友好，推动边疆少数民族地区实现经济社会科学发展、和谐进步。

二连浩特重点开发开放试验区有利于扩大我国与蒙古国、俄罗斯的经贸合作，有利于探索沿边地区开发开放新模式，有利于进一步完善我国全方位对外开放格局，对于加快内蒙古自治区向北开放桥头堡建设、加快沿边地区开发开放步伐、推动丝绸之路经济带建设、促进边境地区民族团结与社会和谐稳定具有重要意义。

绥芬河—东宁重点开发开放试验区有利于深化中俄全面战略协作伙伴关系，扩大我国同东北亚周边国家的经贸往来与务实合作，促进东北老工业基地振兴，实现边疆繁荣稳定发展。有利于强化我国与俄毗邻地区政府沟通联系，推动签署农产品进口、旅游、外贸会展等方面合作协议，深化投资贸易合作，发展特色优势产业，加快新型城镇化建设，保障和改善民生。跨境电子商务产业园的建设，有利于推进我国跨境电商的发展，进而进一步促进对外开放。

三、带动体制机制创新

重点开发开放试验区在各领域不断进行尝试，带动边境地区管理体制机制的创新。

东兴重点开发开放试验区实现了全国第一个东盟货币服务平台、全国第一个人民币与越南盾特许兑换业务试点、全国第一家跨境保险服务中心、全国 2014 年度第一批进境粮食指定口岸、全国第一笔经常项目跨境外汇轧差净额结算业务等五个"全国第一"，以及商事登记制度改革、沿边金融改革、基本医疗保险城乡统筹试点等十五个"广西第一"。

瑞丽重点开发开放试验区不断进行沿边金融改革创新，瑞丽市成为全国首个允许个人本外币兑换特许机构办理全部经常项目项下人民币与缅币兑换业务的试点城市，创立了瑞丽中缅货币兑换中心，创建指导中缅货币兑换汇率的"瑞丽指数"，欧元直汇缅甸等试点改革开创全国先河。同时，瑞丽试验区首创边民跨境婚姻登记备案制，设立第一个境外对缅非现金跨境结算服务点。瑞丽海关平均无纸化通关率达到90%以上，平均通关时间降低为5分钟。另外，瑞丽市大力推进智力引进，积极在试验区实行聘任制公务员试点，并将外国人入境就业许可审批权限部分下放至试验区。

勐腊（磨憨）重点开发开放试验区重点在沿边金融综合改革领域实现"六个突破"，包括境外机构人民币结算账户（NRA账户）办理现金业务实现新突破；设立境外金融服务点实现新突破；人民币现钞出入境管理模式实现新突破；人民币与非主要国际储备货币特许兑换业务实现新突破；非主要国际储备货币对人民币挂牌交易平台搭建实现新突破；个人本外币特许机构与金融机构在植入模式方面合作实现新突破。同时，勐腊（磨憨）试验区积极推动完成行政权力清单和责任清单编制工作。

满洲里重点开发开放试验区在联检联运监管模式、出入境管理模式、工商服务等方面进行先行先试。加快推进通关便利化，建成口岸进出境货车查询系统、"一单两报"系统、进出口货物信息查询系统等，启动满洲里铁路、公路口岸通关作业无纸化改革和铁路快速查验试点；完善金融服务体系，在全国率先启动卢布现钞使用试点；率先实行"五证合一、一照一码"工商登记制度改革，允许一址多照，继续实行免收注册登记费的优惠政策，深入推进"先照后证"改革。同时，满洲里试验区获国务院批准启动卢布现钞使用试点，在全国率先形成进口木材检验监管及通关模式。满洲里口岸查验实现货物"随到随检、随检随放"，行政审批事项由204项精简为96项。

二连浩特重点开发开放试验区实现了创新联检联运模式。二连浩特口岸被确定为自治区"三互"大通关改革试点，率先实施关检"一机一屏一台"（"三个一"）和"场地公用、设备共享、联合查验、分别处置"查验模式，人员车辆通关时间平均缩减40%以上。扎实推进中蒙海关监管试点工作，采取统一格式的载货清单，促进中蒙口岸通关双向提速。关检合作"三个一"模式实现全覆盖，开辟果蔬粮油通关"绿色通道"，对大宗货物实行"凭保放行"，铁路口岸实行大宗货物24小时通关，公路口岸实行每周7天、每天10小时通关。此外，二连浩特试验区在全区率先实行"市直管社区"体制改革。

绥芬河—东宁重点开发开放试验区积极开展仓单归并、无纸化报关等改革措施；同时，绥芬河市被国家批准为跨境贸易电子商务试点市，试验区已有二十多个具有区域特性的电商平台，2300多家企业线上开店，从业人员超过5000人。

四、完善地方产业体系

重点开发开放试验区把产业发展作为工作重点，加大招商引资力度，吸引一批大型企业集团陆续入驻，促进地方产业体系不断完善。例如，东兴重点开发开放试验区建设吸引了金川铜镍、信润石化、海森特海工装备、科元新材料、澳加粮油等一批百亿以上的项目，且发展势头良好。瑞丽重点开发开放试验区陆续吸引1289户企业入驻，其中，引进的北汽瑞丽年产15万辆汽车、瑞丽银翔年产100万辆摩托车，两大项目带动产值将达250亿元以上。满洲里重点开发开放试验区2015年以来每年吸引各类项目100多个，开工率和投资完成进度逐渐实现历史最佳水平。

五、加强地方对外贸易与国际合作

重点开发开放试验区的建设进一步带动边境地区的对外贸易发展，特别是推动了边境贸易的发展。尽管近年来国际贸易形势不断恶化，中美贸易摩擦给中国外贸发展带来了一定影响，但绝大部分重点开发开放试验区的对外贸易仍实现逆势增长。例如，瑞丽重点开发开放试验区2019年完成口岸进出口贸易总额127.49亿美元、进出口货运量2065万t、出入境人流量2293.63万人次、出入境交通工具527.78万辆，比2016年分别增长158%、291%、21%和3%。勐腊（磨憨）试验区2019年进出口贸易总额为34.67亿美元，同比增长25.0%。满洲里试验区2019年口岸外贸进出口总值达到351亿元，货运量累计完成3259万t，同比增长2.1%。二连浩特试验区2019年口岸进出口贸易额达268.6亿元，同比增长2.7%。

第四节 存在问题与建议

一、存在问题

1. 地方投融资困难

重点开发开放试验区所处边境地区自身财政收入薄弱，仅靠中央或自治区的财政支持无法满足试验区建设需要。部分重点开发开放试验区所在边境地区财政收支矛盾突出，建设项目寻求投融资比较困难，进而影响试验区建设进展。例如，东兴重点开发开放试验区起步基础设施投入超过8.6亿元，基本依靠财政资金和中央财政资金转移支付；市财政收入薄弱，地方政府融资平台缺少运作资本，融资渠道有限，加剧了融资难的现状，许多重大项目因资金问题推进缓慢，资金缺口巨大，无法满足东兴重点开发开放试验区的创新发展需要。

2. 土地资源配额不足

部分重点开发开放试验区土地资源不足，有限的建设用地指标限制了区内项目的落地和建设。例如，瑞丽重点开发开放试验区用地指标严重不足，在保证基础设施建设用地后所剩建设用地指标寥寥无几，导致许多重大产业投资项目无法真正落地；部分项目争取到建设用地面积远小于计划用地面积，不得不暂停建设。

3. 基础设施较为滞后

重点开发开放试验区的基础设施相对滞后，互联互通问题逐渐凸显，成为试验区及所在边境地区的发展瓶颈。例如，东兴重点开发开放试验区的多项基础设施发展较为滞后。陆路方面，东兴市仍未实现铁路联通，影响国内物流、跨境物流、对外贸易的发展；口岸方面，东兴口岸的中越大桥通关能力有限，过货能力差，大型卡车无法通过，阻碍了大宗商品的贸易往来；海路方面，港口泊位和吞吐能力有限，未完全发挥东兴重点开发开放试验区沿海地理优势。

4. 人才支撑不足

重点开发开放试验区发展的人力资源不足，尤其是专业技术人员缺乏，劳动者素质较低，教育和科研资源相对落后，与试验区建设需求存在明显差距。教育方面，重点开发开放试验区所在边境地区高等教育较为薄弱，各类中小学和职业教育学校师资力量有待进一步加强，部分学校的教学楼等设施亟待改善。人才引进方面，重点开发开放试验区地处边疆，产业基础薄弱、经济发展水平较低，对高层次人才缺乏吸引力；政府在人才引进政策上的优惠力度仍待加强，不能为优秀人才提供足够的发展平台和经济保障。

5. 政策优势趋于弱化

虽然重点开发开放试验区具有多重叠加的优惠政策，但随着试验区进入实质性发展阶段，政策优势弱化问题显现。首先，中央、自治区层面的支持政策不够具体、细化。在已经批复的实施方案和总体规划中，大多是原则性、指导性的条款，实际操作性不强；部分政策还处在摸索阶段，没有具体成型；部分政策仅为意向性安排，要成为可执行的具体政策还需重新争取，无法直接落实。其次，重点开发开放试验区政策比较优势不明显。近年来国家层面设立了国家级新区、自由贸易区等特殊经济空间，并赋予重量级的优惠政策和各项实际支持；相应的，重点开发开放试验区的政策优势逐渐弱化。

二、发展建议

1. 加大基础设施资金投入，完善经贸合作平台建设

加大边境地区基础设施建设的资金投入，改善重点开发开放试验区基础设施条件，提高互联互通水平。完善重点开发开放试验区配套交通基础设施建设，提高公路、铁路、河道、机场建设标准，建成陆路、水路、航空综合的立体交通运输网络（樊纲等，2009）；推动大数据和云服务平台建设，整合网络信息资源，发展电子通关和政务公开系统，提高货物通关和行政管理效率。进一步完善重点开发开放试验区所依托边境口岸的基础设施建设，促进通关一体化建设，提高边境口岸开放程度（胡伟和于畅，2020），扩大边民互市贸易规模，降低关税水平，加大贸易扶持力度，提高人员流动、货物运输及经贸合作的效率。

2. 加大政策倾斜力度，扩大土地资源供给

结合重点开发开放试验区的实际情况，细化中央、自治区层面关于重点开发开放试验区建设的支持政策，提高建设方案和发展规划的实际操作性，加快推进已有优惠政策的落实工作。加大中央和地方政府对重点开发开放试验区建设的财政支持力度，整合利用国内外资金，拓宽试验区融资渠道，保障试验区发展的资金来源。根据建设进展情况，探索对农用地转用和征用计划指标实行单列，扩大对重点开发开放试验区的土地供给（杜新等，2012）。

3. 扶持特色优势产业，完善人才支撑体系

大力扶持重点开发开放试验区的特色优势产业优先发展，积极承接国内发达地区的产业转移，并逐步引导加强与毗邻国家的产业合作，推动国家产能合作。大力发展跨境旅游服务，打造具有民族特色、异域风情、文化传承的旅游品牌，加大与邻国间的跨境旅游合作。依托地方产业发展，完善边境地区人力资源保障体系，积极吸引并留住高端人才；同时，加大教育投入，改善学校基础设施条件，引进专项技术培训机构，提升边境地区人才培育能力。

参 考 文 献

杜新, 陈道远, 邓杨素. 2012. 东兴国家重点沿边开发开放试验区先行先试政策体系研究. 桂海论丛, 28（1）：124-128.
樊纲, 等. 2009. 中国经济特区研究——昨天和明天的理论与实践. 北京：中国经济出版社.
胡伟, 于畅. 2020. 区域协调发展战略背景下中国边境经济合作区发展研究. 区域经济评论, (2)：44-55.

第十一章 国家级承接产业转移示范区建设研究

摘 要

改革开放以来，我国经济发展取得重大成就，但东中西区域发展差距明显。尽管西部大开发与中部崛起战略的实施改善了中西部的基础设施和投资营商条件，但仍没有从根本上缩小区域差距。自 2010 年开始，我国开始指导建设中西部承接产业转移示范区，加快中西部工业化与城镇化进程，促进中西部经济发展。本章介绍了国家级承接产业转移示范区建设背景及概况，总结了主要国家级承接产业转移示范区发展现状和经验，并剖析了存在的问题。主要观点如下。

截至 2020 年底，我国共批复 9 个国家级承接产业转移示范区，分布在安徽、江西、湖北、湖南、河南、山西、陕西、广西、甘肃、重庆、四川等省（自治区、直辖市），主要承接长三角、珠三角等地的制造业转移。在这些产业转移示范区中，皖江城市带产业转移示范区发展较为出色，成功带动当地工业化城镇化与区域协调发展。其他产业转移示范区在成立后虽大多有所进展，但进展相对缓慢。

建议以国家级新区为重点，加快产业承接基地建设。通过托管经营、异地孵化、飞地经济、共建协同平台或合作联盟，探索建设"飞地产业园区"、跨省合作园区等合作模式。鼓励和支持沿海发达地区与沿边地区依托重点开发开放试验区、边合区、跨境经济合作区，共建进口资源深加工基地和出口加工基地。

在具体政策上，建议完善用地和产业相关政策，着力引导产业转移项目落地；加大薄弱环节投资，提升西部"硬环境"与"软环境"水平；完善产业转移引导政策，适时更新产业转移指导目录；新增建设用地指标进一步向西部地区倾斜，合理增加荒山、沙地、戈壁等未利用土地开发建设指标；支持在西部地区优先布局建设就地加工转化的能源、资源开发利用项目。

第一节 基本情况

经过三十多年快速城市化、工业化以及全球化发展，我国整体经济格局发生极大改变。西部大开发和中部崛起战略实施以来，在很大程度上改善了中西部的基础设施、生态环境，但东中西的发展差距依然存在。如何缩小中西部地区与东部地区的发展差距成为中央和地方迫切需要解决的重大问题。在此背景下，地方政府创建各种园区，主动探索承接国内外产业转移的路径和模式。为鼓励和引导中西部承接产业转移园区发展，国务院于

2010年印发《关于中西部地区承接产业转移的指导意见》（简称《意见》）。从实践经验看，尽管部分中西部承接产业转移示范区建设成效初现，但整体建设效果并未达到预期目标。这既与金融危机后国内外并没有出现大规模产业转移的客观现象有着密切联系，同时也因为承接产业转移示范区建设并没有明显的特殊政策进行支持。

《意见》中指出，承接产业转移示范区要总体依托中西部地区产业基础和劳动力、资源等优势，推动重点产业承接发展，进一步壮大产业规模，加快产业结构调整，培育产业发展新优势，构建现代产业体系。承接产业转移示范区的设立，有助于探索中西部地区承接产业转移新模式，加速中西部地区工业化与城镇化进程，促进区域协调发展，形成更加合理、有效的区域产业分工格局，为全国范围内产业转移升级起到示范与带动作用。

为改变单一发展偏好，打破路径依赖，缩小与发达地区之间的差距，地方政府试图通过建立承接产业转移示范区等试点地区，依托产业园区的方式，承接东部地区产业转移，探索中西部地区产业转移模式改革，带动当地经济发展以及对外开放程度，进一步融入全球生产网络与全球化的进程。为此，2010年安徽省政府向国务院报批设立"皖江城市带承接产业转移示范区"并获批，成为全国第一个国家级承接产业转移示范区。该示范区试图通过承接长三角地区劳动密集型产业，带动本地区制造业发展，提高工业化水平，进一步融入长三角城市区域协调发展。随后国家发展改革委又先后批准设立了8个国家级承接产业转移示范区，分别是广西桂东承接产业转移示范区、重庆沿江承接产业转移示范区、湖南湘南承接产业转移示范区、湖北荆州承接产业转移示范区、晋陕豫黄河金三角承接产业转移示范区、甘肃兰白经济区承接产业转移示范区、四川广安承接产业转移示范区和江西赣南承接产业转移示范区。

目前国家级承接产业转移示范区共设立有9家，其中5个位于中部地区，4个位于西部地区。除晋陕豫黄河金三角产业转移示范区跨三省（山西、陕西、河南）范围外，其余8个均归属单一省区市（表11-1）。

第二节 发展现状与经验

自2010年第一个承接产业转移示范区建立以来，示范区的发展已有近8年时间，各地区对标承接对象，重点发展现代制造业、服务业等产业，其建设模式、发展路径、基础设施以及配套服务完善等工作已取得一定成效及经验。例如，甘肃兰白经济区承接产业转移示范区形成以兰州新区、兰州主城区、白银工业集中区三个片区为支撑的沿黄河产业集聚带，引进中国中信集团有限公司、中国铝业集团有限公司、中国中材国际工程有限公司等358家企业入驻；湖北荆州依托政府政策及财政支持，顺利完成建设基金融资，2013年，其发展承接产业转移项目1800多个，实际到位资金1300亿元；四川广安承接产业转移示范区以"东西共建，西西共建"产业园区为载体，促进承接产业集中布局、集聚发展。

作为国家首个批复的承接产业转移示范区，皖江城市带积极承接长三角地区产业转移，大力发展现代化大工业（如汽车产业）及物流业、高新技术产业等，取得较大突破，成功推动了中部崛起战略实施以及区域协调发展。其成功原因主要是靠近长三角地区的区

表 11-1 国家级承接产业转移示范区概况

名称	所属区域	省（自治区、直辖市）	包含地区	获批时间	设立年份人口/万人	设立年份土地面积/km²	设立年份地区生产总值/亿元	主要承接对象	重点发展产业
皖江城市带承接产业转移示范区	中部	安徽	合肥、芜湖、马鞍山、铜陵、安庆、池州、巢湖、滁州、宣城九市全境和六安市金安、舒城九个县（市、区）	2010.01	3058	7.58	5818	长三角地区	现代服务业、高新技术产业、现代化大工业、物流业
广西佳东承接产业转移示范区	西部	广西	梧州、贵港、贺州和玉林	2010.10	1725	4.8	—	珠三角、港澳	装备制造业、原材料产业、轻纺化工、高技术产业、现代服务业
重庆沿江承接产业转移示范区	西部	重庆	涪陵、巴南、九龙坡、璧山、永川、双桥、荣昌	2011.01	550	0.66	—	长三角和珠三角以外的沿海地区	先进制造、电子信息、新材料、生物化工、轻工、现代服务业
湖南湘南承接产业转移示范区	中部	湖南	衡阳、郴州、永州	2011.10	1797	5.71	—	东部沿海地区，特别是珠三角地区	加工贸易、新一代信息技术、装备制造、新材料、轻工纺织、医药、农产品深加工和食品制造业、矿产开发、现代物流、健康养老、文化旅游、现代农业等
湖北荆州承接产业转移示范区	中部	湖北	荆州、荆门、仙桃、潜江、天门	2011.12	1388	3.36	—	—	农产品加工、纺织服装、化工、建材、食品加工、高新技术、盐化工业等
晋陕豫黄河金三角产业转移示范区	中部	山西、陕西、河南	运城、临汾、渭南、三门峡	2012.05	1700	5.8	—	—	能源原材料与装备制造
甘肃兰白经济区承接产业转移示范区	西部	甘肃	兰州、白银	2013.04	501	3.4	—	—	石油化工、汽车信息、装备制造、生物医药、电子信息、节能环保、现代服务业等；有色冶金、新材料、化工、能源、新型建材
四川广安承接产业转移示范区	西部	四川	广安	2013.03	470.4	—	835.1	深圳等东部沿海地区和成都、重庆等西部毗邻地区	装备制造、电子信息、生物、新材料、新能源、现代农业、资源开发业
江西赣南承接产业转移示范区	中部	江西	以赣南为主题，辐射赣州全景及周边地区	2013.05	—	—	—	—	稀有金属加工、特色农产品生产与深加工

位优势，便于接受长三角地区的辐射与溢出效应；同时，皖江城市带自身产业基础、生产要素、技术等使得其已具备一定竞争优势，为承接东部地区产业转移提供坚实保障；加之相对廉价的劳动力与自然资源优势，使得其得以顺利承接东部地区产业转移，带动自身发展（表11-2）。

表11-2 2015年皖江城市带承接产业转移示范区主要规划目标完成情况

	指标	全省	皖江	占全省比例/%	2015年规划目标
经济发展	地区生产总值/亿元	22 005.63	14 948	67.9	15 000
	财政收入/亿元	4 012.2	1 512.8	37.7	2 300
	城镇化率/%	50.5			≥55
	R&D经费相当于GDP比例/%	1.96			2.2
产业结构	非农产业增加值比重/%	88.8	92.2		93
	规模以上工业企业/个	19 077	11 649	61.1	
	规模以上工业增加值中开发区所占比例/%	56.22	63.92		65
	开发区单位土地实现经济收入/(万元/亩)	70.59	81.62		
开放合作	实际利用外商直接投资/亿美元	136.2	58	42.6	75
	实际利用亿元以上省外资金/亿元	3 364.5	2 473.3	61.1	
	外贸进出口相当于GDP比例/%	13.8			
公共服务	城镇居民人均可支配收入/元	26 936	32 178	119.5	28 500
	农村居民人均可支配收入/元	10 821	12 681	117.2	9 900
	新增城镇就业岗位/万个				40
	职业中学在校学生数/万人	30.9	14.4	46.6	80
环境保护	城市污水厂集中处理率/%	91.8			75

资料来源：《安徽统计年鉴2016》

在中西部九大示范区中，重庆沿江承接产业转移示范区作为全国第三、西部第二个国家承接产业转移示范区积极承接先进制造、电子信息、新材料、生物、化工、轻工、现代服务业等七大产业，依托"一带一路"，取得了良好的发展态势。重庆通过承接珠三角电子信息产业转移，积极开发国内国外两大市场，迅速成为全国乃至世界性的电子产业基地。然而，重庆模式的成功包含多种因素，如基础设施配套建设为产业转移及对外贸易的发展提供良好基础，当地政府努力推进的"渝新欧"国际铁路大通道助其更快打开了欧洲市场，依托"一带一路"发展对中亚及欧洲国家的贸易往来带动其开放与经济发展等，而产业转移示范区对其带动效果并不占据主导。

于2018年11月开工建设的湘南湘西承接产业转移示范区是近年来发展较快的示范区，截至2019年9月底，该示范区引进省外境内招商引资项目131个，合同引资681亿元，到位资金94亿元；粤港澳大湾区省级签约项目共84个，引资762.3亿元，其中合同项目51个，引资602亿元，开工率超过30%，位居全省第一。未来该示范区将抓好交通、能源、物流、信息化等基础设施及生活配套设施建设，逐渐构建完善的公共服务体系，并围绕文化旅游、特色农业、新能源、矿产品精深加工、食品及消费品加工、新材料、电子信息、生物医药、商贸物流、现代金融十大重点产业，加快构建特色现代产业体系。

纵观九大国家级承接产业转移示范区建设，尽管其在中西部地区承接东部及全球性产业转移中发挥了辐射及带动作用，但其发展主要基于地理邻近原则，且多依靠其他平台如高新区等产业园区的建设成果，过度依赖国家政策以及对口承接区的扶植，示范区自身产业结构与发展水平仍要不断提升。部分示范区建设成效甚微，发展陷入僵局。

第三节　存在问题与政策建议

一、存在问题

国家级承接产业转移示范区建设未取得预期成效，其原因主要是没有对新时期全球产业转移规模的变化做出准确判断，对全球生产网络、国内东西部地区产业分工格局和区域间产业转移的难度产生了错误估计。

2008年金融危机后，国际形势发生重大变化。世界经济增长速度明显放缓，美国、日本和欧洲国家纷纷制订"再制造业化"战略以加快本国制造业增长，维持或增加制造业的就业水平。例如，美国提出《2009美国复苏与再投资法案》，拿出1200亿美元用于基础设施建设计划和科学研究投资，改善交通、网络、医疗、教育等基础设施条件。国际市场的疲软与欧美国家再制造业化战略使得大规模产业转移活动难以继续，对于中西部地区大规模承接国外产业转移造成了很大冲击。

除了国际分工局势的变化，伴随着国际贸易形势逐渐恶化，国内东部地区对西部地区的带动作用也有所减弱。东部地区转型发展，开始转向服务经济的新经济形态，制造业比例下降，降低了对西部地区的带动作用，也逐步降低了出口对经济增长的拉动作用。大部分省区市将产业转移的任务局限于本地，以"腾笼换鸟"的形式，带动本地制造业的发展，而省际产业转移阻力加大。

随着我国人口红利的丧失，中西部地区劳动力成本上升，区域承接产业转移的优势不再明显。中西部地区自身所有制结构单一和三次产业发展不平衡，产能过剩等缺陷极大地影响其竞争力。同时，资源环境约束的日益凸显，生态服务功能下降，也为其发展特色经济增大了阻力。因此，中西部承接东部产业转移需要创新思路。

二、政策建议

需要以国家级新区为重点，加快产业承接基地建设。以西部国家级新区（重庆两江、甘肃兰州、陕西西咸、贵州贵安、四川天府和云南滇中）为重点，积极承接东中部地区产业转移，通过托管经营、异地孵化、飞地经济、共建协同平台或合作联盟，探索建设"飞地产业园区"、跨省合作园区等合作模式。鼓励和支持沿海发达地区与沿边地区依托重点开发开放试验区、边合区、跨境经济合作区，共建进口资源深加工基地和出口加工基地。

需要加强薄弱环节投资，提升西部地区产业转移的"硬环境"与"软环境"。加快改善西部地区交通、能源、信息等基础设施，尤其是加强"十四五"时期的新基建建设，提升西部地区的整体硬件水平。强化财税、金融等服务，做好人才开发和产业配套，并建设西部开放产业平台，支持企业"引进来"与"走出去"。适时更新产业转移指导目录，稳步有序推进不同产业的转移进程，推动产业转型升级。

需要完善用地和产业转移引导政策，着力引导产业转移项目落地。抓住新一轮发展规划与空间规划修订机遇，多渠道争取新增建设用地指标，合理增加荒山、沙地、戈壁等未利用土地开发建设指标，用好增减挂钩指标，全力保障产业承接用地。对西部地区开放平台建设，对国家级新区、开发区利用外资项目以及重点开发开放试验区、边合区、跨境经济合作区产业发展所需建设用地，在能源消耗、污染控制等计划指标安排上予以倾斜支持。凡有条件在西部地区就地加工转化的能源、资源开发利用项目，支持在当地优先布局建设并优先审批核准。

第十二章　国家自主创新示范区建设研究

摘　要

国家自创区是指经国务院批准，在推进自主创新和高新技术产业发展方面先行先试、探索经验、做出示范的区域。目前国家自创区已经达到21家，其中沿海地区10家，中部地区5家，东北地区1家，西部地区5家。这些国家自创区各具特色，充分展现了区域独特性、自身创新优势和全局性。本章梳理了国家自创区成立背景、分布特征和发展状态，归纳了该领域所含主要政策及北京中关村"6+4"经典政策，分析了其主要贡献与作用，最后指出存在问题与相关建议。主要观点如下。

国家自创区本身承载形式多样。北京中关村、上海张江等国家自创区基于原来的1家国家高新区；长株潭、郑洛新等基于两家或两家以上的国家高新区；而深圳是首个以城市为基本单位的国家自创区。

国家自创区是全面深化改革的试验田，享受相关优惠政策以及允许在相关领域开展先行先试探索，进而形成可复制、可推广的经验是其最大价值所在。其政策创新不仅来源国家层面统一部署，更多来源于地方实践。

国家自创区的贡献与作用：一是国家高新区的升级版，推动经济快速增长的主推力；二是区域创新发展的关键载体，创新要素汇聚，创新活力旺盛；三是体制机制与政策创新是国家自创区建设的根本动力；四是国家自创区正由东部向中西部、由发达地区向欠发达地区转变。

与其他重要功能平台相比，国家自创区属于新的平台类型，其内生创新机制建设任重而道远，但其建设对培育中国经济发展新动能具有重要意义。

第一节　基本情况

国家自创区依托实力较强的国家高新区建设，主要是通过体制机制创新和政策先行先试，集聚创新要素，发展新经济，着力打造国家高新区的升级版，推动成为创新驱动发展引领区、科技体制改革先行区、大众创新创业生态区和新产业新业态聚集区，积极培育中国经济发展新动能，促进经济向中高端水平迈进[①]。从创新发展的逻辑看，国家自创区以

[①] http://www.china.com.cn/zhibo/zhuanti/ch-xinwen/2016-04/01/content_38158563.htm.

技术创新和体制机制创新为根本动力，通过试验点上的创新突破，培育新技术、新产品、新企业、新业态和新产品，促进经济发展方式加快转变，引领、辐射、带动周边区域整体性发展。

一、成立背景

国家自创区建设是国家大力推进创新驱动发展战略的重要举措。党的十八大明确提出"科技创新是提高社会生产力和综合国力的战略支撑，必须摆在国家发展全局的核心位置"，强调要坚持走中国特色自主创新道路、实施创新驱动发展战略。2016年5月中共中央、国务院印发的《国家创新驱动发展战略纲要》明确指出，科技创新是全国各地区必须落实的核心工作。2017年1月《国务院办公厅关于促进开发区改革和创新发展的若干意见》指出，支持有条件的国家高新区创建国家自创区。

二、分布特征

目前国家自创区已经达到21家，其中3家是在十八大之前成立。2009年3月中关村国家自创区获批成立，成为我国第一家国家自创区。2009年12月和2011年3月，武汉东湖、上海张江国家自创区分别成立。十八大之后，我国迅速成立了深圳（2014年6月）、苏南（2014年10月）、长株潭（2015年1月）、天津（2015年2月）、成都（2015年6月）、西安（2015年9月）、杭州（2015年9月）、珠三角（2015年9月）、郑洛新（2016年4月）、山东半岛（2016年4月）、沈大（2016年4月）、合芜蚌（2016年6月）、福厦泉（2016年6月）、重庆（2016年7月）、兰白（2018年2月）、宁波温州（2018年2月）、乌昌石（2018年11月）和鄱阳湖（2019年8月）等18家国家自创区。国家自创区是我国建设创新型国家和区域创新体系的重要空间载体，在国家创新发展战略不断推进的过程中，将发挥更加突出的作用，将承担促进区域自主创新、高新技术发展及相应体制机制改革的引领示范作用。

从空间分布看，东部沿海地区有10家，中部地区有5家，东北地区有1家，西部地区有5家。从空间载体看，国家自创区源自国家高新区，即在1个或多个国家高新区组团的基础上发展而来。例如，北京中关村、上海张江、武汉东湖、天津、成都、西安、重庆等7个国家自创区均基于各自高新区，苏南、长株潭、杭州、珠三角、郑洛新、山东半岛、沈大、合芜蚌、福厦泉、兰白、宁波温州、乌昌石和鄱阳湖等12家国家自创区的建立以2家或2家以上高新区组成的组团为基础，其中既包括跨省高新区组团模式，也包括同省跨市高新区组团模式。与上述不同的是，深圳国家自创区是以深圳高新区为基础，覆盖深圳市十个行政区和新区的66个园区，面积相当于34.5个深圳高新区。另外，深圳是首个以城市为基本单位的国家自创区，苏南是首个以城市群为基本单位的国家自创区。

三、发展状态

国务院对国家自创区具有严格的遴选标准，申报单位除具备技术创新基础（人才、科技金融、创新平台、创新型企业等）、自主创新能力、区域创新带动作用等能力外，需具有特色鲜明的创新方向和战略定位，突出对不同创新领域和路径探索的积极作用。目前21家国家自创区各具特色，充分展现了区域独特性、自身创新优势和全局性（表12-1）。例如，北京中关村瞄准科教资源密集区域，探索实现科技与经济有机结合的路径和方式，力图打造全球有影响力的科教创新中心。武汉东湖国家自创区通过推动资源节约型和环境友好型社会建设，成为依靠创新驱动发展的典范，目标是打造世界一流的高科技园区，享誉世界的"光谷"。深圳主要打造国家科技体制改革"试验田"、原始创新协同创新先行区、战略性新兴产业重要增长极、创新性企业孵化中心、开放创新与合作国际枢纽、珠三角地区科学发展示范区。杭州聚焦互联网领域，定位是创新驱动转型升级示范区、互联网大众创业示范区、科技体制改革先行区、全球电子商务引领区、信息经济国际竞争先导区，目标是打造具有全球影响力的"互联网+"创新创业中心。

国家自创区已经成为我国培育和发展新兴产业的重要策源地，中关村的下一代互联网、上海张江的集成电路、武汉东湖的光通信、深圳的通信设备等创新型产业集群已经具备国际竞争力，在关键前沿技术开发、重大产品与装备制造、国际技术标准创制等方面涌现出一大批高端技术和产品。一批新的经济增长点、增长极、增长带正在加快形成。移动互联网、物联网、3D打印、可穿戴设备等新业态在国家高新区、国家自创区不断涌现。高效能计算机、人工非线性晶体、纳米材料和印制、智能机器人、中文信息处理、量子通信、人用禽流感疫苗、5G技术及标准、燃料电池技术和应用等方面相继获得重要突破，开辟了产业发展新方向。

表12-1 国家自创区基本情况

名称	发展历程	园区组成	目标定位
中关村	1983~1988年：电子一条街； 1988~1999年：北京市新术产业开发试验区； 1999~2009年：中关村科技园区	海淀园、昌平园、顺义园、大兴-亦庄园、房山园、通州园、东城园、西城园、朝阳园、丰台园、石景山园、门头沟园、平谷园、怀柔园、密云园、延庆园等	全球有影响力的科教创新中心
东湖	1988年：东湖高新区创建成立； 1991年：首批国家级新技术产业开发区； 2001年：国家光电子产业基地； 2006年：全国建设世界一流科技园区试点	武汉东湖新技术产业开发区	世界一流的高科技园区，享誉世界的"光谷"
张江	1991年：成为首批国家高新区之一； 1996年：形成"一区六园"格局； 2006年：更名为上海张江高新区	崇明园、金山园、奉贤园、临港园、普陀园、陆家嘴园、松江园、闵行园、虹口园、徐汇园、长宁园、核心园、杨浦园、嘉定园、青浦园、闸北园、金桥园、漕河泾园	成为代表中国参与国际高新技术产业竞争的特色品牌

续表

名称	发展历程	园区组成	目标定位
深圳	首个以城市为基本单元	南山片区、福田片区、罗湖片区、宝安片区、龙岗片区、盐田片区、光明片区、坪山片区、龙华片区、大鹏片区,覆盖全市十个、新区66个园区	具有全球影响力的科技创新中心
苏南	首个以城市群为基本单元	南京、苏州、无锡、常州、昆山、江阴、武进、镇江8个高新区和苏州工业园区	具有国际竞争力的创新型经济发展高地
天津	2005年:国家重点支持开发开放的国家级新区; 2006年:成为国家综合配套改革试验区	天津滨海高新区(规划"一区二十一园")	具有国际竞争力的产业创新中心
长株潭	1991年:长沙获批建设首批国家高新区; 1992年:株洲建设国家高新区; 2009年:湘潭高新区升级为国家高新区	长沙、株洲、湘潭三个国家高新区	具有全球影响力的"一带一路"创新创业之都
成都	1990年:获准正式成立; 1991年:首批国家高新区; 2015年:西部第一个国家自创区	高新南区87km², 高新西区43km²	新兴的国际创新创业中心
西安	1991年:被批准为首批国家高新区; 2005年:建设成世界一流的科技工业园区	西安高新区	丝绸之路经济带"创新之都"
杭州	1990年:首批国家高新区	杭州高新区、临江高新区	具有全球影响力的"互联网+"创新创业中心
珠三角	1991年:广州高新区获批国家高新区; 1992年:珠海、佛山、惠州成立国家高新区; 2010年:东莞高新区被批准为国家高新区	广州、珠海、佛山、惠州仲恺、东莞松山湖、中山火炬、江门、肇庆8个国家高新区	国际一流的创新创业中心
郑洛	1991年:郑州高新区获批国家高新区; 1992年:洛阳、新乡获批国家高新区	郑州、洛阳、新乡3个国家高新区	具有国际竞争力的中原创新创业中心
山东半岛	1991年:济南、威海获批国家高新区; 1992年:青岛、淄博、潍坊获批国家高新区; 2010年:烟台获批国家高新区	济南、青岛、淄博、潍坊、烟台、威海6个国家高新区	全球影响力的海洋科技创新中心
沈大	1991年:沈阳、大连获批国家高新区	沈阳、大连2个国家高新区	东北亚科技创新创业中心
福厦泉	1990年:厦门火炬高技术产业开发区建设国家高新区; 1991年:福州高新区获批成立第一批国家高新区; 2010年:泉州高新技术产业开发区获批升级为国家高新区	福州、厦门、泉州3个国家高新区	具有国际影响力的科技创新中心

续表

名称	发展历程	园区组成	目标定位
合芜蚌	1991年：合肥高新区获批成为国家高新区； 1994年：蚌埠高新区获批成为国家高新区； 2010年：芜湖高新区升级为国家高新区	合肥、芜湖、蚌埠3个国家高新区	打造具有重要影响力的产业创新中心
重庆	1991年：首批5个国家综合改革试点开发区之一； 2011年：西南地区首个"国家高新技术产业标准化示范区"； 2015年：国家科技创新服务体系建设试点园区	东区石桥铺、二郎片区20km^2，西区金凤、含谷、白市驿组团54.3km^2	打造具有重要影响力的西部创新中心
宁温	2007年：宁波市科技园升级为国家高新区； 2012年：温州国家高新区获国务院批准成立	宁波、温州2个国家高新区	建设成为全国民营经济创新创业高地
兰白	1991年：兰州高新区为国务院首批批准成立； 2010年：白银高新区获批国家高新区	兰州、白银2个国家高新区	欠发达地区通过科技创新实现跨越发展的新路径
乌昌石	1992年：乌鲁木齐高新区成立，是新疆第一个国家高新区； 2010年：昌吉国家高新区获国务院批准成立； 2013年：石河子国家高新区获国务院批准成立	乌鲁木齐、昌吉、石河子3个国家区	打造丝绸之路经济带创新创业新高地
鄱阳湖	1992年：南昌高新区被国务院批准为国家高新区； 2010年：新余、景德镇2个高新区被国务院批准为国家高新区； 2012年：鹰潭高新区被国务院批准为国家高新区； 2015年：抚州、吉安、赣州3个高新区被国务院批准为国家高新区	南昌、新余、景德镇、鹰潭、抚州、吉安、赣州7个国家高新区	打造长江经济带经济与生态联动发展的创新高地

资料来源：①摘录自国家自创区的实施方案；②摘录自王双（2017）和朱常海（2017）

第二节 主 要 政 策

创新是指经假设提出、科学研究、成果转化、产业化直至产品市场化的整个过程。创新发展包含人才、科技金融、创新空间、创新主体、创新服务等要素。这些要素是营造良好创新环境，提升创新能力的关键。

一、总体特征

国家自创区建设实质上也是打造围绕上述创新要素而规划设计的。国家自创区设立经地方申报，国务院批准，科技部监管等过程；其建设规划具有一定的要求，需要明确目标、定位、布局、建设内容、改革内容、保障措施等方面。

首先，国家自创区将顶层设计作为建设的关键点，高起点高标准统筹谋划推进国家自创区发展。很多国家自创区建立部级协调小组，成立由省区市主要领导挂帅的领导小组，明确建设主体和相关协调部门，统筹推进国家自创区建设工作。例如，天津国家自创区建设部级协调小组负责规划纲要的组织实施，加强对示范区建设重大问题的沟通和协调，成立由天津市政府主要负责同志任组长的示范区领导小组，领导小组下设办公室，负责组织规划纲要的具体实施。每个自创区均讲求规划为先，目标引领，有序制订发展规划和行动方案，充分发挥地方立法的引领和推动作用。

其次，国家自创区不断深化改革，开展不同领域的政策创新。国家自创区是全面深化改革的试验田，享受相关优惠政策以及允许在相关领域开展先行先试探索，进而形成可复制、可推广的经验是建设国家自创区最大价值所在。国家自创区紧紧围绕这一核心任务，在不同领域不断深化改革。在政策创新方面，针对人才、金融、税收等方面探索优惠措施，如"6+4"政策，东湖"黄金十条"等。目前，国家自创区结合国务院批复，大胆探索，先行先试，打出了创新驱动政策"组合拳"。在科技成果方面，科技人员奖励按照约定优先原则，且不低于50%，科技成果处置、收益权改革已全面推进；中关村试行了中央级事业单位科技成果处置权试点。人才与税收方面，技术人员和管理人员的股权奖励允许5年内分期缴纳个税，合伙制创投机构合伙人个税可按其投资额的70%进行抵扣等。科技金融方面，天使投资主要集中在天使投资机构资金奖励、风险补助环节。例如，中关村按照15%单笔不超过45万给予补偿。上海则按不同标准给予风险补偿。

同时，在体制机制创新方面，国家自创区不断提高政府效率、深化科技管理体制改革，在金融监管等方面取得突破。例如，合芜蚌进一步简化审批程序，提高效率，在项目核准备案、工商登记、高新技术企业和产品以及创新型企业认定、重点创新型产业确定等方面，赋予合芜蚌三市省级管理权限；进一步清理行政审批、行政许可、行政收费事项；积极推进并联审批、缺席默认、限时审批和全程代理代办制等，使试验区成为全国审批环节最少、办事效率最高、行政成本最低的区域之一。再如，成都率先在四川省试点"三证合一"登记制度，开展"一窗式"行政审批改革，实行对外"一窗进出"、全程代办、同步审批。

最后，科技企业孵化器、创业苗圃、众创空间等新型科技成果转化平台不断发展，在整合创新资源、促进实体经济转型升级、加速科技创新企业发展等方面起到了巨大的推动作用，是众多创新型企业培育发展的沃土。国家自创区鼓励发展多种创新型孵化器，打造了"孵化器+宿舍"、"孵化器+商业空间"等新型创业空间，通过带动上下游产业链企业、人才集聚，打造思想交流、信息共享的创业生态示范社区，营造创新创业文化氛围。同时，通过优化服务机制，提供完善的技术研发、人力资源、市场开拓、知识产权等配套服务，提升各创业服务中心、留学人员创业园运营服务能力。鼓励制定促进众创空间发展的支持政策和实施细则。探索放宽企业注册资本登记条件，建立电子营业执照制度。从技术创新到风险保障，科技创业孵化链条的建设为企业发展提供全方位一体化的商务服务体系，成为中小企业发展的助推器。例如，张江国家自创区搭建了实施产权服务平台、企业专利联盟建设试点、科技金融服务平台等，为创新创业活动提供良好服务。

二、经典政策

国家自创区作为推进自主创新和高技术产业发展方面先行先试、探索经验、做出示范的区域，其政策创新不仅来源国家层面统一部署，更多来源于地方实践。例如，"6+4"政策出自北京中关村，是指6项中关村先行先试政策和4项在国家自创区推广的先行先试政策。

2009年国务院批复中关村建设国家自创区，国务院成立了由科技部牵头的部级协调小组，协调各部门在职责范围内支持中关村建设国家自创区[①]。2010年在部级协调小组的领导下，成立了"中关村科技创新和产业化促进中心"，下设有政策先行先试工作组，由科技部牵头13个中央单位和10个北京市属单位组成，重点开展先行先试政策制定和落实[②]。中关村的政策创新不仅拥有国家部委出台的，同时也有北京市出台的，这些政策构成了中关村国家自创区的政策体系。

中关村国家自创区"6+4"政策是2014年12月3日国务院常务会议决定，把6项中关村先行先试政策推向全国（表12-2）。包括加快落实先期已确定推广的科研项目经费管理改革、非上市中小企业通过股份转让代办系统进行股权融资、扩大税前加计扣除的研发费用范围3项政策，以及此次将推开的股权和分红激励、职工教育经费税前扣除、科技成果使用处置和收益管理改革3项政策。

同时，在所有国家自创区、合芜蚌自主创新综合试验区和绵阳科技城，推广实施4项先行先试政策（表12-3），包括给予技术人员和管理人员的股权奖励可在5年内分期缴纳个人所得税；有限合伙制创投企业投资于未上市中小高新技术企业2年以上的，可享受企业所得税优惠；对5年以上非独占许可使用权转让，参照技术转让给予所得税减免优惠；对中小高新技术企业向个人股东转增股本应缴纳的个人所得税，允许在5年内分期缴纳。

---

① 《国务院关于同意支持中关村科技园区建设国家自主创新示范区的批复》（国函〔2009〕28号）。
② 《中关村科技创新和产业化促进中心组建方案》（京编委〔2010〕44号）。

表12-2 中关村6条先行先试政策

政策类别	相关政策文件及要点
事业单位科技成果处置权和收益权改革试点政策	1. 中央级事业单位可按照有关规定自主对单位价值或批量价值在800万元以下的科技成果进行处置，并在一个月内将处置结果报财政部备案［《财政部关于在中关村国家自主创新示范区进行中央级事业单位科技成果处置权改革试点的通知》（财教〔2011〕18号）］。 2. ①价值800万元以下的科技成果处置所获收益全部留归各单位；②价值在800万~5000万元的科技成果处置所获收益，对于超过800万元科技成果价值所对应的收益部分90%留归各单位；③价值在5000万元以上的科技成果处置所获收益，对于超过5000万元科技成果价值所对应的收益部分上缴中央国库［《财政部关于在中关村国家自主创新示范区开展中央级事业单位科技成果收益权管理改革试点的意见》（财教〔2011〕127号）］。
鼓励创新创业税收试点政策	1. 示范区高新技术企业从事规定的研发活动，允许将企业为研发人员缴纳的"五险一金"，专门用于研发活动的仪器设备的运行维护费用，新药研制的临床试验费等列入加计扣除的研究开发费用范围［《财政部 国家税务总局对中关村科技园区建设国家自主创新示范区有关研究开发费用加计扣除试点政策的通知》（财税〔2010〕81号）］。 2. 示范区高新技术企业发生的职工教育经费支出，不超过工资薪金总额8%的部分，准予在计算应纳税所得额时扣除，超过部分准予在以后纳税年度结转扣除［《财政部 国家税务总局对中关村科技园区建设国家自主创新示范区有关职工教育经费税前扣除试点政策的通知》（财税〔2010〕82号）］。 3. 示范区高新技术企业转化科技成果，以股份或出资比例等股权形式给予本企业相关技术人员的奖励，技术人员可分期缴纳个人所得税，但最长不得超过5年［《财政部 国家税务总局对中关村科技园区建设国家自主创新示范区有关股权奖励个人所得税试点政策的通知》（财税〔2010〕83号）］
股权激励试点政策	在示范区内的国有高新技术企业、院所转制企业、高校、科研机构中进行股权和分红权激励改革，对做出突出贡献的科技人员和经营管理人员实施技术入股、股权奖励、期权、分红权等多种形式的激励［财政部 科技部关于印发《中关村示范区企业股权和分红激励实施办法》的通知（财企〔2010〕8号）等］
科研经费管理改革试点政策	在科技部、国家发展改革委、工业和信息化部、卫生部分别与北京市政府确定的联合支持的新立项项目中开展间接费用补偿、科研项目经费分阶段拨付、后补助和增加经费使用自主权试点［《财政部关于在中关村国家自主创新示范区开展科研项目经费管理改革试点的意见》（财教〔2011〕20号）］
高新技术企业认定试点政策	①示范区注册满半年不足一年的企业，可申请认定高新技术企业，发蓝底证书，不享受税收优惠；②核心自主知识产权中增加"国家新药、国家一级中药保护品种、经审定的国家级农作物品种、国防专利、技术秘密"［《关于完善中关村国家自主创新示范区高新技术企业认定管理试点工作的通知》（国科发火〔2011〕90号）］
全国性场外交易市场建设	经国务院同意，在中关村开展非上市股份转让试点，为高科技成长型非上市企业提供股份转让和募集资金服务。2012年8月，"新三板"首次扩容，适用范围新增上海张江、武汉东湖和天津滨海新区；2013年1月，全国中小企业股份转让系统正式挂牌并落户中关村；2013年6月，国务院确定将"新三板"试点扩大至全国

资料来源：http://hn.rednet.cn/c/2015/01/06/3570867.htm

表 12-3 国家 4 条先行先试政策

政策类别	相关政策文件及要点
股权奖励个人所得税试点	相关技术人员获得本企业给予的股权奖励，一次缴纳个人所得税有困难的，经主管税务机关审核，可在 5 年内分期缴纳［财政部、国家税务总局《关于中关村、东湖、张江国家自主创新示范区和合芜蚌自主创新综合试验区有关股权奖励个人所得税试点政策的通知》（财税〔2013〕15 号）］
有限合伙制创投企业法人合伙人所得税试点	有限合伙制创业投资企业采取股权投资方式投资于未上市的中小高新技术企业 2 年以上的，该有限合伙制创业投资企业的法人合伙人可按照其投资额的 70%，在股权持有满 2 年的当年抵扣该法人合伙人从该有限合伙创业投资企业分得的应纳税所得额；当年不足抵扣的，可以在以后纳税年度结转抵扣［《财政部 国家税务总局关于中关村国家自主创新示范区有限合伙制创业投资企业法人合伙人企业所得税试点政策的通知》（财税〔2013〕71 号）］
技术转让企业所得税试点	技术所有权转让或 5 年以上非独占许可使用权转让，在一个纳税年度内转让所得不超过 500 万元的部分免征企业所得税，超过 500 万元的部分减半征收企业所得税［《财政部 国家税务总局关于中关村国家自主创新示范区技术转让企业所得税试点政策的通知》（财税〔2013〕72 号）］
企业转增股本个人所得税试点	对中关村中小高新技术企业以未分配利润、盈余公积、资本公积向个人股东转增股本有关个人所得税，可最长不超过 5 年分期缴纳［《财政部 国家税务总局关于中关村国家自主创新示范区企业转增股本个人所得税试点政策的通知》（财税〔2013〕73 号）］

资料来源：http://hn.rednet.cn/c/2015/01/06/3570867.htm

第三节 贡献与作用

纵观近十几年的国家自创区发展历程，国家开放创新的战略已经走向全面深化改革，国家自创区核心功能辐射范围更全面，战略定位更明晰；在进一步完善科技创新的体制机制，加快发展战略性新兴产业，推进创新驱动发展，加快转变经济发展方式等方面发挥重要的引领、辐射、带动作用。

一、国家高新区的升级版，推动经济快速增长的主推力

国家自创区实质是国家高新区的升级版，集聚核心力量，整合优势产能。在中国经济发展进入新常态下，国家自创区依然保持着两位数的经济增长，成为中国经济发展的新动能，推动经济快速增长的主推力。2017 年，17 家国家自创区共包含 46 家高新区，占所有高新区工业总产值比例则达到了 62%，净利润达到 73%（图 12-1）。从工业总产值看，珠三角、苏南、中关村、山东半岛以及张江 5 家国家自创区排全国前 5 位，占所有国家自创区的比例达到 55.4%；其中，前三位的珠三角、苏南以及山东半岛国家自创区占比分别为 14.9%，14.1% 和 8.9%。

国家自创区在带动区域经济发展中占据重要地位。依靠密集的高新技术产业高效的人才培养效率等优势，国家自创区在积极探索产业协作、品牌共享、园区共建、技术输出、管理模式输出等新机制方面取得较好成效，对区外经济产生源源不断的正向溢出效

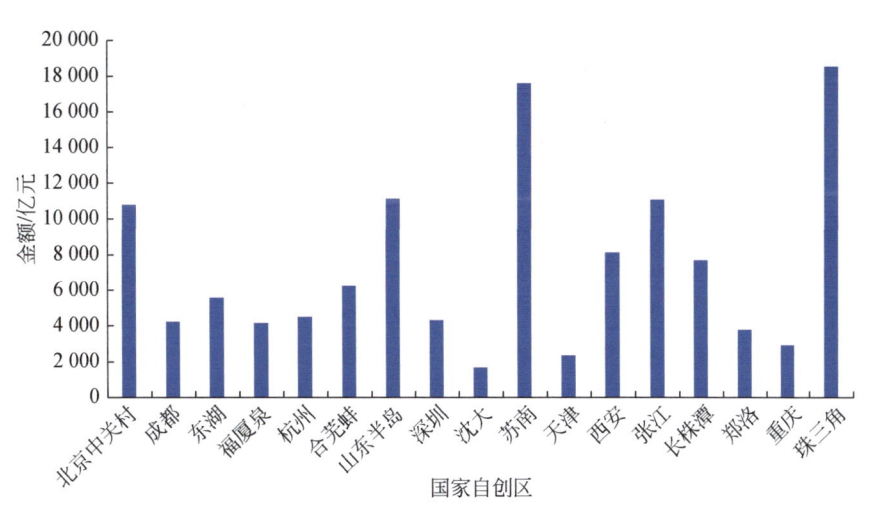

图 12-1　2017 年各国家自创区工业总产值

资料来源：中国火炬统计年鉴。因数据可获得性问题，深圳、苏南国家自创区等数据是以高新区数据为主，缺乏其组成的其他园区数据，下同

应，进而带动区域经济增长。2017 年，17 家国家自创区总计上缴税费达到 11 226 亿元（图 12-2）。其中，北京中关村国家自创区上缴税费量最为突出，占 17 家国家自创区上缴税费总额的 23.1%；其次，张江，珠三角以及苏南等三家国家自创区分别占 10.2%，9.1% 和 9.1%。相比而言，天津、郑洛、福厦泉以及沈大等四家国家自创区的占比均不足 2%，可见，尽管国家自创区对带动区域经济发展具有巨大作用，但不同国家自创区体量以及发展水平上存在显著差距，个别国家自创区仍需不断提升实力。

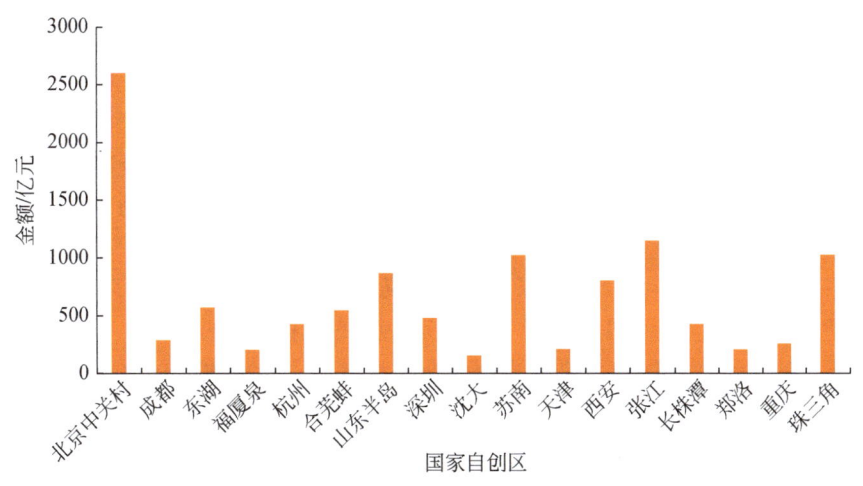

图 12-2　2017 年各国家自创区上缴税费

二、区域创新发展的关键载体,带动地区创新要素汇聚

国家自创区建设是国家大力推进创新驱动发展战略的重要举措,是区域创新发展的关键载体,无论在人才等创新要素、科技成果转化等平台,还是创新氛围方面,国家自创区均是国内各类园区中的佼佼者。

科技创新研发投入是评价国家自创区创新能力的重要指标之一,创新投入要素包括资金、人才、劳动力、科技平台的建设等。国家自创区通过创新机制改革,广泛吸引投资,形成了政府、企业和社会多元化的科技投入体系,为国家自创区企业的发展提供强有力的资金支持。2017年,17家国家自创区科技活动经费内部支出总额达8127亿元,占全国高新区的比例达78%;企业R&D经费内部支出4869亿元,占全国高新区的比例达79%(图12-3)。可见,国家自创区作为高新区的升级版和主力军,在科技研发投资中起到重要引领作用。

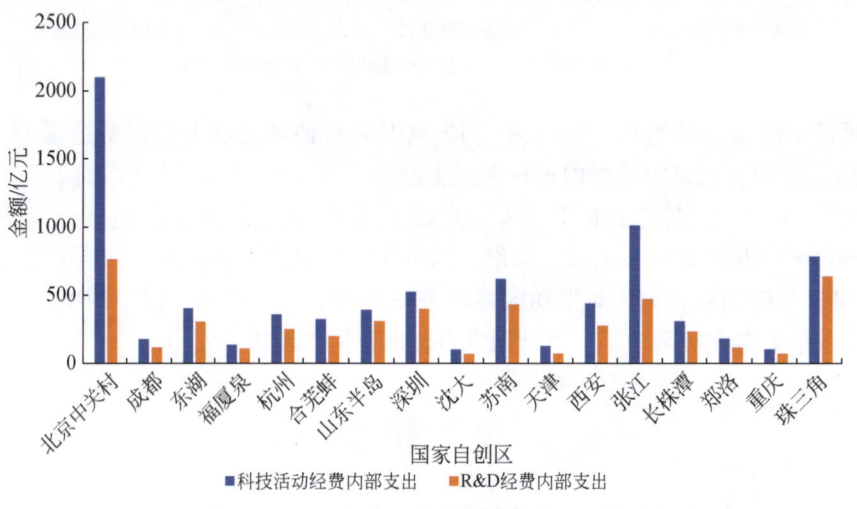

图12-3 2017年各国家自创区科技投入情况

国家自创区利用自身的政策优势,积极吸引、利用和整合全球创新资源,集聚高端研发机构,吸引创新型企业入驻,从而引领产业发展。从企业数量看,2017年,17家国家自创区的入驻园区企业共计74 066家;其中,高新技术企业已达39 939家,占全区企业的53.9%(图12-4)。科研型企业的入驻为园区发展带来了新的活力,带动了上下游产业及金融服务业的发展。从国家自创区内部企业技术收入占营业收入总比例看,2017年,17家国家自创区总技术收入比为13.7%,显著高于全国高新区的10.8%,说明国家自创区的企业技术水平与全国高新区相比存在一定优势(图12-5)。其中,最为突出的为东湖和深圳两家国家自创区,技术收入比分别为27.0%和27.7%;其次,北京中关村、成都、杭州、合芜蚌及沈大等国家自创区技术收入比也均在15.0%以上。

图 12-4　国家自创区企业情况

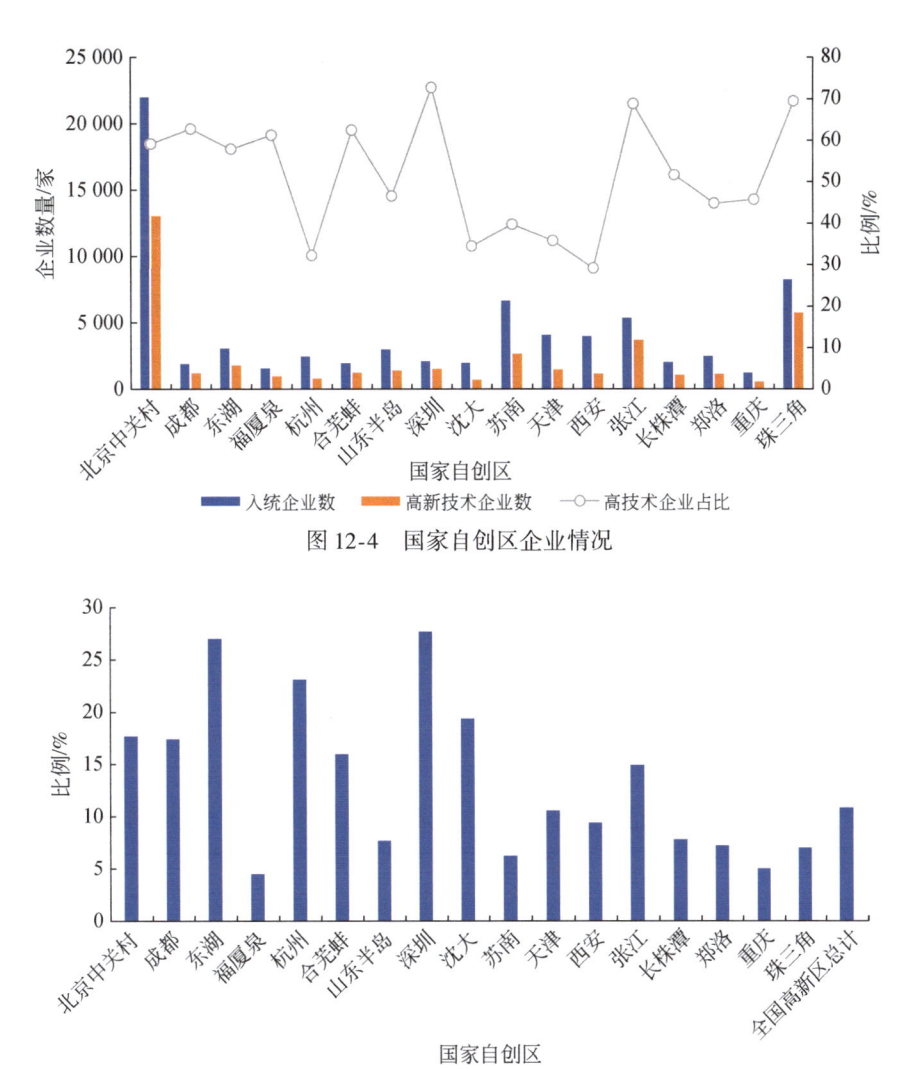

图 12-5　2017 年各国家自创区企业技术收入占比

三、不断推进体制机制与政策创新

过去三十多年，以经济特区、各类开发区等特殊经济空间为载体推动经济发展是我国经济高速增长的重要经验之一。经开区、高新区等园区以产业发展培育经济增长点为建设重点，以国家颁布的统一政策为准，形成"框架统一、产业不同"的模式。与此不同的是，国家自创区作为政策先行先试区，"自上而下"构筑政策环境，通过自身体制机制改革，率先在科技成果收益处置、创新创业税收优惠、科技金融、科技型企业、人才等方面进行改革，颁布创新型的政策。

最早的北京、武汉和上海等国家自创区政策示范主要集中在股权激励、科技金融改革创新方面，在科技项目费用提取、新型产业组织培育方面得到良好改革，在其他示范区以及全国推广，属于全国深化科技金融改革创新的试点基地。随后，其他 14 家国家自创区探索领域逐渐走向多元化，包括科技资源配置、创新主体激励、科技金融支撑体系以及科技创新平台架构等，并且深刻嵌入国家自创区产业结构转型升级的过程中。

经国务院批准，在第一个国家自创区中关村试点的 16 项政策，经其他国家自创区进一步试点后已推广到全国实施，国家自创区所在省市也已发布创新政策近 4500 条，充分调动了科技人员的积极性，给企业技术创新松了绑，有力地激发了各类创新主体的创新活力。例如，在人才政策方面，中关村大力建设人才特区，开辟了人才引进"绿色通道"。其中，人才特区的高层次人才可享受就诊绿色通道、医疗照顾、直接办理落户手续、随迁配偶优先推荐就业岗位等待遇，为符合条件的高层次人才提供定向租赁住房。苏南重视"本土化"人才培养使用，注重培养既懂科技又懂市场的科技企业家队伍，特别是改革人才资金资助方式，由无偿"补"改为"补""投"结合，实行资助资金审批与管理监督相分离的管理体制，撬动社会资本支持人才创新创业。成都提出允许和鼓励在川高校、科研院所等事业单位科研人员经单位批准后到成都高新区自主创业，在 3~5 年内保留其身份和职称，创业所得归个人所有，经考核合格后，薪级工资按照有关规定晋升。

四、中西部地区国家自创区建设有利于探索欠发达地区发展新模式

尽管国家自创区形成于东部沿海，建立在创新优势最为明显的高新区，但是近几年党中央尤为关注欠发达地区的创新发展。2016 年 7 月，习近平总书记在宁夏考察时指出："越是欠发达地区，越需要实施创新驱动发展战略"，"欠发达地区可以通过东西部联动和对口支援等机制来增加科技创新力量，以创新的思维和坚定的信心探索创新驱动发展新路"。2017 年 1 月发布的《国务院办公厅关于促进开发区改革和创新发展的若干意见》指出，支持有条件的国家高新技术产业开发区创建国家自创区。

中西部地区及东北地区已经拥有 11 家国家自创区，其中 10 家是在党的十八大之后设立。目前，也有很多西部地区也正在努力尝试建立国家自创区。随着我国经济发展进入"新常态"，中西部欠发达地区的传统发展方式正面临着巨大挑战；只有把创新作为发展的第一动力，努力探索新经验、创造新模式、培育新优势、走出新路子，才能有效推进供给侧结构性改革，培育经济增长新动能。与此同时，中西部欠发达地区也是全国实现创新发展难度最大的区域。不但技术创新所需要的核心要素（即创新人才和科技金融）十分薄弱，而且创新平台建设缓慢，体制机制和政府服务能力都还不适应创新发展的需要。另外，中西部地区也还没有形成有利于创新发展的氛围；从基层政府到企业，创新的意识相对比较淡薄。因此，这些地区国家自创区建设需要借助新的模式和方式，需要东部发达省区市和中央有关部门、大院大所的大力支持。

为实现新疆社会稳定和长治久安的总目标，新疆维吾尔自治区抢抓"一带一路"倡议和创新驱动发展战略的机遇，2015 年 8 月新疆维吾尔自治区党委决定联合科技部、深圳市和中国科学院，创造性地提出"四方合作机制"，选择创新基础和条件相对较好的乌鲁木齐、昌吉、石河子、克拉玛依、哈密等五地七个园区，启动建设丝绸之路经济带创新驱动发展试验区，率先开展创新驱动发展改革试验，结合丝绸之路核心区建设的特色、援疆机制，探索具有新疆特色的创新路径、创新模式和创新机制，两年来取得积极成效。2017

年，新疆维吾尔自治区、新疆生产建设兵团决定在继续推进新疆创新试验区的基础上选择创新基础较好的乌鲁木齐、昌吉、石河子三个国家高新区申请建设乌昌石国家自创区。2018年11月，国务院同意乌鲁木齐、昌吉、石河子高新技术产业开发区建设国家自创区。

第四节　存在问题与建议

与其他特殊经济空间相比，国家自创区属于新的平台类型。21家国家自创区发展态势也有所不同，北京中关村、上海张江国家自创区发展初具影响力，而大部分国家自创区仍处于探索培育阶段。

一、存在问题

后期批复的国家自创区创新性依然不足，现有政策执行效果有待加强。最早建立的国家自创区政策改革力度大，后期建立的国家自创区，基本以前几个国家自创区的政策为参考，自我改革措施提出较少。而且，大多数国家自创区只发布了综合性、纲领性的政策文件，比如建设方案、支持意见等。这些支持意见大多由国家自创区所在的上级单位发布，本身落地性较差。另外，很多国家自创区提出的创新型政策，在实际过程中无法得到推行。

国家自创区由发达地区向欠发达地区转移进程中，还缺乏成功模式和基础。中西部欠发达地区是全国实现创新发展难度最大的区域。不但技术创新所需要的核心要素（即创新人才和科技金融）十分薄弱，而且创新平台建设缓慢，体制机制和政府服务能力还都不适应创新发展的需要。另外，也还没有形成有利于创新发展的氛围；从基层政府到企业，创新的意识相对比较薄弱。如果需要创建国家自创区，需要比发达地区有更加重大、明显的政策突破才行，但是这往往更加难。未来，中西部的国家自创区建设需要借助新的模式和方式，需要东部发达省份和中央有关部门、科研院所的大力支持。目前，支持欠发达地区创新发展、创建国家自创区的模式很少。

大部分国家自创区的创新生态系统建设薄弱，缺乏系统性，国家自创区建设需要遵循创新发展的基本规律，不能一蹴而就，如前面所说创新是指经假设提出、科学研究、成果转化、产业化直至产品市场化的整个过程。创新发展包含人才、科技金融、创新空间、创新主体、创新服务等要素。这些要素是营造良好创新环境，提升创新能力的关键。因此，国家自创区建设必须要形成完整的创新链条，人才、科技金融等创新要素需要统一系统设计。但是，目前很多国家自创区政策呈现"碎片化"，缺少系统性和统筹安排。

从目前的管理体制来看，国家自创区虽然是由国务院批复，但仍属于科技部牵头的特殊经济空间。这就出现几个层次的问题。首先，国家自创区聚焦高新区，而周边其他具有优质创新能力的特殊经济空间未能纳入国家自创区建设，未来如何发挥这些平台的作用？其次，大部分创新要素和平台聚集于城市空间上，如何加强产业空间与更广范围创新要素空间的协调关系？另外，创新发展事关全方位系统性改革，国家自创区建设关乎多个领域、牵扯多个部门。通过省区市领导挂帅的国家自创区领导小组建设基本可以实现省内部门间的统筹，但是在财税、金融、人事等重大改革领域，仍需部委间的统筹协调。

二、发展建议

进一步加强体制机制改革与政策创新是国家自创区建设的重中之重。需要精准把握每个国家自创区的优势与短板，瞄准培育新技术、新产品、新企业、新业态和新产品，在科技资源配置、创新主体激励、科技金融支撑体系以及科技创新平台构建方面敢于突破。

国家自创区层面，深化省区市领导挂帅的领导小组管理体制建设，进一步统筹协调各部门力量。国家层面，建立和完善国家自创区部级协调机制，争取能够成立专属管理机构，负责统筹国家自创区的顶层设计与协调重大领域改革事宜。在国家自创区发展的一定阶段，逐步将国家自创区优惠政策辐射到周边具有优质创新基础的特殊经济空间、甚至全区域。学习新疆丝绸之路经济带创新驱动发展试验区建设经验，通过建立"四方合作"等经验，探索欠发达地区创新发展的新模式。

参 考 文 献

王双. 2017. 国家自主创新示范区演进轨迹与展望. 改革，279（5）：82-94.

朱常海. 2017. 国家自主创新示范区政策评述. 理论视野，（5）：28-36.

第十三章　自由贸易试验区建设研究

摘　要

2013年中国（上海）自由贸易试验区（简称上海自贸区）①获批以来，我国已分批次批准21个自贸区，初步形成"1+3+7+1+6+3"的基本格局，形成了东西南北中协调、陆海统筹的开放态势，推动形成了我国新一轮全面开放格局。本章将介绍我国自贸区建设的基本情况，总结自贸区建设中的经验与存在的问题，最后剖析上海自贸区和福建自贸区建设案例。主要观点如下：

批准成立上海自贸区标志着中国进入改革开放新时代。自贸区主要任务是先行先试接轨国际的制度规则、法律规范、政府服务和运作模式，为我国推动更高层次的改革开放创造经验、积累经验，引领全国开放升级。

我国已初步形成沿海沿边、多点开放的"1+3+7+1+6+3"自贸区格局，针对各个地区的发展重点，在各自贸区设计了不同的机制创新点，分别对接"一带一路"倡议和京津冀协同发展、长江经济带高质量发展、粤港澳大湾区建设等国家重大区域发展战略。

2013年自贸区建设启动以来，我国展开了投资、贸易、金融、监管等领域的多项试点，并在建设过程中积累了宝贵经验以推广至其他地区。但也存在政策实效评估机制单一、信息共享平台不够完善、行政管理能力有待提高、"高精尖"国际化人才短缺，以及开放力度不高、金融开放较慢、税率偏高、法律制度有待完善、系统性经验缺乏等问题。

第一节　基本情况

开放是国家繁荣发展的必由之路。以开放促改革、促发展，是我国改革开放以来经济发展的主要经验。为应对2008年金融危机后国际需求疲弱和国内劳动力成本升高的双重压力，打造中国经济的"升级版"，中国政府开始批准在上海、天津等地探索建立自贸区。自贸区是指在主权国家或地区的关境以内，以优惠税收和海关特殊监管政策为主要手段，以贸易自由化、便利化为主要目的的多功能经济性特区。其主要任务是先行先试接轨国际的制度规则、法律规范、政府服务和运作模式，为推动我国更高层次的改革开放创造经验、积累经验，引领全国开放升级。

中国自贸区建设可划分为四个阶段：2013年9月29日上海自贸区挂牌，中国正式开

---

① 以下各地自贸区命名方式都采用此种方式，即某某自贸区。

启自贸区建设时代；2015年4月21日，广东、福建和天津三地自贸区同步挂牌，27日，上海自贸区正式扩区，自贸区建设进入2.0时代。2017年3月31日，辽宁、浙江、河南、湖北、重庆、四川和陕西共7个全国第三批自贸区正式批复成立，国家自贸区建设从"单点试验"到"多点开花"，自贸区逐渐步入3.0时代。2018年10月16日，国务院批准设立海南自贸区，并支持海南逐步探索、稳步推进中国特色自由贸易港建设。2019年8月26日，山东、江苏、广西、河北、云南、黑龙江等6省区同步设立自贸区，自贸区进入深化改革的4.0时代。2020年9月21日，国务院批准设立北京、湖南、安徽自贸区，并批准扩展浙江自贸区（表13-1）。

目前，我国已基本形成以"1+3+7+1+6+3"自贸区为骨架、东西南北中协调、陆海统筹的全方位、高水平区域开放试验新格局，为加快实施"一带一路"提供了重要支撑。作为我国对接国际高标准贸易、投资规则的试验田，自贸区从诞生之初就承载了对接国家发展战略的使命。天津、上海、广东、福建的第一、第二批自贸区分别对接京津冀协同发展、长江经济带高质量发展、粤港澳大湾区建设、两岸经济合作等重大区域发展战略。而第三批辽宁、浙江、河南、湖北、四川、陕西、重庆7地自贸区，将对接长江经济带、中部崛起、西部大开发、振兴东北老工业基地等国家重大区域发展战略。进入4.0时代之后，我国沿海省区市已全部设立自贸区，且云南、黑龙江是我国首次在沿边地区设立的自贸区。至此，从沿海到沿边，我国对外开放格局上进一步完善（图13-1）。

"一带一路"是"1+3+7+1+6+3"自贸区格局共同对接的主线。上海、广东、天津和福建四个自贸区将以推动"一带一路"建设作为重要内容，争作"一带一路"建设的排头兵。2019年新设的7个自贸区和2020年新设的3个自贸区依旧将对接"一带一路"作为重要支点。例如，河南自贸区着力建设贯通南北、连接东西，服务于"一带一路"的现代综合交通枢纽和物流体系；陕西自贸区将发挥"一带一路"建设对西部大开发带动作用、加大西部地区门户城市开放力度的要求，打造内陆型改革开放新高地，探索内陆与"一带一路"沿线国家经济合作和人文交流新模式；辽宁自贸区将与"一带一路"沿线国家的国际产能和装备制造合作，在更大范围、更广领域参与国际竞争；海南自贸区则不断推进建设自由贸易港，加强建设21世纪海上丝绸之路的文化、教育、农业、旅游等交流平台，以特色产业、特色资源、特色条件参与"一带一路"国际合作。2020年新设的3个自贸区则是原有格局的重要延伸，其中，北京自贸区将助力建设具有全球影响力的科技创新中心，加快打造服务业扩大开放先行区、数字经济试验区，着力构建京津冀协同发展的高水平对外开放平台。

步入4.0时代后，中国自贸区试验改革的区域广度和内容深度全方位升级。中国社会科学院在《自贸区蓝皮书：中国自贸区发展报告（2016）》中写道，中国改革开放最基本的经验是以开放为国内改革提供压力、动力、标准和经验，而自贸区建设的首要特征就是以扩大开放和政府改革为双重任务，其核心内容不仅局限于对外开放，还要通过更高水平的对外开放形成倒逼机制，以促进国内相关部门改革。2017年10月18日，习近平总书记在党的十九大报告中指出，赋予自由贸易试验区更大改革自主权，探索建设自由贸易港。2018年11月23日，国务院印发《国务院关于支持自由贸易试验区深化改革创新若干措施的通知》，18个自贸区的制度创新将从原先的齐头并进模式进入"雁行"模式，以中央全

第十三章 自由贸易试验区建设研究

表 13-1 我国 21 个自贸区概况

批准成立时间	自贸区名称	空间范围	战略定位	发展目标
第一批 2013-9-27	上海自贸区	面积为 120.72km²,覆盖七个片区：上海市外高桥保税区、外高桥保税物流园区、洋山保税港区、上海浦东机场综合保税区、金桥出口加工区、张江高科技园区和陆家嘴金融贸易区	推进投资贸易便利化、货币兑换自由、监管高效便捷建立法治环境规范等方面担当"领头羊"	力争建设成为具有国际水准的、投资贸易便利、货币兑换自由、监管高效便捷、法制环境规范的自贸区,更好地为全国服务
	天津自贸区	面积为 119.9km²,涵盖三个功能区：天津港片区、天津机场片区及滨海新区中心商务片区	以制度创新为核心任务,以可复制可推广为基本要求,努力成为京津冀协同发展高水平对外开放平台、全国改革开放先行区和制度创新的试验田,面向世界的高水平自由贸易园区	经过三至五年改革探索,将自贸区建成成贸易自由、投资便利、高端产业集聚、金融服务完善、法制环境规范、监管高效便捷、辐射带动效应明显的国际一流自由贸易园区,在京津冀协同发展中发挥示范引领作用和我国经济转型发展中发挥示范引领作用
	广东自贸区	面积为 116.2km²,涵盖三个片区：广州南沙新区片区（广州南沙自贸区）、深圳前海蛇口片区（深圳前海蛇口自贸区）、珠海横琴新区片区（珠海横琴自贸区）	依托港澳、服务内地、面向世界,将自贸区建设成为粤港澳深度合作、21世纪海上丝绸之路合作示范区和全国新一轮改革开放先行地	经过三至五年改革试验,营造国际化、法治化营商环境,构建开放型经济新体制,形成国际经济合作竞争新优势,粤港澳深度合作,力争建设成符合国际高标准的法制环境规范、投资贸易便利、监管安全高效的自由贸易园区
第二批 2015-4-20	福建自贸区	面积为 118.04km²,涵盖三个片区：福州片区、厦门片区和平潭片区	围绕立足两岸、服务全国、面向世界的战略要求,充分发挥改革先行优势,营造国际化、市场化、法治化营商环境,把自贸区建设成为改革创新试验田;充分发挥对台优势,率先推进闽台经济建设成与台湾地区投资贸易自由化进程,把自贸区建设成为深化两岸经济合作的示范区;充分发挥对外开放前沿优势,打造21世纪海上丝绸之路核心区,建设面向21世纪海上丝绸之路沿线国家和地区开放合作新高地	持续扩大开放与深化改革相结合,功能培育与制度创新相结合,加快转变政府职能,建立与国际投资贸易规则相适应的新体制,创新两岸合作机制,推动货物、服务、资金、人员等各类要素自由流动,增强闽台经济关联度,加快形成更高水平对外开放新格局,拓展与21世纪海上丝绸之路沿线国家和地区交流合作的深度和广度,经过三至五年改革探索,服务体系健全,力争建设成贸易便利、金融创新功能突出、法制环境规范创新的自由贸易园区

| 203 |

续表

批准成立时间	自贸区名称	空间范围	战略定位	发展目标
第三批 2017-3-31	辽宁自贸区	实施范围为119.89km²，涵盖三个片区：大连片区、沈阳片区、营口片区	以制度创新为核心，以可复制可推广为基本要求，加快市场取向体制机制改革，积极推动结构调整，努力将自贸区建设成为提升东北老工业基地发展整体竞争力和对外开放水平的新引擎	经过三至五年改革探索，努力建成高端产业集聚、投资贸易便利、金融服务完善、监管高效便捷、法治环境规范的高水平高标准自由贸易园区，引领东北地区转变经济发展方式、提高经济发展质量和水平
	浙江自贸区	实施范围为119.95km²，由陆域和相关海洋锚地组成，涵盖三个片区：舟山离岛片区、舟山岛北部片区、舟山岛南部片区	以制度创新为核心，以可复制可推广为基本要求，将自贸区建设成为东部地区重要海上开放门户示范区、国际大宗商品贸易自由化先导区和具有国际影响力的资源配置基地	经过三年左右有特色的改革探索，基本实现投资贸易便利、高端产业集聚、法治环境规范、服务高效便捷、监管完善，辐射带动作用明显提升，以油品为核心的大宗商品全球配置能力显著提升，对接国际标准初步建成自由贸易港区先行区
	河南自贸区	实施范围为119.77km²，涵盖三个片区：郑州片区、开封片区、洛阳片区	加快建设贯通南北、连接东西的现代立体交通体系和现代物流体系，将自贸区建设成为服务于"一带一路"建设的现代综合交通枢纽、全面改革开放试验田和内陆开放型经济示范区	经过三至五年改革探索，形成与国际投资贸易通行规则相衔接的制度创新体系，营造法治化、国际化、便利化的营商环境，努力将河南自贸区建设成为投资贸易便利、高端产业集聚、交通物流通达、监管高效便捷，辐射带动作用突出的高水平高标准自由贸易园区，引领内陆经济转型发展，推动构建全方位对外开放新格局
	湖北自贸区	实施范围为119.96km²，涵盖三个片区：武汉片区、襄阳片区、宜昌片区	以制度创新为核心，以可复制可推广为基本要求，立足中部、辐射全国、走向世界，努力成为中部有序承接产业转移示范区，战略性新兴产业和高技术产业集聚区，全面改革开放试验田和内陆对外开放新高地	经过三至五年改革探索，对接国际高标准投资贸易规则体系，金融服务完善，创新创业活跃，突出的高水平高标准自由贸易园区，辐射带动作用突出，在实施中部崛起战略和推进长江经济带发展中发挥示范作用

续表

批准成立时间	自贸区名称	空间范围	战略定位	发展目标
	四川自贸区	实施范围为119.99km²，涵盖三个片区：成都天府新区片区、成都青白江铁路港片区、川南临港片区	立足内陆，承东启西，服务全国，面向世界，将自贸区建设成为西部门户城市开发开放引领区，内陆开放战略支撑带先导区，国际开放通道枢纽区，内陆开放型经济新高地，内陆与沿海沿边沿江协同开放示范区	经过三至五年改革探索，力争建成法治环境规范、投资贸易便利、创新要素集聚、监管高效便捷、协同开放效果显著的高水平高标准自由贸易园区，在打造内陆开放型经济高地、深入推进西部大开发和长江经济带发展中发挥示范作用
第三批 2017-3-31	陕西自贸区	实施范围为119.95km²，涵盖三个片区：中心片区、西安国际港务区片区、杨凌示范区片区	以制度创新为核心，以可复制可推广为基本要求，全面落实党中央、国务院关于更好发挥"一带一路"建设对西部大开发带动作用，加大西部地区门户城市开放力度的要求，努力将自贸试验区建设成为全面改革开放新高地，"一带一路"经济合作和人文交流重要支点	经过三至五年改革探索，形成与国际投资贸易通行规则相衔接的制度创新体系，营造法治化、国际化、便利化的营商环境，努力建成投资贸易便利、高端产业集聚、金融服务完善、监管高效便捷、法治环境规范、人文交流深入，准自由贸易园区，推动"一带一路"建设和西部大开发战略的深入实施
	重庆自贸区	实施范围为119.98km²，涵盖3个片区：两江片区、西永片区、果园港片区	以制度创新为核心，以可复制可推广为基本要求，全面落实党中央、国务院关于发挥重庆战略支点和连接点作用，加大西部地区门户城市开放力度的要求，努力将自贸区建设成为"一带一路"和长江经济带互联互通重要枢纽、西部大开发战略重要支点	经过三至五年改革探索，努力建成投资贸易便利、高端产业集聚、监管高效便捷、金融服务完善、辐射带动作用突出的高水平高标准自由贸易园区，努力建成服务于"一带一路"建设和长江经济带发展的国际物流枢纽和口岸高地，推动构建西部地区门户城市全方位开放新格局，带动西部大开发战略深入实施
第四批 2018-10-16, 2019-8-26, 2020-9-21	海南自贸区	实施范围为海南全岛，约3.54万km²	把海南打造成为我国面向太平洋和印度洋的重要对外开放门户。海南将在"一带一路"倡议特别是21世纪海上丝绸之路建设中发挥枢纽性作用，成为中国与东南亚、南亚乃至环太平洋、环印度洋国家合作的全方位、立体化的开放通道	经过三至五年的努力，自由贸易港制度初步建立，营商环境达到国内一流水平；民主法制更加健全，公共服务水平和质量达到国内先进水平，基本公共服务均等化基本实现；生态环境质量继续保持全国领先水平

续表

批准成立时间	自贸区名称	空间范围	战略定位	发展目标
第四批 2018-10-16, 2019-8-26, 2020-9-21	山东自贸区	实施范围为119.98km²,涵盖三个片区:济南片区、青岛片区、烟台片区	以制度创新为核心,以可复制可推广为基本要求,全面落实中央关于培强经济社会发展创新力、转变经济发展方式、建设海洋强国的要求,加快推进新旧动能接续转换,发展海洋经济,形成对外开放新高地	经过三至五年改革探索,对标国际先进规则,形成更具国际竞争力的制度创新成果,推动经济发展质量变革、效率变革、动力变革,基本建成贸易投资便利、融资服务完善、监管安全高效、辐射带动作用突出的高标准高质量自由贸易园区
	江苏自贸区	实施范围为119.97km²,涵盖三个片区:南京片区、苏州片区、连云港片区	以制度创新为核心,以可复制可推广为基本要求,全面落实中央关于深化产业结构调整、推动全方位对外开放、加快"一带一路"交汇点建设,着力打造开放型经济发展先行区、实体经济创新发展和产业转型升级示范区	经过三五年有国际先进规则,对标国际先进规则,形成更多有国际竞争力的制度创新成果,推动经济发展质量变革、效率变革、动力变革,高端产业集聚,贸易投资便利、高端产业集聚、金融服务完善、监管安全高效、辐射带动作用突出的高标准高质量自由贸易园区
	广西自贸区	实施范围为119.99km²,涵盖三个片区:南宁片区、钦州港片区、崇左片区	以制度创新为核心,以可复制可推广为基本要求,全面落实中央关于打造西南中南地区开放发展新的战略支点的要求,发挥广西与东盟国家陆海相邻的独特优势,着力建设西南中南西北出海新通道,面向东盟的国际陆海贸易新通道,形成21世纪海上丝绸之路和丝绸之路经济带有机衔接的重要门户	经过三五年有国际先进规则,对标国际先进规则,形成更多有国际竞争力的制度创新成果,推动经济发展质量变革、效率变革、动力变革,努力建成贸易投资便利、金融服务完善、监管安全高效、引领中国—东盟开放合作的高标准高质量自由贸易园区
	河北自贸区	实施范围为119.97km²,涵盖四个片区:雄安片区、正定片区、曹妃甸片区、大兴机场片区	以制度创新为核心,以可复制可推广为基本要求,全面落实中央关于京津冀协同发展战略和高标准高质量建设雄安新区要求,积极承接北京非首都功能疏解和京津科技成果转化,着力建设国际商贸物流重要枢纽、新型工业化基地、全球创新高地和新开放发展先行区	经过三五年改革探索,对标国际先进规则,形成更多有国际竞争力的制度创新成果,推动经济发展质量变革、效率变革、动力变革,努力建成贸易投资自由便利、高端高新产业集聚、金融服务开放创新、政府治理包容审慎、区域协同发展高地的高标准高质量自由贸易园区

续表

批准成立时间	自贸区名称	空间范围	战略定位	发展目标
第四批 2018-10-16，2019-8-26，2020-9-21	云南自贸区	实施范围为119.86km²，涵盖三个片区：昆明片区、红河片区、德宏片区	以制度创新为核心，全面落实中央关于加快沿边开放的要求，着力打造"一带一路"和长江经济带互联互通的重要通道，建设连接南亚东南亚大通道的重要节点，推动形成我国面向南亚东南亚辐射中心，开放前沿	经过三至五年改革探索，对标国际先进规则，形成更多有国际竞争力的制度创新成果，推动经济发展质量变革、效率变革、动力变革，努力建成贸易投资便利、交通物流通达、要素流动自由、金融服务创新完善、生态环境优质量一流，辐射带动作用突出的高标准高质量自由贸易园区
	黑龙江自贸区	实施范围为119.85km²，涵盖三个片区：哈尔滨片区、黑河片区、绥芬河片区	以制度创新为核心，全面落实中央关于推动东北全面振兴全方位振兴，建成向北开放重要窗口的要求，着力深化产业结构调整，打造对俄罗斯及东北亚区域合作的中心枢纽	经过三至五年改革探索，对标国际先进规则，形成更多有国际竞争力的制度创新成果，推动经济发展质量变革、效率变革、动力变革，努力建成贸易投资便利、高端产业集聚、营商环境优良、监管安全高效的高标准高质量自由贸易园区
	北京自贸区	实施范围为119.68km²，涵盖科技创新、国际商务服务、高端产业三个片区	以制度创新为核心，全面落实中央关于深入实施创新驱动发展、推动京津冀协同发展的战略要求，助力京津冀建设具有全球影响力的科技创新中心，加快打造服务业扩大开放行区、数字经济试验区，着力构建京津冀协同发展的高水平对外开放平台	赋予自贸试验区更大的改革自主权，深入开展差别化探索。对标国际先进规则，加大开放力度，开展规则、规制、管理、标准等制度型开放，开放创新、协同创新、原始创新、技术创新，积累实践经验，努力建成贸易投资便利、创新要素集聚、高端产业集聚、金融服务完善、国际经济交往活跃、监管安全高效、辐射带动作用突出的高标准高质量自由贸易园区。强化自贸试验区改革同北京市中关村国家自主创新示范区改革试点任务具备条件的在中关村国家自主创新示范区全面实施，并逐步在北京市推广试验

| 207

续表

批准成立时间	自贸区名称	空间范围	战略定位	发展目标
第四批 2018-10-16, 2019-8-26, 2020-9-21	湖南自贸区	实施范围为119.76km²，涵盖三个片区：长沙片区、岳阳片区、郴州片区	以制度创新为核心，以可复制可推广为基本要求，全面落实中央关于加快建设制造强国、实施中部崛起战略等要求，发挥东部沿海地区和中西部地区过渡带、长江经济带和沿海开放带经济结合部的区位优势，着力打造世界级先进制造业集群，联通长江经济带和粤港澳大湾区的国际投资贸易走廊、中非经贸深度合作先行区和内陆开放新高地	赋予自贸试验区更大的改革自主权，深入开展差别化探索。对标国际先进规则，开展规则、规制、管理、标准等制度型开放。经过三至五年改革探索，为进一步扩大对外开放积累实践经验，推动先进制造业高质量发展，提升关键领域创新能力和水平，努力建成中非经贸合作新路径新机制，形成投资贸易便利、监管安全高效、金融服务完善，辐射带动作用突出的高标准高质量自由贸易园区
	安徽自贸区	实施范围为119.86km²，涵盖三个片区：合肥片区、芜湖片区、蚌埠片区	以制度创新为核心，以可复制可推广为基本要求，全面落实中央关于深入实施创新驱动发展、推动长三角区域一体化发展战略等要求，发挥在推进"一带一路"建设和长江经济带发展中的重要节点作用，推动科技创新和实体经济发展深度融合，加快推进科技创新和战略策源地建设、先进制造业和战略性新兴产业集聚发展，形成内陆开放新高地	赋予自贸试验区更大的改革自主权，深入开展差别化探索。对标国际先进规则，开展规则、规制、管理、标准等制度型开放。经过三至五年改革探索，为进一步扩大对外开放积累实践经验，推动科技创新和产业创新，企业创新，推进开放大通道大平台大通道建设，努力建成投资贸易便利、创新活跃强劲、高端产业集聚、金融服务完善、监管安全高效，辐射带动作用突出的高标准高质量自由贸易园区

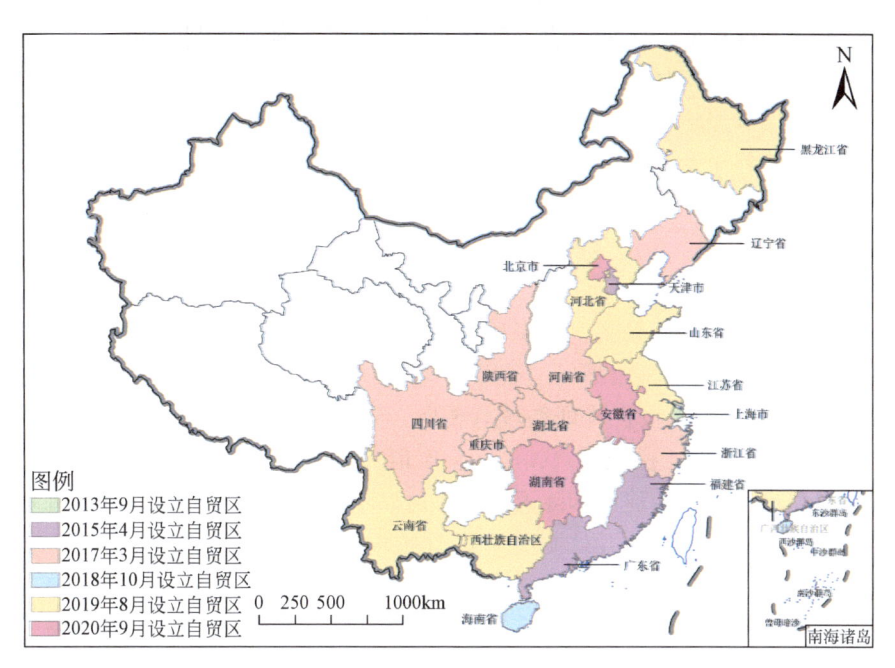

图 13-1　设有自贸区的省区市

面深化改革领导小组通过的《全面深化中国（上海）自由贸易试验区改革开放方案》为引领，中国自贸改革从原来狭义的自贸区向综合改革试验区发展，包括综合保税、金融、高新产业、农业、旅游在内的多类型自贸片区将出现，改革领域将大大拓宽。2020年，海南公布了《2020海南自由贸易港投资指南》（中英文版），为有意向在海南开展投资和经贸活动的全球投资者提供指引；开通了洲际（洋浦—南太平洋—澳大利亚）航线，填补了海南与菲律宾、巴布亚新几内亚、澳大利亚的海运航线空白，为全国自贸区建设提供了重要经验。

第二节　自贸区建设经验及问题

一、建设经验

在我国经济结构调整、产业格局优化的大背景下，对我国自贸区进行全面介绍和系统性研究，对探索未来经济增长的方向与模式、进一步融入国际服务贸易和投资体系具有重要意义。2013年自贸区建设启动以来，我国自贸区以制度创新为核心，形成了诸多可复制、可推广的制度成果，在投资、贸易、金融及事中事后监管方面均形成值得推广的经验，取得了较好的成效。自贸区用两万分之一的国土面积吸引了全国十分之一的外资，取得的上百项试点经验已复制推广到全国。

作为我国对外开放的新平台，上海自贸区是推动国内改革的加速器，也是我国自加入世界贸易组织后对外开放主线的延续和创新。目前，上海自贸区已建立与国际投资贸易规则相衔接的基本制度框架，在金融改革创新方面形成了一些可复制、可推广的经验。2014年上海自贸区成立仅一年时，国务院就印发《国务院关于推广中国（上海）自由贸易试验区可复制改革试点经验的通知》，在全国范围内推广其可复制的改革试点经验，重点是投资管理、贸易便利化、金融、服务业开放及事中事后监管措施五大领域的改革事项，以及海关监管制度创新等改革事项。

2016年广东、天津、福建自贸区以及上海自贸区扩展区域运行以来，在投资、贸易、金融及事中事后监管等多个方面进行了进一步大胆探索，形成了新一批改革创新成果。2016年11月10日国务院印发了《国务院关于做好自由贸易试验区新一批改革试点经验复制推广工作的通知》，其中复制推广的改革事项共19项。其中，在全国范围内复制推广的新一批改革事项共12项：投资管理领域有3项，分别为"负面清单以外领域外商投资企业设立及变更审批改革""税控发票领用网上申请""企业简易注销"；贸易便利化领域包括"依托电子口岸公共平台建设国际贸易单一窗口，推进单一窗口免费申报机制""国际海关经认证的经营者（AEO）互认制度"等7项；事中事后监管措施共2项，分别为"引入中介机构开展保税核查、核销和企业稽查""海关企业进出口信用信息公示制度"。在海关特殊监管区域复制推广的改革事项共7项，包括"入境维修产品监管新模式""一次备案，多次使用"等。

2018年与2019年第四批自贸区的设立，促进全国形成"沿海成片、内陆连线、沿边设点"的新格局。自贸区不仅在地理空间上实现了扩展，同时也在政策方面不断进行深化改革。2019年8月，国务院印发《中国（山东）、（江苏）、（广西）、（河北）、（云南）、（黑龙江）自由贸易试验区总体方案》。除沿边沿海增加自贸区外，还针对各个地区的发展重点设计了不同的机制创新点，如江苏方案提出优化口岸通关流程、推进货物平均放行和结关时间体系化建设；云南方案提出实施"一口岸多通道"监管创新；河北方案提出金融监管"沙盒机制"，在雄安股权交易所开展股权众筹试点；山东方案提出开展资本项目收入支付便利化改革试点；广西方案提出将有关外籍及港澳台人才省级管理权限赋予自贸区；黑龙江方案提出开展海外人才离岸创新创业试点。2020年，北京、湖南、安徽自贸区的成立和浙江自贸区的扩展，进一步加强了自贸区对外开放的总体格局，标志着我国的自贸区建设已经从2013年的初期试点阶段进入到全面推进阶段。

我国自贸区建设的初心和核心内容是制度创新，用制度创新倒逼改革，建设围绕投资管理体制、贸易便利化、金融开放创新、政府职能转变、法治化建设为主要内容的制度创新体系。2013年上海自贸区成立以来，各批自贸区各有亮点，积累了一大批制度创新成果和重要经验，可总结为以下五个方面（李善民，2020）。

1. 政府职能转变方面

一是不断简政放权。大力推行行政审批制度改革是自贸区政府职能转变的重要体现，如取消、删减、转移和调整一批又一批的市场准入前置审批事项；率先在自贸区推行"一口受理"；在国内率先实现企业登记注册"多照合一"，探索使用电子营业执照；探索放开企业登记经营场所的限制；率先使用地税电子税务登记证，绝大部分业务实现全流程网上办理。

二是不断加强事中事后监管。自贸区严格按照"谁审批、谁监管、谁负责"的原则，不断加强事中事后监管。建立商事登记认领通报制度，明晰监管责任；组建综合执法机构，试行"一支综合执法队伍管全部"；建立统一的市场监管信息平台，提供监管信息支撑；构建企业信用监督指标体系，按照信用等级对登记的商事主体实施分类监管；推行企业年报和经营异常名录管理。

三是不断优化政府公共服务方式。凭借互联网和电子技术媒介，自贸区广泛采用电子政务服务模式，大大提高了企业和个人的办事效率，节约商事登记及后续的缴费时间和成本。

2. 投资便利化方面

一是市场准入的负面清单管理模式不断升级。自贸区在全国率先实施负面清单的投资管理模式。2013 年，上海自贸区推出全国首张负面清单，外商投资准入特别管理措施有190 条；2017 年 7 月 10 日起开始实施的第四版《自由贸易试验区外商投资准入特别管理措施（负面清单）（2017 年版）》划分为 15 个门类、40 个条目、95 项特别管理措施。

二是商事登记制度改革不断完善。上海自贸区率先实行注册资本认缴制，工商部门登记公司全体股东、发起人认缴的注册资本或认购的股本总额（即公司注册资本），不登记公司实收资本；公司应当将股东认缴出资额或者发起人认购股份、出资方式、出资期限、缴纳情况通过市场主体信用信息公示系统向社会公示。

三是投资项目管理由核准制改为备案制。在外商投资领域，对负面清单之外的领域，按照内外资一致的原则，将外商投资项目由核准制改为备案制（国务院规定对国内投资项目保留核准的除外），备案全程网上办理，即时完成。在境外投资领域，一方面实施境外投资项目备案管理制度，企业境外投资除重大项目和敏感项目外，其他项目一律适用备案管理；另一方面实施境外投资开办企业备案管理制度。

四是服务新创投资和企业"走出去"。首先，出台金融配套措施促进境外投资便利，在资金环节、跨境投融资业务、外汇管理方面，提供政策便利。其次，搭建"走出去"综合服务平台，如"中国（上海）自由贸易试验区境外投资服务平台"极大方便了"走出去"的企业。最后，提供创新创业服务支持，推出"政务服务窗口无否决权"改革。

3. 贸易便利化方面

"一线放开、二线高效安全管住"是自贸区贸易便利化的原则。在确保二线安全的前提下尽可能减少对一线的干预。由于我国自贸区主要设置在海关监管区域，因此贸易便利化主要体现在海关监管和货物通关便利化上。

一是国际贸易"单一窗口"建设成效卓越。"一站式"电子通关平台，利用互联网建立"一站式"的电子系统，整合多行政职能部门各自的系统，打造"单一窗口"。二是通关便捷程度不断提升。通过简化手续，实行直通程序、周报关制度等一次性报关或集中报关措施，为自贸区用户提供便捷服务，缩短货物报关程序，减少通关时间成本。三是货物分类监管手段不断优化。为了满足和适应商品无国界生产和全球分销运营的需要，对货物进行四类"区域货物状态"的分类监管，包括优惠国的国外状态、对外贸易区受制状态、非优惠国的国外状态和国内状态。四是不断培育贸易新业态和新功能。例如，跨境电商、文化艺术保税等产业通过自贸区贸易便利化获得快速发展。

4. 金融开放方面

一是逐步探索推进人民币国际化。金融领域的制度创新以宏观审慎、风险可控为前提，以促进投资贸易便利化为出发点，以服务实体经济为依托，围绕"金改51条"和"金改40条"，积极稳妥推进金融放开创新。以自由贸易账户（FT）为核心的金融放开创新不断推进，自由贸易账户体系建成运行。二是加强对国内、跨境融资风险管控。作为金融开放创新的全国试验中心，上海自贸区组成金融工作协调推进小组，完善金融宏观审慎管理措施及各类金融机构风险防范机制。三是增强金融服务功能。上海黄金交易所推出"上海金"集中定价交易机制；上海保险交易所正式运营，成为首家国家级、创新型保险要素市场；而融资租赁业务创新是天津自贸区金融创新重要特色经验。

5. 法治化建设方面

一是依法引领改革局面基本形成。各大自贸区公布了系列《自由贸易试验区管理办法》以及相关条例，确立了从管理体制、投资开放、贸易便利、金融服务到综合监管的法制框架。

二是司法保障和争议解决机制基本建立。借鉴国际自贸区经验，各自贸区加快健全争议解决机制，形成了以法院为主、仲裁调解为辅的格局。例如，浦东、前海、横琴等设立自贸区法庭，相关的自贸区设立了仲裁院、自贸区知识产权法庭和海事法院自贸区法庭。新加坡国际仲裁中心在自贸区设立代表处，仲裁机构的多元化、国际化程度不断提高，商事调解制度正逐步建立。

三是法律服务平台建设逐渐完善。一批法治化监管创新模式涌现，如综合行政执法改革、内地与港澳律师事务所合伙联营试点、中国自贸区仲裁合作联盟、知识产权快速维权援助中心等。在国际法律服务方面，国际商事仲裁机构，域外法律查明服务平台，国际人才引进政策等措施在自贸区取得突破性进展。

二、存在问题

尽管当前我国自贸区建设方面取得了积极成效，并在全国范围内推广了许多改革创新的有效经验，但也存在政策实效评估机制单一、信息共享平台有待完善、行政管理能力有待提高、"高精尖"国际化人才短缺等诸多问题。同时，我国自贸区的贸易伙伴经济体量较小，经济发达程度较低、与自贸伙伴的贸易关系紧密度不足、自由贸易区开放的业务有限、目前还无法全面适应《跨太平洋伙伴关系协定》（Trans-Pacific Partnership Agreement，TPP）为代表的自由贸易区规则等问题，还需要在未来的建设中不断完善。其具体表现可归结如下（潘家华等，2019）。

1. 自贸区开放力度整体不高

同国际主要自贸区相比，我国自贸区开放程度还有较大差距，尤其是电信、文化、医疗等核心领域开放步伐缓慢，外资准入尚有一定限制，如根据负面清单内容：在电信增值领域，外商持股比例不得高于50%，基础电信业务须由中方控股。此外，已开放领域在落地过程存在诸多限制，使得开放力度和落地程度与预期之间差距较大。

2. 资本流动方面并未取得突破性进展

从上海自贸区的实践来看，金融开放步伐较为缓慢，仅构建以分账核算体系和自由贸易账户为核心的风险管理制度。自由贸易账户方面，其功能目前仅停留在支付手段阶段，投资功能和储值功能没有得到充分发挥，资金集聚效应没有得到体现。汇率自由化和利率市场化方面，我国自贸区目前没有实质性开放举措，离资本项目可兑换的目标还有不小的距离。

3. 现行自贸区的税率偏高

制度创新是我国自贸区建设的主要目标，目前自贸区建设中税制改革主要集中在申报效率、税种选择上，而不涉及税收优惠。上海自贸区的企业所得税现行规定为在区内的综合保税区内的企业，按照综保区的税率（17.5%）；不在综合保税区但是在自贸区内的企业，税率和全国一样，没有优惠。而从世界主要地区自贸区经验来看，税收优惠是其发展的主要内容之一，目前新加坡的所得税率为17%。相比之下，我国自贸区税率偏高，自贸区建设的政策优惠方面还须完善。

4. 相关自贸区的法律制度有待完善

与美国、新加坡、智利等国专门制定的自贸区法律相比，我国自贸区法律制度建设滞后，目前已有的一些"管理办法"和"总体方案"层级较低，与现行法律法规的关系尚未理顺。故而，自贸区缺少决策的自主权和立法权，大部分事权仍然集中在国家部委，金融等领域的深层次改革无法取得实质性突破。

5. 自贸区试点缺少系统性经验

在信息化背景下，制度创新是一项系统性工程，相关改革举措具有内在关联性，需要多个部门相互配合。以上海自贸区为例，许多复制推广的试点经验，只涉及单一部门改革，系统性不够。这种碎片化的制度设计使得投资贸易规则设计只是针对价值链的某个环节，忽视了整个价值链的发展趋势，不利于产业发展和系统性经验的总结推广。

此外，"容错机制"尚未得到复制推广，目前只有广东自贸区建立了容错机制，将容错免责具体化、条件化。作为国际贸易最新发展趋势的数字贸易领域，跨境数据流动受限，使得整个改革试验举步维艰。另外，在知识产权、环境保护等领域的改革试验也有待进一步加强。

第三节　上海自贸区与福建自贸区

一、上海自贸区

上海自贸区的成立被视为中国重启改革的标志性事件。上海自贸区以制度创新为起点，带动金融、税收、贸易、政府管理等一系列政策变革，起到巨大的示范效应，这不仅与国际接轨，还承担国内改革的重任，甚至起到倒逼行政体制改革的作用。2013年成立至今，上海自贸区在建立与国际通行规则相衔接的投资贸易制度体系、深化金融开放创新、加快政府职能转变和构建开放型经济新体制方面，取得了重要成果。上海自贸区的制度框架基本形成，制度创新也转化为扎扎实实的经济增长动力，以浦东新区1/10的土地面积，创造了浦东新区3/4的生产总值；以上海市1/50的土地面积，创造了上海市1/4的生产总值，表明制度创新而非优惠政策是驱动经济长远发展的持续动力。

金融业的开放是上海自贸区建设的核心内容之一，是六大开放领域的第一大领域。从自贸区发展过程来看，金融领域的开放是循序推进的。而上海自贸区在2015年和2017年发生了两次扩容，被市场解读为1.0、2.0到3.0版本的跨越。1.0时代可概括为以体制、机制和法制创新，保证上海自贸区的正确发展方向，这些创新包括：国务院先后两次分别取消32项和71项审批制度、"一行三会"颁布共51条金融创新和改革举措等。

在3.0版本，上海自贸区金融业的改革有五大亮点，分别是：进一步推进资本项下人民币自由交换的广度、深度和力度；进一步扩大人民币在境外的使用；搭建更加符合国际规则和运作机制的对内与对外开放平台，力促更多民营银行诞生；建设符合国际机制的金融证券交易平台，具有国际可比性、国际认知度和国际参与度的特性；建立本外币一体化的监管模式与体系。

2020年4月22日上海市推进自贸区、国际金融中心、国际贸易中心、国际航运中心建设领导小组视频会议召开，会议指出上海自贸区临港新片区要加快制订出台"五个重要"行动计划，其他片区要研究制订自贸区4.0版方案，争取更多突破。而国家外汇管理局上海市分局在2019年7月10日就发布《进一步推进中国（上海）自由贸易试验区外汇管理改革试点实施细则（4.0版）》，从简政放权、贸易和投资便利化、总部经济发展、离岸金融服务四个方面不断深化上海自贸区创新试点内容。

二、福建自贸区

福建自贸区是中国大陆境内继上海自贸区之后的第二批自贸区之一。福建自贸区范围总面积118.04km^2，包括平潭、厦门、福州3个片区。其中，平潭片区43km^2、厦门片区43.78km^2、福州片区31.26km^2。

按区域布局划分，平潭片区重点建设两岸共同家园和国际旅游岛，在投资贸易和资金人员往来方面实施更加自由便利的措施。厦门片区重点发展两岸新兴产业和现代服务业合作示范区、东南国际航运中心、两岸区域性金融服务中心和两岸贸易中心。福州片区重点建设先进制造业基地、21世纪海上丝绸之路沿线国家和地区交流合作的重要平台、两岸服务贸易与金融创新合作示范区。按海关监管方式划分，海关特殊监管区域重点探索以贸易便利化为主要内容的制度创新，开展国际贸易、保税加工和保税物流等业务。非海关特殊监管区域重点探索投资制度改革，推动金融制度创新，积极发展现代服务业和高端制造业。

福建自贸区具有其发展特色和侧重方向。具体而言，有五方面的创新举措：一是探索闽台产业合作的新模式；二是扩大对台服务贸易的开放；三是推动闽台的货物贸易自由化；四是推动两岸金融合作的先行先试；五是促进两岸往来的更加便利。

福建自贸区致力于推进服务业扩大开放和外商投资管理体制改革，加快探索资本项目可兑换和金融服务业全面开放，探索建立货物状态分类监管模式，努力形成促进投资和创新的政策支持体系，着力培育国际化和法治化的营商环境，力争建设成为具有国际水准的投资贸易便利、货币兑换自由、监管高效便捷、法治环境规范的自贸区。

参 考 文 献

李善民. 2020. 中国自贸区的发展历程及改革成就. 人民论坛，(27)：12-15.

潘家华，单菁菁，武占云. 2019. 城市蓝皮书——中国城市发展报告 No.12. 北京：社会科学文献出版社.

第十四章 临空经济示范区建设研究

摘 要

  临空经济区是依托航空枢纽和现代综合交通运输体系，提供高时效、高质量、高附加值产品和服务，集聚发展航空运输业、高端制造业和现代服务业而形成的特殊经济区域，是民航业与区域经济相互融合、相互促进、相互提升的重要载体。随着我国航空市场规模的不断壮大，临空经济区也随之蓬勃发展。2015 年 7 月，《国家发展改革委 民航局关于临空经济示范区建设发展的指导意见》正式发布。一些城市通过建设临空经济示范区，打造成为对外开放的新高地。目前，获国家发展改革委、民航局正式批复的国家级临空经济示范区达到 14 个。本章首先介绍了临空经济区的总体发展情况，并对国家级临空经济示范区的建设任务进行了梳理，明确了其在推动地方经济发展和新旧动能转换过程中的重要作用，并指出当前临空经济区发展仍存在的一些问题。主要观点如下：

  国家级临空经济示范区承担的建设任务主要包括优化空间发展布局，促进区域协同发展；拓展产业发展形态，构建高端产业体系；推进航空枢纽建设，构建立体交通系统；提升开放门户功能，辐射带动区域发展；推动体制机制创新，提高示范区运作效率；坚持绿色发展理念，建设生态智慧空港城。

  从对区域经济发展的贡献来看，临空经济区正在成为各区域的新兴增长极，尤其能够促进内陆城市转变为对外开放前沿阵地。以航空为依托的临空经济特征使得临空经济区成为国家发展高端制造业的新突破口。此外，国家级临空经济示范区正逐步成为城市发展的重要组团，并通过延伸面向周边区域的产业链和服务链，促进形成区域竞争合作发展新格局。

  目前，我国大部分临空经济区都处于自发形成过程中，国家层面以及自身内部均缺乏统一发展政策与规划；同时还存在临空产业结构性矛盾突显、区内各部门间沟通协调管理机制尚未健全等问题。

第一节 临空经济示范区总体发展概况

一、建设及发展背景

  临空经济区是依托航空枢纽和现代综合交通运输体系，提供高时效、高质量、高附加值产品和服务，集聚发展航空运输业、高端制造业和现代服务业而形成的特殊经济区域，是民航业与区域经济相互融合、相互促进、相互提升的重要载体。从国内外实践看，临空经济区大多集中在空港交通走廊沿线 15 分钟车程范围内，以空港为核心，大力发展临空产业，与空港形成相互关联、相互促进的关系。

伴随着全球化的进一步深化、全球范围内产业组织结构的转型与升级，具有速度经济特性的临空经济在区域经济发展格局中日趋重要，全球各成熟临空经济区逐步成长为各区域经济发展的新增长极。国外临空经济区的发展始于 1959 年爱尔兰成立的香农自由贸易区。经过 50 多年的发展，欧洲、美国、日本等地临空经济区取得了巨大成就，对推动区域经济的发展发挥了重要作用。许多国家和地区已从战略上认识到大力推进临空经济发展的重要性，并将其作为区域经济的引擎加以推动，如爱尔兰香农机场、美国达拉斯沃斯堡机场、韩国仁川机场、荷兰阿姆斯特丹史基浦机场、德国法兰克福机场等，相继推出了临空经济区的建设计划，旨在最大限度地利用全球范围内的资源，机场周边地区不再是单纯的物流基地，而是发展成为当地经济的核心，作为全球产业链的重要节点。

从国内看，航空业以其改善投资环境、增强信息交流、扩大流通范围和提高流通效率的特殊功能，成为我国经济融入全球经济的重要通道。我国航空业近几年发展迅速，以民航行业为例，2018 年主营业务收入 8750 亿元，与 2010 年 4115 亿元相比，保持了年均近 9.89% 的增速（图 14-1）。以航空业为核心的临空经济区正成为我国一些地区探索外向型经济发展的新模式。我国的临空经济区于 20 世纪 90 年代开始萌芽，自 2004 年首次在北京顺义实践以来，迅速席卷全国，获得广泛认可，全国各地开始了临空经济区的规划浪潮，临空经济区进入快速发展期。目前，临空经济正在成为快速发展的新兴经济业态，成为多种产业要素集聚和重组的平台。我国多地的大型机场都先后推出临空经济区的建设计划，在整体规划上呈现多元化、多层次、辐射广的态势。截至 2015 年底，全国有 62 个城市依托 54 个机场规划及建设了 63 个临空经济区，初步形成了北京、天津、上海、广州等地的临空经济区为中心，成都、昆明、重庆、西安、深圳、杭州、武汉、沈阳、天津等省会及重点城市的特色临空经济区为骨干的基本格局。

图 14-1　2010~2018 年中国航空业主营业务收入增长示意

数据来源：《民航行业发展统计公报》（2010~2018 年）

二、我国临空经济区的建设发展历程

1. 起步阶段

受经济发展水平的影响，我国航空业发展起步较晚，直到20世纪90年代，我国才出现了临空经济的雏形。1992年，成都西南航空港经济开发区经四川省政府批准成为省级重点开发区，成为西部乃至全国唯一集航空、铁路、公路、航运为一体的开发区。1993年，厦门市政府在厦门高崎国际机场附近成立了厦门航空工业区，区内以民航飞机维修为主。之后，北京首都国际机场附近也相继创建了林河工业区与天竺空港工业区，林河工业区逐步发展为以微电子、光机电一体化、生物新医药以及汽车及汽车零部件为主的产业布局；天竺空港工业区则建立了海关报关楼、保税库区、标准化工业厂房、万科城市花园住宅以及银行、餐饮、娱乐等配套设施，为临空经济区的进一步建设奠定了基础。济南也在同年成立了临港经济开发区管理委员会，经由山东省政府批准设立临港经济开发区。上海作为我国经济外向型最好的城市，在1993年也出现了临空经济区的雏形——上海市西工业区，该工业区在20世纪末改名为上海虹桥临空经济园，发展以信息服务业、现代物流业和高科技产业为主导的总部园区，未来规划发展成为具有高科技、总部经济、园林式三种特点的园区，以更好地承接全球总部经济空间的转移。1999年9月上海浦东国际机场的通航，使上海成为国内当时唯一一个"一市两场"的城市，随着浦东国际机场的建设，当地政府对机场周边地区进行了临空产业发展研究，并发布了《浦东空港地区临空产业发展研究》。

2. 发展阶段

进入21世纪以来，我国多地新建、扩建机场，并提出了发展临空经济的战略。广州新白云机场的正式启用，带动了机场周边地区的经济发展，当地政府成立了花都区空港经济管理委员会，在对国内外成熟临空经济区调研取经之后，提出了以机场为中心、构建服务机场运营的基础产业、相关衍生产业反哺花都区发展的思路，确立了航空物流业作为核心产业的发展方针，在机场周围规划了临空经济区。天津市在《天津市城市总体规划（2005—2020年）》中，也探讨了建设天津航空城的可能性，并制定了《天津临空产业区（航空城）航空产业规划》。2004年，哈尔滨市依托哈尔滨太平国际机场筹建空港园区；大连周水子机场发挥其地缘优势，以航空物流为核心建设国际物流园区；8月，国家发展改革委批准建设以航空制造业为主的西安阎良国家航空高技术产业基地。

随着北京首都国际机场客货流量不断提升，机场逐步成为经济与产业活动频繁地区，北京市政府也深刻意识到机场以及周围区域在未来经济发展中的重要作用。2000年，国务院批准建立首都国际机场周边的北京天竺出口加工区，北京顺义临空经济区依托天竺出口加工区重点发展外向型经济，主要是发展出口加工业，规划建设以电子信息业为主导的外向型出口加工产业集聚区。

在这一阶段的发展中，顺义临空经济区和首都国际机场的关系进一步拉近，双方加深了融入合作。顺义区政府首次将"空港国际化"作为地方经济发展的轴心，并提出"全区空港化"的战略定位。依托首都国际机场不断发展所带来的巨大人流、物流、信息流，顺义区政府进一步明确了"空港国际化、全区空港化、发展融合化"的发展理念，将顺义区的经济发展与机场、临空经济区捆绑在一起。北京市"十一五"规划中将临空经济区确定为重点建设的六大高端产业功能区之一，发展以航空港为枢纽的国际交往中心区域和空港物流基地，以商贸、商务、会展等关联产业为核心的服务业基地，以高新技术产业、现代制造业为主的高度加工型制造业基地。

3. 快速建设阶段

进入 21 世纪以来，随着全球化的进一步深入，国内机场群的建立以及航线网络的不断完善，各地临空经济区如雨后春笋般规划建设。我国政府对航空产业的发展也极为重视，从国家层面将航空产业列为重点领域跨越发展的产业之一、经济社会发展的重要战略产业。地方层面，全国各地将航空产业列为重要的战略产业，加快机场的建设与扩张，加紧制定适合本地实际情况的临空经济区发展规划。总体上看，目前国内旅客吞吐量在 1000 万人次以上的机场所在地均规划了临空经济区，旅客吞吐量在 500 万至 1000 万人次的机场所在地区也纷纷推进临空经济区建设。《全国民用机场布局规划》中提出"构筑北方（华北、东北）、华东、中南、西南、西北五大区域机场群"，在机场群如火如荼建设之际，构筑"五大机场群"为载体的区域"临空经济带"加速展开（表 14-1）。

表 14-1　五大机场群地区临空经济区布局状况

地区	临空经济区数量/个	依托机场	临空经济区布局
北方地区	11	北京首都国际机场、北京大兴国际机场、天津滨海国际机场、石家庄正定国际机场、唐山三女河国际机场、沈阳仙桃国际机场、呼和浩特白塔国际机场、长春龙嘉国际机场、大连周水子国际机场、哈尔滨太平国际机场、大庆萨尔图机场	北京临空经济核心区、北京大兴国际机场临空经济区、天津空港经济区、河北空港新乐产业园、唐山空港城、沈阳航空经济区、呼和浩特航空城、长春空港经济开发区、大连临空产业园、哈尔滨道里区空港经济区、大庆临空经济区
华东地区	21	上海虹桥国际机场、上海浦东国际机场、杭州萧山国际机场、济南遥墙国际机场、青岛流亭国际机场、烟台蓬莱国际机场、临沂沭埠岭国际机场、济宁曲阜国际机场、潍坊机场、宁波栎社国际机场、南京禄口国际机场、无锡硕放国际机场、常州奔牛国际机场、徐州观音国际机场、南通兴东国际机场、盐城南洋国际机场、淮安涟水国际机场、合肥新桥国际机场、福州长乐国际机场、厦门高崎国际机场、温州龙湾国际机场	长宁区虹桥临空经济园区、浦东国际机场航空城、杭州萧山空港经济区、济南临港经济开发区、青岛临空经济区、烟台蓬莱国际机场空港经济区、临沂临空经济区、潍坊临空经济区、宁波临空经济圈、南京禄口航空城、无锡硕放临空经济区、常州空港产业园、徐州临空产业园、南通空港产业园、盐城空港产业园、淮安空港产业园、合肥空港经济示范区、福州长乐航空城、厦门航空城、温州空港新城

续表

地区	临空经济区数量/个	依托机场	临空经济区布局
中南地区	14	广州白云国际机场、揭阳潮汕国际机场、海口美兰国际机场、武汉天河国际机场、宜昌三峡国际机场、长沙黄花国际机场、宜昌北国际机场、新郑国际机场、珠海三灶国际机场、深圳宝安国际机场、南宁吴圩国际机场、桂林两江国际机场	花都空港经济圈、白云区临空经济区、揭阳空港经济区、美兰临空产业园、华中空经济区、孝感临空经济区、三峡临空经济区、长株潭航空城、南昌临空经济区、郑州航空港经济综合实验区、珠海航空城、深圳机场物流园、吴圩空港经济区、桂林临空经济区
西南地区	5	重庆江北国际机场、成都双流国际机场、成都天府国际机场、昆明长水国际机场、贵州龙洞堡国际机场	重庆航空城、成都西南航空港经济开发区、成都天府航空港经济区、昆明临空经济区、贵州双龙临空经济区
西北地区	7	西安咸阳国际机场、乌鲁木齐地窝堡国际机场、喀什机场、西宁曹家堡机场、银川河东国际机场、鄂尔多斯伊金霍洛国际机场	阎良航空城、渭城临空经济区、乌鲁木齐临空经济区、喀什临空经济区、西宁曹家堡临空综合经济区、银川临空经济区、鄂尔多斯空港经济区

资料来源：根据网络资料整理

  截至 2020 年底，北部地区共有 11 个已规划在建的临空经济区，都是所在区域的重要城市。其中，北京临空经济核心区在 2014 年由原北京天竺空港经济开发区、原北京空港物流基地和原北京国门商务区三个功能区组成，是北京市重点建设的六大高端产业功能区之一。北京大兴国际机场临空经济区在 2015 年已完成规划，是我国首个随机场建设同步建设的临空经济区。华东地区共有 21 个临空经济区规划建设，作为我国经济最发达活跃的地区，其航空业发展也走在了全国的前列。中南地区共有 14 个临空经济区规划建设，其中，依托广州白云国际机场规划建设的临空经济区有两个，郑州航空港经济综合实验区是中国首个国家级航空港经济综合实验区。西南地区、西北地区分别共有 5 个和 7 个临空经济区规划建设。

第二节　国家级临空经济示范区建设情况

一、基本概况

  自 2013 年 3 月至 2017 年初，我国从不同层次批复了 6 个国家级临空经济示范区的设立。其中，国务院批复 1 个，即郑州航空港经济综合实验区；其余 5 个都由国家发展改革委和民航局联合批复，包括华东地区的青岛胶东临空经济示范区、西南地区的重庆临空经济区、华北地区的北京大兴国际机场临空经济区、华东地区的上海虹桥临空经济示范区和华南地区的广州临空经济区。2017 年，临空经济示范区批复速度加快，年初上海虹桥、广州获批，3 月成都获批，5 月长沙、贵阳、杭州获批。2018 年以来，国家发展改革委、民航局正式批复相继设立宁波临空经济示范区、西安临空经济示范区、南京临空经济示范区、北京首都机场临空经济示范区（表14-2）。对临空经济的重视，正以前所未有的速度铺陈开来。至此，国家级临空经济示范区扩容至14个（图14-2）。通过梳理各大机场吞吐量发现，目前已经获批的14个临空经济示范区所依托的机场，年旅客吞吐量均超过了1500万人次，其中北京、上海、广州、成都、西安的年机场旅客吞吐量都超过了4000万人次。从国家层面选择若干条件成熟的临空经济区开展试点示范，有利于发挥比较优势、挖掘内需增长潜力、促进产业转型升级、增强辐射带动作用，对于促进民航业发展、优化我国经济发展格局、全方位深化对外开放、加快转变经济发展方式具有十分重要的意义（表14-3）。

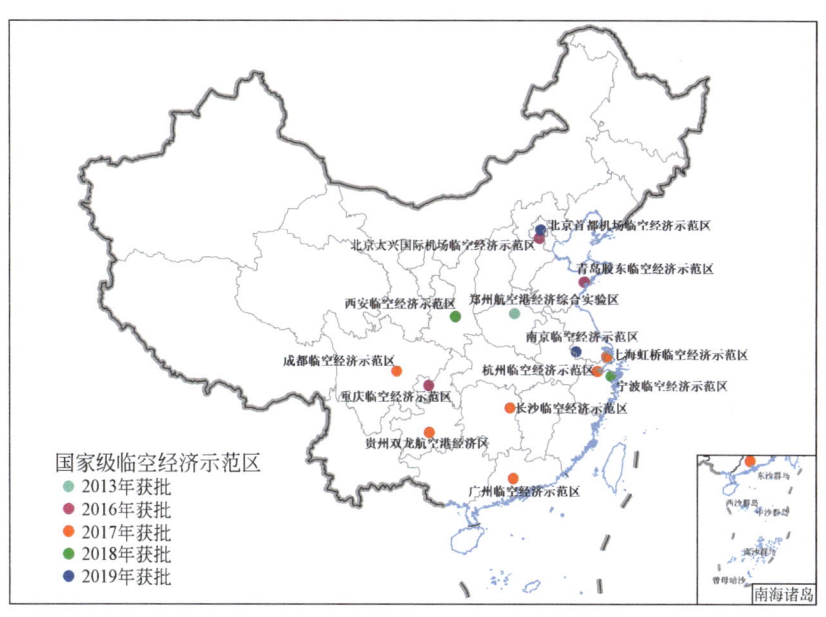

图14-2 国家级临空经济示范区分布示意图

表14-2 我国14个国家级临空经济示范区基本情况

名称	批复时间	规划面积/km²	发展定位	产业与功能布局
郑州航空港经济综合试验区	2013年3月	415	国际航空物流中心、以航空经济为引领的现代产业基地、内陆地区对外开放的重要门户、现代航空都市、中原经济区核心增长极	航空产业、高端制造业和现代服务业三大产业
北京大兴国际机场临空经济示范区	2016年10月	150	国际交往中心功能承载区、国家航空科技创新引领区、京津冀协同发展示范区	航空关联、健康产业、旅游产业、国际会展产业
重庆临空经济示范区	2016年10月	147.48	创新生态圈、智能制造基地和国际航空港	临空现代物流、临空先进制造、临空现代服务业
青岛胶东临空经济示范区	2016年10月	149	区域性航空枢纽、高端临空产业基地、对外开放引领区和现代化生态智慧空港城	通用航空的核心产业、高科技制造业、高端服务业

续表

名称	批复时间	规划面积/km²	发展定位	产业与功能布局
上海虹桥临空经济示范区	2017年1月	13.89	国际航空枢纽和全球航空企业总部基地、高端服务业集聚区、全国公务机运营基地和低碳绿色发展区	信息服务业、现代物流业、高技术产业
广州临空经济示范区	2017年1月	135.5	国际航空枢纽、生态智慧现代空港、临空高端产业集聚区和空港体制创新试验区	临空商务、产业研发、空港物流园
成都临空经济示范区	2017年3月	100.4	临空经济创新高地、临空高端产业集聚区、内陆开放先行区、新型生态智慧空港城	构建临空高端产业体系，重点打造临空高端制造业集群和临空服务业集群
长沙临空经济示范区	2017年5月	140	长江经济带重要空铁联运枢纽、中部地区内陆开放高地、高端临空产业聚集区、绿色生态智慧航空城	航空运营、空港服务、航空物流、综合保税、文化创意、跨境电商、新型物流、信息技术、高端装备、精密制造
贵阳临空经济示范区	2017年5月	148	西部内陆地区对外开放重要门户、西南航空客货运枢纽、特色高端临空产业基地、智慧型生态化临空示范区	现代服务业、高端制造业，构建以航空运输为基础、航空关联产业为支撑的产业体系
杭州临空经济示范区	2017年5月	142.7	区域性航空枢纽、全国高端临空产业集聚区、跨境电商发展先行区、生态智慧航空城、国际型航空大都市	高附加值的航空物流、临空商务等，以及高技术含量的航空装备、航空电子、航空维修等先进制造业
宁波临空经济示范区	2018年4月	82.5	综合交通枢纽、对外开放门户、临空产业基地、改革试验新区、生态品质新城	主攻通用飞机整机、航空零部件、航空电子、航空新材料等先进制造业，加快发展通航运营和旅游、航空物流、航空商务等航空服务业
西安临空经济示范区	2018年4月	144.1	国际航空枢纽、临空特色产业聚集区、内陆改革开放新高地、生态宜居空港城市	航空枢纽保障业、临空先进制造业、临空高端服务业三大主导产业
南京临空经济示范区	2019年	473	建设面向全国、连接世界的航空枢纽，打造国际性、现代化、生态化、智慧型临空经济示范区	航空运输、航空物流、航空制造、跨境电商、科技研发等临空产业
北京首都机场临空经济示范区	2019年3月	115.7	国家临空经济转型升级示范区、国家对外开放重要门户区、国际交往中心功能核心区和首都生态宜居国际化先导区	空间布局为"一港四区"，即首都空港、航空物流与口岸贸易区、临空产业与城市综合服务区、临空商务与新兴产业区、生态功能区

资料来源：根据网络资料整理

二、建设任务

1. 优化空间发展布局,促进区域协同发展

根据国家发展改革委、民航局关于临空经济示范区建设发展的指导意见,各国家级临空经济示范区按照节约集约发展理念,推进"多规合一",规范空间开发秩序,着力推进与城市规划、交通基础设施规划以及区域规划的有机衔接,统筹考虑包括航空港区、综合服务区、产业集聚区、现代物流区、生态防护区等在内的功能分区,形成畅通高效的交通网络、绿色宜居的生活环境、集约有序的城市空间。

表14-3 14个国家级临空经济区的功能分区情况

名称	总体布局	功能分区情况
郑州航空港经济综合试验区	一核领三区、两廊系三心、两轴连三环	三大功能:空港核心区,城市综合性服务区,临港型商展交易区,高端制造业集聚区
北京大兴国际机场临空经济示范区	网络化城镇体系	"五城六镇":示范区主要载体,发展的方向包括物流、会展、商业、旅游等
重庆临空经济示范区	一核五区	临空经济示范核心区;临空制造、临空商务区、临空物流区、临空会展区、临空保税区
青岛胶东临空经济示范区	一核五区	空港发展核心区;通航产业区、航空制造产业区、临空现代服务区、航空特色社区、临空经济北区
上海虹桥临空经济示范区	三大功能区	高端服务业集聚区、全国公务机运营基地、低碳绿色发展区
广州临空经济示范区	九大功能区	航空维修制造、航空物流区、公共服务区、高端产业制造区、航空总部商务区、机场综合保税区、生态保护区、生活服务区、机场控制区
成都临空经济示范区	一心五区	"一心"指成都双流国际机场;五区指航空港功能区、临空高端制造产业功能区、航空物流与口岸贸易功能区、临空综合服务功能区、生态防护功能区
长沙临空经济示范区	一轴两核三组团	"一轴"是指空铁联动发展轴; "两核"是重点打造航空与高铁运输服务"双核心"; "三组团"则是空港枢纽组团、临铁新城组团、星马创新组团
贵阳临空经济示范区	一核三板块	"一核"为空港运营服务核,"三板块"为临空制造及高新技术板块、临空物流板块、临空总部及综合服务板块
杭州临空经济示范区	一心一轴五区	"一心"指杭州萧山国际机场; "一轴"指空港经济发展轴; "五区"指航空港区、临空现代服务业区、临空先进制造区、城市功能区和生态功能区
宁波临空经济示范区	核心区+拓展区联动发展	四大功能分区:空港运营区、综合功能区、产业集聚区、生态休闲区

223

续表

名称	总体布局	功能分区情况
西安临空经济示范区	一核、双心、两环、五区	"一核"即西安咸阳国际机场； "双心"即机场东西两个门户； "两环"即机场服务环和城市发展环； "五区"：由临空科技及军民融合片区、航空物流发展片区、生态文旅片区、商贸及创新发展片区、文化会展和都市生活片区组成的功能聚集区
南京临空经济示范区	一主两翼	"一主"即机场主枢纽，以机场运营和保障为主； "两翼"即江宁片区、溧水片区，主要安排围绕机场集中发展的航空产业和相关配套服务功能
北京首都机场临空经济示范区	一港四区	首都空港； 航空物流与口岸贸易区； 临空产业与城市综合服务区； 临空商务与新兴产业区； 生态功能区

资料来源：根据各示范区资料整理

长沙临空经济示范区根据国家发展改革委、民航局的复函意见，将按照"一轴两核三组团"的总体空间布局进行规划建设。"一轴"是指，空铁联动发展轴，将城市公共服务设施与空铁联运通道有机结合，在空铁交通走廊上拓展会议展览、总部经济、创新创意、现代物流、文化传媒等功能，实现临空临铁经济融合发展。"两核"是指，依托空铁联动发展轴，围绕机场、高铁站重点打造航空与高铁运输服务"双核心"，推进立体交通和综合枢纽建设，为示范区发展提供双轮驱动。"三组团"是指：空港枢纽组团，包括黄花机场及其周边区域，主动承接航空运营、空港服务、航空物流、飞机维修、综合保税等主要生产性服务业；临铁新城组团，位于示范区西南部，依托高铁站、会展中心、电商产业园与浏阳河文化发展带，积极发展商贸会展、文化创意、跨境电商、新型物流等现代产业；星马创新组团，主要是依托长沙经开区、隆平高科技园区、星马创意产业园，大力发展信息技术、高端装备、精密制造等高新技术产业，影视娱乐、文旅商贸等现代服务业产业，以及以隆平高科为龙头的现代农业科技。

杭州临空经济示范区按照集约紧凑、产城融合、区域协同的发展理念，规划形成"一心一轴五区"的总体布局框架。"一心"是指杭州萧山国际机场，以杭州萧山国际机场为核心，强化空港客货运枢纽与综合交通枢纽建设。"一轴"是指空港经济发展轴，依托机场快速路、地铁1号线、7号线、沪乍杭城际铁路等交通干线形成空港连接杭州城市中心区的快捷通道和经济纽带。"五区"是指航空港区、临空现代服务业区、临空先进制造区、城市功能区和生态功能区。其中，航空港区包括杭州萧山国际机场及周边为机场服务的区域，重点布局发展航空运输、航空物流、综合保税以及机场发展所需的配套服务功能。临空现代服务业区分为智慧物流和总部商务两个区块，前者重点布局发展航空快递物流、航空特货物流、保税仓储物流和跨境电子商务产业，后者重点布局发展临空总部经济、临空高端商业、临空会展服务等产业。临空先进制造区分为瓜沥、红垦两个区块，瓜沥区块重点布局发展航空装备、电子信息、生物医药等临空先进制造业；红垦区块重点布局发展机器人、智能化成套设备等智能制造装备产业。城市功能区分为瓜沥、南阳、靖江三个区块，重点布局发展与临空经济发展相关的信息服务、商务金融、科技研发、服务外包、教育培训等生产性服务业以及行政办公、生态居住、现代商贸、文体娱乐等多元化的城市综合服务功能。生态功能区包括航坞山、昭东水乡、钱塘江沿岸及农田等区块，保持自然山水形态格局，加强基本农田保护，建设绿色生态屏障，打造钱塘江沿岸景观带，积极发展休闲农业、文化体验与生态旅游。

2. 拓展产业发展形态，构建高端产业体系

临空经济示范区，是依托"临空"这样一个平台，在"经济"上做文章。临空经济，并不局限于航空运输，与航空直接相关的航空维修、高端服务业，如融资租赁、航空保险、航空金融、航空培训等，都将会形成临空经济的产业集群。此外，航空产业的发展还将带动跨境电商等一大批上下游产业。

以广州临空经济示范区为例，其白云国际机场已入驻了联邦快递亚太转运中心，顺丰、穗佳、华南电商物流等项目正加速落地；白云机场综合保税区也让物流业、跨境电商提速发展，许多国外商品运输到广州并进入内陆市场将会更加便捷、成本更低。示范区范围内的花都区，其产业形态因空港经济区发生了翻天覆地的变化，众多跨境电商企业、物流企业扎堆聚集，白云机场与广州火车北站强强联合，集空运、铁路于一体，让花都成为广州最繁忙的物流基地之一。

成都临空经济示范区的功能定位之一就是打造临空高端产业集聚区，充分发挥成都国际航空枢纽带动作用，吸引高端要素聚集，以参与国际竞争与协作为出发点，以临空高端产业培育和植入为路径，大力发展航空制造与维修、航空物流、口岸贸易、跨境电子商务等临空核心特色产业，积极培育壮大临空关联度较强的高端制造业和高端服务业，建设成为参与全球生产和消费供应链的国际临空高端产业集聚区。

基于杭州萧山国际机场和浙江经济本底，杭州临空经济示范区的获批，正有力撬动萧山、杭州乃至整个浙江产业转型升级。萧山区瓜沥镇规划的杭州空港经济区临空产业园，是萧山在示范区建设中进行产业转型升级的一个主阵地。2017年以来，瓜沥镇抢抓"后峰会、前亚运"发展契机，积极利用小城市和临空经济两块金字招牌，全面启动21km² 临空产业园平台建设，率先编制了杭州空港经济区临空产业园发展产业规划。在产业导向上，将全力做大临空商务服务业，加快突破临空高端制造业，蓄势发展航空物流业，配套发展城市服务业。目前，武汉航达飞机零部件维修项目已投入生产，长龙航空、首都航空、东方航空等已签订意向协议，另有四川航空正在积极洽谈中。以临空特色服务为主的产业链逐渐显山露水。同时，还成功举办了"走进小城市"暨2017浙商（春季）论坛活动，浙商、杭商100多家单位走进小城市，共同商讨临空经济发展趋势，为加大力度招引航空及周边业态，进一步促进临空产业集聚区的形成提供了有力支持。瓜沥镇的转型升级目标为到2025年，全面融入大型区域杭州枢纽，建立具有较强竞争力的临空产业体系，园区临空服务业收入达到400亿元，临空先进制造和维修业产值达到250亿元。

3. 推进航空枢纽建设，构建立体交通系统

临空经济区就是一个节点，其发达的交通线就是轴。发达的交通线加强了节点与外界的联系，改善了沿线地区的区位条件，刺激了沿线地区的经济发展。临空经济区一般在距离城市 15~25km 的远郊，一般是城市经济发展的空白区域，临空经济区的建立和发展，能促进这些地区提升基础设施条件和交通、通信条件，加强机场区域和经济腹地的联系。加之这些地区一般拥有大量廉价土地，能够较好地进行空间结构规划，促进了城市空间的扩展，有利于缓解城市中心区的交通和空间压力，同时也带动交通经济带和临空地区的发展。临空经济区的发展必然加快城市空间向郊区的扩张，为区域发展一体化进程创造条件。

划入广州临空经济示范区内的白云国际机场是中国三大国际枢纽机场之一，已入驻南方航空、九元航空等主基地航空公司和 70 多家航空公司，开通国际航线 136 条，通达全球 216 个航点；而根据相关建设规划，未来白云机场的国际通达性，航班和航线数量还将快速增长。

贵州双龙航空港经济区位于中国西南地区的地理中心，是连接中原腹地、华东腹地与南亚、东南亚之间的交通要塞。其交通衔接高效，将建成"八横四纵、三环放射"快速路网体系，同时以贵阳龙洞堡机场 T2 航站楼为中心，市域铁路、城市轨道站厅一体化设计、同步建设，实现航空、铁路、公路三种交通方式"零换乘"，进而极大地提高地方交通效率。

杭州临空经济示范区目前正在积极推进航空枢纽建设。一是加快机场客货运设施建设，新建第三、第四跑道，扩建国际航站楼和机场站坪，增加国际宽体机机位数量。拓展完善航线网络，重点加密国内省会城市和经济发达城市的主干航线，积极开通和加密热门旅游航线，构建通达五大洲的航线网络格局。二是实现零距离换乘，建设空港综合交通枢纽，实现高铁、地铁、高速、公交、长途客运、出租车、自驾等多种交通方式的高效接驳和零距离换乘。加快滨江二路、头蓬路、艮山东路等主干道建设改造，推进杭州地铁 1 号线三期工程、地铁 7 号线建设。三是争取航权开放，加快增开国际航线，增加杭州与国外城市之间的第三、第四航权，增加经停杭州的第五航权，支持国际航空公司增加至杭州的中远程航班，支持更多的国内航空公司新开通杭州始发的国际航班。四是协调空域资源：探索建立军方、民航与地方政府三方长期协调机制，统筹空域资源需求，提高空域资源利用效率。加强在空域管理、增加和优化航班时刻等方面的多方沟通和衔接，为杭州萧山国际机场创造较好的空域资源条件，有效保障航班准点率，提高航空服务水平。目前，杭州临空经济示范区已经初步形成以航空、铁路、城轨、内河、高速等为支撑的"海、陆、空"立体交通体系。

4. 提升开放门户功能，辐射带动区域发展

成都临空经济示范区的建设，充分借鉴上海、天津、广东等国家自由贸易试验区的先进经验，并结合自身实际探索创新。主要依托成都国际航空枢纽口岸和成都高新综合保税区双流园区、空港保税物流中心等特色资源，提升空港口岸功能和开放门户功能，优化国

际化营商环境，进一步扩大对外开放，探索发展临空开放型经济，努力建成"立足中西部、辐射内陆、连接亚欧"的内陆开放先行区。围绕示范区战略定位，四川省已明确示范区建设的发展目标，至2025年，成都国际航空枢纽地位进一步强化，临空经济产业体系基本成熟，打造一批临空制造、航空服务、航空物流产业集群，地区生产总值突破800亿元。

杭州临空经济示范区不断深化对外开放与区域合作。一是发挥连接丝绸之路经济带、21世纪海上丝绸之路和长江经济带的枢纽区优势条件，加快建设国际化开放平台，继续开通加密杭州萧山国际机场与港澳台、东南亚、中东重点城市之间的国际直航、经停线路，积极拓展欧美远程航线，吸引优质航空运营商，构筑便捷、高效的航空网络，服务"一带一路"倡议。二是完善杭州萧山国际机场国际开放门户功能，提升机场与周边重要设施的公共交通联系，加快推进杭州萧山国际机场国际航站楼改造升级、国际航线开辟拓展、国际化公共交通体系建设等重点工作。三是加强与上海龙头机场分工协同，以国际化能力建设、品质建设、枢纽建设为主线，提高国际化服务水平和综合竞争力，共建整体布局、合理分工、资源共享、互相支撑的国际化长三角机场群。

西安临空经济示范区将加快构建国际航空枢纽，主动服务和积极融入"一带一路"倡议，为陕西省乃至西北内陆地区开放发展提供有力支撑和典型示范。根据前期制定的总体方案，西安临空经济示范区将以枢纽经济、门户经济、流动经济为重点，加快打造国际航空枢纽、临空特色产业聚集区、内陆改革开放新高地、生态宜居空港城市。到2025年，形成以龙头企业为引领，高端产业为支撑，临空产业集群互动发展的格局，建成辐射西北、连接全国、通达世界的航空综合运输体系，跻身国家临空经济示范区"第一方阵"。

北京首都国际机场定位是大型国际航空枢纽，亚太地区的重要复合枢纽，服务于首都核心功能，主要依托国航等基地航空公司，调整优化航线网络结构，增强国际航空枢纽的中转能力，提升国际竞争力。其发展目标为：到2022年，示范区航空枢纽功能得到进一步强化，港城一体化取得新突破，产业结构调整基本完成；到2035年，港城融合的国际航空中心核心区基本建成，在打造世界级机场群与城市群核心机场、支撑首都"四个中心"建设中发挥不可替代的重要作用。2018年，首都机场旅客吞吐量已突破1亿人次，成为亚洲第一个年旅客吞吐量过亿人次的机场，也是继美国亚特兰大机场后，全球第二个年旅客吞吐量过亿人次的机场。首都机场临空经济示范区的成功获批，对于全面提升首都机场国际航空枢纽功能、促进顺义区更高质量发展、构建北京通达世界的"空中丝绸之路"、打造吸纳全球要素资源的开放门户具有十分重要的意义。

5. 推动体制机制创新，提高临空经济示范区运作效率

国家级临空经济示范区的设立，还承担着体制机制创新的重任。航空是目前世界上效率最高的运输方式，但相关的服务升级、标准设置等"软件"，发展水平还有很大提升空间。

以广州临空经济示范区的中心白云机场为例，目前通关便利化水平不断提高，推动了旅客智能分类便捷通关、电商质量信息溯源、关检"三个一"查验、一站式作业、电商联动监管等改革项目，落实24小时国际过境旅客免办边检手续和72小时过境免签政策，成

为全国首个空港口岸查验配套服务费改革试点。一方面，这些有益经验可能形成一批可复制推广的改革经验，形成临空经济的"广州经验"；另一方面，本身临空经济示范区的设立，也便于广州争取国家的相关政策试点落地，进一步走在体制机制创新的前沿。

杭州临空经济示范区在其总体方案中提出"一体开发，协同共建""政府引导，市场运作"的建设发展原则。前者表明该示范区在建设过程中不断追求创新示范区管理体制，打破行政区划和行政管理的局限，有效整合省、市、区、镇（街道）、机场公司的资源和力量，统筹推进规划共绘、配套共建、项目共招、产业共兴、利益共享，推动区域联合开发、协同发展。后者则意味着将在政府支持引导基础上，积极探索临空经济区开发模式创新，吸纳优秀人才、先进技术和管理模式，吸引民间资本、外商资本参与开发建设，推广政府和社会资本合作模式，实现示范区市场化开发运作。

6. 坚持绿色发展理念，建设生态智慧空港城

经济发展要适应新常态，绿色发展已成为重要趋势。各临空经济示范区的建设也均以生态文明先行示范区建设为抓手，加强资源集约节约利用，大力发展绿色循环低碳产业，加大生态环境保护力度。推行绿色产业构建与低碳生活方式，探索空港都市立体开发模式，力求建设宜人宜居宜业的绿色航空都市。

上海虹桥临空经济示范区的建设坚持绿色发展、生态优先，实行最严格的环境保护制度，通过诸如推动航空企业提升飞机辅助动力装置（APU）使用率，支持鼓励机场地面车辆"油改电"，以及优化示范区及周边绿化布局，做好外环防护绿地、连廊、公园、街坊公共绿化等生态环境建设等实践做法，着力建设低碳绿色发展区。成都临空经济示范区以成都市建设国家智慧城市示范试点和国家生态文明先行示范区为契机，坚持生态绿色发展理念，积极发展低耗能、无污染的循环经济产业，构建绿网交融的生态屏障；在产业体系构建方面，推进绿色生态发展，加快产业绿色化转型，积极发展绿色生态产业，以新兴电子信息、新能源、航空制造维修、生物产业等为代表的高科技、高效益、低污染、低能耗的产业格局正在加速形成。杭州临空经济示范区依据规划专门布局生态功能区，包括航坞山、昭东水乡、钱塘江沿岸及农田等区块，总面积约为36.5km^2，目标即保持自然山水形态格局，加强基本农田保护，建设绿色生态屏障，打造钱塘江沿岸景观带，积极发展休闲农业、文化体验与生态旅游。贵州双龙航空港经济区在建设过程中力求营造优良生态环境，2016年底示范区森林覆盖率达47%，人均公共绿地面积达15m^2，被誉为"有公园的机场、有机场的公园"。

第三节 贡献与作用

一、正在成为我国区域经济发展的新引擎

随着全球化的进一步深入，全球范围内产业结构调整与产业空间组织模式的调整，使得机场成为全球产业革命的重要载体。临空经济区利用机场的先天优势，融入全球经济与

产业网络中，与全球各地进行深度合作与交流，成为全球最活跃的经济区。临空经济区的溢出效应能够吸引和拉动周围地区的要素和经济活动不断趋向机场地区，为临空经济区的产业实现规模效应创造条件，从而加快临空经济区自身的成长；与此同时，临空产业区依托机场所带来的客流、物流、资金流与信息流等多种生产要素，在区内产业集群发展中，不断深化改革，合理配置各种要素，重视创新理念，扩大海内外市场，发展壮大临空经济区，使之成为区域经济的重要组成部分，带动周边地区经济与产业的发展。例如，从部分国家级临空经济示范区的发展来看，以北京大兴国际机场为核心的临空经济示范区聚焦四大产业集群，覆盖航企产业、航空物流12个产业板块，可直接提供10万个就业岗位，是全国乃至全球临空经济区新典范。北京首都国际机场，区域内一年产销收入可以达到2500亿元。郑州航空港经济综合实验区2017年实现地区生产总值700.10亿元，完成规模以上工业增加值295.30亿元，完成固定资产投资680.50亿元，完成一般公共预算收入36.30亿元，完成外贸进出口总额498.10亿美元。杭州临空经济示范区2017年实现产值超过1000亿元，完成地区生产总值350亿元，同比增长11.0%；完成财政总收入37.4亿元，同比增长30.4%；完成一般公共预算收入19.8亿元，同比增长29.6%；完成固定资产投资53.9亿元，同比增长16.6%。临空经济示范区给所在城市带来的经济增长显而易见。

二、对构建高水平对外开放格局有重大意义

临空经济区正逐渐成为地方转型升级和高端产业发展的一个重要平台。尤其是对于一些内陆城市而言，临空经济区使得这些城市变成了对外开放的高地，并推动很多相关产业迅速做大做强。通过依托机场打造的产业集群，能够不断拉近与世界的距离，促使信息、技术、资本等要素加快流动，带动相关产业链快速发展，推动地方积极地参与到全球产业分工体系中去，从内陆城市转变为对外开放的前沿阵地。

三、以航空为依托，为国家发展高端产业提供了新的突破口

临空经济区具有便利的交通、较高的经济发展水平、人力资源水平和科技水平以及独特的区位优势，其对高产出、高附加值、低消耗、低污染产业具有很强的吸引力。这就决定了临空经济区发展资本密集型、知识技术密集型和服务型产业的必然性。而且，临空经济区不仅适合这些产业的发展，也可以作为新兴高附加值产业的孵化基地，培养和促进这些产业的发展，借助区域经济的支持发展成为支柱产业，实现区域核心竞争力的提升。

临空经济区独具的航空运输优势、区位优势以及税收政策优势极大地优化了临空地区和区域的投资环境，吸引了大量的新增投资。航空运输以其高效、安全的特征弥补着其他运输方式的缺陷，大大缩短了产品从制造者到销售者（消费者）的运输时间，从而帮助供应链突破距离和时间的双重限制，是企业实现全球资源优化配置的助推器。时效性强的企业就会自主地选择临空经济区作为其产品生产与加工的区位。基于此，临空经济区有能力大力发展总部经济，通过其自身优势吸引国内外企业的投资。特别是跨国公司的聚集不仅

带来了资金和大量的物流，也提升了城市形象，促进了城市的经济发展和临空经济区的繁荣。

例如，郑州航空港经济综合试验区着力建设大枢纽，从新航站建设、新航线开辟等入手，提升航空物流业发展水平；重点发展航空产业、高端制造业和现代服务业三大产业，并为航空物流、电子信息等重点产业的聚集和发展创造有利条件。沿海地区传统制造业的兴起，支撑了中国在过去40年的快速发展，但未来继续增长的空间很小。因而在发展高端制造业方面，国家需要有新的突破口，而发展以航空为依托的临空经济则是很好的机遇。

四、成为城市发展的重要组团

随着临空经济区对区域经济发展呈现出愈来愈重要的作用，临空经济区不再是机场周边邻近区域的概念，而正逐步成为城市发展的重要组团之一。越来越多的城市从战略发展层面重新定位机场所在区域，中国部分城市的城市总体规划中已将机场所在区域规划成为城市发展的重要组团。

例如，上海虹桥临空经济园区也已成为上海市长宁区人民政府实施"依托虹桥、发展长宁"面向21世纪发展战略的三大经济组团之一，园区坚持高起点的"园林式、高科技、总部型"发展目标，建设起全国最大的虹桥综合交通枢纽，依靠交通区位优势与政府优惠开明的引入政策，吸引了国内外众多跨国公司进驻到园区中。在此基础之上，进一步提高服务质量并培养创新环境吸引更多企业到园区发展，将园区建设成为了连接长三角三省市的重要经济产业走廊。

五、跨行政区域共同建设形成区域竞争合作发展格局

中国机场多建设于城郊地区，其中有部分机场的建设用地会涉及多个行政区域。例如，北京首都国际机场建设于顺义区，但其行政管理属于朝阳区；北京大兴国际机场则是建立在北京、天津与廊坊的交界处，行政区划与管理权较为棘手；上海浦东国际机场由浦东新区与南汇区共同管辖；广州白云国际机场的客货运基地分别位于白云区与花都区。这样的布局会造成各区域间行政管理的不便，资源配置的低效率，划分土地指标的混乱。中国临空经济区在发展过程中，为了避免出现以上问题，纷纷成立了临空经济区管委会，实现机场和地方的对接，以及管理资源、土地资源、产业资源、服务资源的整合高效利用。广州白云国际机场和联邦快递亚太转运中心是白云区和花都区以及佛山市三水区等周边地区临空经济发展的引擎，在区域间的共同发展过程中，各区坚持"突出特点、抢抓机遇、优势互补、各区共赢"的原则，充分利用各区自己的优势资源，根据广州白云国际机场客运出口在白云区，货运出口在花都区，白云区临空经济围绕航空客流带动的空港配套商业为主，花都区则发展航空物流为主，紧邻花都的三水区则主要发展航空物流的相关配套产业、航空配餐原材料供应等，逐步形成一个临空产业有机统一体。

从更宏观的尺度来看，随着国家级临空经济示范区的建设不断推进，相应省市借势可

以发挥交通、产业和开放优势，强化产业集聚和综合服务功能，延伸面向周边区域的产业链和服务链，实现更大范围、更广领域、更高层次的资源配置，促进合作共赢。例如，北京大兴国际机场选址位于北京、天津、河北三地的交界地，其未来的临空经济区规划建设将综合考虑三地的资源禀赋、经济发展水平、产业结构。在京津冀一体化的产业疏解中，京津冀将打造"4+N"产业格局，即4个战略功能区和若干个合作共享平台。4个战略功能区分别是，曹妃甸产城融合发展示范区、新机场临空经济合作区、张承生态功能区、滨海中关村科技园。北京大兴国际机场临空经济区作为京津冀协同发展背景下产业发展的四大主要承接平台之一，其重要性不言而喻。北京大兴国际机场临空经济示范区将被打造成为辐射三地的新的区域经济增长极，很好地带动区域经济的发展，成为京津冀协同发展的一个新突破点。

第四节 存在的问题

一、缺乏统一发展政策与规划

首先，国家层面上，目前我国尚无国家统一的临空经济区发展政策，各地方政府对于临空经济区发展的政策不统一，无法从政策层面支撑临空经济区的发展。临空经济区所需的政策环境是指政府在宏观层面对我国临空经济区发展进行引导，根据本地机场等级、经济发展水平、资源禀赋的现实情况，选择适合本地临空经济区的发展模式，制定严格的临空产业筛选标准，合理规划临空经济区产业空间布局。现阶段，我国各地方政府将临空经济区与一般高新区一视同仁，将原有的高新区的发展政策照搬到临空经济区，没有针对临空经济区的特点制定相对应的优惠政策，如土地、税收、产业引进等方面，这严重制约了我国临空经济区的整体发展。而且，目前我国大多数机场周边地区大多处于自发发展过程中，对于机场的发展预留用地、引进产业，以及区内的交通规划等需要进行科学的规划，尚未实现资源在空间的优化配置，公共服务项目和重大商务项目缺失，造成临空经济区产业"孤岛"现象突出，与主城区的发展脱节，产城融合理念体现不足。

然而，临空经济区自身内部基础设施缺乏统一规划。区内基础设施的完备是支撑临空经济发展的基础保障，临空经济区应该统一规划相关基础设施，从而达到空间分布合理、资源合理配置的目的，集中供水、供热、制冷等基础设施，进而降低基础设施的建设成本，优化利用资源、避免重复建设。对于临空经济区重点发展产业的相关基础设施应优先规划建设，后期再逐步完善整个园区的基础设施建设。目前，我国临空经济区内的基础设施建设缺乏统一规划，致使配套设施建设成本加大，后期建设存在盲目性现象，严重影响临空经济区资源的有效利用。例如，有些经济区由于基础设施建设规划的不统一、不完善，导致区内公路建成后，又要重新打掉路面，铺设管道，形成多重"拉链工程"。

二、临空产业结构性矛盾凸显，临空优势未充分发挥

目前，我国大部分的临空经济区都在自发形成过程中，区内临空型产业与传统产业并

存，临空指向性不强；而已布局的产业也存在明显同质化的现象。例如，武汉临空经济区建设集中于主城蔓延区，临空导向的相关发展与建设基础薄弱。机场周边地区发展基础较弱，临空经济区相对于武汉其他区域发展基础并不突出，经济承载力不足使临空产业的分布缺乏效率，临空强指向性产业未能在核心区布局。由于武汉市其他区域发展基础较好，部分临空关联产业仍在原布局地发展，如计算机、通信等。与此同时，武汉临空经济区内产业发展同质化情况较为明显，区内各分区围绕产业发展及临空经济区建设出台了各项产业发展规划，各区规划间同质竞争普遍，产业布局没形成互补优势，如航空制造、航空物流等，各区均规划为重点产业，三区的招商竞争激烈。

另外，我国大多临空经济区仍然以农业、纺织、化工等传统产业居多，同时一些临空指向性较强的产业，如生物医药、电子信息等产业也开始在临空经济区聚集。临空经济区的土地稀缺性和产业结构低端性的矛盾开始凸现。例如，青岛临空经济区主要聚集了钢铁、机械、水泥、纺织、海港物流等类型企业，其货物运输主要依托海运。而强临空偏向性的珠宝、生物医药类企业已经在区内显露头角。临空偏好型企业与传统企业对资源、环境需求的差异性使得难以统筹、有序规划青岛临空经济区的发展。

三、区内各部门间沟通协调管理机制尚未健全

临空经济区内涉及机场、海关、机场所在区多个利益主体，机场作为临空经济区的核心，自身的发展需要机场所在地为其提供强有力的基础设施保障；海关的通关效率也将影响机场整体服务水平，机场所在区政府部门围绕交通、土地管理、区域旅游、生态保护等方面进行统一规划，以实现政府协调的功能。建立临空经济区各部门之间的沟通协调机制对于区内机场、海关、地方政府等不同利益主体之间实现协调发展以及资源的有效对接具有重要作用。

目前各级政府部门尚未完成由管理型政府向服务型政府的转变，导致我国大多数临空经济区相关各部门之间无法建立有效的沟通管理协调机制，从而无法使各部门之间信息共享，难以综合统筹各要素、整合优势资源、提升竞争力，严重阻碍了临空经济区的发展。

在对我国临空经济现状调研中发现，机场、临空经济区与周边乡镇缺乏协调，没有形成良性互动。机场在扩建过程中，首先很少遵循可持续发展的原则，与周边地区妥善协调、科学合理地规划，而是只对其进行一般性的资金安置补偿；其次，我国临空经济区内的信息平台尚未建立，缺乏对国内外相关信息的收集与处理机制，不利于其产业发展与实时更新的产业发展动态对接，同时也会导致区内信息共享不充分，资源整合优化度难以提升，严重影响机场、相关园区及其他社会化服务机构之间的沟通效率，也不利于上级部门依靠准确、灵敏、高效的信息来把握发展情况，提高园区决策的精度。

以青岛流亭国际机场为例，流亭街道与机场协调过程中主要的问题是关于税收和土地的问题。青岛流亭国际机场及其周边的航空类企业均要占用流亭街道的用地，机场属地化之后，机场的税收交给流亭街道，但是机场周围的航空关联公司由于总部注册在市区，位于其他区，因此税收并未上缴给流亭街道。再者，机场初建时期，没有留足发展用地，再扩建就需要征用当地村庄的土地。而现在当地的乡镇企业已经初具规模，散落在青岛流亭

国际机场的周边，使得机场周围的土地价格一涨再涨，机场的扩建受到阻碍。

第五节 发展建议

　　进一步加大政策扶持和财政保障力度。具体要以创新体制机制、完善政策支持、做精实施方案、夯实组织保障、优化发展氛围为主要抓手，全面构建临空经济示范区建设保障体系。按照国家级经济技术开发区的管理级别和模式，迅速组建班子、设立下属机构、配备工作人员，管委会自主对临空经济示范区统一制定政策、统一协调统筹重大项目建设。同时建议联合设立临空经济示范区投资开发公司，辅助推动示范区共同有序开发。

　　进一步优化示范区域内空间发展布局。要以建设全国一流的智慧航空城为目标，优化空间发展布局，促进区域协同发展，形成畅通高效的交通网络、绿色宜居的生活环境、集约有序的城市空间。同时，建议在示范区周围聚集不同的城市功能区，包括酒店、商业设施、会展中心、研发中心、体育馆、休闲中心等。

　　进一步构建和完善现代临空产业体系。要依托交通网络优势和要素集聚优势，重点发展临空现代服务业，大力发展临空先进制造业，做大做强航空运输物流业，延伸拓展临空关联服务，从而构建引领区域转型升级的临空产业体系。同时，做优公共服务，强化基础配套，提升生态环境，打造临空经济区的城市核心区。在此基础上，做强城市功能，吸引更优质的产业和人才集聚。

第十五章 国家级产城融合示范区建设研究

摘 要

"以产促城、以城兴产、产城融合",是我国实施新型城镇化的内在要求。国家级产城融合示范区定位是加快产业园区从单一的生产型园区经济向综合型城市经济转型,对于新型城镇化探索路径具有先行先试和示范带动作用。2016年国家发展改革委发布文件批复设立全国首批58个产城融合示范区,在推进基础设施建设、强化产业集聚与升级、完善城市功能配套、探索体制机制创新等诸多方面开展实践,并取得了初步成效,是主动适应经济发展新常态、推动经济结构调整、促进区域协同协调发展的重要举措。本章在介绍国家级产城融合示范区的建设背景与主要政策的基础上,系统梳理了现阶段产城融合示范区的发展建设情况,总结了产城融合示范区对促进我国区域经济发展的贡献与作用,并指出当前建设实践中存在的主要问题。主要观点如下:

各国家级产城融合示范区成功获批以来,主动适应新常态,对总体方案加以修改完善,并积极推进示范区建设,在优化产城融合发展空间格局、优化现代产业发展体系、提升和完善城市面貌及城市功能配套、探索推动示范区建设体制机制创新等诸多方面取得了初步成效。

产城融合示范区作为区域协调发展格局中的全国性战略平台,对推动国家整体经济战略的实施起到重要的衔接作用;其发展建设过程有利于产业和城市功能的良性互动;通过优化产城融合发展环境有助于实现区域经济发展与生态文明建设的协调统一。此外,作为实施"创新"发展理念的重要空间领域,产城融合示范区的设立对于打造区域发展核心动力、创造国际化竞争新优势具有重要意义。

产城融合示范区是全国产城融合发展及推广的"试验田",实际建设过程中依然面临一些问题,包括国家层面的系列配套政策缺失、产城融合水平有待进一步提升,以及体制机制仍有待完善等。

第一节 建设背景

"产城融合"直到最近几年才被学者们作为一个较为明确的概念而提出,但作为一种发展理念与思想,产城融合已经被广泛融入产业园区、城市新区的建设实践当中。综合诸多学者的研究,我们认为产城融合包含两个层面的含义:一是针对既有的开发区,通过产业结构调整与升级、提升城市服务功能、完善公共配套设施，使其成为功能复合、配套完善的独立新区（城）；二是针对新建的城市新区，在规划、建设和发展的全过程做到产业发展与城市功能完善同步，建设功能完整的新城区。最终实现产业功能与城市功能的有机融合，工业化与城市化同步发展。为深入贯彻落实党的十八大和十八届三中全会精神，根据《国家新型城镇化规划（2014—2020年）》有关要求，进一步完善城镇化健康发展体制机制，推动产业和城镇融合发展，加快培育一批新的经济增长点或增长极，形成功能各异、相互协调补充的区域发展格局，国家发展改革委给出产城融合示范区的概念，即依托现有产业园区，在促进产业集聚、加快产业发展的同时，顺应发展规律，因势利导，按照产城融合发展的理念，加快产业园区从单一的生产型园区经济向综合型城市经济转型，为新型城镇化探索路径，发挥先行先试和示范带动作用，促进该区域发展成为产业发展基础较好、城市服务功能完善、边界相对明晰的城市综合功能区。

"产城融合"的提出与我国产业园区的蓬勃发展及其承担的历史使命密切相关。自改革开放以来，我国掀起了一股建设开发区的热潮。经过近40年的发展，这种在城市边缘或郊区建设功能单一的开发区的发展模式暴露出越来越多的问题。很多城市尤其是大城市，出现了工业围城、园区围城的发展困境。一方面造成了城市空间拓展受限，另一方面工业园区、开发区等的功能发展和完善也受到限制，如职住不平衡、生产服务与生活服务设施缺乏，以及所带来的城市交通拥挤、潮汐式交通等问题。在这样的发展背景下，推动城市与产业同步协调的"产城融合"发展已势在必行。与此同时，《中共中央关于全面深化改革若干重大问题的决定》明确提出要"坚持走中国特色新型城镇化道路"，强调要"推进以人为核心的城镇化"，推动"产业和城镇融合发展"。2014年公布的《国家新型城镇化规划（2014—2020年)》通篇以"人的城镇化"为核心展开，也成为十八大提出"新型城镇化"的最大亮点。而人的城镇化，最终依托于城镇对人口的吸纳和集聚。因而，需要以产业为支撑，以城市功能的完善为吸引，增强人口附着力，通过推动产业园区由单一生产功能向城市综合功能转型实现产城融合，进而推动新型城镇化健康有序持续发展。

第二节 主 要 政 策

2015年7月9日，国家发展改革委发布《关于开展产城融合示范区建设有关工作的通知》（表15-1），提出拟在全国范围内选择60个左右条件成熟的地区开展产城融合示范区建设工作，国家级产城融合示范区申报工作正式开始。

表15-1 《关于开展产城融合示范区建设有关工作的通知》中产城融合示范区建设要求

分类	细则
基本原则	（1）规划引领、有序发展；（2）市场调节、政府引导； （3）因地制宜、分类指导；（4）四化同步、以人为本； （5）集约高效、绿色低碳（6）改革创新、先行先试

续表

分类	细则
主要目标	到2020年，示范区经济社会发展水平显著提升，经济增长速度快于所在地区总体水平，常住人口城镇化率明显快于所在地区平均水平，现代产业体系加快形成，城镇综合服务功能不断完善，生态环境进一步优化，居民生活质量明显提高，将示范区建设成为经济社会全面发展、产业和城市深度融合、城乡环境优美、居民生活更加殷实安康的新型城区
主要任务	(1) 优化空间发展布局，推进产城融合发展； (2) 促进产业集聚发展，构建现代产业体系； (3) 加强基础设施建设，提升公共服务水平； (4) 注重生态环境保护建设，促进绿色低碳循环发展； (5) 完善城镇化体制机制，推进城乡发展一体化

2016年10月，国家发展改革委印发《关于支持各地开展产城融合示范区建设的通知》，根据一年来各地开展示范区建设实际情况，提出了58个产城融合示范区建设的主要任务（图15-1，表15-2），要求各地在示范区建设中明确发展目标、控制开发强度、创新体制机制、落实工作责任。在明确目标任务方面，要求各地深入贯彻落实中央城市工作会议精神，坚持创新、协调、绿色、开放、共享发展，遵循城市发展规律，统筹城市空间、规模、产业结构，统筹规划、建设、管理环节，统筹改革、科技、文化动力，统筹生产、生活、生态布局，把示范区建设成为经济发展、社会和谐、生态文明、人民幸福、宜居宜业的新型城区，走以产兴城、以城带产、产城融合、城乡一体的发展道路，为新型工业化和城镇化融合发展探索可复制、可推广的经验做法。在控制开发强度方面，强调要严格按照土地利用总体规划、城镇总体规划要求发展建设，示范区总体方案要与土地利用总体规划、城乡规划相一致，坚持集约发展，框定总量、限定容量、盘活存量、做优增量、提高

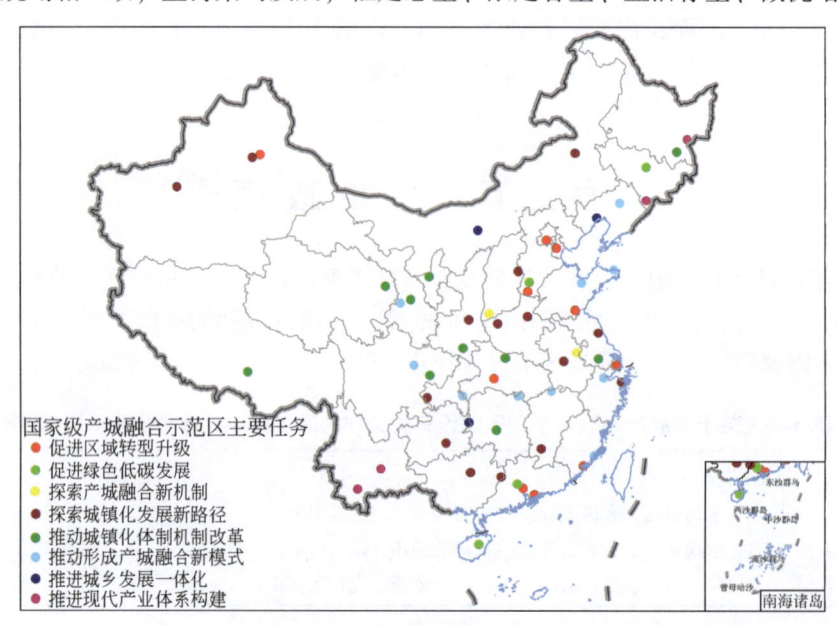

图15-1 58个国家级产城融合示范区空间分布及其主要建设任务

质量，用地规模集约节约、科学合理，科学划定示范区开发边界和各类生态保护红线，防止"摊大饼"式扩张和化解"空心化"等城市病，推动形成绿色低碳生产生活方式和城市建设运营模式，统筹推进城市地上地下基础设施建设，实现生产空间集约高效、生活空间宜居适度、生态空间山清水秀。在创新体制机制方面，要求各地认真贯彻落实中央全面深化改革精神，结合自身实际开展先行先试，扩大对内对外开放，建立健全促进产城融合发展的有关体制机制，形成高效率、低成本的良好产业发展环境，进一步激发市场活力和潜力，探索行政区与功能区融合发展的体制机制，加快转变政府职能，加大简政放权力度，推进行政审批制度改革，完善促进创新创业发展的体制机制。在落实工作责任方面，要求各省级发展改革委按照此前国家发展改革委出台的《关于产城融合示范区建设管理的指导意见》提出的有关要求和重点任务，尽快修改完善示范区总体方案并印发实施，跟踪掌握示范区建设发展情况。示范区所在地人民政府作为规划建设管理的主体，要加强组织领导、健全工作机制、明确工作要求、加大支持力度，推进各项重点任务，及时总结评估阶段性工作进展。

表15-2 全国58个产城融合示范区名录及主要建设任务

序号	示范区名称	主要任务
1	北京市丰台产城融合示范区	统筹推进新型城镇化体制机制改革；探索疏解非首都功能和促进产业转型升级新模式
2	上海市闵行产城融合示范区	推动功能区有机组合，促进职住平衡和城乡一体化发展；创新产业转型升级体制机制
3	天津市北辰产城融合示范区	探索传统制造业转型升级新思路；创新以人为本的就地城镇化体制机制
4	河北省邯郸市冀南产城融合示范区	探索产业集聚与转型升级路径；推进产业、城市、自然融合发展
5	河北省邢台市邢东产城融合示范区	完善城乡发展一体化体制机制；探索绿色低碳城镇化发展模式
6	山西省运城市产城融合示范区	创新园区升级和城区融合发展体制机制；探索开放合作与创新发展路径
7	山西省阳泉市产城融合示范区	探索工业化带动城镇化发展新路径；完善城市综合配套功能、提高宜居性
8	内蒙古自治区包头市产城融合示范区	推进以产业社区为纽带的城镇化建设；探索农业转移人口市民化有效途径
9	内蒙古自治区通辽市霍林郭勒产城融合示范区	探索资源型地区产业与城市融合发展路径；探索全域城镇化新模式
10	辽宁省沈阳市苏家屯产城融合示范区	完善新型城市综合发展体制机制；探索市场化建设产业新城模式
11	辽宁省锦州市产城融合示范区	探索农业转移人口市民化等改革政策；完善产城融合管理与服务体系
12	吉林省吉林市九站产城融合示范区	完善推动城镇化绿色低碳发展体制机制；探索多元化可持续的投融资机制

续表

序号	示范区名称	主要任务
13	吉林省通化市产城融合示范区	构建以医疗健康产业为特色的现代产业体系；推进新型城镇化体制机制改革试验
14	黑龙江省牡丹江市阳明产城融合示范区	推进人口管理等体制机制改革；构建绿色生产生活方式和消费模式
15	黑龙江省鸡西市鸡冠产城融合示范区	推进发展方式转变与产业结构调整；完善城乡发展一体化体制机制
16	江苏省常州市武进产城融合示范区	推进产城融合综合改革试点；改革完善人口管理、土地管理等制度
17	江苏省盐城市盐都产城融合示范区	探索开放式产城融合发展路径；推进新型工业化、农业现代化与新型城镇化融合发展
18	浙江省杭州市产城融合示范区	探索高端制造业与现代服务业融合发展路径；建立健全产城融合发展有关体制机制
19	浙江省宁波市产城融合示范区	推进大部门管理体制和投融资机制改革；探索以人为核心的新型城镇化道路
20	安徽省合肥市产城融合示范区	推进新型城镇化体制机制创新；探索海绵城市、智慧城市建设模式
21	安徽省滁州市产城融合示范区	探索行政区与功能区融合发展体制机制；完善区域开放合作机制
22	福建省厦门市海沧产城融合示范区	探索产业园区向现代化城区转型发展路径；完善本地与外来人口融合发展机制
23	福建省泉州市泉港产城融合示范区	探索以产兴城、以城促产发展新模式；促进产业城市人口深度融合
24	江西省赣州市产城融合示范区	完善农业转移人口市民化等机制；探索革命老区和欠发达地区"四化"同步发展新路径
25	江西省九江市产城融合示范区	推动形成空间融合、产业联动发展模式；完善城乡建设投融资等体制机制
26	山东省潍坊市产城融合示范区	健全协调推进产城融合发展的体制机制；推动绿色低碳循环发展
27	山东省威海市产城融合示范区	深化区域开放合作与改革创新；探索陆海统筹等、产城融合发展路径
28	山东省临沂市产城融合示范区	完善城乡发展规划、公共服务等一体化体制机制；推进生产型园区向综合性城市经济转型
29	河南省洛阳市产城融合示范区	以创新创业促进老工业基地转型发展；探索就近城镇化新路径
30	河南省开封市产城融合示范区	深化开放合作和区域协同发展；创新地下地上基础设施建设与管理模式
31	湖北省宜昌市伍龙产城融合示范区	推动形成协同管理、精简高效、权责一致的管理体制；探索海绵城市、智慧城市建设模式
32	湖北省襄阳市东津产城融合示范区	创新城市地下综合管廊建设运营模式；完善行政管理体制、产业扶持机制和要素支撑体系
33	湖南省岳阳市城陵矶产城融合示范区	探索临港经济区高效发展模式；建立健全城乡统筹发展体制机制

续表

序号	示范区名称	主要任务
34	湖南省邵阳市产城融合示范区	完善城镇化资金保障等体制机制；统筹推进城乡产业发展和生态环境保护
35	广东省广州市黄埔产城融合示范区	探索创新驱动发展路径；创新城市更新改造和产业转型升级模式
36	广东省深圳市龙岗产城融合示范区	探索创新低碳型产城融合发展模式；推动城市和产业双转型
37	广东省清远市清城产业融合示范区	探索绿色生态发展路径；引领带动粤北地区新型城镇化发展和跨越式发展
38	广西壮族自治区柳州市产城融合示范区	探索新型工业化与新型城镇化同步推进、协调发展新路径；深化产城融合投融资等体制机制改革
39	广西壮族自治区贺州市产城融合示范区	探索产业生态化、生态产业化新路径；提升城市综合服务和人口聚集能力
40	海南省屯昌县产城融合示范区	探索一二三产业融合发展有效途径；完善绿色低碳循环发展体制机制
41	重庆市黔江产城融合示范区	完善产业发展和科技创新政策体系；探索创新引领产城融合发展新路径
42	重庆市永川产城融合示范区	推进行政管理体制、投融资体制等改革创新；全面推动大众创业万众创新
43	四川省绵阳市产城融合示范区	推进军民深度融合发展；探索科技兴产、科技兴城新路径
44	四川省南充市产城融合示范区	促进创新发展、开放发展；建立与城市产业发展相适应的管理体制
45	贵州省铜仁市碧江产业融合示范区	探索产城融合脱贫攻坚新路径；深化城乡发展和行政管理体制机制改革
46	贵州省黔南州都匀产城融合示范区	探索山地特色新型城镇化新路径；探索生产生活生态融合发展模式
47	云南省玉溪市产城融合示范区	构建特色现代产业体系；健全多元化投融资机制和产学研合作机制
48	云南省普洱市产城融合示范区	培育绿色产业体系、促进产业转型升级；健全城乡发展一体化体制机制
49	西藏自治区拉萨市堆龙产城融合示范区	构建健康特色产业体系；创新城市建设、产业发展、投融资等体制机制
50	陕西省安康市产程融合示范区	建立健全产学研协同创新机制；推进行政管理、社会治理等体制改革
51	陕西省西安市阎良产城融合示范区	推进大众创业万众创新；探索军民融合、央企与地方融合发展有效途径
52	甘肃省兰州市榆中产城融合示范区	完善城乡统一的户籍管理制度和城乡一体的社会保障体系；推进创新创业高地建设
53	甘肃省临夏州临夏产城融合示范区	引领带动西部民族地区产城融合发展；探索集约高效、绿色低碳发展模式
54	青海省西宁市产城融合示范区	探索产业转型升级有效途径；推进城市管理、社会事务管理体制创新
55	宁夏回族自治区中卫市中宁产城融合示范区	完善城市管理体制和城乡保障体系；推动形成绿色低碳生产生活方式

续表

序号	示范区名称	主要任务
56	新疆维吾尔自治区昌吉州阜康产城融合示范区	探索创新驱动促进产业转型升级途径；深化行政管理和投融资等体制机制改革
57	新疆维吾尔自治区乌鲁木齐市产城融合示范区	着力优化产业创新发展环境；探索开放合作发展新模式新路径
58	新疆兵团阿拉尔市产城融合示范区	推进产业转型升级和经济发展方式转变；探索"师市合一"新型城镇化发展模式

至此，全国首批产城融合示范区确定。根据国家发展改革委要求，各地关于产城融合示范区的建设方案也相继出台。

第三节 开展情况

各示范区成功获批以来，主动适应新常态，对自身总体方案加以修改完善，并积极推进示范区建设，在推进基础设施建设、强化产业集聚与升级、完善城市功能配套、探索体制机制创新等诸多方面取得了初步成效。

一、规划引领，科学布局，优化产城融合发展空间格局

生产、生活、生态等多种功能空间的融合布局是产城融合的核心特征。通过科学规划空间布局，为示范区产城融合发展拟好框架，有利于后期在产业区和城市发展过程中实现各类功能要素、产业要素、生活要素的合理配置，以更好地指导下一步的开发建设，形成区域内层次鲜明、联动性强的融合发展格局。因此，许多产城融合示范区力求全面加强顶层规划设计，进一步明确示范区范围，对科学组织和规划不同主导功能的空间布局予以高度重视，目前多数示范区均采取组团式布局模式，以实现优化空间布局、促进产业聚集转型升级的目标。

天津市北辰产城融合示范区编制的总体方案中确定了示范区"一核两心、五轴八组团"的总体空间布局，提出将"优化空间布局"作为打造示范区的六大重点任务之一，核心区重点发展商业服务、科技商务、文化创意等产业，形成服务外包核心区、栖凤国际健康养老居住区、高端装备制造产业区、文化影视创意园、电子信息产业园、都市农业生态观光园、科技金融创新区、运河国际生态居住区8个特色产业组团。江苏省常州市武进产城融合示范区所依托的常州经开区"东部新中心"建设正式起步，规划"一心、两轴、三片"的空间布局，"一轴、三核、多廊道、层层渗透"的生态空间。内蒙古通辽市霍林郭勒产城融合示范区综合分析城市空间区位和现状建设基础，结合城市空间发展方向，规划形成"一带（霍林河滨河绿化带）、三区（城镇区、冶金产业加工基地、区域物流园区）"的城市总体空间结构。辽宁省锦州市产城融合示范区规划了包括产业集聚区、人口集聚区、生态保护区以及综合服务区在内的四个功能分区，并和锦州市土地利用总体规划

相衔接。福建省厦门市海沧产城融合示范区以"双山双湾双城"的天然格局为基础，构建统筹协调、科学合理的空间发展格局，持续优化新市区、新阳片区、海沧港区等片区规划，特别是对临钢片区的定位、规模、配套设施等展开全面梳理；泉州市泉港产城融合示范区则将城市空间布局为"一中心四组团"，即一个现代化滨海中心城区和高新产业组团、绿色石化组团、滨海经济组团和生态旅游组团。江西省赣州市产城融合示范区围绕其总体方案明确的"一轴三廊三区"空间格局，科学规划，坚持把城市和园区作为一个整体放到区域经济发展大格局中进行科学定位，坚持组团式发展思路，做到"五规合一"，统筹示范区基础设施、产业布局、土地利用、公共服务等建设，促进科学、合理、有序发展。九江市产城融合示范区紧紧围绕"一带二环五组团"的空间格局，科学合理地调整示范区建设规划，促进区域协同发展。

二、以产兴城，加快推进项目建设，现代产业发展体系不断优化

产业是立城之基、兴城之本，产业发展始终是推进产城融合的内源支撑与动力保障。深化产业结构调整，加快产业转型升级，构筑现代化产业体系，是实现有质量、有效益、可持续产城融合的关键。迄今为止，不少产城融合示范区积极加快形成现代化产业体系，以加速引进和兴建高端、现代化产业项目为抓手，围绕主导产业，开展集群招商、产业链招商。项目类型及发展理念虽各有侧重，但都力求发挥好产业的带动作用，主要在以下几个方面取得了进展和成效。

巩固壮大传统优势产业。内蒙古通辽市霍林郭勒产城融合示范区依托矿产资源优势，围绕"打造千亿级产业集群"目标，在现有铝产业园基础上，合理布局铝新材料产业园、再生铝产业园和配套产业项目，延伸铝产业链条，全力推进铝合金、铝后加工、高端铝材等项目的投建步伐，已经开展相关场地平整建设、规划论证等工作。福建省泉州市泉港产城融合示范区致力构建石化产业生态链，以打造产业链、价值链、科技链、循环链"四条链"为抓手，开展石化产业发展专项行动，2017年一季度规模以上石化总产值完成248亿元，同比增长3.5%，石化园区完成石化及配套项目总投资7.7亿元。湖北省宜昌市伍龙产城融合示范区主要依托宜昌国家高新技术产业开发区的生物产业园推进产城融合发展，立足已有医药产业基础，把重点项目引进作为龙头来抓，累计签约工业项目70个，在建项目20个，园区生物医药及生物食品产业集群已初具规模。新疆兵团阿拉尔市产城融合示范区依托师市30万t优质皮棉资源优势，把握政策机遇，积极引进和培育优势企业，大力实施循环经济、全产业链布局，初步形成了以棉纺织和化纤为主的纺织产业体系，落户师市包括国内多家知名企业在内的纺织服装企业30家，纺织服装产业主导地位日益突出。

大力发展现代服务业。旅游业、现代物流业、总部经济成为多数示范区的现代服务业打造重点。天津市北辰产城融合示范区不断增加核心区现代服务业功能，组织开展了园区内教育、体育等项目前期工作，并加快推进项目进程。黑龙江省牡丹江市阳明产城融合示范区2016年的现代服务业在建项目多达11个，总投资约58亿元，重点推进建设各种商业中心、物流中心及多个大型商业项目，正在形成引领、提升开发区商业模式发展的新格

局。浙江宁波产城融合示范区现代服务业示范效应更为显著，2016年全区旅游业接待游客380万人次，同比增长48.7%，呈现爆发式增长态势；银行、保险机构累计达到16家，基金管理规模超过百亿元；人才集聚效应显现，累计集聚各类人才22 689名，产城人融合发展的现代产业体系初具规模。福建省泉州市泉港产城融合示范区积极打造第三产业增长极，第三产业发展专项行动149个项目。2017年一季度完成投资10.38亿元，石化产品交易中心申报、健康产业园规划编制、休闲农业投资建设等多项事业均进入全面实施阶段。江苏省盐城市盐都产城融合示范区加快建设以现代服务业为特色的"物流之城"，重点发展电商物流、汽车消费、商务商贸等生产性服务业，已引建亿元以上项目28个，电商快递园入驻企业120多家，成功创成江苏省示范物流园区、全国优秀物流园区以及省级互联网产业园、省级创业孵化基地。江西省九江市产城融合示范区牢固树立发展现代服务业的理念，金融保险、信息物流、科创总部、文化旅游及休闲养生等四个重点产业初步形成了总部楼宇和商业楼盘的集聚效应。

优化做强特色产业。江西省赣州市国家级产城融合示范区依托优质资源禀赋，充分发挥政策及资源优势，立足自身产业基础与特色，着力打造新能源汽车科技城、中国"稀金谷"、青峰药谷、现代家居城，做大做强稀土钨、南康家具等特色优势产业集群。广西贺州市产城融合示范区围绕碳酸钙和新型建筑材料打造"两大千亿元产业"，以建设"中国贺州·重钙之都"和"打造国内最大碳酸钙产业集群"为目标，推动两大产业链升级突破，目前平桂石材产品展销中心、贺州市碳酸钙新材料产融结合示范基地等服务业重大项目正顺利推进。

积极培育创新型新兴产业。为加快所依托园区转型提质发展，实现产城融合的高端、高效、创新发展，很多示范区将目光瞄准了新技术、新业态、新模式与新产业。浙江省宁波市产城融合示范区秉持"抓创新、强扶持"的方针，持续优化产业结构，新兴产业持续发力，汽车、智能电气、新材料、高端装备等六大先进制造业2016年实现产值862.3亿元，占规模以上工业比重高达78.2%。江苏省常州市武进产城融合示范区大力发展高新产业，在企业培育、产业平台打造、基地建设、人才培养集聚等方面均加大科技创新力度，"双创"带动产业升级明显。福建省泉州市泉港产城融合示范区致力壮大新材料产业，其新材料高新园区已初步形成具体设置方案并积极上报。河南省开封市产城融合示范区围绕汽车及零部件、高端装备制造、新能源新材料、电子信息、生物医药等战略性新兴产业，推动了一批大项目相继落地。广东省的广州市黄埔、深圳市龙岗、清远市清城三大产城融合示范区均以"创新、低碳"为根本发展理念，有限发展生命健康、新能源新材料、生物医药等新型低碳产业，在推动城市和产业双转型的过程中实现产城深度融合。江苏省盐城市盐都产城融合示范区成功引进智能终端产业，规划并已开始建设总面积6km² 的智能终端产业园，初步构建起从核心部件到品牌整机、从硬件生产到软件研发的全产业链条，2016年帮助企业招聘各类工种1600多人，园区用工总量达3000多人，产业、人气叠加集聚效应初显。

三、以城带产，城市面貌及城市功能配套不断提升和完善

落实空间整治及用地指标，为示范区建设提供基础条件。很多产城融合示范区在农村

土地腾退、项目用地征迁等工作方面取得一定进展。北京市丰台产城融合示范区加快推动棚户区和集体企业腾退工作，合理规划腾退空间，目前已启动长辛店棚户区、长辛店村宅基地和非住宅腾退工作，同步开展多个村庄的集体企业腾退工作，并开展安置房建设。天津市北辰产城融合示范区协调市国土房管局落实核心区约2000亩建设用地指标，确保了核心区建设用地全覆盖。黑龙江省牡丹江市阳明产城融合示范区积极拓展新城及开发区面积，2016年支出资金10亿元，完成房屋征收面积2.7万㎡、农用地征收面积为500hm²，为城市建设释放空间，为人口管理、新城建设奠定了坚实基础。

推进示范区基础设施建设。各产城融合示范区普遍稳步推进示范区域内或跨区域基础设施建设，实现区域之间基础设施互联互通。轨道交通、大型公路、铁路工程等重大基础设施项目的选址调研、规划设计、地上物测量清点、征地拆迁、现场测量、项目预可研等各项工作有序进行。推进环卫设施、排水排气排污等市政公建配套建设，以及水电、通信、燃气、供热等管网的新建、改建工程。

完善示范区公共服务配套。公共服务配套的完善是提升城市功能品质的重要内容，有利于吸引人口和高端要素集聚。教育、医疗、养老、文体等公共服务设施及各项民生保障项目普遍成为各示范区的建设重点，所采取的具体措施包括创新办学模式，加快特色学校建设，加快教育教学设施建设及改扩建进度；不断深入医疗改革，提高城乡居民医疗保险、社会养老保险、失业保险等基础水平，启动棚户区改造项目，完善就业体系建设，建立外来人口基本保障制度等，提升各项社会事业的民生保障水平；加快推进餐饮、娱乐、银行、广场、安置房、公租房、公园、活动中心等城市功能性项目实施，着力抓好城市功能建设，增强中心区集聚效应。不少产城融合示范区还重视生态环境工程建设，严格建设项目产业、企业准入门槛，整治、排查污染突出企业，实施安全环保节能技术改造；增加绿地面积，提高绿化覆盖率，打造宜居宜业绿色城市。例如，福建泉港产城融合示范区实施"城市公园化"战略，完成造林绿化和森林经营上千亩，有力提升了示范区的生态品质。江西省赣州市产城融合示范区把"生态+"理念全面融入示范区建设过程，下大力抓生态环境的整治和绿化景观的提升。

加快建设智慧城市。例如，内蒙古包头市产城融合示范区启动智能用电服务及能效管理平台建设，以及建立融合多信息源的国土资源信息化支撑体系，为城市高效运营管理提供了科学依据。

四、不断探索，推动示范区建设体制机制创新

体制机制是产城融合示范区建设支持体系的软件部分。推进示范区的产城融合建设，必须打破僵化的体制机制，为产城融合增添活力和创新力。国家发展改革委发布的《关于支持各地开展产城融合示范区建设的通知》中也明确将创新体制机制作为推进示范区建设的重要任务之一。根据该通知要求，各示范区在推动建设体制机制创新层面持续开展探索，主要在改革创新行政管理体制、积极探索多元化投融资模式、创新土地管理机制、推进人才管理机制等方面进行了有益的实践（表15-3）。

表 15-3 产城融合示范区创新建设体制机制的主要举措

体制机制建设	名称	相关举措
行政管理体制	河南省洛阳市产城融合示范区	促进简政放权和简化行政审批制度，扩大经济管理和招商引资职能
	内蒙古包头市产城融合示范区	加快转变政府职能，深入推进"放管服"改革
	湖北襄阳市东津产城融合示范区	大部制管理原则；聘用制、借用制等用人机制
	浙江省宁波市产城融合示范区	进一步优化"大部门"管理体制
投融资机制	湖北省襄阳市东津产城融合示范区	银行贷款、发行企业债、信托等多措并举
	江西省赣州市产城融合示范区	设立基础设施基金；向国家发展改革委申请海外发行美元债；融资租赁贷款
	湖南邵阳市产城融合示范区	积极推广开展政府和社会资本合作（PPP）模式进行项目建设
	新疆兵团阿拉尔市产城融合示范区	
	浙江省宁波市产城融合示范区	
	辽宁省沈阳市苏家屯产城融合示范区	
	内蒙古通辽市霍林郭勒产城融合示范区	
	天津市北辰产城融合示范区	按照政府主导、社会参与、市场运作的原则，多渠道进行融资
	内蒙古通辽市霍林郭勒产城融合示范区	完善政府投资项目决策机制；拓展公共领域融资渠道；鼓励企业进入资本市场直接融资；推进银企合作；推进金融创新
土地保障机制	北京市丰台产城融合示范区	推进城乡经营性建设用地试点工作，盘活土地资源
	湖北襄阳市东津产城融合示范区	创新节约集约用地机制，在争取建设用地指标的同时向内挖潜
人才管理机制	北京市丰台产城融合示范区	通过倾斜性政策，推动国际人才社区落地

第四节 贡献与作用

一、有力推动国家整体经济战略的实施

长江经济带建设、京津冀协同发展、滨海新区开发开放等都是我国经济发展的重大国家区域战略，产城融合示范区作为区域协调发展格局中的全国性战略平台，把握开放合作、借势发展的契机，在打造自身实力的同时对推动国家整体经济战略的实施起到重要的衔接作用。例如，山东省潍坊市产城融合示范区位于潍坊市北部沿海区域、莱州湾南岸，北临京津冀，东与中韩自贸区，北与蒙俄经济走廊相连，南接长江经济带，位置优越，是"一带一路"的重要衔接点，更是环渤海经济圈的重要区域，其通过产城融合改善和提升

渤海南岸地区产业和城市发展环境，促进区域经济快速发展。江西省赣州产城融合示范区深入推进开放合作，主动融入国家"一带一路"倡议，着力将自身打造成链接东南沿海与中西部地区的区域性物流中心。

二、有利于产业和城市功能的良性互动，为国家新型城镇化建设提供探索创新的示范样本

新型城镇化是产业集聚发展的空间载体，产业是新型城镇化建设的动力源泉，二者融合的区域开发是国家推进产业转型升级和新型城镇化建设的重要抓手。

产城融合示范区建设是在我国经济发展进入新常态特别是近几年经济面临下行压力，急需"稳增长、调结构、促改革、转方式"的背景下提出的。打造国家级产城融合示范区，是贯彻落实《国家新型城镇化规划》的具体措施，是主动适应新常态，积极引领新常态，推动经济结构调整、促进区域协调发展的重要举措。产城融合示范区推出后得到各地政府高度重视，目前虽然还处于起步阶段，但整体发展势头较好，产业聚集优势和示范效应进一步提升，不但有利于增加产业区公共服务供给，增强产业区城市功能，同时还有助于改善中心城市生产生活发展环境，增强城市集聚和带动产业的能力，从而促成产业发展与城市功能的良性互动。产城融合示范区在产业和城市发展过程中解决"远离母城""鬼城""睡城""楼宇经济"等问题，加快产业园区从单一的生产型园区经济向生产、服务、消费等功能多元的综合型城市经济转型，正成为有效疏解城市功能、实现园区和城市可持续发展的重要载体。

三、实现区域经济发展与生态文明建设的协调统一

产城融合的"产"，是转型升级的"产"，也是绿色发展的"产"。必须加快推动生产方式绿色化，构建科技含量高、资源消耗低、环境污染少的产业结构和生产方式，大幅提高经济绿色化程度，加快发展绿色产业，形成经济社会发展新的增长点。不少示范区按照"绿色化"的发展方向，在产业优化升级上做"加法"，在淘汰落后产能上做"减法"，以产业的高端化、智能化、绿色化推动产城融合。

以生态文明理念为基底，有助于产城融合提质增效。产城融合示范区在建设过程中普遍都有针对性地加快城市基础设施建设和各类生活服务设施建设，同时优化水资源和绿地资源、加大环境整治力度以提升生态环境质量，进而更好地吸引各类经济发展要素集聚，从而进一步完善和提升各项城市功能，在取得产城融合发展成效的同时，实现区域经济发展与生态环境建设的协调统一。例如，江苏省常州市武进产城融合示范区在实践中通过打造森林城市特色文化、开展生态绿城工程，以及重点针对化工、印染、电镀行业实施排查并开展精准治污，加强生态环境保护和建设，严厉打击环境违法行为，缓解产城融合发展过程中经济增长与生态环境之间的矛盾，加快优化城市环境，并形成有利于生态文明建设的现代产业体系。

四、引领创新，打造区域发展核心动力，创造国际化竞争新优势

推进产城融合发展，改革创新是根本。综观当前建设进展，各地产城融合示范区在创新产业体系、创新城市建设、创新体制机制等方面进行着不懈的探索与努力。构建产业体系方面，按照《中共中央关于制定国民经济和社会发展第十三个五年规划的建议》要求，我国城市产业转型升级应积极拓展发展新空间，构建产业新体系。推动产业体系向创新能力强、质量效益好、结构布局合理、国际竞争力强发展，是未来城市产业转型升级的重要方向。产城融合示范区建设往往依托已有产业基础，围绕产业链布局创新链，围绕创新链部署人才队伍和资金链，加强新城区产业配套建设，通过融入创新要素培育全产业链竞争优势；对于老城区来说，由于其具有公共资源充足、城市集聚功能较强的优势，因此往往优先发展基于新一代信息技术的创新创意产业，积极引入国内外优势创新资源，重点发展技术研发中心、创新创意中心、高端制造中心等价值链高端环节，为区域发展的动力注入创新活力。城市建设方面，推动绿色城市、智慧城市、创意小城、旅游城市等专业化城市建设，促进城乡一体化进程，创新城市管理及社会治理模式，提升城市承载功能，培育形成区域经济发展新的增长极。体制机制建设方面，由于产城融合对区域发展的规划理念、发展方式、管理体制机制等均提出了更高要求。因此，通过在财政、投资、用地、管理等关键领域和重要环节实现创新和突破，才可能更好、更灵活地解决功能区和关联行政区之间的协调发展问题，解决产城融合示范区高水平、高层次发展所必需的城市化功能配套问题，以在更高水平上统筹区域间发展。可见，产城融合示范区是实施"创新"发展理念的重要空间领域，是培育区域国际化竞争新优势的动力载体。

第五节 存在的问题

一、示范区发展路径仍需摸索，国家层面的系列配套政策缺失

产城融合是一项巨大的、长期的系统性工程，涉及因素众多，不是简单地合并或是剥离，也不是简单地集聚或是疏解，不能一蹴而就，必须结合区域自身情况稳步推进。产城融合示范区是全国产城融合发展及推广的"试验田"，很多环节需要各地大胆尝试、积极探索，包括明确功能定位、厘清发展方向、配套体制机制等。目前产城融合示范区建设可谓是"摸着石头过河"，各地都在进行积极探索实践。然而，由于各地环境不同，建设基础和条件、政策导向也不尽相同，不同区域建设步伐不一致，条件成熟、产业基础好的地区取得的建设成效更为显著；而条件欠成熟的区域建设进展则相对缓慢，发展潜力尚待激发。

二、产城分离问题依旧存在,产城融合水平仍有提升空间

由于产城融合示范区建设仍处于起步阶段,多数地区的示范区产城融合水平仍有待提升,即便是一些工业门类齐全、经济实力雄厚、城市发展水平较高的地区依旧存在"产城分离"的问题。

第一,许多示范区的规模还较小,城市建设的水平还比较低,城市功能尚不够完善,缺乏强大的产业凝聚力和辐射带动力,城区的集聚功能、创新功能、协调功能等都还较弱,很难形成对产业经济的"极化效应"。第二,部分示范区的产业门类虽然多样,但是主导产业或者首位产业不够明确和明显,缺乏产业特色和优势,特别是一些经济欠发达地区,示范区仍以传统产业居多,整体技术水平、产品开发能力和市场占有率均较低,这样对示范区所在城市或是区域缺乏持续有力的经济支撑,容易造成"有城无产"的局面。第三,示范区的生活舒适度不适宜,从根本上说产业园区的定位与城市居民生活区存在一定差异,产业园区的职能主要还是面向企业、工厂的日常生产及运转,因此在园区绿化、城市配套设施、居民区、商业配套设施等设置方面存在一定的不足,难以突显城市的人文关怀和展现城市生活的舒适性,大量的产业工人由于配套设施不足必然选择回归城市居民区。此外,示范区内产业园区内部生态环境建设不足也影响着城市发展水平的提升,从而导致因"有产无城"造成产城分离的局面。

三、示范区建设仍存在体制机制方面的障碍

产城融合是一项产业发展和城市建设共融的系统工程,涉及经济、社会、文化、生态、体制等。其中,科学合理的体制机制是示范区产城融合发展的重要保障。实际建设过程中,示范区仍面临着体制机制方面的诸多问题。

1. 缺乏一个有机联系的规划,"多规合一"问题亟待解决

我国大部分产城融合示范区建设遵循规划先行。但目前园区建设和城镇发展存在城市总体规划、专项规划与园区规划编制相对独立,缺乏有效衔接,没有形成有机联系的规划体系。园区侧重配套产业发展基础设施建设,缺乏对居住、公共服务等市政配套设施的考虑,同时城镇城市功能规划建设也未充分考虑园区发展需求,在实践中仍存在城市建设与产业发展相脱节的情况。一些示范区是被动地进行产城融合,事后补救、事中动态补救的现象仍普遍存在。

2. 财政体制不完善,融资渠道单一

虽然不少地区为加快产城融合示范区建设,不断探索创新投融资体制机制。但在实际建设过程中,建设资金投入问题仍是不少地区,特别是经济欠发达地区面临的困难之一。一方面,因为很多城市仍然维持着城乡二元行政体制格局,中心城区建设往往由市级财政资金支持,而周边园区建设往往由地方自筹资金,经济结构的差异难免导致园区

建设资金匮乏，必将极大制约示范区建设步伐。另一方面，投融资机制整体上仍比较单一。实践中市级财政和区级财政对产业园区的投资落实往往不够，目前多数示范区建设的资金投入基本依赖政府财政资金支持和银行贷款，尚未建立起成熟的、多元化的投融资体制，单一的融资渠道和融资模式使得建设资金投入不足，抵抗融资风险的能力也较低。

3. 当前的土地管理机制限制示范区产城融合建设

首先，用地性质调整机制比较僵化。随着产城融合的发展，城市基础设施建设和商业配套用地需求不断增加，居住需求也会更多，因此，部分工业用地转成经营性用地将成为必然。功能园区的土地以工业和仓储为主，同时有小部分的道路交通和市政公用设施用地，而居住和公共服务设施用地很少甚至没有。僵化、凝固的规划土地使用性质制约了现代服务业发展对园区土地开发的再利用。其次，过分强调土地分区和空间分割。在新城新区建设规划中，往往会强调产业、居住、商务服务等功能的空间分割，尤其是职住分离会人为地增加通勤距离和交通需求。由于将土地用途划分得过于细碎，实践中难于实现土地的混合应用。

4. 人口导入机制亟待加强和完善

一方面，人口导出区对导入区的利益补偿机制缺失或者效果不明显。园区吸引的主要人口是中心城区转移的人口，或是附近村镇来园区工作的产业工人，以及工作或投资的外来人口。中心城区或外来人口转移到园区会加大当地的公共设施、公共服务等需求，而产业园区难以获得相应的财税归属权等补偿。另一方面，中心城区向周边园区疏散的人口定位偏低。如何为园区产业发展提供高素质的人才储备，大部分产城融合示范区尚未有明确的激励型机制设计。大规模外来人口导入示范区后的各项社会保障政策配套不足，同时当地失地农民的社会保障政策实施不到位，保障资金得不到充分落实，均阻碍着"以人为核心"的产城融合水平的提升。

第六节 发展建议

亟待从国家顶层设计出发制定国家级产城融合示范区建设配套政策，从用地指标、财政扶持、体制优化、人口转移等领域给予更为明确的指导和要求，推动从国家到地方各层面整合资源，倾斜支持国家产城融合示范区建设。

突出顶层设计，注重统筹规划。产城融合示范区建设，顶层设计是基础，科学规划是前提。各地应从产城融合的特点出发，站位全局，高处审视。在更高起点上提升城市规划水平。依托现有的产业基础和空间资源，打破各领域、各条线、各板块的界限，统筹谋划，理顺空间布局，统筹资源配置。实现各类规划协调统一、无缝衔接。加快形成"多规合一"的一张图，确保产城融合示范区的发展建设始终处于一个动态可控、健康成长的良性状态。

着力提升示范区产城融合水平。对现有产业集聚区进行适度整合，完善技术创新、人力资源和综合服务等各类平台建设,着力破解资金、人才、土地等要素制约,强化产业集群发展支撑能力,切实实现产业集中、资源集约、功能集合、人口集聚。与此同时,要进一步重视示范区城市功能完善的重要性,借助良好的园区品质和完善的功能配套,吸引项目落户。对学校、医院、公园等公共服务设施,要加大投入,提升群众的获得感和满意度。补齐城市管理的短板,提升精细化管理水平,以破解"产城分离"的困局。

注重体制机制建设完善。体制机制是产城融合落地生根的根本保障。应进一步深化行政管理体制改革,整合各类行政资源,突破空间、功能、平台、管理等条块局限。探索实行产城融合示范区"区政合一"管理模式,推进示范区与行政区域管理套合,强化二者协调配合联动,建立精简高效、结构合理、责权一致、执行有力的新型行政管理体系。